| 天
Borderless
| 下

博稽古今　融汇天下

司法体制
改革导论

陈瑞华______著

法律出版社 LAW PRESS · CHINA

作者简介

陈瑞华 北京大学法学院教授，博士生导师，教育部长江学者奖励计划特聘教授。主要研究领域是刑事诉讼法学、证据法学、司法制度、程序法理论。曾获中国法学会“全国十大杰出青年法学家”称号，系“百千万人才工程”入选者以及国务院政府特殊津贴获得者。代表作有《刑事诉讼的前沿问题》《刑事诉讼的中国模式》《刑事证据法的理论问题》《论法学研究方法》《程序正义理论》等。

序　言

奉献给读者的这部《司法体制改革导论》，是我研究中国司法改革问题的初步成果。

笔者平素治学，主要研究刑事诉讼法和证据法中的理论问题，对司法制度的研究，实为一种“学术副业”。想当年，在对刑事审判理论、刑事诉讼构造、刑事诉讼价值等问题有所思考之后，笔者基于一种推动司法改革的学术豪情，发表了那篇题为《论司法权的性质》的论文。自此，对于司法改革的研究便陆陆续续展开了。但是，笔者毕竟是从研究部门法起家的，既偏爱也擅长那种从经验事实出发提出理论问题的研究套路，对司法制度中的理论问题进行抽象思辨，并不是自己的长项。对于司法改革的研究，往往都是随着一轮又一轮司法改革的推进，发现制度运行中出现了问题，才做一些有针对性的思考。由于这种研究是断断续续进行的，带有“头痛医头、脚痛医脚”的特征，既缺乏系统性，也难以保证完整性，更谈不上有全面深入的理论贡献。但是，由于所研究的都是实际发生过的问题，所提炼的也都是中国司法改革的经验和教训，加之通过“概念化”的努力，力图将制度问题转化为理论问题，因此，这种研究既没有陷入“对策法学”或“立法论”的研究陷阱，也避免了“坐而论道”或者“言必称西方”的学术误区。

屈指算来，我国的司法改革运动已经进行了二十余年。说来也是令人感慨，我国用半个多世纪的时间构建了一整套司法制度，却要再用数十年的时间对其进行改革。在这一方面，我国的司法改革与经济改革具有相似的命运。最初的司法改革是从诉讼程序和证据规则方面入手进行的。这便是发生在世纪之交的“审判方式改革”运动。后来，改革决策者发现我国司法制度中的问题并不仅仅出现在诉讼程序上面，而更主要的属于“体制问题”，于是就有了最高人民法院连续推出的四个“五年改革纲要”，有了2003年中央司法改革领导小组的设置，也有了最高人民法院、最高人民检察院、公安部、司法部各自推出“司法改革”方案的现象。这种改革尽管也触及了这些部门的机构设置、行政管理以及司法人员准入和奖惩机制等问题，但仍然属于各部门内部管理机制的调整，带有明显的技术性。2014年，随着新一轮司法改革的启动，最高层成为司法改革的直接主导者，一系列真正涉及司法体制的改革方案得到全面推行。这一轮改革以“去行政化”和“去地方化”作为两条基本线索，包含了诸如“省级以下法院、检察机关人财物收归省级统一管理”“司法责任制”“员额制”“审判中心主义”等一系列重大改革课题。自此以后，我国司法制度的整体面貌发生了根本的改变：省级法官、检察官遴选（惩戒）委员会开始构建并运作，地方两级法院、检察院的财政经费逐渐交由省级财政统一划拨，跨行政区划的法院在一些地方开始出现，最高人民法院设置了六个“巡回法庭”。而“员额制”的推行，则更是导致法院、检察院内部出现司法人员、司法辅助人员以及司法行政人员的专门配置，其中作为司法人员的法官、检察官，不仅人数明显减少，而且素质有望得到提高。

改革呼唤着新的法律理论。这一轮司法改革不仅在制度层面上作出了大量创新，而且也暴露出理论准备严重不足的问题。例如，以“去地方化”和“去行政化”为指引的诸多改革举措，第一次挑战了那种对“审判权独立行使原则”的权威定义，体现了“裁判者独立审判”的精神，第一次将法院的司法行政管理权与司法裁判权予以分离。自此以后，那种动辄将我国审判独立概括为“法院独立”的观点，显然已经不合时宜了。但是，改革决策者对上下级法院在司法行政管理方面具有“垂直领导关系”的定位，又不可避免地影响上下级法院的“审级独立”。又如，司法责任制的推行，固然有望终结那种院长、庭长审批、签署裁判文书的实践做法，实现了“让审理者裁判”，但也因为对“让裁判者负责”的过度强调，使法官、检察官承担了极为苛刻的办案责任追究，这种动辄强调“终身问责”“责任倒查”的司法责任制，会迫使法官、检察官与案件结局直接发生利害关系，进而对法官、检察官独立行使司法权产生消极影响。再如，省级以下法院、检察院人财物收归省级统一管理，固然有助于实现司法权的“去地方化”，但也带来一些难以回避的宪法难题。因为按照这一改革，省级法官、检察官遴选委员会有权决定法官、检察官的“入额”，也就是决定谁来享有审判权和检察权。但是，按照“人民主权原则”，地方各级人民代表大会及其常委会有权决定院长、检察长以及法官、检察官的任命。既然这些人员在被同级人大及其常委会任命之后，还要再经过省级法官、检察官遴选委员会的任命，而该委员会竟然没有设置在省级人大常委会之下，这岂不等于允许该委员会径行否决省级以下人大及其常委会的任命权了吗？既然如此，“人大领导下的一府两院制”岂不受到削弱了吗？这在宪法理论上应如何得到解释呢？

更为严峻的理论挑战还是来自国家监察体制的改革。按照我国的宪法体制，检察机关是“法律监督机关”，与法院一起行使司法权。检察机关对国家工作人员行使法律监督权的方式有两个：一是通过对国家工作人员职务犯罪行为的刑事追诉，来纠正和惩罚其违反刑事法律的行为，以维护国家工作人员的职务廉洁性；二是通过对侦查机关、法院、执行机关诉讼活动的法律监督，来纠正其违反刑事诉讼法的行为，以维护程序法的有效实施。前者带有“刑事法律监督”的性质，后者则具有“诉讼监督”的特征。但是，随着国家监察体制改革的推进，职务犯罪侦查权和行政监察权一起，被统一纳入监察委员会的职权范围。检察机关失去了对国家工作人员的职务犯罪行为进行立案侦查的权力，这意味着检察机关的刑事法律监督将不复存在，所谓的“法律监督”可能主要变成针对立案、侦查、审判和执行活动的“诉讼监督”。当然，随着民事检察和公益诉讼制度的逐渐兴起，检察机关对行政机关的监督可能出现一些新的模式。所有这些制度层面的变革，都属于前所未有的制度创新，也都需要有新的理论来加以解释。

本书的写作历经了十五六个年头，对司法改革的一些理论问题进行了初步的讨论。本书分三个部分，分别讨论了司法改革的理念、法院改革的基本问题以及刑事司法改革的主要课题。在本书第一部分，笔者讨论了司法权的性质，对法院改革的两个理论基点进行了反思，并对检察机关、司法行政机关的职能定位进行了理论分析。在第二部分，本书分析了我国法院改革所面临的困境，结合司法责任制的推行，提出并分析了法官责任制度的三种模式，结合审判委员会制度、承办人制度以及合议制的运行实践，反思了司法裁判的行政化问题，并预测了司法行政管理与司法裁判职能的分离问题。在第三部分，本书围绕“审判中心主义”和“庭审实质化”改革问题，反思了我国公检法三机关的“流水作业”模式，分析了我国存在多年的“侦查中心主义”诉讼构造，讨论了未曾受到触及的“新间接审理主义”模式。考虑改革决策者特别强调“认罪认罚从宽”制度的重要性，并将其适用范围扩展到那些可能判处三年有期徒刑以下刑罚的案件，因此，本书对这一制度进行了理论上的反思，讨论了刑事诉讼全流程简化的改革问题。

当然，对于我国司法制度中的很多问题，本书尽管作出了评论，却没有给出可行的改革方案或出路。本书更愿意将司法制度改革问题既作为一种经验事实，也作为一种研究对象，以便发现和揭示制度背后的制约因素。真正成熟的司法改革需要有更为充分的理论准备。面对这一轮司法改革仓促而行的“顶层设计”，法学界有识之士应当对其作出独立的理论评价，并针对改革推行中出现的问题，及时地进行经验总结和教训整理工作，争取在对司法改革进行跟踪观察的同时，提出一种具有解释力和预测力的司法改革理论。唯有如此，法学界才能作出应有的理论贡献。

陈瑞华

2017年2月7日初稿

2017年6月13日第二稿

2017年11月17日第三稿

目　录

第一部分　司法改革的理念

第三章 检察机关的法律职能

第四章 司法行政机关的职能定位

第五章　看守所制度的改革问题

第二部分　法院改革的基本问题

第六章　法院改革的困境与出路

第七章 法官责任制度的三种模式

第八章 法院审判委员会制度的基本问题

第九章　法官员额制改革的理论反思

第三部分　刑事司法改革的主要课题

第十章　公检法三机关的流水作业模式

第十一章 侦查中心主义

第十二章 新间接审理主义

第十三章　审判中心主义改革的理论反思

第十四章　认罪认罚从宽改革的争议问题

第一部分 司法改革的理念

◆ 在《司法改革的理念》这一部分，笔者对司法权的性质进行了理论分析，讨论了司法裁判权的构成要素、法律功能以及基本属性，分析了检察权、警察权和生效裁判执行权的性质及其与司法裁判权的关系，为司法改革提供了基本的理论支撑。

◆ 对近年来主导法院改革的两个理论基点进行了反思性评论，对司法权被定位为“裁断权”和“中央事权”的理论进行了分析，总结了这些理论的指导价值，同时对其局限性作出了评价。

◆ 从司法改革的视角，对检察机关的“法律职能”定位进行了反思，将检察机关定位为代表国家利益和社会公共利益的检察监督机关，认为检察机关的“诉讼职能”与“监督职能”应当发生分离，其诉讼职能主要包括提起公诉、提起公益诉讼等方面，其监督职能则包括行政监督与诉讼监督这两个基本方面，其司法审查职能除了现行的审查逮捕职能以外，还有得到进一步扩展的空间。

◆ 在对我国司法行政体制改革作出回顾的基础上，对司法行政机关的职能定位作出了理论分析，认为我国司法行政机关既不可能采取大陆法国家的“大司法行政模式”，也不可能走向英美法国家的“司法行政兼理检察业务模式”，而只能确立一种“宏观司法行政模式”，也就是在公检法三机关所行使的“专门性司法行政事务”之中，将其中带有宏观性和全局性的司法行政事务转化为宏观司法行政事务，目前这一职能主要包括三个方面：一是公共法律服务管理职能；二是生效裁判执行职能；三是司法保障职能。

◆ 本部分还对看守所制度的改革问题进行了初步讨论，分析了公安机关掌管未决羁押机构所带来的两个制度难题，从理论上论证了将看守所从公安机关剥离出来，转由司法行政机关隶属的必要性和可行性。

第一章　司法权的性质

一、司法改革的新问题

在当下的法学领域，司法改革已经变成一个炙手可热的课题，甚至已成为横跨诸多法学学科的一门“显学”。应当说，在司法制度的基本框架设计存在缺陷的社会里，法律学者对这种制度的改革保持一定的热情，对司法制度的重建进行充分的讨论，这是值得肯定也是十分有益的。

然而，法学界在若干年前就曾讨论并倡导过刑事审判方式的改革。人们不约而同地将引进“对抗制”作为改造中国“刑事审判方式”的突破口。时至今日，中国确实在刑事诉讼领域实行了所谓“抗辩式”的审判模式。但事实证明，这种改革并没有带来中国审判方式的根本变化：绝大多数证人、鉴定人依旧不出庭作证，法庭审理依旧采用书面、间接的方式；法院内部依旧实行所谓的“承办人”制度，绝大多数案件实际是由一名负责承办的法官进行审判的，合议制名存实亡；法院在多数情况下仍然实行“定期判决”或者事先判决，法庭审理过程对法院裁判结论的决定作用依然极其微弱；法院内部仍然存在院长、庭长审批案件的惯例，审判委员会对一些“重大”“疑难”“复杂”的案件，仍然在单方面听取“承办人”汇报的基础上，进行秘密的讨论和决定……这不能不令人感到，所谓的“刑事审判方式改革”原来是一栋奠基在沙漠之上的大厦，尽管外表漂亮，但其根基有致命的缺陷，因此注定难以取得预期的成效。

当然，现在谈论的司法改革问题本身就是由“审判方式改革”的推行而引发出来的。正是由于存在司法制度方面的阻力，导致“审判方式改革”无法深入推进，也难以发挥人们所预期的效果，于是人们才意识到：原来中国司法的症结不在所谓的“审判方式”，而在整个的司法体制。可以说，现在呼吁的司法改革与当年进行的“审判方式改革”是有直接内在关联性的。

但笔者所担心的是，目前这种动用大量学术资源研究司法改革的情况，带有较为明显的功利色彩：很多人都希望开展一场深刻而剧烈的制度变革，以“毕其功于一役”地带来司法的崭新变化。笔者注意到，目前进行的司法改革研究并没有改变传统的制度研究模式：描述问题，分析成因，然后提出对策。但是，由于少有高屋建瓴的理论加以指引，也由于对司法的内在规律缺乏认识，这种研究所触及的往往只是中国司法制度中的表层问题，所提出的改革方案也只是基于利害得失之权衡的应对之策。

例如，不少人以为司法制度的改革也就是法院体制和组织的改革。但是法院在国家权力体系中本来就处于较为弱小的地位，即使是在由“公检法三机关”组成的刑事司法结构中也并不具有至高无上的权威。显然，仅仅进行法院体制的改革是无法完成整个司法制度的重建的。又如，很多人都认为，司法的行政化、官僚化是中国司法制度中存在的一个重要问题。但很少有人注意到，中国实际还存在司法权的“泛化”问题，也就是行政权、检察权甚至立法权的司法化问题。可见，对于司法的内涵和范围的确定问题，人们还没有形成一个明晰的认识。

由此看来，以法学界目前提供的思路推进司法改革，究竟能否取得预期的成效，笔者不能不表示怀疑。实际上，如果不了解司法权的性质，不对司法活动的基本规律形成明晰的认识，那么任何司法改革都将成为丧失目标和方向的试验活动。可以说，在司法改革问题上，当前最需要的是对一系列基本理论问题的冷静分析和对一些司法改革举措的理性反思。笔者并不反对进行有关的对策分析。应当说，在时机成熟的时候进行有关司法改革的对策分析确实是不可避免的。毕竟，研究司法改革问题的最终结果是要落实在改革方略的设计上。但是，对策分析包含较大的风险和变数。如果没有经过缜密的理论分析和实际论证，尤其是如果没有一系列较为成熟的理论作支撑，那么这种对策分析也将很难抓住问题的要害。

鉴于此，笔者拟对司法改革的理论基础问题进行一次尝试性的探索。笔者将围绕"司法权的性质"这一核心问题，回答诸如何谓司法权、司法权的功能、司法权的基本特征、司法权的范围等一系列理论问题。当然，限于文章的篇幅和笔者的学术兴趣，笔者基本上是以刑事司法为范例来展开分析的，但这并不意味着笔者的论述会完全局限于刑事司法的范围。笔者期望，所有关心司法改革的人士都能够对这些基础理论问题产生兴趣，并展开讨论，从而为中国司法制度的全面改革提供理论资源。

二、司法权的构成要素

什么是司法权？这一问题在不同的法律制度下可能会有多个不同的答案。从政治体制的角度来看，司法权是相对于立法权、行政权的第三种国家权力。与立法权和行政权相比，司法权的性质或许是不言自明的。例如，立法机构的使命主要是创制法律，也就是制定带有普遍适用效力的法律规范。而司法机构的使命则在于对具体案件进行裁判，并通过将一般的法律规则适用到个案之中，解决业已发生的利益争端。相对于立法权而言，司法权是一种裁判权，并且是通过将一般的法律规则适用于具体案件上，来发挥其裁判案件这一功能的。

但是，这样的解释总使人感到“三权分立”的宪政体制在限制着分析者的思路。“三权分立”不仅在英美法和大陆法国家之间本来就没有一个完全相同的模式，而且与中国实行的人民代表大会制度更是迥然有别。在几乎所有法律制度下，纯粹的“三权分立”机制都是不存在的，司法权与其他国家权力都会产生一定的交叉甚至混淆。例如，在奉行“议会至上”的英国，上议院既是议会的组成部分，又是该国事实上的最高法院。可以说，司法权在一定程度上是从属于立法权的。正因如此，英国学者认为，“要准确地界定‘司法权’是什么从来都不十分容易”，甚至在职能方面，司法与行政“在本质上是没有区别的”。[1]又如，在法国和德国，法院的司法行政事务在很大程度上要受到司法行政机构的控制，从法院的财政预算到法官的任免、升迁和薪金，司法行政机构都拥有相当大的决定权。这表明，大陆法国家的司法权在一定程度上要受到行政权的影响。

很显然，从宪政体制的角度分析司法权，固然有助于认识它在国家权力结构中的地位，但也会面临很多具体的困难。由于历史和法律传统的原因，几乎所有国家都没有确立完全整齐划一的司法模式。不过，司法权在很大程度上有其独立的技术性方面。例如，不同制度下的司法权大体上有一系列相同的定位、功能、程序、组织特征。在中国目前的政治体制下，有关司法权性质问题的研究仍可以从西方各国寻找到一定的资源。另外，各国行使司法权的机构尽管并不局限于法院，但某一国家机构只要行使司法权，就应遵循一些与司法权

〔1〕［英］W.lvor.詹宁斯：《法与宪法》，龚祥瑞译，生活·读书·新知三联书店1997年版，第165～166页。

的性质有关的规则。例如，裁判者要在争端各方之间保持中立，要同时听取双方的意见，要从各方的争辩中确定事实，制作裁判结论等。显然，司法权的性质并不要求只有法院才能从事司法活动，但无论哪一个国家机构行使了司法权，就都必须遵守一系列特有的司法程序，采取与司法性质相符合的组织形式，并发挥其特有的社会功能。鉴于此，笔者愿意选择一个特殊的技术化角度，对什么是司法权这一问题作出实证意义上的分析。

在笔者看来，司法是与裁判有内在联系的活动，〔1〕司法权往往被直接称为司法裁判权。〔2〕当然，这一命题在那些确立了基本的权力分立体制的社会中是不难解释的，而对于中国这样一个处于社会重大转型时期的国家而言，还需要加以缜密的论证。近一时期以来，中国出现了立法机构加强对所谓“个案”进行监督的趋势，检察机关的“法律监督”地位逐渐受到法学界的质疑，公安机关实际所享有的强大的行政处罚权，也受到越来越多的学者的批评。在这一背景下，将司法权界定为裁判权，对于中国司法改革目标的确定而言，是有极为重大的现实意义的。

作为裁判权，司法权与其他国家权力有一些相似的特征，如由国家宪法或其他基本法进行授权，有国家强制力加以保证，有国家提供的人力、物力、财力作为资源保障等。但在这里，我们需要关注的是

〔1〕　对于司法权，托克维尔早在100多年以前就曾直接视为“判断权”，也就是裁判权的意思。参见［法］托克威尔：《论美国的民主》（上卷），董果良译，商务印书馆1993年版，第110页。

〔2〕　当然，这一结论是需要加以论证的。对于这一工作，笔者将在下文中加以完成。一般而言，按照传统的分权学说，“司法”（justice）是与立法、行政等相对应的一个概念；而裁判（adjudication）则属于一个诉讼概念，意指司法机构通过听审（hearing），对争议双方提交的争端作出一项具有法律约束力的裁判结论。不过，相对于“裁判”而言，中国人更习惯用“审判”这一术语。这多多少少反映出中国人习惯将进行诉讼与“受审”相联系的意味。同时，“审判”被认为包含有审理和判决这两个意思，体现了司法活动的过程性。而“裁判”则被视为一种结论，难以体现这种过程性。但是在本书中，笔者倾向于将“裁判”与“审判”两词混同使用，而不作实质上的区分。

司法权相对于其他国家权力的特殊性，也就是这一权力在行使机构和方式上的特点。从权力行使过程的角度来看，司法裁判无疑就是享有司法权的机构、组织或者个人，针对申请者向其提交的诉讼案件，按照事先颁行的法律规则和原则，作出一项具有法律约束力的裁决结论，从而以权威的方式解决争议各方业已发生的利益争执的活动。[1]按照司法裁判活动的普遍特征，我们可以将其分解为以下若干个基本要素：

（1）存在一项特定的利益争端或者纠纷；

（2）特定的两方或多方（当事者）卷入上述争端之中；

（3）争端的一方将争端（案件）提交给享有司法权的机构、组织或者个人（裁判者）；

（4）裁判者作为独立于争议各方（通常为双方）的第三方，参与并主持对争端的解决；

（5）举行听证，届时争议各方同时参与，以言辞争辩的方式影响裁判者的结论；

（6）如果争端涉及事实的认定问题，争议各方需要向裁判者提交证据，传唤证人；如果争端仅仅涉及法律问题，争议各方则要提出法律方面的论据；

（7）裁判者制定并宣布一项裁判结论，以解决争议各方的争端；

（8）裁判者须在听取争议各方主张、证据、意见的基础上，对争议的事实作出认定，并将实体法确立的有关原则和规则适用于该事实之上；如仅系法律争端，则须按照法律原则、规则、先例或者有关

〔1〕 对于司法或裁判，英国学者戴维·米勒和韦农·波格丹诺编辑的《布莱克威尔政治学百科全书》下过一个完整的定义："法院或者法庭将法律规则适用于具体案件或争议。"该书尽管也强调定义"司法性行为"的困难，但仍明确地指出，司法裁判是"在诉讼案件中，对有关当事人之间的权利分配问题作出有约束力的裁决；而这些权利被认为在原则上已为现行的法律所确定"。参见［英］戴维·米勒、韦农·波格丹诺编：《布莱克威尔政治学百科全书》，邓正来译，中国政法大学出版社1992年版，第6页。该书就司法裁判所作的定义是迄今为止在中文版本的出版物中所能发现的最为简洁、准确者。

理论，对有争议的法律问题作出裁决。[1]

这种就司法权的构成要素所作的分析，旨在提供一个有关“司法权是什么”的动态图景。具体而言，第一、二项要素指明了司法裁判赖以产生的前提：存在发生在双方或多方之间的利益争端。这种争端可能发生在两个平等主体之间（民事争端），可能发生在个人与作为管理者的行政机构之间（行政诉讼），也可能发生在国家与个人之间（刑事争端）。在有些国家，利益争端还有可能发生在个人与其他国家机构以及国家机构之间（宪法争端）。而一旦两个国家、国际组织甚至个人与国家、国际组织之间发生争端，还有可能产生一种新的争端形式——国际争端。但争端不论以何种形式出现，一般都会直接牵扯有关争议各方的利益。正因如此，那些直接卷入争端之中并与争端的解决存在直接利害关系的个人、组织、机构甚至国家，通常被称为当事人。

第三项和第四项两项要素涉及的是裁判者介入并主持争端的解决问题。从历史上看，争端的解决可能有各种各样的方式。在远古时代，人类曾采取血亲复仇、部族间战争等方式私自解决利益上的争执。随着国家的产生、发展和强大，社会上逐渐出现了专门负责解决私人争端及处理严重侵害公益行为的机构，由国家控制的司法裁判制度逐渐取代了私人复仇制度。这曾被不少历史学家视为人类文明发展进程中的一次伟大成就。[2]可以说，与私立救济方式相比，司

---

〔1〕 关于司法裁判活动的构成要素，笔者在归纳时参考了英国大臣权力委员会1932年为司法职能所下的定义和所作的解释。参见［英］W.lvor.詹宁斯：《法与宪法》，龚祥瑞译，生活·读书·新知三联书店1997年版，第204～205页；［英］戴维·米勒、韦农·波格丹诺编：《布莱克威尔政治学百科全书》，邓正来译，中国政法大学出版社1992年版，第6页。另外，美国学者戈尔丁（Martin P.Golding）也曾对裁判（adjudication）的构成问题作出过分析。参见Martin P.Golding, *Philosophy of Law*, Englewood Cliffs, N.J.: Prentice-Hall, 1975, pp.108-102。

〔2〕 对此问题的详尽分析，参见［英］彼得·斯坦等：《西方社会的法律价值》，王献平译，中国人民公安大学出版社1990年版，第39页。

法裁判是一种典型的公力救济活动。代表国家行使司法权的裁判者对争端解决过程的参与，是这种争端解决走向公力救济化的主要标志。然而在现代社会中，被人们用来解决利益争端的方式并不限于司法裁判一种。例如，某甲与某乙因为一方无理拒不履行事先订立的契约义务而发生争执，某甲可以首先选择与某乙进行私下协商，以寻求私下和解或者中国民间所说的“私了”；如果和解不成，某甲还可以诉诸仲裁，由专门的商业仲裁机构作出仲裁书；如果对仲裁结论不服，某甲还可以将争端诉诸法院，接受后者的司法裁判。即使在争端进入法院之后，某甲仍然有机会与某乙寻求和解。对于某甲提出的诸如撤诉等要求，法院一般都会予以尊重。而且即使在双方未能达成和解的情况下，裁判者也可以依据法律程序，对双方的争端进行调解，若借此促使双方达成协议，争端也就可以不经过裁判而得到解决。可以说，相对于各种非诉讼手段而言，司法裁判实为最后一种解决争端的方式。

作为第三方的裁判者参与和主持争端的解决，这是司法裁判活动有别于其他争端解决方式的重要特征。与古代的私力救济相比，司法裁判活动具有和平性和非自助性。美国学者富勒（Lon L.Fuller）曾就此指出：“法治的目的之一在于以和平而非暴力的方式来解决争端。但和平解决争端并非仅靠协议、协商和颁布法律等就能实现的。必须有一些能够在争端发生的具体场合下确定各方权利的机构。”[1]司法裁判所提供的解决争端方式，使人类彻底摆脱了动辄诉诸暴力、私刑等野蛮手段的习惯。但反过来，和平性和非自助性是要靠公正、人道的司法裁判方式来维持的。一方面，司法裁判这种公力救济方式一旦由于裁判者的不公平而难以令人信服，争议各方还可能会诉诸原始的私力救济方式。可以说，私力救济作为一种

〔1〕 Lon L.Fuller, “The Forms and Limits of Adjudication”, in *American Court System*, 1978 by W.H.Freman & Company.

制度尽管已经随历史而消失，但私力救济的实践却可能在司法裁判制度不良时继续出现，从而成为司法裁判活动所要尽力避免的情况。另一方面，与和解、仲裁、调解相比，代表国家行使司法权的裁判者主持司法裁判活动，使争端的解决具有相当程度的“非合意性”和“最终性”。尽管与这些争端解决方式一样，裁判过程通常都包含有争议各方自主的协商和交涉活动，这种活动还会对裁判者的结论产生不同程度的影响，但是裁判者在诉讼中对争端的解决方案，却不会受到各方意见的完全的影响和左右，而能够相对独立地建立在所认定的事实和有关的实体法规则的基础上。争议各方充其量只能对裁判者的结论尽力施加自己的影响，以促使裁判结论朝有利于自己的方向发展，但他们并不能完全决定裁判结论的内容，因为有权制作裁判的只能是行使司法权的裁判者。与此同时，与和解、调解和仲裁无法“彻底息讼”这一点不同，司法裁判具有最终的“定分止争”作用。因为对于业已达成的和解协议，争议各方可以翻悔；对于在第三方主持下达成的调解意见，各方也还有不接受的自由；对于仲裁者所作的仲裁结论，各方还有继续诉诸诉讼的权利。而唯独司法裁判能够提供一个最终的争端解决方案。可以说，争端一旦进入司法裁判程序，经过法定的审级，拥有终审权的司法机构所作的生效裁判结论，就是对争端解决的最后方案。各方无论是否心悦诚服，都必须接受并服从该裁决，否则就可能遭受有关国家机构的强制执行，甚至因为抗拒执行裁判而承担新的消极的法律后果。

前面分析的第四、五、六、七项要素所涉及的是司法裁判的程序问题。其实，司法权与立法权、行政权尽管在所发挥的功能方面有一定的交叉或重合，但这些国家权力在行使的程序上却具有各不相同的特征。例如，立法机构在就一项法律草案进行辩论时，或许也会举行听证程序，但是这种旨在制定一般法律规则的活动却与司法裁判的程序大相径庭。首先，在司法裁判活动中，裁判者一般不能主动引进一项新的指控或主张，而只是被动地接受争议各方的申请，这与那些经常主动提出制定法律的建议或草案的立法者相比，简直是不可同日而语的。其次，司法裁判活动必须有争议各方的同时参与，他们向裁判者提出主张、证据、法律根据，并进行言辞辩论；而在立法活动中，基本就没有典型意义上的当事人，更谈不上有当事人之间的言辞争辩。最后，司法裁判的结果是作出并宣布一项旨在解决当事人之间利益争端的裁决，该裁决一般只对特定当事人和特定诉讼事件有法律约束力，其效力不及于其他社会公众。司法机构即使有权制作判例，该判例也只对下级司法机构在涉及同样或类似法律问题时具有约束力。相反，立法机构一旦经法律程序制定出法律并公布，该法律就对全体社会成员具有普遍的法律约束力。

又如，在现代各国的体制中，政府作为国家利益的代表，当然要通过行使行政权，维持社会生活的正常秩序。而法院则作为正义的化身，承担着公正解决社会争端、提供权利救济的使命。由此出发，行政权与司法权在行使方式上确有一些明显的差异：行政权一般能够主动地干预社会生活，而司法机构则只能被动地等待有人提出“诉”的请求，然后才能进行裁判；行政权可以秘密的方式行使，而司法活动则须具有必要的公开性和透明性；行政权的行使可以由行政机构单方面进行，而司法权的行使则要有发生利益争端的双方的同时参与；行政权的行使所产生的结论不一定是最终和权威的，而司法机构则有权对争端提供最终和权威的解决方案；等等。当然，司法权的性质决定了裁判者在制作裁判结论时要受到诸多方面的限制，如争议各方在听审中所提出的证据、意见、法律根据和辩论等，可以说，法庭上“发生的事情”对裁判者的裁决具有极大的制约作用，这是保证裁判者的结论令人信服的关键制度设计。由此出发，司法裁判者就不会像行政官员那样，在行使权力时拥有太多、太大的自由裁量权。司法权的上述性质，决定了在现代法治社会中，甚至连行政权本身也可以被纳入司法权的审查和控制之中，成为被裁判的一方。

司法权的最后一项要素指明了这一权力在实施法律的途径方面所具有的特殊性。这显示出司法权不仅与旨在制定而不是实施法律的立法权有明显的不同，而且与同样负有实施法律使命的行政权也迥然有别。这是因为，行政机构对法律的实施主要是通过指令、管理、指导、调查甚至惩戒等方式来进行的。通常情况下，与行政权相伴随的永远是“社会控制”，这使行政机构得以在不违背法律的前提下，制定大量的行政政策，从而拥有相当大的自由裁量权。实际上，如果我们考虑一下行政机构上下级以及行政机构的首脑与其下属之间的服从和隶属关系，考虑一下行政官员以维持社会秩序为名，对个人权利实施的限制，就不难理解行政机构主要是从国家、社会甚至它本身利益的角度来实施法律的。与此不同的是，司法机构对法律的实施则是通过一个特殊的途径进行的：首先，该机构无权对一个尚未提交来的案件进行裁判，因此它无法以实施法律为名，主动干预社会生活，而只能在争议各方将争端提交过来以后，通过裁判个案、解决争端的方式，使有关实体法规定的原则、规则得以实施。其次，司法裁判者与法律的实施不应有任何直接的利害关系，并且一般也不仅仅代表国家、社会及政府的利益，而且在发生争执的对立利益之间保持居中裁判的地位，并依据法律的规定对利益争端作出终局性裁判。最后，司法机构通过裁判活动，不仅要以公平的方式解决业已发生的争端，而且还承担着维护国家法律统一实施的使命。尤其在现代法治国家，终审法院更要对法律的统一实施甚至宪法的解释发挥重大的作用。

三、司法权的功能

从司法权存在的本来目的来看，其功能就是以权威的方式解决那些业已发生的利益争端，并使各项法律通过具体案件得到实施。

这似乎是不言而喻的。但如果对此作进一步的思考，就不能不令人产生这样的困惑：一方面，司法权无疑也是一种缺点和优点同样显著的国家权力，它在为那些权益面临威胁者提供救济机会的同时，也有拖延时日、耗费大量资源的问题。既然如此，为什么在一些场合下还必须引进司法权的控制？另一方面，如果说行政权是一种带有主动性、扩张性甚至侵犯性的权力的话，司法权也同样可能因滥用而使个人权益受到威胁，如果不加限制，司法权甚至会比行政权更加令人畏惧。在司法改革中，如果仅仅着眼于诸如立法、司法和行政等国家权力之间的分配，而不提供这种分配的正当理由，那么人们就会认为，这种改革不过是国家权力的重新配置而已，不具有实质上的意义。为防止司法改革出现这样一种结果，我们应当回答：一种设置合理的司法权究竟具有哪些功能，使它对社会生活的介入是合理和正当的？

实际上，司法制度的改革固然会涉及国家权力的重新配置问题，但如果仅仅将此作为着眼点的话，那么这种改革注定将误入歧途。只有为司法改革注入人权保障的因素，只有将司法权与普遍意义上的公民权利甚至政治权利联系起来，也只有使司法机构更加有效地为那些受到其他国家权力侵害的个人权益提供救济，司法权的存在和介入才是富有实质意义的。

具体而言，为建立一种基本的法治秩序，必须将公民个人的一系列基本权利确立在宪法之中，并且树立起宪法的最高法律权威。所有国家权力机构，无论是立法机构还是行政机构，都只能根据宪法从事各种公共领域的活动，而不能违背宪法的规定和精神。在这一维护宪法并进而实现法治的过程中，司法权的存在具有特殊的重要意义：它为个人提供了一种表达冤情、诉诸法律的基本途径，它使那些为宪法所确立的公民权利能够得到现实的维护。如果司法权在程序、组织等各个环节上设置得趋于合理，那么面临各种公共权力侵害或威胁的个人，就可以通过司法这一中介和桥梁，与国家权力机构进行一场平等的理性抗争。可以说，司法权越能保持中立性、参与性和独立自主性，公民个人就越能借此“为权利而斗争”，各种国家权力也就越能受到有效的宪法或法律上的控制。因此，所有司法改革方略的设计都必须建立在这样一个基础之上：确保个人权利与国家权力取得更加平等的地位，使个人能够与国家权力机构展开平等的交涉、对话和说服活动。

表面看起来，司法裁判活动都是在司法机构直接主持或参与下进行的，这似乎意味着凡是司法机构不参与的活动也就不属于司法裁判活动。但一项活动是否具有司法裁判属性并不只以司法机构是否参与为标准。实际上，“无权利则无司法”“无救济则无权利”。如果说司法权是一种由司法机构所行使的裁断权的话，那么这种司法裁断权的存在则主要是为了给那些受到威胁、限制、剥夺的权利提供一种法律上的救济，同时还给国家权力机构所行使的公权力施加一种法律上的限制和约束。如果说行政机构只是特定国家利益或社会利益的代表的话，那么法院则要在各种社会利益（尤其是发生冲突的利益）之间保持相对的中立，并侧重从为受到非法侵害的权利提供救济方面，对上述利益进行协调。[1]人们通常所说的行政权的最高价值在于效率，与司法权永远相伴随的则是权利救济和维护正义，也就是从这一角度而言的。

司法权存在的基础之一就在于为各种各样的权利提供一种最终的救济机制。从技术的角度来看，旨在解决争端的民事裁判活动，实质上不过是在为权利受侵害者提供一种获得司法救济的渠道；从表面看来似乎只是解决作为管理者的行政机构与被管理者的个人之间

〔1〕 按照德国法学家拉德布鲁赫的思想，“行政是国家利益的代表，司法则是权利的庇护者”。参见［德］拉德布鲁赫：《法学导论》，米健、朱林译，中国大百科全书出版社1997年版，第100页。

利益纠纷的行政裁判活动，实际就是在为个人提供一种获得司法救济的途径；从形式上看来是以解决宪法争端、解释宪法为宗旨的宪法裁判活动，其实也是建立在为个人、组织、机构等提供司法保障的基础上的。至于刑事诉讼中的裁判活动，则更是为被告人提供了极为重要的获得听审、向中立司法官进行申辩的机会。可以说，离开了司法机构的参与，刑事追诉活动将很难不“异化”为一种行政性的治罪活动甚至带有军事意味的镇压活动；没有司法权的控制，行政权也将成为带有压制性和专横性的力量；失去司法机构的救济，所有公民权利最后都难以从书面权利变成有生命力的现实权利，甚至会名存实亡。相对于其他权利救济和保障手段而言，司法救济具有终局性和权威性。人们通常所说的“司法最终裁决原则”，其实就指明了司法裁判对于个人权利的最后救济和终局保障作用。

司法权存在的基础之二在于为各种各样的国家权力施加一种特殊的审查和控制机制。鉴于司法权具有的这一性质，人们一般又将其直接称为司法审查权。对于行政裁判而言，法院的介入旨在对行政机构的行政管理权实施直接的审查、制约和控制，以防止行政机关出于便利、效率等功利性的考虑而可能出现的权力滥用行为，从而将这种权利限制在宪法和法律许可的范围之内。对于宪法裁判而言，各国司法机构对宪法争议问题的介入，也可以对立法权、行政权等国家权力施加一定的限制，从而促使其具有宪法和法律上的合法性和正当性。同样，对于刑事诉讼中的裁判活动而言，法院对被告人刑事责任的审判，一方面为被告人提供了一次获得听审的机会，另一方面也是对警察和检察机构的追诉结论实施的独立审查，从而构成对警察权和检察权的一种司法控制。不仅如此，司法机构在审判前实施的程序性裁判活动，还直接使警察、检察机构限制个人基本权益的行为，受到司法机构的独立审查和程序控制。可以说，这种司法审查机制的存在，是防止其他国家权力出现滥用和专横的特殊保障，也是法治秩序赖以维系的关键制度设计之一。

分析至此，我们可以得出一个结论：司法权范围的确定必须紧紧围绕是否有个人基本权益需要司法救济和司法保障，以及是否有某种国家权力（尤其是行政权力）需要司法审查和控制这两项标准来进行。离开对权利的司法救济和对权力的司法审查这两点，司法权的介入就可能在很大程度上是奢侈和多余的。反过来，在某种基本权利受到限制、剥夺的场合，在某种国家权力（尤其是行政权）可能出现扩张、滥用的关口，如果没有司法权的介入和控制，就可能导致权利受到任意的侵害而无处获得救济，权力出现恣意的行使而不受制衡。在此情况下，自由、权利将被秩序、安全所湮没，正义将不复存在。

四、司法权的基本特征

鉴于司法的行政化、官僚化和地方化已经成为中国司法改革中亟待解决的问题，人们很可能会提出这样一些问题：究竟司法权与行政权有哪些具体的区别？司法机构在活动程序、独立程度、组织等方面应遵循哪些特殊的原则，才能最大限度地避免司法的行政化？

看来，在解释了司法权的构成要素和功能之后，我们确有必要对司法权的特性作出具体的归纳和总结。当然，笼统地考察一种国家权力的特征，往往会显得不着边际，有关的归纳和总结不可避免地会有所疏漏。不过，我们可以行政权作为分析的参照物，从司法权与行政权所存区别的角度，来解释司法权的基本特征。这种解释或许不够全面，但对于中国的司法制度而言，可能更具有针对性，并能够为司法制度的重建提供一些可操作的指导性原则。以下的分析将从两个方面进行：一是司法权的独立性；二是司法权的程序特征。在程序方面，司法权具有六个基本特征：被动性、公开和透明性、多方参与性、亲历性、集中性和终结性。

(一)司法权的独立性

一般来说,行政权具有较为明显的上令下从或依附的性质。因为行政官员在进行行政管理时都必须服从其行政主管的命令或指挥;下级行政机构必须接受其上级行政机构的指令;在从事行政管理活动时,行政官员也不具有不可替代性,而是可以随时更换的。显然,无论是单个行政官员还是行政机构整体,在行使权力时都不具有较强的独立性。与此相反,司法权的典型特征之一就是具有独立自主性。无论是司法机构还是个体司法官员,在从事司法裁判活动时都必须在证据采纳、事实认定以及法律适用等方面保持独立自主性,不受来自司法机构外部或内部的任何压力、阻碍或影响。

司法权因相对弱小且法官极易受到外部控制而使其独立性得到强调,〔1〕但是,这种独立绝不意味着法官可以不受任何制衡甚至恣意妄为。事实上,无论在哪个社会里,司法权的独立行使都不是绝对的,而只是意味着司法权"相对于哪些人、哪些机构保持独立的问题"。换言之,只要社会中存在使司法权受到不正当控制、干预、影响的力量或权威,那么,保障法官独立审判就将是该社会不可回避的司法目标,该司法制度将面临能否以及如何克服这些既有的控制、干预、影响的问题。

在笔者看来,要保证司法权的独立行使,就要确保司法裁判者在进行司法裁判过程中,只能服从法律的要求及其良心的命令,而不受任何来自法院内部或者外部的影响、干预或控制。这里的裁判者是指代表某一司法机构行使司法权的个人或者组织,它可以是个体法官,也可以是由若干名法官或陪审员组成的法庭,还可以是由非法律

〔1〕 汉密尔顿对司法权的易受侵犯性有清醒的认识:"司法部门既无强制,又无意志,而只有判断;而且为实施其判断亦需借助于行政部门的力量",因此,"司法机关为分立的三权中最弱的一个,与其他二者不可比拟……故应使它能以自保,免受其他两方面的侵犯"。参见[美]汉密尔顿等:《联邦党人文集》,程逢如等译,商务印书馆1995年版,第390~411页。

职业人士组成的陪审团。裁判者要做到独立行使司法权，就必须严格依据法律的规定设立并履行裁判职能，即依照程序法的规定进行裁判活动，根据实体法的规定对案件制作裁判结论。这一独立行使司法权的核心要求，又可以称为裁判者的“职能独立”或者“实质独立”。

要确保裁判者独立行使司法裁判权，就必须建立起一个必要的制度保障机制。这一点恰恰是最为困难，也是争议最大的一个问题。在以前的研究中，笔者曾提出并分析过审判独立的四项要素，其中的后三项要素是“法官的身份独立”、“法院的整体独立”和“法院的内部独立”。[1]当然，也有学者对此作过不同的归纳。如有人将司法权独立行使的制度保障区分为当事人的独立、职能的独立、机构的独立和内部的独立四项，[2]有人则将其视为司法权的独立、司法主体的独立、司法行为的独立和司法责任的独立等要素的混合体，[3]还有人注重区分外部独立和内部独立两个基本层面。[4]

基于司法权的独立性容易受到来自法院之外、之内两个方面的威胁，也基于法官个人在任职条件方面极容易受到控制的现实，司法权的独立行使至少需要有五个层面的保障机制：一是法院的整体独立或外部独立；二是法院的内部独立；三是法官的身份独立；四是法官的职业特权；五是法官的职业伦理准则。[5]以下拟对这五个方面作一简要解释。

---

〔1〕 参见陈瑞华：《刑事审判原理论》(第2版)，北京大学出版社2004年版，第三章第三节。

〔2〕 参见蒋惠岭：《我国实现独立审判的条件和出路》，载《人民司法》1998年第3期。

〔3〕 参见谢晖：《价值重建与规范选择》，山东人民出版社1998年版，第490～492页。

〔4〕 参见王利明：《司法改革研究》，法律出版社2000年版，第86～88页。

〔5〕 参见Shimon Shetreet, *Judicial Independence: The Contemporary Debate*, Martinus Nijhoff Publishers, 1985。

第一项制度保障，即所谓“法院的整体独立”，是指法院无论在司法裁判还是在司法行政管理方面，都独立于法院之外的机构、组织和个人，不受外部力量或权威的控制和干预。考虑到法院的司法裁判和司法行政管理活动极容易受到其他国家权力机构的控制和干预，因此法院必须首先独立于行政机构和立法机构；又鉴于法院的司法裁判活动也可能受到新闻传媒、大众舆论等方面的不当影响，因此，法律必须建立可使法院摆脱传媒和舆论影响甚至控制的制度机制。这些在目前的中国显然是存在不少问题的。

第二项制度保障，即“法院的内部独立”，是指法官进行司法裁判活动过程中独立于其同事以及上级法院的法官。法院内部在保障法官独立裁判方面如果存在制度上的瑕疵，法官就可能受到其他法官、法院司法行政首脑以及上级法官的控制。这同样会危及司法权的独立行使，使法官在司法裁判方面依附于本法院的院长、庭长、审判委员会，甚至受制于上级法院。这种内部独立在中国显然也是存在问题的。

第三项制度保障是“法官的身份独立”。也就是法官的任职期间和任职条件应得到特殊的充分保障。如果法官的任职期间不固定、定期轮换或较为短暂，或者法官在薪俸、晋升、调转、惩戒等方面完全受制于某一机构、组织或者个人，甚至直接受到司法行政首脑的控制，那么法官就不可能从容不迫地依法独立进行裁判活动，而会出现职业服从甚至人身依附现象。这种问题在中国表现得尤为明显。

第四项制度保障是确立一系列的“法官的职业特权”，使法官在履行司法裁判职能时享有特殊的职业保障。确立这些特权的目的在于，使法官在行使司法权方面免受一系列的指控、追究、评论，从而为法官独立进行裁判活动创造必要的安全氛围。例如，法官在司法裁判过程中所发表的言论不受刑事或者民事指控；法官正在对案件进行的审理情况不受外部评论；法官对案件进行的审理和所作的裁判结论不得被列入议会的讨论日程;等等。这些特权在中国还基本上没有确立。

第五项制度保障是要建立较为完善的"法官的职业伦理准则"。如果说法官的职业特权可以使其拥有一些特殊保障的话,那么职业伦理准则的建立则使法官的行为受到必要的限制,以促使其免受一些不正当的影响,从而独立从事司法裁判活动。例如,在一些法治国家,法官一般被禁止参与政治活动,不能在政府甚至议会担任职务,不能过多或者过于积极地参加社会活动,不能从事商业经营活动,不能担任执业律师,不能从事一些可能有损其职业尊严和法官形象的活动。这种行为准则在中国也没能完整地建立起来。

(二)司法权的程序特征

1.被动性

通常情况下,行政机构靠其对社会生活的主动干预、管理、控制,来维护国家和社会的利益。但与此不同的是,司法裁判活动在启动方面要保持被动性。这种被动性也就是所谓的"不告不理"。德国学者将司法裁判的这一特征直接称为"控告原则"。[1]在美国学者格雷看来:"法官是一种由某一有组织的机构任命,并应那些向其主张权利的人申请而确定权利和义务的人。正是由于必须有一项向他提出的申请他才采取行动这一事实,才将法官与行政官员区别开来。"[2]一百多年以前,托克维尔通过考察美国司法制度的运作情况,对司法权的被动性作出过形象的描述:"从性质上来说,司法权自身不是主动的。要想使它行动,就得推动它。向它告发一个犯罪案件,它就惩罚犯罪的人;请它纠正一个非法行为,它就加以纠正;让它审

〔1〕 关于德国诉讼制度中的"控告原则",读者可参见陈瑞华:《刑事审判原理论》,北京大学出版社1997年版,第四章第一节。

〔2〕 See Donald L.Horowitz, *The Courts and Social Policy*, the Brookings Institution, 1977, pp.22-23.

查一项法案，它就予以解释。但是，它不能自己去追捕罪犯、调查非法行为和纠察事实。”[1]可以说，被动性是司法活动区别于经常带有主动性的行政活动的重要特征之一。

裁判者的被动性首先体现在司法程序的启动方面，其基本要求是：法院的所有司法活动只能在有人提出申请以后才能进行，没有当事者的起诉、上诉或者申诉，法院不会主动受理任何一起案件。换言之，法院不能主动对任何一项社会争端或事项进行裁判活动，它也不能主动干预或介入社会生活，而只能在有人向其提出诉讼请求以后，实施司法裁判行为。同时，法院一旦受理当事者的控告或者起诉，其裁判范围就必须局限于起诉书所明确载明的被告人和被控告的事实，而绝不能超出起诉的范围去主动审理未经指控的人或者事实。换言之，法庭的裁判所要解决的问题只能是控诉方起诉的事实和法律评价，即被告人被指控的罪名是否成立；如果认为成立，就按照控方主张的罪名作出有罪裁判；如果认为不成立，则应作出无罪判决。法院如果超出这一限制，而主动按照控方未曾指控的罪名给被告人定罪，就与司法程序的被动特征和“不告不理原则”直接发生冲突。

司法裁判权的被动性不仅在第一审程序中有所体现，而且也适用于上诉审和再审程序之中。笔者注意到，无论在英美法还是大陆法国家，尽管上诉审的审级设置以及上诉审的构造各不相同，但上诉审法院在就未生效裁判进行重新裁判时，几乎无例外地都要受制于上诉申请的事项范围。换言之，上诉审法院对于控辩双方未曾提出异议的裁决内容，一般均视为已被双方接受，而不再进行审查或重新作出裁判。如果对于初审裁决结论，控辩双方不持任何异议，在法定上诉期放弃上诉权，那么上诉审程序根本也就没有必要发动。与此同时，两大法系国家的再审程序尽管各具特色，但有一点是共同的：

〔1〕［法］托克维尔：《论美国的民主》（上卷），董果良译，商务印书馆1993年版，第110页。

任何法院都不得自行主动撤销某一已经发生法律效力的裁决，从而启动再审程序，再审只能由检察机构和被告人双方申请启动。

司法权的这种被动性还体现在程序性裁判活动中。法院无论是就警察或检察官的逮捕、搜查、扣押、羁押等进行司法授权、初次听审，还是就被羁押者的申请进行司法审查，都只能在控告者（警察或检察官）、“上诉者”（被羁押者）提出有关诉讼请求的前提下进行。换言之，为那些权利受到威胁或侵害的人提供救济的司法审查，本身就是一种被动性的制度设计，没有有关的诉讼请求，法院不会进行这种司法裁判活动；法院对那些程序性事项的合法性审查，也主要局限在申请者提出的诉讼请求范围之内。

那么，法院在启动司法裁判程序方面为什么要保持被动性呢？这可以从以下几点进行解释：（1）只有被动地运用司法权，法院才能真正在争议各方之间保持中立和不偏不倚，而主动地发动裁判程序，或者主动将某一事项纳入司法裁判的范围，只能使法院丧失中立裁判者的立场，实际帮助案件的原告或者被告与对方进行诉讼抗争；（2）法院不主动干预控辩双方之间的讼争，可以为双方平等地参与司法裁判过程、平等地对法院的裁判结论施加积极的影响创造基本的条件；（3）法院不主动发动新的诉讼程序，有助于裁判的冷静、克制和自律，防止出现裁判者在存有偏见、预断的心理预期的前提下，进行实质上的自我裁判活动。按照拉德布鲁赫的说法，如果裁判者同时也是控告者，就必须由上帝担任辩护人；[1]（4）司法权的被动性是确保裁判过程和结论获得争议各方普遍认同、确保裁判者的公正形象得到社会公众信赖的基本保证之一。

2.公开性和透明性

与行政活动通常呈现的秘密性和封闭性不同，司法裁判活动应

〔1〕［德］拉德布鲁赫：《法学导论》，米健、朱林译，中国大百科全书出版社1997年版，第121页。

当具有公开性和透明性。所谓公开性，是指司法裁判的全过程一般应当向社会公众开放，允许公众在场旁听，允许新闻媒体采访和报道。公开审判包括两大基本内容，即整个法庭裁判过程的公开和法院裁判结论的公开。一般认为，获得公开审判既是被告人的一项诉讼权利，也是普通社会公众的一项民主权利。为了保证被告人切实获得这一权利，法院的审理过程一般应采取口头和公开的形式，法院有义务将公开审判的时间和地点预先公布于众，并且为公众旁听法庭审判提供充分的便利。在审判过程中，法庭不得将在场旁听审判的人限制在特定的范围之内，并应允许新闻记者在场报道。

公开审判向来被视为司法公正的基本保障之一，甚至被各国宪法视为维护民主和法治的基本法律准则。但是这种就审理过程和裁判结论所做的公开，仍然具有较强的形式意味。英国宪法学者詹宁斯就曾指出："公开审判的重要性很容易被夸大。公开审判仅意味着公众中的一些人可以旁听，如果报界认为案件很有趣，可以报道其中的一部分。"[1]我们可以假定这样一种情况：某法院将法庭审理的过程都予以公开，公众能够旁听到开庭、法庭上的证据调查、法庭辩论等庭审的各个环节；审理结束后，法院也将其所作的裁判结论向公众进行了公开宣布。但是，人们注意到，这一公开宣布的裁判结论并没有建立在法庭审理的基础上，很多在法庭上提出和辩论过的证据都没有被法院采纳，而被法院作为裁判依据的则是未曾在法庭上提出和辩论过的证据；法院的审理过程与裁判结果的宣布之间，存在较长一段时间，法庭审理完毕后并没有立即进行评议和形成裁判结论；并且法院公开的只是裁判的结论，而没有将裁判结论赖以形成的理由和根据进行详细的分析，因此判决书的内容极为简要；等等。

显然，仅仅做到法庭审理过程的公开和裁判结论的公开，是远

〔1〕［英］W.lvor.詹宁斯:《法与宪法》，龚祥瑞等译，生活·读书·新知三联书店1997年版，第171页。

不足以防止司法不公现象发生的。因为审理过程的公开仅仅使公众了解到控辩双方争议的展开、证据的提出、双方的辩论等具体环节；而裁判结论的公开也仅仅使公众获知法院最后解决争端的方案。在公开的审理过程与裁判结论的形成之间，还缺少一个中间环节——裁判结论形成的过程、理由和根据的公开。旁听过法庭审理过程的公众、报道过案件审判情况的新闻媒介，可能更想了解这一裁判结论“究竟是怎么形成的”，或者裁判结论“赖以制作的依据是什么”。这种裁判结论在形成过程、根据和理由方面的“公开”，其实是指司法裁判的透明。然而司法裁判活动的公开有一个不容回避的界限：裁判者的评议过程必须是秘密的。这一方面可以保证裁判者能够从容不迫地整理自己通过庭审所形成的思路，客观而无顾虑地发表自己的裁判意见和理由；另一方面也可以防止控辩双方以及社会公众对自己裁判结论的非理性影响，给裁判者以理性讨论的机会和场所。因此，裁判者的评议秘密必须加以保证。但是，这种不得已而为之的秘密评议，给公众了解评议过程和裁判的形成依据和理由造成了困难，同时也给裁判者滥用裁判权甚至枉法裁断制造了机会和可能。为此，现代法治国家设计出了一种旨在确保公众事后了解裁判形成过程和理由的制度：裁判结论公开后的理由说明以及判决书的详细载明理由。根据前一制度，法院在宣布裁判结论以后，一般不得急于休庭，而是就裁判的事实和法律根据，以及裁判时所考虑的主要因素作一简要的说明，以便使被裁判者和旁听公众了解裁判形成的依据和理由。而根据后一制度，法院就任一案件所作的判决书都必须详细公布控辩双方各自的证据、论点和主要争议点，说明接受某一证据的理由，拒绝采纳某一证据的根据，以及作出裁判所考虑的各项因素。甚至在一些国家的最高法院，判决书还要明确载明法官就案件的裁判存在的分歧及各自的理由。这种就裁判形成过程和理由的事后公开，实质上是在增强司法裁判的透明度，使社会公众对裁判结论的形成过程和理由一目了然，从而增强参与意识，加强对法院的信任。与此相关的是，不少法治国家还建立了判决书向社会公众开放的制度，使普通公众可以随时查阅法院的任一判决书，了解有关案件的裁判结论及其形成过程和依据。

司法裁判活动的这种透明性尽管并不完全等于公开性，但两者的目的是一致的：使社会公众真正全面地了解司法裁判活动的过程、裁决形成的依据，从而真正参与到裁判过程之中，对法院的裁判施加外部的影响和制约；使被裁判者——尤其是刑事被告人的各项诉讼权利得到切实的行使；使裁判者克服自己人性中固有的弱点，压制住诸如私欲、偏见、先入之见等因素的影响，尽可能依据证据和法律制作裁判结论。正因如此，审判公开又被称为“形式上的公开”；而裁判的透明性则被视为“实质上的公开”。

3.多方参与性

一般而言，行政活动是由管理者与被管理者双方构成的，行政机构在作出行政决定时通常采取一种单方面运作的形式。与此不同的是，司法裁判一般有作为第三方的裁判者参与，裁判活动要在争议各方同时参与的情况下进行。具体而言，司法机构无论是实施涉及被告人是否承担法律责任的实体性裁判，还是就某一诉讼行为是否合法和正当进行程序性裁判，都不能单方面地进行，而必须在作为被裁判者的控辩双方同时参与下，通过听取各方举证、辩论的方式来进行。否则，无论是被裁判者还是普通社会公众，都可能对那种由裁判者单方面进行的司法裁判活动的公正性提出异议。

参与性体现在司法裁判活动的全过程。我们从现代法庭的设置和运作方式上，可以看出裁判活动要通过控辩双方与裁判者进行面对面的交涉、说服和争辩来进行；从法官在法庭之外的活动方式来看，裁判者在形成其内心确信过程中，始终要有控辩双方相伴随，并允许他们发表意见。即使在一些国家设立的审判前的司法审查程序中，法官也要在警察与犯罪嫌疑人同时在场的情况下，进行司法授权、初次听审以及司法救济活动。

司法裁判活动为什么要采取多方参与的形式呢？裁判者难道就不能自行或单方面地进行裁判活动吗？其实，多方参与只不过是在维护司法裁判过程的基本道德品质，使这一活动具备最低限度的公正性。在很多个世纪以前，英国人就奉行“自然正义法则”。根据这一法则，裁判者必须同时听取控辩双方的意见，这被视为法律程序正当性的基础之一。美国学者富勒甚至将被裁判者的参与直接视为现代裁判活动的本质属性：“使裁判区别于其他秩序形成原理的内在特征在于，承认那些将要受到裁判所作决定直接影响的人能够通过一种特殊的形式参加裁判，即承认他们为了得到有利于自己的决定而提出证据并进行理性的说服和辩论”，“裁判的本质就在于——受判决直接影响的人能够参加判决的制作过程”，“一种法律制度如果不能保证当事人参加到裁判活动中来，就会使裁判的内在品质受到破坏”。[1]丧失多方参与性的裁判活动之所以会使裁判的内在品质受到破坏，是因为这种裁判不具备最起码的公正性。具体而言，控辩双方作为与案件结局有直接利害关系的人，对自己获得胜诉的结果都有合理的预期，并有为维护自己实体性权益进行程序性“斗争”的意愿。如果裁判者背着控辩双方或者其中任何一方，单方面地进行所谓的“裁判”活动，无法参与的一方实际就被排除于裁判过程之外，失去了反驳不利于本方主张、影响裁判结论的机会，而只能被动地承受裁判者对自己权益的处分，消极地等待裁判者对自己权益、前途甚至命运的裁决。由此，被裁判者一般会产生其人格被“看轻”、利益被忽视甚至无视的感觉，其不公正感也会油然而生。显然，参与那种涉及个人权益的裁判活动，其实来自人性的基本要求：被人尊重的要

〔1〕 Lon L.Fuller, “The Forms and Limits of Adjudication”, in *American Court System*.

求和欲望会促使被裁判者积极地寻求影响裁判结论的机会。

4.亲历性

一般而言,行政活动具有一定的非正式性。例如,行政官员可以在办公室、现场或其他非正式场所进行行政管理活动;行政官员可以通过听取下级官员的口头或书面汇报,对有关事项作出决定;等等。但与此不同的是,司法裁判活动必须以某种相对正规的方式来进行:裁判者必须主要局限在法庭上、在控辩双方同时参与下进行活动;裁判者必须亲自接触控辩双方提交的证据,而且所接触的还必须是证据的最原始形态;在法庭审理中,裁判者必须始终在场,直接听取控辩双方以口头方式进行的举证、质证和辩论;等等。这种裁判方式一般称为"裁判者的亲历性",在诉讼法上又可称为"直接和言词原则"。

所谓亲历性,也就是裁判者要亲自经历裁判的全过程。亲历性有两个最基本的要求:一是直接审理;二是以口头的方式进行审理。前者要求裁判者在裁判过程中必须亲自在场,接触那些距离原始事实最近的证据材料。后者则要求裁判者必须以口头方式进行裁判活动,听取控辩双方以口头方式提交的各类证据。直接审理的反面是间接审理,也就是通过听取别人就裁判所提出的意见来对案件作出裁判;口头审理的反面则是书面审理,也就是通过审查书面案卷材料,来对案件作出裁判。间接审理和书面审理走到极端,可以变成裁判者单方面实施的书面审查程序,控辩双方连出庭参与裁判活动的机会也会失去。这样,司法裁判的性质也就丧失殆尽,以至于"异化"为一种行政活动。

在司法裁判过程中,亲历性一般有多项基本要求:裁判者必须始终在场,而不能随意更换,否则后来参与裁判活动的法官就可能无法"亲历"先前已经进行完毕的证据调查和法庭论辩活动;裁判活动也不能随意中断,否则裁判者对业已过去的审理情况就难以有形象、直观的认识，甚至会随着时间的流逝，淡忘那些已经审查和辩论过的证据、意见和主张，以至于不得不依据书面材料进行裁判；裁判者对所有提供言词证据的人，包括证人、鉴定人、被害人、被告人等，都必须当面听取其口头陈述，听取控辩双方就其陈述所进行的质证和辩论，否则这些人提供的书面陈述或意见就会成为裁判者制作裁判结论的依据，裁判的书面化和间接化就会随即出现。尤其是对于那些旨在重新确定案件事实的裁判活动，这种建立在直接审理和口头审理基础上的亲历性，显得尤为重要，也会有较为完备的程序体现。对于那些仅仅涉及法律适用问题的裁判活动而言，亲历性也会提出一种最起码的要求：通过开庭，裁判者亲自当面听取控辩双方的诉讼主张和意见，然后以此为依据制作裁判结论。即使是对于单纯的程序性裁判活动，裁判者也必须亲自接触控辩双方，了解其证据、主张和意见。

亲历性是由裁判活动的目的所决定的。对于裁判者而言，其裁判结论直接涉及就有关各方的争端作出权威性解决的问题，也涉及对各方权利、义务或责任的重新分配，因此，如何确保裁判结论能够为控辩双方自愿接受、表示信服或减少不满，就成为裁判者所必须考虑的事情。而裁决结论的被接受程度除了与这一结论本身是否反映案件事实原貌以及是否符合实体法的要求有关以外，还与裁判过程是否公正密切关联。因为裁判者的裁判过程如果不能使人受到公正的对待，尤其是剥夺或者限制了被裁判者的参与机会，即使裁判者就案件所作的裁决结论再“正确”，或者再符合实体法的要求，被裁判者也很难愿意接受这种裁决结论。在这里，对裁判过程的不满会进而导致对裁决结论公正性的怀疑。而亲历性恰恰可以保证裁判者亲自接触并听取控辩双方的证据、主张和意见，并将其裁决结论直接建立在当庭听取并审查过的证据和辩论的基础上，使控辩双方对裁判过程的参与不仅较为充分，而且能够有效地发挥作用——影响裁判者结论的形成。尤其是对于处于弱者地位的刑事被告人而言，裁判者的亲历性还使其获得对控方证据进行反驳、使本方证据得以展示在法庭上的机会，并能够通过自己的诉讼活动，直接对裁判者的裁决结论施加积极的影响。这会使被告人由此产生一种受尊重甚至受到公正对待的感觉。相反，如果裁判者不亲自参与裁判全过程，而是通过听取其他人员汇报、审查书面材料甚至不当面接触控辩双方的方式进行裁判活动，作为被裁判者的控辩双方将很难产生受尊重的感觉，裁决结论也很难得到双方的自愿接受和认同。

5.集中性

行政机构在进行管理、控制、协调等行政活动，甚至在作出行政决定时，通常具有一定的灵活性和自由裁量权。例如，作出行政决定的程序可以基于方便、效率的原则加以中断；负责某一行政事项的官员可以中途退出该行政活动，新替换上来的官员则可以继续进行行政活动；由于缺乏一种集中进行的行政过程，行政决定完全可以缓缓产生。与此相反，司法裁判活动要采取集中进行的方式。所谓集中进行，也就是裁判活动要在相对集中的时间、集中的场所连续不断地进行，直至形成最后的裁判结论为止。裁判的集中性是与裁判者的亲历性密切相关的，它首先有两个基本要求：裁判者不更换和裁判过程的不间断。根据前一要求，作为裁判者的法官、陪审员在对一个案件尚未形成裁决结论之前，不得中途更换，否则业已进行完毕的裁判活动无效。为此，不少国家都建立了候补裁判者制度，对于那些预计将持续较长时间的裁判，预先设置若干名法官、陪审员在场旁听，使其在作为裁判者的法官、陪审员因生理、心理等原因不能胜任裁判者的职责时，及时加以替补。而根据裁判过程不间断的要求，裁判过程应当持续不断地进行，并将裁判过程中的休庭次数和休庭时间减少到最低的程度。

司法裁判的集中性还有一项非常重要的要求：裁判者对于控

辩双方的利益争端，必须在法庭审理过程结束后，随即形成裁决结论。换言之，裁判者进行完毕证据调查、法庭辩论等活动之后，必须立即进行评议，形成裁决结论，而不能随意地中断裁判形成过程。人们通常所说的“当庭判决”就是指这个意思。不过，“当庭判决”并非要求裁判者在法庭上即时制作裁决结论，而是指对案件裁判的评议过程应当在法庭审理结束后随即进行，不得中断。与“当庭判决”相对的是所谓的“定期判决”，也就是在法庭审理结束若干时间后，裁判者再进行评议和制作裁决结论。“定期判决”由于使法庭审理过程与裁决结论的形成之间存在一定的时间间隔，从而使裁判者亲历的裁判过程难以直接决定裁决结论的形成，因此向来被视为一种例外。当然，裁决结论一旦形成，就应当尽快宣布。

司法权的集中性对于维护裁判程序的自治性是极为重要的。对于争议各方而言，裁判者只有将其结论建立在法庭上确认的证据和事实的基础上，才能确保各方对裁判过程的有效参与，使各方受到公正的对待。对于裁判者来说，将裁判结论直接形成于法庭审判过程之中，而不是庭审过程之外、之前，这是对其权力的重要约束，也是其裁决获得各方信服的关键保证。但是，如果裁判者经常随意中断听审过程，或者合议庭成员在听审中间发生变更，或者裁判者在听审活动结束后迟迟不作裁判，那么，裁判者就会对法庭上“发生的事情”形成模糊认识，甚至根本无从形成清晰的印象，其裁判结论也就无法完全建立在听审过程的基础上。当然，裁判即使集中进行，也并不必然能避免裁判者的恣意枉断。但是在司法裁判活动随意中断、裁判者随意更换、裁判结论不当庭形成的情况下，裁判者肯定会将法庭审理置之不顾，从法庭之外寻求裁判的根据和灵感。这种情况一旦出现，司法不公甚至司法专断的现象也就相伴而生，裁判程序的自治甚至正义也就无从谈起。

6.终结性

司法裁判活动应当具有一种“终结性”，也就是法院在作出生效裁判之后，非依法律明确规定，不得启动对该案件的再审程序；控辩双方之间的利益争端一旦由裁判者以生效裁判的形式加以解决，一般就不得再将这一争端纳入司法裁判的范围。“终结性”是对司法裁判活动在终结环节上的要求，也就是要求裁判活动必须具有终结性，即具有“定分止争”的效力。

在刑事诉讼中，司法裁判的终结性一般又被称为“一事不再理”或者“禁止就同一行为实施双重追诉”。“一事不再理”是大陆法国家实行的一项诉讼原则，要求刑事追诉机构和司法裁判机构，对于任一业已经过生效裁判的案件，一般不再启动重新追诉或裁判程序。为此，对生效裁判的再审一般被视为一种例外，要在申请主体、申请理由、申请时效等方面受到极为严格的限制。在大陆法国家的学者看来，“一事不再理”原则的贯彻可以维护法的安定性，防止因为再审的随意开启而破坏法律实施的稳定性和安全性。“禁止双重追诉”又可称为“免受双重危险”，是英美等国坚持的一项重要诉讼原则。这一原则既对国家刑事追诉权构成一种限制，又对那些处于被追诉地位的个人成为一种特殊保护。具体而言，国家的刑罚权必须被限制在一定范围之内，不能无限扩张和不受节制；对个人的刑事追诉一旦进行完毕，无论裁决结论如何，都不能使其重新陷入被追诉的境地，否则个人就会因同一行为反复承受国家的追诉或审查，其权益反复处于不确定、待审查、被判定的状态。而这恰恰是对个人权益甚至人格尊严的不尊重，是非正义和不公正的。

大陆法中的“一事不再理”原则与英美法中的“禁止双重追诉”原则，尽管在宗旨和指向方面各异其趣，但都强调司法裁判活动一经结束，就不能再逆向运行——重新使业已裁判的案件处于待判定状态。再审的启动必须受到严格限制：司法机构本身绝对不得重新启动再审程序；再审的案件更多地被限制在有利于被告人的事项上，不利于被告人的再审要么遭到禁止，要么受到极为严格的控制；等等。

司法权的终结性是与司法裁判的目的直接相关联的。在笔者看来，法院作为解决利益争端、为个人提供权利救济的权威司法机构，在裁判任何案件时，都必须给出一个最终的裁决方案，并使该方案在法律效力上具备稳定性。只有这样，司法机构才能在社会公众中树立基本的威信，其裁判活动和结论也才能得到社会的普遍尊重。相反，如果"朝令夕改"，法院可以随意撤销已经生效的裁决，那么司法裁判程序将永远没有一个最终结束之时，利益争端将长期得不到终局性解决，国家建立司法裁判制度的意义也就丧失殆尽。另外，随意逆向运行的司法裁判程序还可能使当事人反复陷入诉讼的拖累之中，其利益和命运长期处于不确定和待裁断的状态。尤其是刑事被告人，还可能因再审的反复启动而受到多次重复的刑事追诉，从而面临多次遭受刑事处罚的危险。这对于处于弱者地位的当事人而言，是不具备起码的公正性的。

当然，司法权的终结性必须建立在合理的司法制度设计的基础上。因此司法裁判程序必须具备最低限度的公正标准，作为裁判者的法官必须具有良好的品行并遵守职业道德，法院的审级制度也必须尽可能合理，以确保争议各方有充足的获得普通司法救济的机会。

五、警察权与检察权的性质

在前面的论述中，笔者将司法权直接视为裁判权，并从裁判权的角度分析了司法权的构成要素和基本特征。但按照中国人的一般观念，"司法权"是一个由多个国家机构行使的国家权力，"司法"也被视为一种由公安、检察、审判等机构进行的国家活动的总和。这就引发出一系列的问题：司法权的范围究竟有哪些？警察权、检察权是司法权吗？如果答案是否定的，那么警察权、检察权究竟属于什么性质的权力？讨论司法权的性质，不能不涉及警察权、检察权的性质问题。换言之，只有将警察权、检察权的性质作出准确的界定，才能解释清楚为什么不能将与个人权益有关事项的最终决定权赋予警察和检察机构，也才能最终说清楚司法权的性质。

（一）警察权的性质

一般来说，明确将警察权视为司法权的观点并不多见。但是，中国特有的“公检法三机关”和“公安司法机关”的称谓，中国特有的三机关“分工负责、相互配合、相互制约”的流水作业体制，显示出人们习惯于将公安机关与司法机关相混同的心态。而在国家权力结构中，公安机关与检察机关、法院都被列为“政法机关”，被看作实行人民民主专政以及“为改革开放保驾护航”的工具。甚至在党内组织体系中，公安机关的地位往往要高于检察机关和法院。

在现代法治社会中，警察无论就其所发挥的功能还是活动的程序、组织方式上都显示出其行政权的性质。首先，现代警察制度所赖以建立的基础在于维护社会治安，保障社会秩序，使社会维持一种安宁的状态。正因如此，几乎所有国家的警察机构都具有准军事部队的特征，以便在社会上发生违法、犯罪行为时准确、有效地加以遏止。其次，警察在维护治安、从事刑事侦查过程中，在程序上采取的是典型的行政方式：主动干预社会生活，单方面限制个人基本权益和自由，积极地获取犯罪证据和查获嫌疑人，并对其发动刑事追诉。最后，警察机构在组织上更是采取一体化的方式：警察上下级、警察机构上下级之间都属于一种上令下从、互相隶属的关系；对于正在从事刑事侦查活动的警察，可以随时撤换和调任。显然，与具有高度独立自主性的裁判者不同，警察在执行职务方面不具有独立性和不可变更性。

从中国的法律实践来看，公安机关作为一种武装性质的力量，同时行使维护社会治安和刑事侦查的职能；公安机关在组织上实行的双重领导体制，既受制于上级公安机关，又受同级人民政府的辖制，其行政机关的性质是十分明确的。公安机关在治安行政领域一直拥有自行实施强制处分和行政处罚的权力，其曾拥有包括劳动教养、收容审查、收容遣送等在内的一系列行政处置权。随着司法改革的缓慢推进，包括劳动教养、收容审查、收容遣送在内的制度逐步遭到废除。但是，公安机关仍然保留一些针对行政违法人员的行政处罚权。例如，对那些违反治安处罚法律的行为人，公安机关可以直接处以包括剥夺人身自由在内的行政处罚；对于卖淫、嫖娼人员，公安机关有权采取长达数月乃至两年的“收容教育”措施；对于吸毒成瘾的人，公安机关可以直接采取强制戒毒措施……这显然说明，于一系列涉及剥夺个人人身自由的事项，公安机关在治安行政领域实际拥有较大的决定权。

与此同时，公安机关在刑事侦查活动中还拥有一系列强制处分权。根据现行刑事诉讼法的规定，对于搜查、扣押、查封、冻结、通缉等涉及个人财产、隐私、自由等权益的强制性侦查行为，公安机关有权直接发布决定并直接执行；对于拘传、取保候审、监视居住、刑事拘留等强制措施，公安机关在侦查中有权自行发布许可令状，自行执行。而在中国刑事诉讼实践中，刑事拘留、逮捕后对犯罪嫌疑人羁押期间的延长，公安机关基本上是自行决定、自行执行的。可以说，在刑事审判前程序中，除逮捕以外的其他所有强制措施和强制性侦查手段，都是由公安机关自行决定、自行执行甚至自行延长和变更的。对于大量涉及个人基本权益和自由的事项，公安机关在刑事侦查领域都拥有权威的和最终的决定权。

因此不难看出，公安机关实际在行使着司法权。这主要是因为它无论在治安行政领域还是刑事侦查领域，都对有关限制、剥夺公民基本权益的事项拥有权威的和最终的决定权，而这种权力是基本上无法受到中立司法机构的有效审查的，被限制、剥夺权益者难以获得有效的司法救济。但是，公安机关究竟该不该行使司法权呢？

从应然的角度来看，警察权是一种行政权，公安机关不仅不应当行使司法权，而且还应当受到司法机构的有效审查和控制。作出这一判断的根据是：（1）公安机关作为行政处罚、刑事强制措施的决定者，与案件有直接的利害关系，往往倾向于维护国家、社会的利益，难以对个人权益加以保障，即使是上级公安机关也无法对个人权益提供有效的救济；（2）公安机关进行的各种活动大都是由管理者与被管理者、处罚者与被处罚者双方构造而成的，这里既不存在中立的第三方的介入，也不受公安机关以外的其他国家权力机构的有效审查和制约；（3）公安机关拥有对公民个人基本权益的最终决定权和处置权，这严重违背“控审分离”“司法最终裁决”等一系列法治原则。

显然，中国司法改革所面临的重大课题之一，就是确立警察权的行政权性质，实现公安机关的非司法化。为此，公安机关所拥有的一系列治安行政处罚权，如收容教育权、强制戒毒权、行政拘留权等，都应当被纳入司法权之中，使公安机关变成一种申请者，而不是决定者。同时，对于刑事拘留、监视居住、取保候审、搜查、扣押、窃听等一系列涉及在刑事侦查领域剥夺、限制个人基本权益和自由的措施，也应一律纳入司法权的控制之下。

（二）检察权的性质

检察权是司法权吗？这一问题在不同制度下可能会有不同的答案。在英美法中，检察权基本上属于行政权。因为从组织上看，英国的皇家检察机构和美国联邦及各州的检察机构大体上都属于行政分支的有机组成部分。作为英格兰和威尔士检察机构领导核心的中央法律事务部，属于英国重要的司法行政机构，其首脑由首相直接提名和任命，属于非内阁成员中重要的行政官员。而美国联邦司法部作为美国联邦政府行政分支的组成部分，其首脑司法部长由总统提名和任命。司法部长作为内阁的重要成员，实际为美国联邦一级的总检察长，拥有领导联邦检察官的权力。从所发挥的功能来看，英美检察机构大体上属于单纯的刑事起诉机构，它们站在政府的立场上，负有对犯罪案件提起公诉、支持公诉以及监督有罪裁判得以执行的使命，从而维护社会的基本秩序和安宁。从活动方式上看，英美检察官在警察的协助下，单方面地从事起诉前的准备活动，并在法庭上充当案件的控诉一方，成为法院定罪量刑的实际申请者。这表明，检察官与警察一样，都在代表政府行使刑事追诉权，这种权力实质上属于行政权力。

大陆法国家的情况有所不同。在法国和德国，检察机构在设置上具有“审检合署”的特征，也就是设于各级法院内部，但与法院采取分离管理的体制。在检察机关内部，实行检察一体的组织原则，强调检察机构上下级、检察官上下级之间构成一个统一的整体，使下级检察官服从其上级检察官的指挥和领导。检察官不仅不具有像法官那样的独立性，而且还可以随时加以撤换。在活动方式上，德国、法国的检察官在法律上拥有侦查权，警察尽管直接实施侦查活动，但不过是他们的助手和辅助机构。在很多情况下，检察官决定侦查的启动和终止，对重大侦查行为拥有决定权，并在重大案件的侦查过程中直接指挥、指导警察从事侦查行为。这种检警一体的活动方式，决定了检察官和检察机构对案件的侦查、起诉负有最终的责任。〔1〕

德国、法国的检察机构尽管与英美同行一样，都在行使带有行政权性质的刑事追诉权，但仍具有一定的准司法机构的意味。例如，这两个国家的检察机关都负有发现实体真实、维护司法公正的使命，在刑事追诉过程中既要收集不利于被告人的证据，也要收集有利于被告人的证据；对于法院作出的初审或者二审裁判，检察官要站在法律

〔1〕［德］Claus Roxin:《德国刑事诉讼法》，吴丽琪译，三民书局1998年版，第69页以下。

的立场上提出上诉，因此他们有时确实会提出有利于被告人的上诉。又如，检察官与法官在培养上采取了一元化的方式：他们都要经过统一的国家司法考试；都要经受统一的带有学徒性质的司法实习和职业培训；都要按照统一的途径被委任为检察官或者法官。甚至在法国人的观念中，检察官与法官的职业联系如此密切，以至于被分别称为“站着的司法官”和“坐着的司法官”。〔1〕

英美法与大陆法国家在检察机构的设置以及权力配置上尽管有一定的区别，但它们所行使的权力都属于刑事追诉权，都对惩治犯罪、维护社会治安负有重大的责任，其权力的行政权属性的确是存在的。至于德国、法国检察机构所具有的准司法机构的性质，这两个国家的检察官所具有的准司法官的地位，充其量不过说明检察机构在履行刑事追诉职能的同时，要注意尊重事实真相和维护法律尊严，而不应像民事诉讼中的原告那样，为达到胜诉目的而不择手段或不惜一切代价。这一点，构成了对检察机构刑事追诉权的外在限制，但并没有否定这种刑事追诉权的行政权性质。

中国目前实行的“人大领导下的一府两院”体制，决定了检察机关是一种并列于法院的司法机关；而中国宪法和检察院组织法所确立的检察机关的法律监督地位，则决定了检察机关有权对法院的审判活动实施法律监督，它所行使的司法权不仅十分重要，甚至还略微高于法院所行使的审判权。

这是因为，根据宪法的规定，检察机关拥有法律监督权，有权监督国家宪法和法律的统一实施。目前，检察机关的这种法律监督权主要体现在诉讼领域。首先，在刑事诉讼领域，检察机关有权对公安机关、法院、刑罚执行机关的诉讼活动实施法律监督。例如，对于公安机关应当立案而不予立案的决定，检察机关有权要求其说明理

---

〔1〕 John Hatchard and others, *Comparative Criminal Procedure*, The British Institute of International and Comparative Law, pp.62–64.

由，发现理由不成立的，应通知其立案；对于公安机关在侦查中有违法行为的，检察机关有权提出纠正意见；对于法院一审作出的未生效裁判，检察机关“发现确有错误”的，有权提出抗诉，从而引起二审程序；对于法院生效裁判“确有错误”的，有权提起控诉，从而直接引起再审程序；对于法院在审判过程中有违法行为的，检察机关有权提出纠正意见；等等。其次，在公安机关负责侦查的案件中，检察机关拥有逮捕的批准权和延长羁押的决定权。中国刑事诉讼法赋予检察机关对逮捕发布许可令状和进行授权的权力，并授权上一级检察机关和省级检察机关对逮捕后的羁押延长事项，拥有最终的决定权。这表明，在审判前的羁押问题上，检察机关拥有相当大的控制力，从而对个人人身自由的剥夺拥有最终的决定权。最后，在民事和行政审判领域，检察机关有权对法院的审判活动进行监督，发现生效裁判“确有错误”的，有权提出抗诉，从而直接引起再审程序。

检察机关尽管在现行政治体制下行使着司法权，但这种司法权的行使却是有根本缺陷的。这是因为，检察机关同时将法律监督与刑事追诉这两种相互对立的权力集中于一身，无法保持公正的法律监督所必需的中立性和超然性。作为法律监督机关，检察机关的确在对公安机关、法院、执行机构的诉讼活动进行一定的“司法控制”。但是，检察机关对公安机关负责侦查的公诉案件，还拥有审查起诉、提起公诉和支持公诉等一系列的权力。根据刑事追诉活动的基本规律，侦查活动的成功与否，最终要靠法庭审判过程中能否获得“胜诉”——也就是被告人被判有罪的结局来加以判断。从这一意义上说，审查起诉、提起公诉和支持公诉等活动，不过是侦查活动的逻辑延续和法庭审判的必要准备罢了。从侦查一直到审查起诉、提起公诉、支持公诉，甚至提起抗诉，公安机关与检察机关都在动态的意义上追求“胜诉”的结局，这些活动有内在一致的目标，也有相互补充、相互保障的作用，构成宏观意义上的刑事追诉活动的具体环节和组成部分。可见，法律监督者的角色要求检察机关尽可能保持中立、超然和公正；而刑事追诉者的诉讼角色，却要求检察机关尽可能追求被告人被判有罪的结局，从而实现惩治犯罪、维护社会秩序的目标。显然，这两个诉讼角色是矛盾和对立的。按照马克思的说法，在刑事诉讼中，将法官、检察官和辩护人的角色集中到一个人的身上，这是和心理学的全部规律相矛盾的。从逻辑上看，从事相互矛盾职能的检察机关要么会偏重法律监督而忽视追诉犯罪，要么倾向于刑事追诉而疏于法律监督，而不可能对两者加以兼顾，更不可能站在超然、中立的立场上从事法律监督活动。

从检察活动的实际社会效果来看，检察机关基本上将自身定位于与犯罪作斗争的刑事追诉机构。尽管刑事诉讼法明确要求检察机关既要收集不利于被告人的证据和事实，也要收集有利于被告人的证据和事实，在制作起诉书时要“尊重事实真相”，但是，刑事追诉的基本实践表明，检察机关更加重视不利于被告人甚至可以导致被告人被判重刑的证据和事实，而对于有利于被告人的证据，检察机关不是隐而不提，就是故意阻止其出现在法庭上。典型的例证是：屡禁不止的刑讯逼供现象，不仅得不到检察机关的有效制止，而且受到了检察机关的纵容；检察机关认为案件在认定事实或者适用法律方面“确有错误”的，可以提起二审抗诉，而且这些抗诉几乎都是不利于被告人的。

显然，无论是刑事追诉的基本逻辑还是检察活动的基本实践，都表明所谓的“法律监督”与刑事追诉之间有不可调和的矛盾和冲突。让一个承担着刑事追诉的国家机构，去监督和保证国家法律的统一实施，并在其他国家机构违反法律时作出纠正，这的的确确带有一定的“乌托邦”的意味，构成了一种制度上的“神话”。与此同时，检察机关法律监督地位的存在，还对司法裁判的独立性和控辩双方的对等性造成极为消极的影响。这是因为，检察机关站在法院之上从事所谓的“法律监督”，会使案件的裁判活动不仅永远没有终止之时，而且还会随时重新启动，从而损害司法裁判的终结性。况且，拥有“法律监督者”身份的检察机关永远有高人一等的身份和心态，不会“甘心”与作为被指控方的被告人处于平等的地位上。控辩双方的这种地位上的不平等性会对司法裁判的公正性形成负面的影响。

中国的检察制度今后究竟往何处走？笔者对此难以作出全面的估计。不过，一个基本的思路是，检察机关的司法机构色彩应当逐渐弱化，法律监督职能应当逐渐淡化，并在条件成熟时最终退出检察机关的职能范围。诉讼领域中法律的实施应当通过控辩裁三方相互制约和平衡的机制加以解决，而不要轻易从诉讼机制之外，引入所谓的“法律监督”。否则，那种“谁来监督监督者”的永恒难题就不可避免地出现在制度设计和法律实践之中。另外，与公安机关的命运一样，检察机关所享有的审查批准逮捕的权力，及其作为刑事侦查机构所行使的涉及限制个人基本权益和自由的强制处分权，也应当逐步被纳入法院的司法裁判权之中。

（三）刑事审判前的司法审查

根据前面的分析，警察权显然属于行政权，检察权尽管在中国目前的政治体制下被界定为司法权，但就其权力的性质而言，也应属于广义上的行政权。只不过，与警察机构相比，检察机构更强调公正地进行刑事追诉活动，甚至强调维护国家法律的实施。在这一意义上，检察机关确实带有一定的准司法机构的性质。但无论如何，检察机关都不能、也不应成为拥有裁判权的司法机构。否则，诸如“控审分离”“司法最终裁决”之类的基本法治原则，都将遭到破坏。

一般来说，按照所要裁判的对象不同，司法裁判可分为实体性裁判与程序性裁判两类。其中，实体性裁判是针对案件所涉及的实体性法律问题所进行的裁判活动。具体而言，在刑事诉讼中，实体性裁判是法院就被告人的刑事责任问题作出终局性决定的活动，法院为此将对检警机构对被告人提出的指控进行司法审查，从而从法律上解决国家与个人之间业已发生的刑事争端；在民事诉讼中，实体性裁判是法院就民事当事人双方之间业已发生的民事争端，从法律上加以解决的活动。行政诉讼中的实体性裁判则意味着，作为相对人的个人因为不服作为管理者的行政机构的行政决定，从而向法院提出进行司法审查的请求，以就行政决定的合法性和合理性进行审查。

与实体性裁判不同，程序性裁判则是司法机构就诉讼中所涉及的事项是否合乎程序法所进行的裁判活动。在刑事审判前阶段，凡是涉及剥夺、限制公民人身自由、财产、隐私等权益的事项，无论其性质如何，都应当纳入司法裁判权的控制范围，而不应由那些行使侦查、起诉权的机构来实施。这种就警察、检察官剥夺、限制公民基本权利的事项所进行的司法裁判活动，也就是通常所说的程序性裁判。由于在这一阶段，检警机构为收集证据和准备指控，通常要对公民个人的人身自由、财产、隐私等各种基本权益作出一定的限制甚至剥夺，因此，程序性裁判机制的存在，就为司法机构在国家权力与个人权利之间充当平衡器的作用，提供了机会和场合。与实体性裁判不同，程序性裁判中的被告人不限于辩护一方，更可能是那些行使国家追诉权的警察、检察官。不过，从各国刑事诉讼的实际进程来看，在程序性裁判中，被告人往往成为起诉的一方，作为国家刑事追诉者的警察和检察官则通常为这种诉讼活动的“被告人”，其采取的涉及限制、剥夺个人基本权益的强制措施或侦查行为本身的合法性，也就成为程序性裁判的对象。

大体上看，几乎所有现代法治国家都确立了这种旨在对强制性侦查行为进行司法控制的程序性裁判制度。[1]这种程序性裁判机制，

〔1〕 有关西方各国刑事审判前的司法审查机制的比较，读者可参见陈瑞华：《刑事诉讼的前沿问题》，中国人民大学出版社2000年版，第286～337页。

大体上包括以下三个不可或缺的环节：一是事前的司法授权，也就是警察在实施任何可能导致公民权益受到限制或剥夺的侦查行为之前，一般都须向法官提出申请并取得后者的许可；二是正式的程序性听审，亦即警察在实施逮捕之后，必须在法定期间内将被逮捕人带至有关的法官面前，后者经过听审，就是否羁押、保释或者羁押的期间、保释所需的条件等事项作出裁决；三是事后的司法救济，也就是由被采取羁押或其他强制性侦查措施的公民，向有关法院提出申诉，以获得法院对其所受到的羁押等措施的合法性和正当性进行司法审查的机会。由此，司法机构就在一定程度上将检警机构的刑事追诉行为控制在司法裁判机制之下，审判前的侦查活动也被真正纳入诉讼轨道之中。

在中国，公检法三机关之间存在“分工负责、互相配合、互相制约”的关系。宪法和法律实际将公检法三机关设计成为三个几乎完全独立的司法机构，使它们都拥有一些本应由中立司法机构所拥有的权力。这样，中国刑事诉讼就不会形成那种以司法裁判为中心的格局，而必然成为公检法三机关相互配合实施的流水作业活动。结果导致审判前的诉讼活动既没有法官的参与，也不存在司法授权和司法审查机制，司法机构不能就追诉活动的合法性进行任何形式的程序性裁判活动。公安机关对公民实施的任何专门调查活动都无须取得法官的批准，而且除了在实施逮捕时需要取得检察机关的批准以外，可以完全独立地采取其他任何一种强制措施。而检察机关作为“法律监督机关”，尽管已经不再行使侦查权，但仍然拥有批准逮捕权，并继续保留取保候审、监视居住等强制措施的权力，不受真正司法机构的授权和审查。这种司法授权和审查机制的缺乏，导致审判前阶段缺乏中立司法机构的参与，使司法权对警察权、检察权的控制机制难以存在。无论是遭受不当羁押的嫌疑人，还是受到不公正搜查、扣押的公民，都无权直接向中立司法机构提出诉讼请求，法院也几乎从来不会受理这种请求，并就此举行任何形式的司法裁判。中国的司法裁判仅仅是法院对被告人是否有罪进行的裁判活动，而不是针对审判前追诉活动的合法性进行的裁判活动。那些在西方作为体现法院最终裁判者地位的司法救济制度，如审前听证、人身保护令程序等，并不存在于中国的刑事诉讼之中。

毫无疑问，在中国刑事司法制度中，司法权的适用还主要体现在实体性裁判上面，警察、检察官所实施的涉及限制公民基本权益和自由的诉讼行为，几乎都无法纳入法院司法审查和司法裁判的范围，也因此不能受到司法权的制约和控制。如果说由于公安机关与检察机关之间存在相互分离的关系，使审判前的刑事追诉活动缺乏有效性和整体性的话，那么，法院对警察权、检察权的司法审查和司法裁判机制的缺乏，则直接导致审判前阶段缺少中立的裁判者，受国家追诉者难以有效地行使诉权，也难以获得法院公平听审或听证的机会。在此情况下，犯罪嫌疑人无法在法律范围内“为权利而斗争”，其受到非法侵犯的权利无法获得及时的司法救济，警察权、检察权的滥用也得不到有效的遏制。

可以说，在刑事审判前构建一种针对警察、检察官诉讼行为合法性的司法裁判机制，应成为中国司法改革的重大战略课题。正如前面所分析的那样，这种司法裁判机制的建立，并不仅仅意味着公安机关、检察官与法院之间权力和利益的简单分配，也不等于在这种权力的重新配置上无原则地向法院倾斜。相反，这种就司法权的范围所作的适当扩大，其用意在于给予公民个人获得充分和有效的司法救济的机会，以便使司法机构在国家行政权（也就是警察权、检察权）与公民个人权利之间，充当平衡器的作用。这种司法审查制度的建立，将使中国在刑事诉讼、民事诉讼和行政诉讼之外，形成第四种司法裁判机制。当然，如果能在此基础上继续扩大司法权的范围，最终使那些涉及宪法问题的争端也能够被纳入司法权的控制之下，使公民个人与各种国家权力机构之间，能够就某一官方行为的合宪性进行一场平等的、理性的抗争，那么中国法治秩序的建立也就为时不远了。

六、执行权的性质

与侦查权和起诉权一样，对生效裁判的执行也具有行政权的属性，而不具有司法权的性质。很显然，作为执行对象的生效裁判，一般都是有关对被告人定罪判刑的权威法律文书，也是国家对被认定有罪的公民剥夺财产、自由甚至生命的直接依据。对这种生效裁判的执行，也就意味着将该裁判所要求的公民财产、自由甚至生命加以现实地剥夺，这与解决争端没有关系，也与认定事实、适用法律以及作出权威裁判的活动毫不相干。因此，作为司法裁判者的法院，在作出生效裁判之后，其针对有关个案的司法裁判活动大体已经结束。而将该裁判的内容付诸实施的权力，就应由专门的司法行政机关加以行使。

对生效裁判的执行本身尽管不属于司法裁判权的范围，但是，在执行过程中仍然会涉及有关解决争议和适用法律的问题。例如，被判处死刑缓期两年执行的罪犯，在死刑缓期执行期间，如果没有继续故意犯罪，那么，在死刑缓期执行期满后，就应当予以减刑；如果在死刑缓期执行期间实施了故意犯罪，则经查证属实后，应当被执行死刑。在死刑缓期执行期间，罪犯究竟是否再实施故意犯罪，这直接涉及死刑是否执行以及应否对罪犯予以减刑的问题。这显然既有采纳证据、认定事实的问题，也有适用刑法和刑事诉讼法的问题。无论是否执行死刑，有关的决定都会对原来的生效裁判作出相应的变更。因此，这种就执行死刑或者减刑作出决定的活动，属于典型的司法裁判活动，绝不仅仅属于所谓的“刑罚执行方式的变更问题”。

执行过程中对生效裁判的变更问题，不仅仅会在死刑缓期执行届满时遇到，而且在以下情况下也必然会出现：对于申请保外就医的罪犯，决定监外执行的；罪犯在服刑期间提出了减刑或者假释申请，执行机关将该申请转交法院的；在最高人民法院发布死刑执行命令后，下级法院在执行前发现原来的生效判决可能有错误，或者罪犯符合法定不宜立即执行条件的；等等。在这些情况下，有关保外就医、减刑、假释等问题的决定权，属于典型的刑罚变更问题，因而应被纳入司法权的范围。

因此，对生效裁判的执行本身不是司法裁判活动，但刑事执行过程中却存在刑罚内容的变更问题，这些问题不是刑事执行机构本身就能解决的，而应为司法裁判机关的裁判对象。如果刑事裁判不由行政机关而由法院来执行，那么，法院就将成为自行裁判、自行执行的机构，而无法保持程序正义所要求的中立性、超然性和利益无涉性，也无法公正地从事司法裁判活动。如果刑罚的变更问题不由法院通过司法裁判活动来解决，而由负责执行的行政机关自行处理，则这种处理过程又无法体现被动性、参与性、公开性和透明性等诸多司法权的特征，以至于违背司法裁判的基本原理。可以说，在刑事执行程序的制度设计上，至关重要的问题是明确刑事执行权的行政权属性，以及执行过程中刑罚变更事项的司法裁判权性质。

然而，按照中国现行的刑事执行制度，作为司法裁判机构的法院，至今仍然直接拥有对部分有罪裁决的执行权。根据现行刑事诉讼法的规定，中国法院拥有自行执行死刑的权力。死刑无论是在刑场还是羁押场所执行，也无论是采用枪决还是注射的方法执行，一律都要由法院负责进行，并由专门审判人员指挥执行过程和对罪犯验明正身。不仅如此，生效判决所涉及的罚金刑和没收财产刑，也要由法院亲自前去执行。法院为此还拥有强制罪犯缴纳罚金的权力。

法院这种自行执行死刑、罚金刑和没收财产刑的制度，其实与民事诉讼中的执行制度一样，都属于自行裁判、自行执行的司法方式。法院对刑事判决的执行还将其本身置于与作为法定执行机关的监狱甚至公安机关同样的境地。然而，监狱属于司法行政机关的职能部门，公安机关则属于政府行政机关的一部分。它们所行使的都是典型的行政权。而法院一旦亲自对生效判决从事执行活动，则司法裁判的公正性以及法院公正裁判者的形象，都将受到消极的影响。

与此同时，执行过程中所出现的刑罚变更问题，尽管目前确实由法院来解决，但这种解决方式却不符合司法权的特征，有违程序正义的基本要求。例如，法院在死刑缓期执行期满之后，对于“故意犯罪的”罪犯，需要执行死刑的，往往采取直接上报上级法院的方式加以解决。上级法院则经常以书面方式直接制作核准死刑的裁定。但是，对于罪犯在死刑缓期执行期间的故意犯罪事实，究竟应以何种程序加以认定呢？按照中国现行刑事诉讼法的规定，对此犯罪事实，应当由侦查机关加以立案侦查，由检察机关向法院提起公诉，被告人还可以针对一审法院的判决提出上诉。只有在经过上述正当法律程序、最终判定原受到死刑缓期执行判决的罪犯确实犯有故意犯罪之后，法院才可以上报上级法院核准死刑。

同样，对于罪犯提出减刑、假释等申请的，现行刑法和刑事诉讼法也只是要求执行机关提出有关的建议书，法院组成合议庭，在经过书面审理后直接作出有关的裁定。这种书面的、间接的、秘密的不开庭审理方式，已经成为法院解决执行过程中刑罚变更问题的传统模式。但是，这种模式不仅在理论上违背司法裁判制度设计的基本原理，也极容易为执行机关与审判人员提供“暗箱”操作和幕后交易的机会，甚至导致出现赤裸裸的司法腐败行为。[1]

或许，中国民事诉讼中的“执行难”问题，其根本成因之一就在于作为司法裁判机构的法院，自行实施本应由司法行政机关实施的执行活动。而中国法院在刑事司法中作为公正裁判者的形象屡屡受挫，其主要原因也在于它亲自行使了本应由行政机关行使的刑事执行权。同时，作为司法裁判机构，法院在执行过程中行使司法裁判权时，也没有遵守程序正义的全部要求，而是以“行政执法”的方式行事。或许，重新界定刑事执行权乃至执行权的性质，重新确立执行过程中刑罚变更问题的属性，对于中国刑事执行制度的变革，是一个基本的理论前提。

七、司法改革的理论准备问题

本书将司法权基本上定位于裁判权。只有作此定位，才能对一系列困扰中国司法制度的问题作出至少在理论上完满的解释。同时，鉴于以往学者们对司法权本身的构成要素缺少有针对性的分析，

〔1〕 正是基于对目前这种行政审批式的减刑、假释程序的深刻反思，很多地方的法院都在试图对减刑、假释的裁决程序作出改革。当然，在刑法和刑事诉讼法所确立的书面阅卷式的减刑、假释程序未作重大改革的情况下，地方法院所作的这种改革带有试验的色彩。笔者曾对上海市第一中级人民法院的改革试验作过初步的调查。该法院对减刑、假释程序所作的最大改革，是将原来长期实行的书面阅卷式程序，改造为听证式的程序。在听证过程中，负责减刑、假释的法官主持听证程序，提出减刑、假释建议的监狱当庭宣读有关意见书，申请减刑、假释的服刑犯罪人发表有关意见。法官在听取各方意见后，作出是否减刑、假释的裁定。对于该项减刑、假释裁定，监狱会将其在监狱内部向所有服刑人员予以公示。应当说，这是法院改革减刑、假释程序的积极尝试，也是法院反思其行使司法裁判权方式的标志。不过，对于这种改革试验，仍然有一系列的问题值得深入考虑：听证过程中究竟应有哪些人员参与？被害人作为犯罪行为的直接受害者，能被排除于减刑、假释程序之外吗？作为代表国家行使公诉权的检察机关，对于法院变更原来已经生效有罪裁判的活动，怎么能不参与这一裁判活动呢？监狱作为有罪裁决的执行机关，所出具的减刑、假释意见书究竟是书证还是证人证言？在听证过程中，法庭能否允许正在服刑的犯罪人出庭作证，或者旁听减刑、假释的裁决过程？减刑、假释究竟应一律由监狱向法院提出有关建议，还是适当赋予服刑者本人一定的申请权？对于法院就减刑、假释问题所作的裁定不服，申请者能否获得一定的救济？……这一系列的问题，值得改革者继续展开深入的研究。

也只有从裁判权这一角度入手，才能揭示出司法权的具体特征。

既然司法权的存在能够为个人权利提供一个救济的机会，也提供了一个使其有效、平等对抗国家权力的场合，那么，司法改革的一个重要目标应当是扩大司法控制和司法审查的范围，使越来越多的国家权力都能被纳入司法审查的领域。在这一问题上，中国学者实在应当投入更多的热情和关心，立法决策者应当有更多的远见卓识，以防止司法改革沦为低俗的部门利益和权力之争，并将司法改革逐步引到如何扩大、维护个人的诉权——诉诸司法的权利——上面来。

有关司法权基本特征的考察是以行政权为参照物而进行的。在笔者看来，进行法院体制的改革，首先应在程序上贯彻被动性、公开性、透明性、多方参与性、亲历性、集中性、终结性等方面的要求，推动法院司法裁判方式的彻底革新。事实上，贯彻司法权的这些程序特征，本来属于"审判方式改革"中应当得到解决而没有解决甚至受到忽略的问题。可以说，中国在法院裁判方式上引进一些对抗制的因素是明智的，职权主义的确存在一些无法解决的难题和明显的缺陷。但是，法院裁判方式的改革不应该、也不可能仅仅局限于法庭审判顺序和方式的变化。以往在这方面所作的探索似乎存在一个根深蒂固的缺陷：未能找到中国司法裁判方式的真正缺陷和问题之所在。像证人、鉴定人出庭作证，裁判者当庭形成裁决结论，裁判者在控辩双方之间严守中立，判决书详细阐明理由，严格限制再审等制度和实践，不仅存在于英美对抗制之中，而且实行于法、德等大陆法国家。这不应仅仅属于司法裁判模式的选择问题，更应当是一系列最低限度的司法诉讼原则的贯彻问题。

法院体制的改革不可避免地要涉及如何走向独立自主的问题。这尽管是十分沉重的话题，但我们不能离开这一点来谈论司法制度的重建。事实上，不维护司法权的独立行使，进行任何形式的司法改革都将毫无意义。或许，这会触及中国司法体制甚至政治体制的一些根本问题，实现这一原则会面临方方面面的困难和障碍。但是，司法改革的推进必须考虑到司法权的独立行使这一基本课题。

法院体制的改革还涉及司法组织的完善问题。目前，急需解决的问题是实现法官的职业化，克服法官的行政化问题；贯彻合议制，克服法院内部普遍实行的“承办人”制问题；改革审级制，将事实问题和法律问题的复审分离开来，从而建立三审终审制；确保最高人民法院在维护国家法律实施中发挥更重要的作用；等等。

笔者通过分析警察权、检察权、刑事执行权的属性，探讨了司法权的范围问题。这一讨论的意义不只是从理论上明确这些权力的性质，而在于如何对这些权力加以合理的限制，从而防止其滥用的问题。在笔者看来，警察权的行政权性质以及中国公安机关目前实际所具有的司法机构地位，决定了加强对警察权的控制，尤其是建立起针对警察权的司法审查机制，将是中国司法改革不可回避的制度选择。同时，中国检察机关目前实际所具有的司法机构地位，以及这种地位与其作为侦查和检控机关的性质所发生的严重不协调性，决定了中国司法改革必须将削弱检察机关的司法权作为重要的战略课题。因此，今后司法制度的重建除了涉及法院自身的深刻改革以外，还要涉及对警察体制、检察体制、检警关系以及警察权、检察权与司法权的关系等一系列的深刻变革。〔1〕而中国目前由法院亲自执行部分刑事裁判的体制，则意味着法院在行使司法裁判权的同时，还要自行将自己所作裁判加以实现，这直接背离了司法制度设计的基本原理。

“作为公正的司法裁判者，法院是社会正义的最后一道堡垒。”这句为法院人士广泛接受的判断，在目前情况下还只是一个应然命题。

〔1〕 对于检警关系的改革，笔者的基本设想是走向侦查与追诉的一体化，防止侦查游历于公诉之外和司法裁判之外；对于警察权、检察权与司法权的关系，笔者的基本设想是，从目前的“流水作业”走向“以司法裁判为中心”。参见陈瑞华：《刑事诉讼的前沿问题》，中国人民大学出版社2000年版，第四、五、六章。

中国的法院要真正成为社会正义的最后堡垒，就必须按照司法权的性质来重新塑造自己的诉讼程序、工作方式和外在形象。只有以宪法的实施和公民权利的保障为最终目标，且不仅仅将权力的扩大作为改革的归宿，中国的司法改革才会走到健康的轨道上来，而不至于在复杂的社会政治环境中迷失方向。

第二章 法院改革的理论反思

一、法院改革的两个理论基点

自2013年以来，中国启动了新一轮的司法体制改革运动。如果说以往的改革主要涉及的是诉讼程序、证据规则和法院内部管理方式等技术问题的话，那么，这一轮的司法体制改革所触动的则是我国司法制度的一系列深层次问题。例如，法院、检察院人、财、物交由省级统管，设立与行政区划适度分离的法院、检察院，法院、检察院内部实行人员分类管理，法官、检察官实行员额制，在法院、检察院内部推行司法责任制……这些改革措施的推行，有望从根本上改变我国司法制度的面貌，解决司法实践中愈演愈烈的司法地方化和司法行政化问题，维护司法的独立性和公正性。

但是，与司法改革的强力推进形成鲜明对比的是，改革者并没有提出令人完全信服的司法理论。在很大程度上，这一轮改革仍然存在"理论准备不足"的问题。尤其是那些与法院有关的司法改革，更是存在改革措施与改革理论严重脱节的问题。根据较为权威的分析，司法改革依托于"两个理论基点"。所谓"两个理论基点"，一是司法权作为中央事权和判断权的司法性质论；二是“让人民群众在每一个司法案件中都感受到公平正义”的司法价值论。[1]

这种改革理论无疑带有一定的意识形态意味。对于这一点，我们可以暂且不予讨论。但就改革者对司法权性质的两个论断而言，其实包含一些似是而非的判断。例如，司法权带有判断权的性质，这其实并不是一个新的观点，而早已是一个约定俗成的论断。关键的问题不是司法权的“判断权”定位，而是法官如何行使判断权的问题。至少，根据司法权是判断权这一论断，我们无法得出司法权应当独立运行的结论。又如，司法权属于“中央事权”，这一论断暗含着司法权应当摆脱地方控制，完全回归国家权力属性这一重大改革战略。但是，法院人财物收归省级统管这一改革本身，就属于对这一改革战略的背离。更何况，根据人民主权原则所构建的人民代表大会制度，决定了我国的宪法体制属于“人大领导下的一府两院制”，各级法院和法官由同级人大产生，向人大负责，向人大报告工作，并接受同级人大的监督。这种宪法体制不可避免地为司法权注入了地方化的成分。再如，“司法责任制”的推行，意在实现“让审理者裁判，让裁判者负责”。其中，法院的司法行政管理权与司法裁判权要逐步实现相互分离，也就是让司法行政回归行政权属性，而司法裁判则回归裁判权属性。假如司法权仅仅被定为“判断权”，那么，作为司法权重要组成部分的司法行政管理权，岂不应退出法院管理体制吗？

本书拟结合2013年以来推行的各种改革措施，对司法改革的理论根基作出一些反思性评论。笔者首先将对司法改革的理论逻辑进行剖析，其次对那些产生对立和冲突的改革措施进行分析，并揭示现有改革理论在指导当下司法改革方面的局限性。在上述分析的基础上，笔者还将结合司法改革的发展动向，提出一些完善司法改革理论

〔1〕 参见贺小荣、何帆：《深化法院改革不应忽视的几个重要问题》，载《人民法院报》2015年3月19日，理论版。

的新思路。

二、作为“判断权”的司法权

司法权是“判断权”和“裁量权”，这一理论表述被视为法院改革的两个理论基点之一。据此，司法活动的判断主体应具有“高度的独立性、中立性和专业性”，这是确立法院人员分类管理、建立法官员额制度、完善法官选任制度等改革措施的理论基础。不仅如此，作为判断权的司法权，还必须体现“程序性”和“技术性”等司法规律，这是建立司法责任制、完善审判权运行机制、健全法官惩戒制度的理论前提。[1]

司法权是判断权和裁量权，这本来并不是一种新的论断。在过去的相关研究中，司法权又被视为一种有别于立法权和行政权的“裁判权”。实际上，我国现行的司法制度并没有否认司法权的裁判权属性，无论是法官独任审理案件，合议庭审判案件，还是审判委员会讨论并决定案件，这都是在行使判断权和裁量权。即便是法院院长、副院长审批案件，庭长、副庭长签发裁判文书，也都是在行使裁判权。因此问题的关键并不是有没有行使判断权和裁量权，而是司法裁判权究竟应由谁来行使？以及应如何行使？正因如此，司法改革的决策者才提出了“去行政化”的改革思路，并将这一点视为诸多司法改革措施的最终目标。然而，仅仅将司法权定位为裁判权，能对这些司法改革措施提供令人信服的理论解释吗？

在笔者看来，“司法权是判断权和裁量权”这一论断，存在两个方面的缺陷：一是司法活动同时包含司法裁判活动和司法行政管理活动，司法改革的真正问题在于如何重新处理司法裁判权与司法行政管理权的关系，而这一问题在当下的理论表述中却被大大忽略了；

---

〔1〕 参见最高人民法院司法改革领导小组办公室：《〈最高人民法院关于深化人民法院改革的意见〉读本》，人民法院出版社2005年版，第20页以下。

二是这一理论表述没有回答究竟由谁行使司法裁判权的问题，尤其是没有解决法院独立审判与法官独立审判的关系问题。

（一）司法裁判权与司法行政管理权的关系

在任何国家的司法制度中，要保障司法裁判活动的顺利进行，都必须构建一种高效便捷的司法行政管理机制。例如，任何一个法院要维持正常的工作运转，都必须获得一些最低限度的制度保障，如后勤保障、人员配备、法官遴选、案件分配、考核制度、奖励机制、惩戒机制等。又如，法院的司法裁判活动要想顺利进行，也必须具有最起码的人、财、物等方面的保障，也都要与行政机关、立法机关发生多个层面的联系，法院为此也要建立相应的组织机构，进行必要的调研、计划、协调等管理活动。

中国司法制度存在的根本问题是法院的司法行政管理权与司法裁判权没有分离，使法院的院长、庭长、审判委员会等司法行政管理者，同时享有高于普通法官、合议庭之上的司法裁判权。结果导致这些司法行政管理者凭借其在行政管理方面的权威地位，直接干预法官、合议庭的裁判结果，代行了本来应当由法官、合议庭独立行使的司法裁判权。例如，法院院长、副院长作为司法行政负责人，本来只应对法院内部的后勤保障、人事任免、人员奖惩等行政事务作出决策，却可以通过听取办案法官汇报等方式，直接发表对各种案件的裁判意见，甚至直接改变法官、合议庭已经作出的裁判结论。又如，法院各业务庭的庭长、副庭长，本来只能对本审判庭的行政事务作出决定，竟然可以对本庭法官、合议庭所审理的案件进行审核，对裁判文书进行签署，甚至直接改变法官、合议庭经过审理程序所作的裁判结论。再如，那种由院长、副院长、庭长以及少数资深法官组成的审判委员会，作为法院内部的行政会议组织，本来只应起到总结审判工作经验、决定法院内部重大事项的作用，却可以对那些“重大”“复杂”“疑难”的案件进行讨论，并作出最终的权威决定，甚至直接改变合议庭的裁判结论。

对于中国法院所存在的司法行政管理与司法裁判没有分离的问题，这一轮司法改革也提供了一些解决方案。例如，按照中国法院通过的关于落实“司法责任制”的改革意见，进入法官员额的院长、副院长、审判委员会专职委员、庭长、副庭长，应当通过参加合议庭的方式办理案件；对于重大、复杂、疑难的案件，可以直接由审判委员会委员组成超级合议庭进行审理；对于普通独任法官、合议庭所办理的案件，那些没有参与审理的院长、副院长、庭长，不再进行审核，也不再进行签署。

但是，对于司法行政管理权与司法裁判权的分离问题，现有的司法改革理论却没有给予足够的关注。所谓司法权是“判断权”和“裁量权”的论断，最多能解释司法裁判活动的属性，并对司法裁判制度的改革提供一些改革思路。诸如司法裁判的“独立性”“专业性”“中立性”“程序性”等方面的判断，也都是根据司法裁判活动本身的规律所作出的理论提炼。这对于独任法官、合议庭未来的审理和裁判活动，无疑具有很大的理论指导价值。但是，对于法院内部的司法行政管理权的行使，这些论断究竟有什么理论指导意义呢？难道法院在人事、经费、政务等行政管理事务方面，也要贯彻与司法裁判活动完全相同的原则吗？其实，法院内部的司法行政管理活动与普通的行政机关的管理活动并没有实质的区别，它们仍然要体现服务和保障的理念，在组织架构上则可以实行垂直领导、上行下效的原则。如果说法院的司法裁判活动主要以实体正义和程序正义为价值目标的话，那么，法院的司法行政管理则主要以高效快捷作为价值追求。

由此可见，现有的司法改革理论仅仅关注司法裁判权的公正行使这一价值目标，而对司法行政管理权的运行方式并没有给予认真的关注。如果以形象的方式作比喻的话，司法改革的真正理论根基应当是“让司法裁判的回归司法裁判，让司法行政的回归司法行政”。换言之，对法官、合议庭的司法裁判活动，要按照“判断权”和“裁量权”的性质要求，贯彻独立性、中立性、专业性、程序性等司法原则，追求最大限度的实体公正和程序公正。而对于法院的司法行政管理活动，则应按照“层级制”和“一体化”的理念，贯彻垂直领导、上令下从等行政原则，追求最大限度的高效快捷。

只有确立了上述改革理论，才能对法院改革的去行政化措施给出令人信服的解释。例如，法院院长、副院长、审判委员会专职委员、庭长、副庭长不再审核签署合议庭的裁判文书，这就属于司法行政管理者不再干预司法裁判者的裁判活动；他们通过参加合议庭方式审判案件，或者通过组成超级合议庭的方式审判重大案件，这也意味着他们在行使司法裁判权时不再以司法行政管理者自居，而是遵守司法裁判的基本程序要求。与此同时，也只有确立了上述司法改革理论，我们才能对那些违背司法规律的改革举措作出彻底的反思，并进行必要的矫正。例如，最高人民法院通过的关于贯彻司法责任制的改革意见，仍然保留了审判委员会讨论决定案件的制度，并授权院长、副院长、庭长对于特定案件“要求独任法官或者合议庭报告案件进展和评议结果”，并且在对审理过程或评议结果有异议时，“可以决定将案件提交专业法官会议、审判委员会进行讨论”。这就意味着作为行政管理者的院长、副院长、庭长仍然保留了干预、改变独任法官、合议庭裁判结论的权力。而这种干预和改变直接违背了司法裁判权与司法行政管理权相分离的原则，等于按照“上令下从”“垂直领导”的行政运作方式，来替代本应独立运行的司法裁判活动。

（二）法院独立与法官独立的定位

司法权是判断权和裁量权的论断，尽管提出了审判权独立运行的命题，却没有回答独立行使审判权的主体究竟是法院还是法官这一问题。其实，我国宪法确立了人民法院独立行使审判权的原则。而我国传统的法学理论向来主张的是法院作为一个整体独立行使审判权，并将这一点作为区分中国的审判独立与西方国家“法官独立”的关键因素。

在近年来的司法改革中，有关保障法院独立行使审判权的改革举措可谓比比皆是。早在数年以前，我国就逐步将铁路法院从铁路行政管理系统中分离出来，将其收归地方法院序列，不再直接听命于铁路运输行政管理部门。这被视为保障法院整体独立的主要改革举措。而在这一轮司法改革中，为了实现司法“去地方化”的改革目标，改革者设立了最高人民法院巡回法庭，探索设立跨行政区划的法院，改革行政案件管辖制度，推行了与行政区划适当分离的司法管辖制度，推动省级以下法院人财物交由省级统一管理等。这些改革举措对于克服地方各级政府、人大对同级法院司法裁判权的干预和控制，无疑具有积极的意义。

但是，仅仅维护法院的整体独立，而不尊重法官的独立审判权，这仍然有明显的制度缺陷。从逻辑上看，审判独立的实质应当是司法裁判权的独立行使。具体而言，谁是司法裁判权的行使者，谁就应在审理案件时享有独立自主的裁判权，除了服从法律以外，不受任何外部因素的制约。在我国，基本的审判组织只有独任法官和合议庭两种形式。无论是开庭前的准备活动、阅卷、程序争议的解决，还是法庭上的证据调查、法庭辩论和法律适用，都要由独任法官或合议庭来加以组织，并形成内心的确信。要实现司法公正，最稳妥的程序安排就是由那些亲自经历法庭审理活动的独任法官或合议庭成员，通过当庭的听审过程，来形成对案件事实认定和法律适用的裁判意见。否则，其他任何没有经历审理过程的人员，只要替代听审者行使司法裁判权，就既可能造成司法误判，无法维护实体正义，也违背了包括回避、辩护、直接审理、言词审理等在内的诸多审判规范，造成程序上的非正义。[1]

〔1〕 参见王江雨：《司法改革的真问题》，载《南风窗》2014年第17期。

多年来，我国司法制度最为人诟病的问题除了法院整体不独立以外，还有法官没有成为独立行使审判权的裁判主体。前面讨论过的院长、副院长、庭长、副庭长审核签署裁判文书制度，就是法院内部干预法官独立审判的制度，损害了法官的内部独立；法院内部的审判委员会，通过听取承办法官汇报等方式讨论决定案件的制度，更是以行政会议的方式剥夺了法官的独立审判权；上级法院利用其司法行政管理方面的权威和优势，动辄通过听取汇报或者直接批示等方式干预下级法院正在进行的案件审判活动，剥夺了下级法院的法官的独立审判权，损害了法官的审级独立；等等。

令人遗憾的是，由于没有坚持法官独立行使审判权的改革理念，这一轮司法改革根本没有触动上述颇受诟病的制度和实践。例如，法院院长、副院长、庭长通过召集“专业法官会议”或者“提交审判委员会”的方式，仍然保留了对独任法官、合议庭审判活动的干预权，对后者的裁判结论作出变更的可能性仍然很大。又如，法院的审判委员会讨论决定案件的制度仍然得到保留，其讨论案件的方式仍然是听取承办法官的口头汇报，这些审判委员会委员既不参加法庭审理过程，也不通过阅卷等方式了解案情和争议焦点，就通过从承办法官那里获取的有限信息，来作出权威的决定，并迫使独任法官和合议庭接受这一决定。尽管审判委员会决定的事项被主要限定在法律适用问题上，但该组织可以直接改变合议庭的裁判结论。这构成了对法官独立审判的直接干预。

不仅如此，在最高人民法院通过的关于贯彻司法责任制的改革意见中，法官“故意违反法律法规”或者“因重大过失导致裁判错误并造成严重后果”的，还要承担“违法审判责任”，并要接受所谓的“终身问责”。[1]这种因为法官作出“错误裁判”而对其追究法律责任

〔1〕参见王迎龙：《司法责任制是依法独立行使审判权之保障》，载《人民法院报》2015年11月3日。

的制度，带有“错案责任”或者“结果责任”的性质，使法官不得不与案件的结局发生直接的利害关系。一个法官仅仅因为在事实认定或者法律适用上作出了某种裁断，就要被追究法律责任，并因此遭受法律惩罚，这必然损害法官独立审判的积极性，造成法官人人自危，转移承担法律责任的风险。在这种责任追究方式下，法官只要发现有承担违法审判责任的危险，就有可能选择向院长、副院长、庭长请示汇报，申请召开审判委员会会议，或者直接向上一级法院进行汇报。而这又反过来削弱了改革者为解决司法行政化问题所做的改革努力。〔1〕

没有树立法官独立审判的理念，必然导致法院内部叠床架屋地设置行政层级和行政职位，使法院内部无法实现真正的“让审理者负责裁判”。迄今为止，除了极少数沿海开放地区做出了大胆探索以外，全国绝大多数地区的法院仍然保留了行政化的层级和机构。〔2〕例如，法院除了设置院长职位以外，还设置了多达数人的副院长职位；在审判庭内部除了设置庭长职位以外，还设置了副庭长若干人。又如，在行政层级上，法院上至院长、下至普通法官，都和公务员没有任何实质区别，也都是按照副科级、科级、副处级、处级、副厅局级、厅局级、副省部级、省部级的行政序列向上升迁。除了行政职务和行政层级以外，法官在法院内部没有其他独立的评价体系。而在“官大一级压死人”的行政氛围中，法官一方面不得不追求行政职位和行政层级的升迁，另一方面在司法裁判方面也不可能脱离行政隶属，冒着得罪上司、影响升迁的危险，去追求那种虚无缥缈的“独立审判”。从经济学的角度来看，在现行司法体制下，法官独立审判的成本过于高昂，甚至要冒着毁掉职业前途的风险，这显然是得不偿失的，也是一种有违人性的选择。

〔1〕 参见陈瑞华:《法官责任制度的三种模式》，载《法学研究》2015年第4期。

〔2〕 参见胡林:《横琴：新“样板”与旧部件》，载《南方周末》2014年5月30日。

由此可见，所谓司法权是判断权和裁量权的论断，并没有回答独立审判权的行使主体问题，在法官独立审判问题上含混其词，没有真正建立保障法官独立审判的制度机制。其实，现行司法改革方案中所提出的“让审理者负责裁判”的要求，就已经蕴含法官独立行使审判权的理念了。只有在司法改革理论中引入法官独立的理念，在保障法院整体独立审判的基础上，为法官独立审判创造制度环境，才能走出上述制度困境，步入司法改革的新境地。

三、作为“中央事权”的司法权

按照当下的权威论述，我国是单一制国家，司法权只能是中央事权，也就是司法权具有国家属性，各地法院不是地方法院，而是国家设在各个地方并代表国家行使审判权的法院。作为国家裁判权的司法权当然应当具有终局性、确定性、稳定性和强制性等多种属性，这正是最高人民法院设立巡回法庭、探索设立跨行政区划人民法院、推动省级以下人民法院人财物统一管理、健全司法行政事务保障机制的重要理论依据。[1]

有关“司法权是中央事权”的论断，显然有解决司法地方保护主义问题的战略考虑。[2]毕竟，在法院完全按照行政区划进行设置的体制下，法院的人财物被控制在地方各级人大和政府手中，缺乏最基本的独立性，无法维护司法裁判的公正性。[3]而要将地方法院的人财物从各个同级人大和政府手中剥离出来，最有说服力的理论就是司法权本来就不是地方事权，而属于中央事权，各级法院都是中央设在地

〔1〕 参见贺小荣：《人民法院四五改革纲要的理论基点、逻辑结构和实现路径》，载《人民法院报》2014年7月6日，理论版。

〔2〕 参见刘作翔：《中国司法地方保护主义之批判——简论“司法权国家化”的司法改革思路》，载《法学研究》2003年第1期。

〔3〕 参见王旭：《论司法权的中央化》，载《战略与管理》2001年第5期。

方并代表国家行使司法权的法院。〔1〕但是，这种貌似彻底的理论表述在逻辑上存在一些无法自圆其说的问题，〔2〕按照这一理论来指导司法改革，也会带来一些新的问题。〔3〕具体说来，这一理论存在三个明显的问题：一是我国的政治体制是按照人民主权原则建立起来的，具有"人大领导下的一府两院制"的特点，司法权的中央事权定位与各级法院由同级人民代表大会产生、向其负责并报告工作的体制格格不入；二是司法权的中央事权定位根本就是不可能实现的乌托邦论断，现行改革方案确立的省级以下法院人财物归由省级统一管理的体制，无疑否定了司法权属于中央事权的判断，变成了司法权属于省级地方事权的现实，甚至会引发"司法省级司法保护主义"的问题；三是"司法权是中央事权"的论断容易对法院上下级之间的关系作出扭曲性解读，甚至不适当地强化上级法院对下级法院的垂直领导，并最终强调最高人民法院对各地方法院的垂直领导，彻底削弱宪法所确立的上下级法院的监督关系。

（一）人民主权原则与中央事权属性

按照公认的人民主权原则，我国实行人民当家作主的政治制度，我国的一切权力属于人民；人民行使国家权力的主要方式是组成人民代表大会，其中的全国人民代表大会是国家最高权力机关，各级地方人民代表大会是各个地方的权力机关。我国尽管是单一制国家，并不实行中央与地方进行"主权分权"的联邦制，但是，全国人民代表大会与地方各级人民代表大会并不属于领导与被领导的关系，具有一定的独立性。具体说来，在管理国家事务方面，在全国和各级地

〔1〕 参见李修源：《司法权的中央化与法制统一》，载《人民法院报》2004年8月9日。

〔2〕 参见杨清望：《司法权中央事权化：法理内涵与政法语境的混同》，载《法制与社会发展》2015年第1期。

〔3〕 参见王建学：《地方各级人民法院宪法地位的规范分析》，载《法学研究》2015年第4期。

方实行“人大领导下的一府两院制”：最高人民法院的院长、副院长和审判员由全国人民代表大会及其常务委员会通过选举或任命的方式产生，最高人民法院向其负责并定期报告工作，还要接受后者的监督；地方各级人民法院的院长、副院长和审判员由同级行政区划的人民代表大会选举或任命产生，向其负责并定期报告工作，同时接受后者的监督。

表面来看，现行的“人大领导下的一府两院制”创设了根据行政区划设置法院的制度。但在这一制度的背后，其实有更深层次的意义：各级人民代表大会代表当地全体人民行使当家作主、管理地方事务的权力，同级法院通过向人民代表大会负责、报告工作和接受监督的方式，来向当地人民负责。这一政治体制是我国宪法和人民代表大会组织法所确立的基本制度结构。在这一轮司法改革已经全面启动的今天，这一政治体制并没有发生任何实质性的变化。即便在那些已经展开司法改革试点的省份，地方法院的人财物已经归由省级统一管理，但各级法院由各地同级人民代表大会产生、向其负责并报告工作的机制也没有发生任何变化。

根据人民主权原则所设立的法院要向当地人民代表大会负责和报告工作，这显然意味着司法权带有地方事权的性质。法院的人财物归由省级统管，这只是解决了各级地方政府对同级法院的控制问题，但是各级人民代表大会对同级法院的领导和监督却是由宪法确立的，这是司法权属于“地方事权”的主要证据。除非宪法所确立的“人大领导下的一府两院制”发生重大变化，也除非各级法院全都由全国人民代表大会产生，或者各级地方法院都成为最高人民法院的派出机构或者巡回法庭，否则，地方法院所行使的司法权带有地方事权的属性，这一点将是无法否认的。

由此看来，所谓“司法权是中央事权”的论断，显然与现行的政治体制存在不兼容的问题。改革者为达到“司法去地方化”的改革目标，秉承实用主义的原则，未经慎重的论证，就抛出这种论断，这种“头痛医头，脚痛医脚”的改革思路，在理论上是幼稚的，造成改革理论与现行宪法原理的重大矛盾。迄今为止，除了四个直辖市所设立的中级法院属于高级法院的派出机构，没有相对应的人民代表大会以外，全国绝大多数地方法院仍然要接受同级人民代表大会及其常务委员会的领导和监督。这一基本现实意味着“司法权是中央事权”的论断是不可能完全实现的。

那么，司法权究竟是中央事权还是地方事权呢？在联邦制国家，这一问题是有明确答案的：法院设置实行“双轨制”，也就是联邦设有行使联邦司法权的联邦法院，各州则设有代表州一级行使司法权的州法院。而中国是单一制国家，似乎无法像联邦制国家那样，在联邦与州之间实行司法权的分权机制。但是，作为一个拥有十数亿人口、三十余个省级行政区的泱泱大国，将司法权全部收归中央统一行使几乎是不现实的。考虑到司法权的特殊性，将司法权放置给各级地方人民代表大会和地方政府行使，也会滋生严重的地方保护主义问题，影响司法权的独立行使。因此，可以采取一种折中的办法，在中央与省级行政区之间实行一种适当的两级分权机制：中央设置最高人民法院，省级设置高级法院，并在高级法院之下设置中级法院和基层法院，后两种法院不再向同级人民代表大会负责，而要与高级法院一起，向本省级人民代表大会负责。

（二）走向省级地方保护主义？

在这一轮司法改革中，基于“司法权是中央事权”的理念，省级以下法院的人财物被统一归由省级统一管理。在人事任免方面，省级党的政法委员会设立法官、检察官遴选委员会以及法官、检察官惩戒委员会，对法官、检察官的任命和罢免作出权威的决定。而在财政拨款方面，除中央财政给各级法院拨付部分财政经费以外，基层法院和中级法院的其他经费则要由省级财政行政管理部门统一划拨，这就意味着在一省范围内，无论是基层法院、中级法院还是高级法院，都相当于省级财政拨款单位，统一接受省级财政管理部门的财政审核和划拨。

汉密尔顿曾言，谁控制了法院的生存，谁就掌握了法院的意志。中国司法改革的决策者们提出了“司法权是中央事权”的论断，却没有办法将各级法院的人财物全都归由中央政府统一保障，而采取了交由省级统管的变通方案。在这一变通方案中，省级人民代表大会及其常务委员会几乎被边缘化了，取而代之的则是省级党的政法委员会和省级人民政府，对全省三级法院的人财物施加事实上的控制。可以说，在省级法官、检察官遴选委员会以及法官、检察官惩戒委员会设立的背后，存在省级党的政法委员会对法院人事任免大权的掌控；而在全省法院财政拨款归由省级财政管理部门加以负责的制度安排背后，则是省级人民政府对全省三级法院办公经费和后勤保障的强化控制。这不禁令人担忧：这一轮司法改革的目标之一是走向司法的“去地方化”，而这种省级以下法院人财物归由省级统一管理的改革方案，岂不将省级政府和省委置于直接决定全省法院人财物的地位了吗？更何况，这种改革方案还把省级人民代表大会及其常委会弃之不顾了。这难道不容易滋生一种新的地方保护主义——“省级地方保护主义”吗？

其实，所谓的“司法权是中央事权”的论断，根本就是一种调门虽高却无法落到实处的抽象理念。比较现实的做法应当是将司法权设置为中央司法权和省级司法权这两个层级，使全国人大和省级人大分别对最高人民法院和高级法院行使领导权和监督权。在高级法院内部设置省级司法行政管理部门，统筹本省三级法院的财政拨款事项，提出适当的财政预算，以便由高级法院统一提交给本省人大及其常委会，后者则通过审议财政预算，指令省级财政管理部门对三级法院的财政实施统一拨付。由此，那种由省级财政管理部门直接实施行政控制的财政拨款体制正式终止，让位于由省级人大常委会拨付司法经费的新制度。而在人事任免问题上，目前正在试点之中的“法官、检察官遴选委员会”以及“法官、检察官惩戒委员会”，则应被设置在省级人大常委会之下，成为一种专门审核和决定法官任命和惩戒的权威机构。经过这两个委员会任命和免职的法官，最终被提交给省级人大常委会作出正式的任免决定。由此，省级党的政法委员会不再参与对法院、检察院人事任免权力的行使，使那种由省级人大常委会主持的人财物归由省级统管机制真正得到激活。

（三）上级法院对下级法院的“垂直领导”？

我国司法界对司法权走向中央事权化抱有较大的期待。有些司法界人士甚至主张为实现司法权的“国家化”，必须实行上级法院对下级法院的垂直领导、最高人民法院对下级法院的垂直领导。[1]为什么会得出这种结论呢？其实道理很简单：既然司法权是中央事权，应当从地方各级政府收归中央政府统一行使，那么，最理想的改革方案应当是全国各级法院的人财物都由中央政府来进行统一管理。但是，考虑到中国地域辽阔，地方三级法院不仅数量众多，而且情况千差万别，无论是全国人大常委会还是国务院下属的中央财政管理部门，都无法对全国四级法院直接行使有效的管理权。现实可行的办法无非是把地方三级法院的人财物交由最高人民法院，后者则对地方三级法院实施统一的管理，从而建立类似于垂直领导的管理体制，形成一种司法一体化的上下级法院关系。

应当说，这种略显极端的观点在当下司法界并不一定有太大的市场。当下推行的司法改革方案也没有采纳这种制度安排。但是，从逻辑上说，沿着“司法权是中央事权”的改革思路，我们完全可以

〔1〕 参见郝银钟：《司法权去地方化的制度设想》，载《人民法院报》2013年6月25日。

推导出上级法院对下级法院实行垂直领导的结论。因为按照这一思路，司法权要实现国家化的改革目标，就只能由最高人民法院统一行使。换言之，最高人民法院是唯一代表国家行使司法权的法院，至于各高级法院，则无非是最高人民法院的派出机构，甚至属于最高人民法院的巡回法庭，它们代表最高人民法院在本司法管辖区行使司法权。而各中级法院则属于本省高级法院的派出机构，各基层法院也属于本地区或本市中级法院的派出机构。[1]

这种从司法权是中央事权的论断所作的逻辑推演，带来了极为荒谬的结论：上级法院对下级法院实行垂直领导，违背了宪法有关上级法院监督下级法院审判活动的基本准则，破坏了下级法院相对于上级法院的"审级独立"。当然，这只是一种逻辑上的理论推演，还不一定能变成现实。但是，根据现行的司法改革方案，省级以下法院的人财物归由省级统一管理，也就是归由省级党的政法委员会管理法官人事任免事项，由省级政府管理三级法院的财政拨款事项。这种制度安排容易造成高级法院对下面两级法院控制力的大幅度增强，以至于形成高级法院对下级法院的垂直领导，这确是非常有可能出现的问题。[2]

根据目前一些试点省份推行的改革方案，无论是法官遴选委员会还是法官惩戒委员会，其办公室都设置在高级法院；那些进入任免程序的法官名单，是由高级法院统一报送上述两个委员会加以讨论决定的。可想而知，在法官任免名单报送两个委员会讨论决定之前，下面两级法院肯定会将法官任免名单提前报送高级法院，并会通过各种途径说服高级法院接受本法院报送的人员名单。所有这些，都使高级法院对下面两级法院的人事任免拥有较大的控制力和影响力，高级法院肯定不满足于对下级法院的"监督关系"，而有可能演

〔1〕 参见李克诚：《司法改革的空间》，载《南风窗》2013年第24期。

〔2〕 参见杨江：《上海版司法改革亮点解读》，载《新民周刊》2015年1月5日。

变成一种事实上的领导关系。

人事任免的情况下是如此，财政拨款方面也可能存在高级法院直接控制下级法院的情况。由于地方三级法院的财政拨款都归由省级财政管理部门统一审核拨付，而后者显然不熟悉全省三级法院的具体情况，也不可能对每一所中级法院和基层法院的财政预算申请作出详尽的审核，一般会建议高级法院提交下面两级法院的统一财政预算清单。这样，在中级法院和基层法院的财政预算申请被提交省级财政管理部门之前，高级法院就可能对它们的预算申请作出预先审核和调整。在很大程度上，高级法院对下级法院的预算所做的调整和分配可能对财政管理部门起到很大的决定作用。

不仅如此，在高级法院对下面两级法院的人财物施加直接控制之外，我国还存在两个导致上级法院对下级法院进行垂直领导的制度。首先是上下级法院的法官存在系统地自上而下的人员流动的人事管理制度，最高人民法院往各高级法院委派院长，高级法院往本辖区中级法院委派院长，中级法院则往本辖区基层法院委派院长，这就使上下级法院之间的关系等同于党政机关上下级之间的关系，具有明显的上令下从、垂直领导的色彩。其次是上下级法院对具体案件的裁判所进行的请示报告制度，下级法院在审理程序结束后，通过口头或者书面方式向上级法院进行请示，后者给予口头或者书面的答复，以至于下级法院在未对案件作出一审裁判之前，就得到了上级法院对案件裁判的倾向性意见。

无论如何，上级法院对下级法院的垂直领导关系，最高人民法院对下级法院的垂直领导关系，都势必导致两审终审制名存实亡，当事人的上诉毫无意义，上诉审程序流于形式，上下级法院的监督关系不复存在。假如我们仅仅将司法权定位为“中央事权”，并根据这一论断来调整上下级法院的关系，那么，“审级独立”将无从谈起，司法公正也将成为一句空话。

四、我们需要什么样的司法改革理论

这一轮司法改革以“司法的去行政化”和“司法的去地方化”作为基本制度框架，这无疑找到了我国司法制度的结构性问题。所谓“去行政化”，其实就是在法院内部实现司法行政管理权与司法裁判权的分离，确保独任法官、合议庭在行使裁判权时不受那些司法行政管理者的干扰。而所谓“去地方化”，则是保障法院的人财物不再受到地方同级政府的干预和控制，实现省级法院人财物的统一管理。但是，仅仅强调“去行政化”和“去地方化”，而不将审判独立确立为司法改革的理论根基，并建立一系列旨在保障裁判者独立行使审判权的制度，这是一种让人感到遗憾的改革思路。

改革者对司法权所做的两个基本定位，尽管分别被用来解决前述两个问题，却带来了新的理论难题，也无法完全达到改革者所预期的改革效果。在“去行政化”方面，改革者强调司法权的“判断权”和“裁量权”属性，没有按照司法裁判权与司法行政管理权的分离原则，来重新设置司法裁判机制和司法行政管理机制，使司法裁判权仍然受制于司法行政管理系统的控制，司法行政管理机制也没有走向真正的专门化。无论是独立法官还是合议庭，在行使审判权方面仍然会受到院长、副院长、庭长、审判委员会乃至上级法院的行政控制，后者会通过各种方式来干预独任法官、合议庭的裁判活动，使所谓的“让审理者裁判”形同一句空话。

而在“去地方化”方面，改革者强调司法权的“中央事权”属性，从理论上否认司法权的“地方事权”性质，这一方面与我国建立人民主权原则基础上的“人大领导下的一府两院制”发生了冲突；另一方面也会带来“省级地方保护主义”的盛行，使各高级法院对下级法院人财物进行实际控制，助长上级法院对下级法院的“垂直领导”，破坏宪法所确立的上级法院对下级法院的“监督”体制。

由此可见，改革者在强调“去行政化”的过程中，没有真正确立“法官独立”的理念，仍然在“法院独立”的传统观念上左右徘徊；改革者在推行“去地方化”的过程中，也没有解决高级法院的“外部独立”的问题，更没有在上下级法院之间确立“审级独立”的观念。很显然，当下的司法改革陷入了理论上的困境，无法为司法改革提供令人信服的理论支持。

那么，我们究竟应接受一种什么样的司法改革理论呢？

从实现司法正义的角度来说，司法改革的理论根基应当是一种以法官独立为核心的审判独立理论。无论是独任法官还是合议庭，作为司法裁判者，假如不能独立自主地行使审判权，而不得不听从来自法院内外的干预和影响，那么，法庭审理程序就将失去存在的意义，所谓的公正司法也将是一句空话。没有独立审判的保障机制，独任法官和合议庭将变成一个任人摆布的司法傀儡，其所进行的法庭审理将沦为可有可无的司法仪式，而失去产生司法裁判的能力。正因为如此，维护裁判者的独立审判权，实属实现司法正义的必由之路，也应当成为这一轮司法改革的首要理论基点。

要建立以法官独立审判为中心的司法体制，就必须确立一系列的制度保障机制。首先，法官独立审判的核心是法官在司法裁判过程中拥有独立的裁断权。司法权不仅是一种判断权，而且应当是由法官独立行使的判断权，这才是司法权的本质属性。无论是独任法官还是合议庭，一旦启动了合法的法庭审理活动，就应拥有制作裁判结论的权力；一旦通过法庭审理形成了裁判结论，就等于法院作出了这一裁判结论，除非经过法定的上诉审程序，任何机构和个人都不得改变或者推翻这一裁判结论。

其次，法官应当获得为维护其独立审判权所必需的身份保障。那些进入主审法官员额的人士，应当获得高于普通公务员的薪金和报酬，获得与主审法官身份相适应的福利待遇；为防止司法行政管理者干预法官的审判活动，应当尽量减少法院副院长的指数，最好只设置一名院长（首席法官）和一名副院长（本院的司法行政管理官员），逐渐取消法院审判庭庭长和副庭长的职务设置；实行中国式的“政治任命制”，地方三级法院的主审法官经由省级法官遴选委员会遴选产生后，应统一由省级人大常委会任命；实行与公务员不同的法官职务序列，激活法官法所设置的十二级法官制度，使法官的层级与其薪金福利直接挂钩；对法官的奖惩和考核不应完全由本法院司法行政管理部门负责进行，而应交由省级法官遴选委员会和惩戒委员会统一决定。

再次，法官独立审判建立在上下级法院的“审级独立”的基础上。上下级法院要维持一种监督关系，就必须确立审级独立的保障机制。无论是最高人民法院还是上级法院，都不能对下级法院正在审理的案件发布批示，或者给出倾向性裁判意见。高级法院应当组建专门的司法行政管理部门，对全省三级法院的财政预算和人员编制制作方案，并报请省级人大常委会审批并作出决定。应当建立从下级法院逐级往上遴选法官的制度，改变那种从上级法院往下委派法院院长的做法。

又次，法官要实现独立审判，还必须享有一些司法特权，以使其独立审判获得足够的制度保障。所谓司法特权，主要是指法官在审判案件方面享有司法豁免权，也就是不应因裁判案件而被追究法律责任，包括纪律责任和民事责任。对法官追究法律责任，只在一种情况下是可行的，那就是法官从事了与其裁判者身份不相符的违背职业伦理的行为，或者实施了某种犯罪行为。而对于其审判过的任何案件，即便裁判被上级法院推翻，或者被证明属于“错案”，法官都不能仅仅因此而受到责任追究。

最后，在尊重人民主权原则的前提下，强调全国人民代表大会及其常委会产生最高裁判系统，而省级人民代表大会及其常委会则产生高级法院、中级法院和基层法院。取消设区的市和县两级人民代表大会及其常委会直接产生司法系统的制度。由此形成中央和省两级司法权设置的整体格局。对于最高人民法院的人财物，一律由全国人大及其常委会负责保障；对于高级法院、中级法院和基层法院的人财物，则一律由省级人大及其常委会予以保障。但为了防止出现高级法院直接控制下面两级法院人财物的问题，可以考虑组建由地方三级法院院长组成的司法行政会议，统一就法院的人财物提出方案和计划，并由高级法院司法行政管理部门提交省级人大及其常委会。

第三章　检察机关的法律职能

一、司法改革对检察制度的挑战

根据我国的人民代表大会制度，人民代表大会属于国家权力机关，在人民代表大会的监督下，各级政府行使行政权，法院行使审判权，检察院则行使法律监督权。通常说来，监督属于我国人民代表大会制度的基本职能，也就是为维护国家宪法和法律的实施，防止行政机关、司法机关滥用权力，通过法定的方式和程序，对这些国家机关实施检查、调查、督促、纠正、处理的强制性权力。[1]在全国人民代表大会行使最高监督权之外，检察机关作为"法律监督机关"，也负有维护国家法律统一实施的职能，对于行政机关、审判机关违反法律的行为，负有调查、纠正和处理的职权。但相比之下，人民代表大会基于其特殊的宪法地位，行使最权威的监督权；检察机关的法律监督则具有专门性、具体性和专业性，主要侧重从办理刑事案件的角度对国

〔1〕 参见励志海：《人大视角下加强检察机关法律监督工作的思考》，载《法治研究》2012年第4期。

家机关和国家工作人员是否依法行使职权进行法律监督，[1]其主要职责在于监督法律实施，维护国家法制的统一。[2]

长期以来，围绕检察机关的法律监督地位及其行使法律监督权的方式等问题，法学界一直存在一些分歧和争论。在针对国家公职人员的法律监督领域，研究者对检察机关所享有的立案侦查权、逮捕权、提起公诉权以及抗诉权究竟是否属于监督权问题提出了异议，甚至对检察机关行使职务犯罪侦查权、批准逮捕权的正当性提出了一些质疑。而在诉讼监督领域，不少研究者认为检察机关作为行使诉讼职能的国家专门机关，享有批准逮捕权和公诉权，在对侦查机关、法院、执行机关进行法律监督的过程中，始终存在“谁来监督监督者”的问题；检察官在提起公诉和支持公诉的过程中，享有一些远远超过被告方的权利和地位，有违控辩对等原则；检察机关以法律监督者干预法院的审判活动，成为事实上的“法官之上的法官”，有损法院的尊严，违背审判独立原则。[3]在对检察机关的法律监督权提出批评的同时，不少研究者还对检察机关对法院的民事审判和行政审判进行诉讼监督的合理性提出了质疑。[4]对于这些批评和质疑，最高检察机关的一些权威人士不断地作出回应，注重从我国特有的人民代表大会制度的角度，对检察机关的法律监督地位的正当性做出辩解，甚至将部分研究者所持的“审判中心论”归结为西方“权力分立与制衡”的政治体制的产物，从而从政治的角度对其予以批驳。[5]可以

〔1〕 参见徐益初：《从我国检察机关的发展变化看检察机关定位》，载《人民检察》2000年第6期。

〔2〕 参见韩大元：《法律监督是宪法赋予检察机关的神圣职责》，载《检察日报》2011年11月7日。

〔3〕 参见陈卫东：《我国检察权的反思与重构——以公诉权为核心的分析》，载《法学研究》2002年第2期。

〔4〕 参见郝银钟：《评监察机关法律监督合理论》，载《环球法律评论》2004年第6期。

〔5〕 参见朱孝清：《中国监察制度的几个问题》（上），载《中国法学》2007年第2期。

说，有关检察机关法律监督的正当性和法律监督方式等问题的争论，一直没有平息，也没有得到理论上的解决。

理论是灰色的，但实践之树却是常青的。自2014年新一轮的司法体制改革启动以来，一系列新的制度安排通过“顶层设计”在全国范围内得到推行。其中，与检察机关法律监督地位密切相关的改革方略主要有三个：一是“以审判为中心的诉讼制度改革”的全面启动；二是国家监察体制改革的试点和逐步推行；三是民事公益诉讼和行政公益诉讼制度的全面实施。

按照最高人民法院的改革方案，刑事诉讼要以“庭审实质化改革”为核心，强化证人、鉴定人、侦查人员出庭作证和律师辩护为重点，着力推进庭审制度改革。通过贯彻证据裁判原则、无罪推定原则以及直接和言词原则，发挥庭审在查明事实、认定证据、保护诉权、公正裁判中的决定性作用，确保诉讼证据出示在法庭、案件事实查明在法庭、诉辩意见发表在法庭、裁判结果形成在法庭，并将法院的定罪标准作为刑事诉讼各阶段所要遵循的统一标准，督促和倒逼侦查机关、检察机关遵守法律程序和证据标准。[1]可以说，审判中心主义的改革方案一旦实施，检察机关就要从指控方的角度承担证明责任，与被告方进行平等的举证、质证和辩论，并承担因“举证不能”所引发的诉讼后果。这种改革势必推动检察官的“当事人化”，其诉讼监督地位也会受到一定的削弱。

2016年12月25日，全国人大常委会作出在北京、山西、浙江三省市试点国家监察体制改革的决定，在这些地区按照行政区划设立三级监察委员会，行使国家监察权。试点地区监察委员会主任由本级人民代表大会选举产生，监察委员会副主任和委员则由监察委员会

〔1〕 参见《最高人民法院关于推进以审判为中心的刑事诉讼制度改革的实施意见》，载《人民法院报》2017年2月22日。另参见沈德咏：《统一刑事司法标准，推进严格构建公正司法——略论人民法院推进以审判为中心的诉讼制度改革的工作重点》，载《人民司法》2015年第19期。

主任提请本级人民代表大会常委会任免，监察委员会对本级人民代表大会及其常委会和上一级监察委员会负责，并接受监督。与此同时，试点地区监察委员会对本辖区所有行使公权力的公职人员依法实施监察，履行监督、调查和处置职责，调查“涉嫌贪污贿赂、利用职权、玩忽职守、权力寻租、利益输送、徇私舞弊以及浪费国家资财等职务违法和职务犯罪行为并作出处置决定”，可以采取“谈话、讯问、询问、查询、冻结、调取、查封、扣押、搜查、勘验检查、鉴定、留置等措施”。〔1〕

随着国家监察体制改革的全面推行，我国的政权组织形式将发生一些重大的变化，原来的人民代表大会领导下的“一府两院制度”将被“一府一委两院制度”所取代，各级政府、监察委员会、法院和检察院将由同级人民代表大会产生，向人民代表大会负责和报告工作，并接受人民代表大会的监督。〔2〕与此同时，各级监察委员会所行使的“监察权”，将本级全部行使公权力的公职人员纳入监察范围，并将其职务违法和职务犯罪问题作为调查和处置的对象，这既包括对全部公职人员行政违纪违法行为的查处，也涵盖了对这些人员职务犯罪行为的侦查。这样，监察委员会就拥有了针对公职人员的广泛监察权，原来由检察机关所行使的职务犯罪侦查权将全部被移交给监察委员会。这种由各级监察委员会针对全部公职人员所行使的“监察权”，也对检察机关的法律监督权带来了极大冲击。人们普遍提出疑问：失去了职务犯罪侦查权的检察机关，究竟如何针对公职人员行使法律监督权呢？

不仅如此，2015年7月1日，全国人大常委会通过了关于授权最

〔1〕 参见《全国人大常委会关于在北京市、山西省、浙江省开展国家监察体制改革试点工作的决定》，载《中国人大》2017年第1期。

〔2〕 参见马怀德：《国家监察体制改革的重要意义和主要任务》，载《国家行政学院学报》2016年第6期。

高人民检察院在十三个省市开展公益诉讼试点工作的决定。根据该项决定，最高人民检察院被授权在生态环境和资源保护、国有资产保护、国有土地使用权转让、食品药品安全等领域开展提起公益诉讼试点。[1]经过为期两年的试点，2017年6月27日，全国人大常委会通过了修改后的《民事诉讼法》和《行政诉讼法》，检察机关可依法对破坏生态环境和资源保护、食品药品安全领域侵害众多消费者合法权益等损害社会公共利益的行为提起民事公益诉讼，也可以对生态环境和资源保护、食品药品安全、国有财产保护、国有土地使用权出让等领域负有监督管理职责的行政机关违法行使职权或者不作为的情况提起行政公益诉讼。[2]至此，我国以立法形式正式确立了检察机关提起公益诉讼的制度。

民事公益诉讼和行政公益诉讼制度的建立，标志着我国检察机关可以“公益诉讼人”的身份，作为国家利益和社会公共利益的代表，提起公益诉讼，启动一场特殊的民事诉讼或行政诉讼。由于这类诉讼的被告方要么是造成不特定人利益受到损失的个人或者企业，要么是给国家利益带来重大损失的行政机关，因此，检察机关在维护国家利益和社会公共利益的同时，也可以通过行使诉权的方式来参与民事诉讼和行政诉讼。这显然是对传统民事审判和行政审判监督方式的重大发展，也是对行政机关实施法律监督的新途径。

司法改革的实践呼唤着新的法学理论。面对上述一系列涉及检察机关法律职能问题的改革实践，我们与其固守原来的一些理论观点，在“法律监督的正当性”以及“法律监督的途径”等问题上钻入理论的“牛角尖”，展开一些可能永远找不到答案的理论争论，倒不

〔1〕 参见沈曙昆等：《多角度完善公益诉讼受案范围立法规定》，载《检察日报》2017年5月31日。

〔2〕 参见《全国人大常委会关于修改〈中华人民共和国民事诉讼法〉和〈中华人民共和国行政诉讼法〉的决定》，载《人民日报》2017年8月28日。

如认真地关注当前正在得到全面推行的改革，从中发现我国检察制度发展创新的新契机。根据从经验到理论的研究方法，我们作为理论研究者，应当关注各项改革的实际效果，并对其进行理论上的反思，发现一些带有规律性的制约因素，从而对我国检察机关的法律职能做出新的理论定位。

鉴于此，本章拟从司法改革的角度，对我国检察机关的职能定位做出新的思考。笔者将对我国检察机关的法律监督地位进行理论上的反思，将检察机关定位为“国家利益和社会公共利益的维护者”以及“国家法律统一实施的监督者”。在此基础上，笔者将重新讨论检察机关的诉讼职能、监督职能以及司法审查职能。本章所要论证的论题是，检察机关唯有将维护国家利益和社会公共利益作为出发点，唯有将自身定位为法律统一实施的维护者，才能与时俱进，在未来的宪法体制和司法体制中寻找到适当的法律地位，避免出现法律危机。

二、检察机关法律监督的局限性

我国宪法确立了检察机关的“法律监督”地位，这意味着检察机关负有维护国家法律的统一实施、纠正破坏法制行为的职责。但是，相对于人民代表大会的最高监督权以及监察机关对公职人员的监察权而言，检察机关的法律监督却是具有局限性的一种监督方式。这主要表现在，检察机关所从事的监督不是通常所说的“一般监督”，不是宪法意义上的至高无上的监督，也不是专门针对国家机关和国家工作人员的纲纪监督，更不是自上而下的单方面监督。不仅如此，检察机关从事法律监督的手段和方式也是具有局限性的。

首先，我国的政治体制决定了检察机关的监督不是“一般监督”。

新中国成立之初，受苏联检察理论的影响，我国1954年《宪法》

一度有检察机关“对国家机关和国家工作人员是否遵守法律，行使检察权”的规定，并授权检察机关“对国家机关的决议、命令和措施是否合法实行监督”。[1]但基于当时的中国政治体制和社会环境，这种针对国家机关和国家工作人员的“一般监督”，不仅面临较大的争议，而且几乎从来没有得到真正的落实。1982年《宪法》根据我国的基本政权组织形式，尽管确立了检察机关的“法律监督”地位，但取消了检察机关对“国家机关的决议、命令和措施是否合法施行监督”的职权，并将此职权改由国家权力机关行使。但是当时的检察院组织法仍赋予检察机关“对于叛国案、分裂国家案以及严重破坏国家的政策、法律、法令、政令统一实施的重大犯罪案件，行使检察权”的职权。而对国家机关和国家工作人员的法律监督，仍然是检察机关的重要职能。只不过，检察机关对于国家机关和国家工作人员的一般违法案件并不行使监督权，而主要对违反刑法、需要追究刑事责任的案件行使“检察权”。[2]

自1982年以来，检察机关对国家机关和国家公职人员的“一般监督”，再也没有得到恢复。从监督的对象来看，检察机关的法律监督大体分为两个部分：一是针对普通国家公职人员的刑事法律监督，也就是对其贪污贿赂罪和渎职侵权罪行使检察权，这种检察权可以包括立案、侦查、逮捕、提起公诉等各个方面，意味着对国家公职人员的职务犯罪行为启动刑事追诉程序；二是针对公安机关、法院和刑事执行机关的诉讼法律监督，也就是对这些机关在刑事诉讼中行使的立案、侦查、审判、执行等诉讼权利是否合法进行监督，当然也要对法院在民事审判和行政审判中是否合法进行法律监督。这种统摄

---

〔1〕 参见刘向文、王圭宇：《俄罗斯联邦检察机关的“一般监督”职能及其对我国的启示》，载《行政法学研究》2012年第1期。

〔2〕 参见徐益初：《从我国检察机关的发展变化看检察机关定位》，载《人民检察》2000年第6期。

了“刑事法律监督”和“诉讼法律监督”的“双轨式”法律监督模式，一直持续到国家监察体制改革启动之前。

其次，检察机关的法律监督不是唯一的监督，更不具有至高无上的权威地位。

在我国的政治体制中，“法律监督”具有多方面的含义，且具有多元化的制度体系。宪法在确立检察机关的“法律监督”职能的同时，还确立了人民代表大会的最高监督地位。无论是各级政府、法院、检察院，还是新成立的监察委员会，都要由人民代表大会产生，向其负责，还要接受人民代表大会的监督。对于上述国家机关，人民代表大会及其常委会主要通过听取和审议工作报告、执法检查和专项质询等方式，进行最具权威性的监督。相对于人民代表大会的最权威监督而言，检察机关的法律监督带有专门性、具体性和专业性，并且这种监督工作本身还要受到人民代表大会及其常委会的监督。

相对于人民代表大会的监督地位而言，检察机关的法律监督并不具有至高无上的权威性，也不是自上而下的单方面监督，而只属于一种专门性的监督活动。迄今为止，检察机关主要通过参与诉讼活动，对侦查机关、法院和执行机关的诉讼活动进行监督，以维护诉讼法的有效实施。这种诉讼监督职能尚未发生明显的变化。至于其他方面的法律监督职能，则已经和正在发生重大变化。

再次，检察机关不再通过立案侦查的方式来对国家工作人员进行法律监督，其所行使的“刑事法律监督”职能走向终结。

随着国家监察体制改革的推进，国家监察委员会对所有国家公职人员逐步拥有了“全方位的监察权”，也就是对国家公职人员的行政违纪、违法、犯罪行为拥有全面的监督权，可以通过启动行政监察、刑事立案、侦查等各种方式，来调查、处置其违法犯罪行为。这种国家监察制度的构建，标志着我国政治体制和政权组织形式发生了重大变化。甚至就连检察机关内部的检察官本身，都成为各级监察委员会进行“全方位监察”的对象。[1]

检察机关不再对国家公职人员的职务犯罪案件行使立案侦查权，这意味着自1982年《宪法》实施以来检察机关对国家机关工作人员的法律监督职能再度受到削弱。尽管在称谓上可能存在一些争议，但监察委员会所行使的“监察权”实际具有法律监督权的性质，并在行使法律监督权方面替代了检察机关。由于这种监察机构被冠以“监察委员会”的名称，涵盖了行政监察和刑事侦查等各种法律职能，具有对国家公职人员进行全方位法律监督的覆盖面，也具有直接采取强制措施和强制性调查措施的权威，因此将具有极大的权威性和威慑力。相比之下，检察机关通过对国家公职人员进行立案侦查来实施的刑事法律监督，则不复存在了。

最后，检察机关从事法律监督的方式和手段具有较大的局限性。

在针对职务犯罪案件的立案侦查权被转交监察机构之后，检察机关的法律监督手段将变得十分有限，且存在不少争议。对国家公职人员涉嫌犯罪的，检察机关仍然保留审查批准逮捕和提起公诉这两项职权，但这些权力究竟是不是“法律监督权”，存在极大的争议。而在诉讼监督方面，检察机关对于侦查机关、法院、执行机关的监督，只剩下提出检察建议、提出纠正违法通知、排除非法证据、提起抗诉等“柔性监督手段”。至于那种针对国家公职人员的立案侦查权，作为一种“刚性监督手段”，则永远不复存在了。

目前，检察机关对国家公职人员的逮捕权和公诉权，究竟应否被纳入法律监督的范畴，这是存在争议的。其实，假如仅仅根据涉嫌犯罪的人是否为国家公职人员的标准，来确定逮捕权和公诉权是否属于法律监督权，这本身在理论上是难以自圆其说的。假如将这

〔1〕 参见秦前红、石泽华：《监察委员会调查活动性质研究》，载《学术界》2017年第4期。

两种手段算作法律监督手段的话，那么，检察机关对其他犯罪嫌疑人、被告人的审查批捕和提起公诉，岂不都属于“刑事法律监督”了吗？假如检察机关对公职人员审查批准逮捕、提起公诉都属于“法律监督”的话，那么，法院对公职人员的审判以及刑罚执行机关对公职人员的刑罚执行，岂不也属于“法律监督”了吗？更何况，公诉权是全世界检察机关都享有的一项无争议的职权，是检察机关代表国家利益和社会公共利益行使诉权的标志，这与传统意义上的“法律监督”没有直接的关系。而逮捕则是检察机关对嫌疑人、被告人采取的旨在剥夺人身自由的强制措施，目的在于保证刑事诉讼活动的顺利进行，避免那些可能妨碍刑事诉讼的情形发生。无论是公诉还是逮捕本身，都只是一种程序性措施，而不具有惩罚性，更不属于刑事处罚措施。对嫌疑人、被告人采取逮捕和提起公诉措施，属于典型的提起刑事诉讼的活动，这跟“行使法律监督权”又有多大关系呢？

而在诉讼法律监督权的行使方面，检察机关的监督手段则有提出检察建议、提出纠正违法通知、排除非法证据、提起抗诉等手段。其中，提出检察建议、提出纠正违法通知、排除非法证据等手段，带有“柔性监督”的性质，没有太大的国家强制力。而对法院裁判的抗诉，究竟是否属于法律监督手段，这在理论上一直存在争议。至少，对于一审法院未生效裁判的抗诉，多多少少带有行使公诉权的性质，具有“公诉权的延伸”的效力。而检察机关针对非国家公职人员涉嫌犯罪案件的一审裁判的抗诉活动，主要是为追求有利于国家利益的诉讼结局，这又能有多少“法律监督”的成分呢？

三、检察机关的职能定位

迄今为止，我国宪法仍然保留了检察机关的“法律监督”地位。但是，单纯从字面和语义上进行解读，这种“法律监督”又会给人造成误解。对于检察机关的法律职能，应当着眼于司法体制改革的视野，从发展的角度，并根据检察机关实际履行的法律职能，来做出切实有据的解释。

经验表明，要对检察机关的法律职能作出准确的认识，就应当根据司法活动的基本规律，考虑到检察机关实际履行法律职能的情况，为检察机关确定一个符合我国政权组织形式的准确定位。在笔者看来，在人民代表大会制度之下，政府履行行政管理职能，监察委员会履行对国家公职人员的全方位监察职能，法院履行司法裁判职能，而检察机关则行使“检察监督”职能。也就是说，检察机关作为国家利益和社会公共利益的代表，维护国家法律的统一和有效实施；对于行政机关、监察机构和法院严重违反法律的行为，检察机关可以通过行使诉权的方式加以调查，并督促其加以纠正。检察机关的这一“检察监督”，并不是一般意义上的“法律监督”，而具有以下几个方面的特征。

第一，检察机关是国家利益和社会公共利益的维护者，这就与各级政府作为行政利益的维护者具有了本质区别。

一般来说，政府是行政利益的代表者，而检察官则主要是国家利益的代表者。从理论上说，政府也应代表国家利益和社会公共利益，但从现实的角度来看，政府通常代表的是较为短期、局部的国家利益，而经常与国家的长期性利益、全局性利益发生冲突。无论通过怎样的方式上台执政，每届政府都有法定的任期，也都有任期内的特定执政理念和目标。这些理念和目标经常与国家长期的利益存在矛盾。不仅如此，那些根据行政区划建立起来的地方政府，经常保护的是局部的地方性利益，与国家的整体利益经常并不一致。近年来，在地方发展与环境和资源保护、追求地方税收提高与食品药品安全、追求“短平快”的地方政绩与国有资产流失和国有土地转让等一系列领域，就存在地方政府利益与国家利益的突出矛盾。为避免国家利益受到损害，并在这种损害发生后最大限度地对国家利益加以补救，检察机关就要代表国家利益采取行动，诉诸司法程序，阻止并纠正那些侵害国家利益的行为。无论是对刑事案件提起的公诉，还是对民事案件和行政案件提起的公益诉讼，就都带有通过行使诉权来维护国家利益的意图。〔1〕

至于政府利益与社会公共利益的矛盾，就更是经常发生了。无论是国家土地转让、国有资产流失、食品药品安全，还是环境污染和资源流失，都属于一些地方政府为了实现自身利益而侵害特定人或者不特定人利益的典型领域。尤其是在那些不特定人的利益受到严重侵害的情况下，唯有检察机关作为社会公共利益的代表，提起民事公益诉讼或者行政公益诉讼，将案件诉诸司法程序，督促法院依法作出权威的司法裁判，一方面对这类公共侵权行为加以吓阻，另一方面也对相关利害关系人做出必要的补救。检察机关作为国家利益和社会公共利益的代表，与政府所代表的行政利益的差异和冲突，是建立刑事公诉和民事、行政公益诉讼制度的基本依据。〔2〕

第二，检察机关维护国家法律实施的目的，在于维护国家利益和社会公共利益，这就与作为司法正义维护者的法院具有明显的差异。

一般人都会提出疑问，检察机关和法院都是国家司法机关，都理应代表国家利益，也都应维护国家法律的统一实施，既然如此，为什么还设置两个有相似法律职能的国家机关呢？其实，检察机关作为国家利益和社会公共利益的代表，法院却是司法正义的维护者。尤其是在检察机关提起刑事公诉或者提起公益诉讼的情况下，检察机

〔1〕 参见李艳芳、吴凯杰：《论检察机关在环境公益诉讼中的角色与定位——简评最高人民检察院〈检察机关提起公益诉讼改革试点方案〉》，载《中国人民大学学报》2016年第2期。

〔2〕 参见姜涛：《检察机关提起行政公益诉讼的制度：一个中国问题的思考》，载《政法论坛》2015年第6期。

关与作为被告方的个人、单位和行政机关就发生了利益冲突，并在诉讼立场上处于直接对立的局面。而法院作为中立的司法裁判者，应秉持不偏不倚的精神，对控辩双方的利益和诉讼请求给予平等的关注。法院所要维护的是程序的正义和实体的正义，而不是处于待判定状态的国家利益和社会公共利益。尤其是在检察机关提起刑事公诉的场合，作为被告人的个人还处于相对弱势的一方，法院这时候就要遵循“天平倒向一方”的理念，对属于弱者的被告人给予特殊的程序保护。正因如此，人们才会普遍将法院视为“权利的庇护者”和“正义的最后一道堡垒”。

至于在维护国家法律统一实施方面，检察机关与法院的立场也不相同。通过一场司法诉讼程序，法院在认定事实的前提下适用国家法律，达到解决争端和纠纷的目的。但是，不同的法院对于法律适用的理解是不一样的。假如对某一法院对法律的适用和理解有不同的看法，检察机关可以通过提起抗诉的方式，启动新的审判程序。尤其是对于法院通过生效裁判所适用法律所做的终局性结论，检察机关认为仍然存在适用法律错误的，还可以提起特别抗诉程序，从而启动再审程序。但是，检察机关仍然是站在国家利益和社会公共利益的立场上，为维护法律统一实施而诉诸司法程序，它所发动的诉讼并不具有终局性和权威性，法律的统一实施最终仍然要由上级法院乃至最高法人民院通过司法裁判程序来加以实现。检察机关对国家法律统一实施的维护主要是通过行使诉讼请求权的方式来实现的。

第三，检察机关通过行使诉权的方式来督促行政机关、监察机构和法院纠正违法行为和决定，这就与国家监察机构作为对国家公职人员全方位监督者具有实质的不同。

在国家监察体制改革完成之后，各级监察委员会拥有对那些涉嫌职务犯罪的国家公职人员进行刑事立案和侦查的权力。在行使立案侦查权方面，监察委员会与公安机关并没有实质性区别。但是，在监察委员会侦查终结并移送检察机关之后，检察机关可以通过审查批准逮捕和审查起诉等方式，对监察委员会的侦查活动进行监督，发现存在违法侦查情形的，检察机关可以提出纠正违法的意见，还可以将非法证据予以排除，不再作为逮捕或提起公诉的依据。

这样，监察委员会作为“国家监察机构”，所行使的是对包括检察官在内的全体公职人员的纲纪监督权，而检察机关则在审查批捕和审查起诉过程中对监察委员会的侦查活动进行制约与平衡。从理论上讲，监察委员会可以对涉嫌职务犯罪的检察官进行立案侦查，而检察机关则可以对监察委员会的侦查违法行为提出纠正意见，还可以作出排除非法证据的决定。

第四，检察机关的“监督职能”与“诉讼职能”发生明显的分离，其监督职能主要存在“行政监督”和“诉讼监督”两种方式。

过去，检察机关被认为行使“法律监督权”，其全部法律职能都是法律监督的具体表现。现在，这种“泛法律监督主义”的观点已经不能自圆其说，而没有了存在的空间。检察制度改革的经验表明，检察机关首先是一个“办案机关”，也就是代表国家和社会提起公共诉讼的机构，并通过办案来维护国家利益和社会公共利益。其次，在行使诉讼职能的过程中，检察机关还可以代表国家和社会，对于部分国家机关违反法律的行为，进行监督并督促其予以纠正。其中，针对部分行政机关所存在的违法行政或者行政不作为情况，检察机关可以通过提起公益诉讼的方式，来督促其予以纠正；对于侦查机关、法院、执行机关违反诉讼程序的行为，检察机关也可以提出检察建议或者提出纠正违法的通知，以督促其纠正非法行为。前者可以称为“行政监督”，后者则属于通常所说的“诉讼监督”。

对“监督职能”与“诉讼职能”的分离，既是我国检察制度改革的重大推进，也是我国检察理论得以发展的标志。[1]而“行政监督”和“诉讼监督”的二元并立，使得未来的检察监督职能具有了全新的内容和手段。

四、检察机关的诉讼职能

作为国家利益的代表，检察机关在国家利益和社会公共利益受到侵犯时，应当通过提起诉讼的方式来制裁和遏制这些侵权行为，通过诉诸司法程序，督促法院作出有利于国家和社会的司法裁决。这种对国家利益和社会公共利益的侵犯，既可以是具有严重社会危害性的犯罪行为，也可以是来自个人或单位的民事侵权行为，还可以是来自行政机关的行政侵权行为。为使这些侵犯国家利益和社会给公共利益的行为依法受到惩治，检察机关可以行使两种诉讼职能：一是提起刑事公诉，二是提起公益诉讼，包括民事公益诉讼和行政公益诉讼。

（一）刑事公诉职能的发展

在刑事诉讼中，通过提起公诉来启动刑事审判程序，是检察机关行使刑事追诉权的主要方式，也是检察机关维护国家和社会利益的主要方式。自13世纪法国产生检察官这一职业以来，提起公诉就属于检察机关的主要法律职能。甚至可以说，在所谓“法律监督”或“检察监督”的理论兴起之前，公诉权就属于检察机关的专属职能。而代表国家和社会提起公诉，通过行使诉权的方式来启动司法裁判程序，督促法院在认定事实和适用法律的基础上，作出旨在维护国家利益和社会利益的司法裁决。这既是现代法治的要求，也是司法公正的标志。

迄今为止，通过一系列的刑事司法改革，我国的刑事公诉已经分

〔1〕　参见甄贞：《法律监督专门化立法之必要性考察》，载《人民检察》2011年第5期。

离出三种基本形态：一是“定罪公诉”，二是“量刑公诉”，三是“程序性公诉”。[1]不仅如此，随着被告人逃匿或死亡案件违法所得没收制度的确立，检察机关还可以在被告人缺席的情况下提起一种相对独立的“违法所得没收之诉”，这可以被视为刑事公诉的一种延伸。

所谓“定罪公诉”，是检察机关通过提交起诉书来申请法院对被告人加以定罪的诉讼活动。检察机关提交的起诉书可被视为“定罪申请书”，检察机关移交的案卷材料可被视为旨在证明被告人犯罪事实的证据材料，检察机关通过举证、质证和辩论活动，来承担证明责任，并力求达到法定的最高证明标准。在我国2010年推行定罪与量刑相对分离的改革以来，检察机关在审判中要优先提起定罪公诉。在普通审判程序中，定罪公诉要经历相对完整的诉讼过程。而在简易程序和刑事速裁程序中，随着被告人当庭认罪认罚，并自愿选择简易程序和速裁程序，检察机关的定罪公诉将变得相对简化，其主要职能是提起量刑公诉，督促法院接受本方的量刑建议。

所谓“量刑公诉”，是检察机关就被告人的量刑种类和量刑幅度向法院提出建议，督促法院作出准确量刑裁决的诉讼活动。检察机关提起量刑公诉的标志在于提交量刑建议书，提出本方认定的量刑事实和量刑情节，并提出一定的量刑意见。在相对独立的量刑程序中，检察机关也要通过提出本方认定的量刑情节，对被告方的量刑情节进行质证，以便督促法院全面认定量刑事实，并通过对基准刑的确定，根据量刑情节进行量刑幅度的调节，最终形成初步的量刑方案。量刑公诉的提起，推动了法院量刑裁判的精密化，也带来了量刑程序的对抗化、透明化和公开化，大大压缩了法院在量刑方面的自由裁量权，避免了不公正、不准确、不合理的量刑裁决。[2]

〔1〕 对于这三种公诉形态的总结和概括，可参见陈瑞华：《刑事司法裁判的三种形态》，载《中外法学》2012年第6期。

〔2〕 参见李玉萍：《中国法院的量刑程序改革》，载《法学家》2010年第2期。

所谓“程序性公诉”，是检察机关就某一诉讼程序的适用问题向法院提出的诉讼请求。这种公诉可分为两个类型：一是“对抗性程序公诉”，也就是在被告方提出程序性争议的情况下，检察机关在应诉后为推翻被告方的诉讼请求所进行的诉讼活动，最典型的是在被告方申请排除非法证据之后，检察机关为证明侦查行为的合法性所进行的程序性公诉活动；二是“非对抗性程序公诉”，是指检察机关自行向法院提出某一程序性请求，要求法院作出有利于本方诉讼决定的活动，如检察机关申请延期审理，申请证人、鉴定人、侦查人员出庭作证等。当然，“对抗性程序公诉”是这种程序性公诉的主要形态。这种公诉所针对的是被告方的程序性辩护（一种“反守为攻的辩护”），具有“防御性公诉”的特点，通过有效地应诉来否定被告方的程序性辩护请求，以说服法院作出有利于本方的诉讼决定。

至于“违法所得没收之诉”，并不是一种典型的刑事公诉，而是在刑事公诉过程中延伸出来的特殊民事诉讼。根据2012年《刑事诉讼法》，在被告人逃匿或者死亡的情况下，检察机关作为国家利益的代表，向法院提交一份没收其违法所得的申请书，法院确定6个月的异议期，允许利害关系人提出异议。在异议期届满、利害关系提出异议的情况下，法院组成合议庭，对案件进行开庭审理。届时，检察机关代表国家利益提起违法所得没收之诉，利害关系人作为另一方进行应诉，以维护本方的民事合法权益。对于法院所做的是否没收违法所得的裁决，检察机关还可以提起抗诉。通过提起这种没收违法所得的诉讼，检察机关督促法院在被告人缺席的情况下，对其违法所得的财产上缴国库，及时有效地维护了国家利益。尤其是在涉嫌犯罪的国家公职人员外逃的情况下，检察机关通过提起这种诉讼，可以及时维护国家的民事利益，避免国家资产的流失，防止涉案嫌疑人、被告人非法侵占国家利益。[1]

当然，迄今为止，这种违法所得没收之诉，还仅仅局限在嫌疑人、被告人逃匿或者死亡的案件之中。而在嫌疑人、被告人到案的案件中，在法院作出有罪裁决的情况下，对其犯罪所得的赃款赃物以及有关的犯罪工具、违禁品等，都是由法院依据职权自行进行追缴或者没收的。检察机关并没有提起一种违法犯罪所得没收之诉，也无法充分有效地参与到这种违法犯罪所得的确认过程之中。结果，法院在确定违法所得的过程中享有极大的自由裁量权，检察机关无法通过发动诉讼、参与诉讼过程来对法院裁判施加积极有效的影响。未来，随着刑事司法改革的继续推进，在嫌疑人、被告人到案的刑事诉讼中，凡是需要没收、追缴涉案赃款赃物的，检察机关都应提起一种没收违法所得之诉，启动这种没收违法所得的裁判程序，并督促法院作出有利于本方的裁决，对于确有错误的裁决还可以提起抗诉，从而有效地维护国家利益。[2]

（二）公益诉讼的兴起

在提起刑事公诉之外，检察机关还可以代表国家利益和社会公共利益提起公益诉讼。首先，检察机关对于那些破坏生态环境和资源保护、食品药品安全领域侵害众多消费者合法权益、损害社会公共利益的行为，提起民事公益诉讼。这类案件的侵权主体通常是侵害消费者合法权益的个人或者企业单位，受害者则属于人数众多的不特定消费者。检察机关提起这类民事公益诉讼，维护的是社会公共利益。当然，检察机关亲自提起民事公益诉讼只是迫不得已的办法，假如有法律规定的机关或有关组织提起民事公益诉讼的，检察机关

〔1〕 参见周加海、黄应生：《违法所得没收程序适用探讨》，载《法律适用》2012年第10期。

〔2〕 参见方柏兴：《论刑事诉讼中的"对物之诉"——一种以涉案财物处置为中心的裁判理论》，载《华东政法大学学报》2017年第10期。

就不必亲自提起民事公益诉讼，而可以支持起诉。而假如在某一领域中没有法定的机关和组织，或者有关机关或者组织没有提起民事诉讼的，检察机关才可以提起民事公益诉讼。可以说，检察机关提起民事公益诉讼实为最后的救济手段。

其次，检察机关在履行职责中发现生态环境和资源保护、食品药品安全、国家财产保护、国有土地使用权出让等领域负有监督管理职责的行政机关违法行使职权或者不作为，致使国家利益或者社会公共利益受到侵害的，应当向行政机关提出检察建议，督促其依法履行职责。行政机关不履行职责的，检察机关可依法向法院提起行政公益诉讼。可见，这类案件的侵权主体通常是依法负有监督管理职责的行政机关，如环境保护部门、国土资源管理部门、食品药品监督管理部门、国有资产管理部门等，它们或者存在违法行使职权行为，或者存在不履行职责的不作为现象。这种由特定行政机关违法行使职权或者不作为所造成的后果，既可能是国家利益受到侵害，也可能是社会公共利益受到侵害。检察机关作为国家利益和社会公共利益的代表，通过两种方式来纠正有关行政机关的违法行为：一是督促其依法履行职责；二是提起行政公益诉讼。在这两种纠正行政违法行为的行政检察活动中，前者属于检察机关优先选择的途径，后者则属于最后的救济手段。

无论是提起民事公益诉讼还是提起行政公益诉讼，检察机关都可以对环境污染、侵害众多消费者权益的违法行为以及行政机关违法行使职权或者不作为的行为进行调查核实活动，并通过调阅行政执法卷宗材料、询问相关证人、收集实物证据、咨询专业意见、委托鉴定、评估或审计、勘验检查等方式，收集证据材料，但不得采取限制人身自由以及查封、扣押、冻结财产等强制性措施。在提起公益诉讼之前，检察机关应尽可能适用诉前程序，如督促法定机关或者组织提起民事公益诉讼，或者提出检察建议，督促行政机关依法履行职责或者纠正行政违法行为。经过诉前程序，只有在法定机关和组织无法提起民事公益诉讼，或者行政机关拒不纠正行政违法行为或者不履行职责的，检察机关才可以提出公益诉讼。而在检察机关提起公益诉讼之后，检察官将以“公益诉讼人”的身份，提出诉讼主张，承担举证责任，参与法庭上的举证、质证和辩论，督促法院作出权威的裁决。对于法院就公益诉讼所作的裁决，检察机关认为确有错误的，可以提起抗诉。

五、检察机关的监督职能

随着我国监察体制改革的推进，检察机关不再享有职务犯罪案件的侦查权，也基本失去了所谓的“刑事法律监督权”。作为国家利益和社会公共利益的维护者，检察机关在行使诉讼职能的同时，还行使相对独立的监督职能。传统上，检察机关对于国家专门机关的刑事诉讼活动，行使“刑事诉讼监督”职能，对于法院的民事审判和行政审判活动，则行使“民事行政诉讼监督”职能。随着公益诉讼制度的全面确立，检察机关可以通过提起行政公益诉讼的方式，来纠正行政机关的行政违法行为。这种行政公益诉讼既是检察机关行使诉讼职能的一种方式，也是检察机关对行政机关展开法律监督的一种形式。由此，检察机关的“监督职能”主要表现在两个方面：一是对行政机关及其国家工作人员进行监督，简称为“行政监督”；二是在诉讼活动中对侦查机关、法院、执行机关的诉讼活动进行监督，简称为“诉讼监督”，包括“刑事诉讼监督”和“民事和行政诉讼监督”。

（一）行政监督职能

过去，不少学者都呼吁加强检察机关对行政机关的法律监督，纠正行政机关违法行政或者行政不作为的现象。但是，检察机关对于行政机关的监督，一直没有法定的途径和桥梁。[1]2014年以来的司法

〔1〕 参见杨建顺：《完善对行政机关行使职权的检察监督制度》，载《检察日报》2014年12月22日，第3版。

体制改革，在将检察机关的职务犯罪案件侦查权转移给监察机构的同时，还赋予了检察机关提起行政公益诉讼的权力。目前，检察机关对于行政机关存在违法实施行政行为或者存在行政不作为情况的，可以提出纠正行政违法的检察建议，以督促其履行职责；在行政机关拒绝履行职责时，检察机关可以向法院提起行政诉讼，使行政机关受到法院的审判。这种通过检察机关督促履行职责或者提起公益诉讼的权力，使得检察机关被赋予对行政机关进行法律监督的权威。应当说，这是行政公益诉讼制度带来的副产品。

过去，检察机关的法律监督集中在公职人员是否违反刑法以及司法机关是否违反诉讼法等领域，而对于行政机关及其工作人员是否依法行政的问题，缺乏专门的、有效的监督手段。而根据传统的检察监督理论，我国检察机关并不行使“一般监督权”，无法对行政机关的行政不法或者行政不作为行为，进行有效的法律监督。但是，鉴于在诸多行政管理领域，行政机关因为行政不法行为或者行政不作为而严重侵犯相对人合法权益的事件，可以说是层出不穷，而且也没有有效的纠正办法。而相对人在其合法权益受到侵害之后，一般只能自行向法院提起行政诉讼。但由于受多方面因素的限制，这种带有“民告官”性质的行政诉讼，不仅经常得不到及时的立案，立案后得不到法院公证的审判，判决也难以得到及时有效的执行。

行政公益诉讼制度的确立，使得检察机关可以有效弥补相对人诉讼能力的不足，以国家法律监督机关的名义，向行政机关提出检察建议，责令其履行职责，纠正行政违法行为；而在这种检察建议遭到拒绝之后，检察机关可以直接提起公益诉讼，并出庭支持诉讼，将原来的“民告官”变成“官告官”，有效地督促法院对行政机关的行政违法行为加以审理，并作出责令其履行法律职责的裁判结论；在获得法院生效裁判文书之后，检察机关还可以督促法院将其作为执行的依据，从而以国家强制力，强令行政机关履行职责，终止或纠正其继续实施侵犯相对人合法权益的行为。[1]检察机关在公益诉讼中的这些作用，可以对行政机关的行政违法行为构成强有力的制衡，在发现其不法行为的前提下，督促其及时加以纠正，或者申请法院以国家强制力对行政机关加以谴责或者作出制裁。显然，检察机关在对行政机关进行法律监督方面，获得了一些新的权力，也拥有了新的制约手段。

当然，目前我国行政公益诉讼的适用范围还是十分有限的，所监督的领域主要局限在环境保护、国土资源保护、食品和药品安全维护、国有资产保护等方面，检察机关也主要在这些领域可以对有关行政机关提起行政公益诉讼。而在其他行政管理领域，检察机关遇有行政机关存在行政违法或者行政不作为情况时，仍然无法通过这种公益诉讼方式，来对行政机关进行有效的法律监督。不过，检察机关在这几个领域所推行的公益诉讼，毕竟属于行政监督的开端，意味着检察机关对行政机关开展法律监督具有了新的形式，也意味着我国检察机关的法律监督具有了更为丰富的内容。

（二）刑事诉讼监督职能

我国刑事诉讼法确立了刑事诉讼监督的原则，强调检察机关在刑事诉讼全过程享有法律监督权，也就是对立案、侦查、审判、执行的合法性进行监督，发现侦查机关、法院和执行机关存在违反刑事诉讼法的行为，可以加以纠正。但是，这种自上而下的单方向监督职能，与检察机关所具有的公诉职能发生了一定的冲突，面临着“谁来监督监督者”的制度困惑。与此同时，法院作为国家司法裁判机关，本身就拥有维护法律实施的使命，对于侦查机关、检察机关所实施的程序性违法行为，可以通过宣告无效的方式实施程序性制裁。这样，检察机关纠正其他机关的程序性违法行为，与法院宣告其他机关程

〔1〕 参见胡卫列、田凯：《检察机关提起行政公益诉讼试点情况研究》，载《行政法学研究》2017年第2期。

序性违法行为不具有法律效力，就面临着对同一诉讼行为进行双重法律评价的问题。在维护刑事诉讼法的有效实施方面，检察机关与法院面临着谁更有权威的问题。

正因如此，检察机关的刑事诉讼监督职能正面临一场重大转型，也就是从全方位的刑事诉讼监督转向审判前阶段和执行环节的诉讼监督，监督的重点集中在立案、侦查以及刑罚执行程序的合法性问题。而在法庭审判过程中，检察机关主要是通过提起公诉的方式，来督促法院作出正确的事实认定和法律适用，维护国家利益和社会公共利益；对于一审法院作出的在事实认定或者法律适用方面存在错误的未生效判决，检察机关则通过提起抗诉的方式，来继续行使国家公诉权。换言之，检察机关在两审终审制的框架中，不再对法院的审判活动行使诉讼监督权，而主要行使国家公诉权。[1]

至于在审判前阶段和执行环节的诉讼监督，也不应继续坚持那种自上而下的外部监督模式，而应遵守诉讼活动的规律，真正从公诉职能有效行使的角度来督促侦查机关在立案和侦查程序中遵守法律程序，同时从有效实现国家刑罚权的角度，确保法院生效刑事裁判得到准确无误的执行。以下对审判前阶段和执行环节的监督方式作出具体分析。

在审判前阶段，检察机关代表国家利益和社会利益，确保那些符合立案条件的案件进入刑事诉讼程序，而对那些不符合立案条件的案件则及时将其过滤出诉讼程序之外。因此，对于侦查机关应当立案而没有立案的案件，检察机关有权依据职权或者根据被害人的申诉，督促侦查机关作出立案决定。而对于侦查机关不应当立案却滥用立案权的案件，检察机关则可以督促侦查机关终止立案侦查程序的进程，确保嫌疑人尽快脱离被追诉的状态。目前，检察机关对侦查

〔1〕 参见陈卫东、刘计划:《公诉人的诉讼地位探析——简评检察机关对法院的审判监督》，载《法制与社会发展》2003年第6期。

机关在立案或者不立案方面所作的通知或者决定，还主要属于一种带有约束力的建议，而不具有法律上的强制力，侦查机关即便不遵照执行，也通常不用承担相应的法律后果。但是，对侦查机关所作立案或者不立案决定的审查和纠正，意味着检察机关站在国家利益和社会利益的角度，维护国家公诉权的统一行使，保障法律的统一实施。尽管检察机关在组织上并不拥有指挥或者领导侦查机关的职权，但在公诉职能的行使上，检察机关对侦查程序的启动仍具有一定的引导作用。

在审判前阶段，检察机关对于侦查机关的侦查行为可以进行必要的督促、引导和纠正。这主要表现在三个方面：一是对于不符合逮捕条件的案件，作出不批捕的决定；二是对于不符合提起公诉条件的案件，作出不起诉的决定，或者作出退回补充侦查的决定；三是对于侦查机关存在刑讯逼供以及其他违法收集证据行为的，检察机关可以作出排除非法证据的决定，不再将侦查机关非法收集的证据作为逮捕和提起公诉的根据。但是，这种对侦查活动的督促、引导以及对非法侦查行为的纠正，并不意味着检察机关具有中立裁判者的地位，而主要目的在于保障公诉权的顺利行使，避免公诉活动遇到挫折或者归于失败。

而在执行环节，检察机关行使诉讼监督职能的领域主要是执行机关申请减刑、假释或者监外执行的场合。因为在这些场合，法院所作的生效裁判要么被变更了刑罚内容（如减刑），要么被变更了刑罚执行方式（如假释、监外执行），而这些变更都无一例外地使被执行刑罚的犯罪人获得了程度不同的利益，却同时损害了国家利益或者社会公共利益，尤其是会使国家刑罚权的统一行使受到威胁和挑战。正因如此，检察机关作为国家护法机关，面对刑罚执行机关对刑罚内容和刑罚执行方式所作的变更，就不能不闻不问，而应在享有知情权的前提下，对于不当的减刑、假释、监外执行决定，检察机关可以责令重新核查或者重新组成合议庭作出最终裁决。这样，检察机关对于上述变更刑罚或变更刑罚执行方式的执行行为，就拥有了“同步监督权”，并可以对不当决定责令重新启动决定程序。

（三）提起再审抗诉——刑事、民事和行政监督的共同方式

由于检察机关既是诉讼监督机关，又是公诉机关，因此，它在刑事诉讼中可以进行全方位的诉讼监督。但是，除了提起公益诉讼以外，检察机关通常并不参与民事诉讼活动，也很少参与行政诉讼活动，因此，对于民事和行政诉讼的同步监督并不存在。基本上，对于民事诉讼和行政诉讼的监督，主要通过提起再审抗诉来进行。当然，对于法院所作的刑事生效判决，检察机关发现确有错误的，也可以提起再审抗诉。可以说，通过对法院生效判决提起抗诉，来对法院的审判活动进行监督，这是检察机关对刑事诉讼、民事诉讼和行政诉讼进行监督的通用方式。

在传统的检察理论中，抗诉被笼统地定性为检察机关行使法律监督权的活动。甚至在二审法院开庭审判过程中，检察机关派出出席二审法庭审判的检察官都被冠之以“检察人员”的称谓，以显示其法律监督者的身份。但是，无论是检察机关提起的公益诉讼还是刑事公诉，在二审法院进行的法庭审判中，检察官所实施的仍然是进一步的公益诉讼活动或者公诉活动，他们的身份仍然是公益诉讼人或者公诉人。既然如此，检察机关对这些案件的一审裁判所提出的抗诉，无非是公益诉讼或者刑事公诉的延伸而已。

那么，检察机关对法院已生效裁判所提起的抗诉，究竟应被作何种定位呢？应当承认，对于法院已经发生法律效力的裁判，在认定事实或者适用法律上确有错误的，检察机关提起的抗诉具有非常救济的性质。毕竟，在一审裁判作出之后，控辩双方还可以通过行使诉权的方式，申请上一级法院给予进一步的司法救济。然而，在法院作出

生效裁判之后，这种由控辩双方通过行使诉权的方式来诉诸司法救济的空间就变得非常狭小了。在此情况下，假如法院生效裁判确实存在重大错误，那么，唯有赋予检察机关特别的救济途径，才能促使法院启动再审程序，对案件进行重新审判。检察机关的再审抗诉就属于这种特别救济方式。当然，为避免这种再审抗诉被随意提起，我国三大诉讼法都确立了一些特别制度安排，如只有上级检察机关才可以对下级法院的生效裁决提起抗诉，只有最高检察机关才可以对全国各级法院的生效裁决提起这种抗诉。

通过提起抗诉，检察机关可以对那些在认定事实或适用法律上存在重大错误的生效裁判，启动再审程序。近年来，无论是最高人民检察院还是省级检察机关，都通过抗诉或者提出检察建议的方式，启动了最高人民法院或者各省各级法院的再审程序，纠正了一批冤假错案，纠正了一些确有错误的民事或行政案件。例如，2016年，全国检察机关对认为确有错误的民事行政生效裁判、调解书提出抗诉3282件，再审检察建议2851件；对认为确有错误的刑事裁判提出抗诉7185件。其中，对向检察机关申诉的谭新善案、沈六斤案、李松案、刘吉强案、杨德武案等重大冤错案件，最高人民检察院和甘肃、天津、吉林、安徽等省市检察院经过认真复查，依法提出抗诉或再审检察建议，督促法院最终依法改判无罪。[1]

迄今为止，由于我国尚未完全建立“以审判为中心的诉讼制度”，相关证据规则有待进一步完善，司法体制改革有待深入推进，法院还时常作出一些刑事误判。与此同时，对于法院司法裁判的制约机制还尚未健全，无论是来自当事人的诉权制约机制还是来自上级法院的审级制约机制，都难以对法院的自由裁量权进行有效的限制。在此情况下，检察机关站在维护国家利益、社会公共利益的立场

〔1〕 参见曹建明：《最高人民检察院工作报告—— 2017年3月12日在第十二届全国人民代表大会第五次会议上》，载《人民日报》2017年3月20日。

上，对法院生效裁判保留较为广泛的抗诉权，还是具有很大的现实基础和制度空间的。无论是纠正冤假错案和司法误判，还是纠正那些存在重大法律适用错误的裁判，检察机关提起抗诉或者检察建议都将具有很大的正当性。

但是，从检察制度的长远发展来看，针对错误生效裁判的抗诉职能，应逐渐向维护国家法律统一实施的方向加以集中和转变。为维护法院司法裁判的稳定性和权威性，未来的再审抗诉应当受到适度的限制。至少，从提起的级别来看，地市级检察机关不宜继续提起再审抗诉，再审抗诉应逐渐由省级检察机关和最高检察机关提起。而从提起抗诉的理由来看，检察机关对于那种"事实认定确有错误"的案件，固然可以继续作为提起抗诉的根据，但是，"在适用法律上确有错误"的案件，应当逐步成为检察机关提起抗诉的重中之重。尤其是最高检察机关，遇有在适用法律上存在重大错误或者造成重大社会影响的适用法律错误的案件，应当站在维护国家法律统一实施的立场上，提起抗诉，启动最高人民法院的再审程序，从而为全国法院的审判树立一个法制标杆。

六、司法审查职能的定位

在"诉讼职能"与"监督职能"二元并立的检察制度下，检察机关的审查逮捕职能究竟应如何加以定位呢？在笔者看来，这种审查批捕职能既不属于诉讼监督的一种方式，也不属于一般意义上的"诉讼职能"，而属于暂时由检察机关代为行使的"司法审查"职能。本来，这种司法审查职能应当由法院统一行使，但是，我国特有的国情和司法体制，决定了法院目前还不具备行使这种司法审查权的基本条件。因此，检察机关代行这种司法审查权，可能是暂时的权宜之计。不仅如此，相对于公安机关、监察委员会自行实施各项强制措施以及强制性调查行为而言，由检察机关通过司法审查的方式来加以授权和实施审查批准，可能更有利于维护程序法的实施，避免侦查权的滥用。

所谓司法审查，是指司法机关对于那些涉及限制或剥夺个人权利和自由的强制性措施，通过审查其事实依据和法律依据，来发布许可令状，实施司法授权，解决程序争议，并提供相应的司法救济。在西方国家，司法审查通常是法官享有的一项权力，是审判权制约侦查权的一种重要手段。举凡逮捕、羁押、保释、搜查、监听、查封、冻结等强制性处分措施，都要接受预审法官、侦查法官或治安法官的司法审查。

但在我国司法体制下，法官并不参与刑事审判前的诉讼活动，对于侦查机关的所有强制措施和强制性侦查行为，也不享有司法审查权。不过，考虑到逮捕是一种最严厉的强制措施，会带来长时间的未决羁押，为防止逮捕的滥用，我国法律也确立了一种特殊的司法审查机制，那就是由检察机关审查批准逮捕的制度。也就是在侦查机关提出申请后，检察机关对案件是否具备逮捕条件进行审查，对符合条件的嫌疑人作出批准逮捕的决定。

自2012年以来，随着刑事诉讼法的修改完善，检察机关主持的审查逮捕程序越来越具有“准司法程序”的形态。这是因为，负责审查批捕的检察官不仅要查阅案卷材料，提讯嫌疑人，进行必要的调查核实证据活动，还要听取辩护律师的意见。北京、上海、重庆等地的检察机关甚至还在进行“审查批捕听证程序”改革试验，由负责审查批捕的检察官主持，侦查人员、嫌疑人、辩护律师同时参与，对案件是否达到逮捕条件、是否具备逮捕必要进行面对面的举证、质证和辩论。〔1〕特别是随着国家监察体制改革的推进，检察机关将不再对职务

〔1〕 参见康城、张国轩：《检察机关审查逮捕程序之完善》，载《中国刑事法杂志》2010年第1期。另参见张军、陈运红：《审判逮捕听取律师意见工作实证分析》，载《中国刑事法杂志》2012年第10期。

犯罪案件行使侦查权，其在审查批捕中的中立性和超然性将越来越明显。负责审查批捕的检察官越来越被视为中国式的“预审法官”，作出不批准逮捕决定的案件数量逐年增加。[1]

当然，检察机关作为国家利益和社会公共利益的代表，负有提起刑事公诉的职责，它不可能成为不偏不倚的公正裁判者，而不可避免地带有追诉犯罪的倾向性。检察机关在审查批准逮捕方面也不可能成为真正的“预审法官”。即便检察机关不再行使对任何案件的侦查职能，检察机关也会有利用批准逮捕来实现公诉职能的普遍考虑，使得逮捕成为提起公诉的手段和保障。正因如此，法学界一直对检察机关行使批捕权的正当性提出质疑和批评，那种要求将批捕权移交法院行使的改革呼声一直没有中断。

然而，我国特有的司法体制决定了法院很难参与刑事审判前的诉讼活动。首先，我们没有建立专门行使司法审查权的法院，无法设立那些专门负责司法审查的预审法官、侦查法官或者治安法官。假如要构建司法审查机制，这就意味着法院的刑事法官既要对被告人是否符合逮捕条件、是否具有羁押必要性进行审查，又要对被告人是否承担刑事责任进行法庭审判。同一个或者同一批刑事法官同时肩负司法审查和刑事审判的使命，必然发生诉讼角色的冲突。其次，尽管在法律条文中逮捕的条件要低于定罪条件，但在司法实践中，逮捕与定罪在适用条件上保持大体一致，这却是多年存在的潜规则。再加上我国实行特有的办案质量评查和办案责任追究制度，这就意味着负责刑事审判的法官一旦宣告案件事实不清、证据不足，或者直接作出无罪判决，那就有可能导致负责批捕的法官被视为作出了错误的批捕决定。这有可能带来双重难题：一方面，负责批捕的法官因为

〔1〕 2016年，全国检察机关对于不构成犯罪或证据不足的案件，不批准逮捕132，081人，不起诉26，670人，其中因排除非法证据不批准逮捕560人、不起诉169人。参见曹建明：《最高人民检察院工作报告——2017年3月12日在第十二届全国人民代表大会第五次会议上》，载《人民日报》2017年3月20日。

案件无法达到定罪条件，而迟迟不予批准逮捕；另一方面，负责法庭审判的法官为避免批捕法官承担错案责任，而不得不将那些证据不足的案件作出有罪裁决。

正是因为我国实行这种特殊的司法体制，因此自21世纪以来，在几次司法体制改革运动中，有关检察机关将审查批捕权移交法院的改革动议都遭到最高层的否决。最高检察机关一度在职务犯罪案件中实行批捕权上提一级检察机关批准的做法，就是为回应社会各界对检察机关批准逮捕的正当性质疑而做出的制度回应。[1]可以说，在可以预见的未来，检察机关审查批捕的职能很难被移交给法院。既然如此，那种要求按照西方经验来赋予法院司法审查权的改革建议，也很难在短时间内有现实的可行性。可以说，对侦查机关提出的逮捕申请进行审查并作出决定，这将是我国检察机关所行使的重要法律职能。

但是，仅仅将逮捕的批准权交给检察机关行使还是远远不够的。在我国刑事司法制度中，对侦查权制约不足导致侦查权的普遍滥用，这是一个亟待解决的制度难题。其中，侦查机关在三个领域同时享有决定权和执行权：一是除逮捕以外的强制措施，包括刑事拘留、监视居住、取保候审、拘传、通缉在内，都是由侦查机关自行授权、自行执行的；二是所有涉及剥夺个人权益的强制性侦查行为，包括搜查、扣押、监听等在内，也都是由侦查机关自行决定、自行执行的；三是所有涉及侵犯个人财产权的强制性处分，包括查封、扣押、冻结、拍卖、变现等在内，也都是由侦查机关自行决定、自行执行的。这种"侦查中心主义"的诉讼构造既会导致侦查机关滥用侦查权，任意限制或剥夺个人基本权益，也会促使侦查机关为证明所采取的上述措施的合法性，而迫使检察机关对不够起诉条件的案件提起公诉，迫使法院对本不构成犯罪的案件作出违心的有罪

〔1〕 参见季美君、姚京石：《论批捕权的合理配置》，载《中国司法》2011年第10期。

裁决。[1]

为对侦查权做出有效的限制和约束，克服侦查中心主义构造的缺陷，真正推动以审判为中心的诉讼制度改革，对上述所有涉及限制或剥夺个人权益的强制性措施，应当遵循决定权与执行权相分离的原则，引入检察机关的司法审查机制。具体而言，无论是对强制措施、强制性侦查行为，还是那些针对财产权的强制性处分，侦查机关只能向检察机关提出适用的申请，检察机关对该项申请的合法性和必要性进行审查，对符合法定条件的申请作出批准的决定，而对不符合法定条件的申请，则作出不予批准的决定。

假如承认检察机关在审查批捕方面可以发挥更大的作用，那么，检察机关司法审查职能的扩展，将是我国未来司法体制改革的一个方向。相对于法官所行使的司法审查权而言，检察机关行使司法审查权不可避免地带有一定的局限性。但是，相对于目前侦查机关滥用侦查权的现状而言，由不承担侦查职能的检察机关行使司法审查权，则属于一种“两害相权取其轻”的现实选择。检察机关行使司法审查权，是由其司法机关的地位所决定的，也是代表国家利益、维护国家法律统一实施的制度保障。在司法体制改革过程中，人们除了担心公安机关滥用侦查权以外，还担忧监察委员会同样会滥用侦查权，对个人的权利和自由进行任意侵犯。其实，检察机关与其对职务犯罪侦查权的“转隶”而忧心忡忡，倒不如转变观念，争取将监察委员会的各种强制措施和强制性侦查行为纳入司法审查的范围，使其受到检察机关的合法性审查，避免这些侦查行为的滥用。

七、结论

长期以来，检察机关的法律监督地位面临一系列的理论争议。

〔1〕 关于“侦查中心主义”的诉讼构造及其缺陷，可参见陈瑞华：《论侦查中心主义》，载《政法论坛》2017年第2期。

在2014年以来的司法体制改革中，检察机关的法律监督则面临新的机遇和挑战。而国家监察体制改革的全面推行，使职务犯罪案件的侦查权从检察机关脱离出来，被全面移交各级监察委员会，这带来了检察机关法律监督定位和法律监督方式的全面危机。在司法体制改革的背景下，研究者应以改革的思维和与时俱进的精神，对检察机关的法律职能做出重新定位。

检察机关尽管在宪法上还将继续保留“法律监督机关”的定位，但我们不应仅仅从字面上或者语句上理解这一宪法定位。从司法改革的发展方向来看，检察机关应当站在国家利益和社会公共利益的立场上，通过行使诉讼职能、监督职能和司法审查职能的方式，来维护国家法律的统一实施。这就意味着检察机关处于“检察监督”的地位，与各级政府的行政管理、监察委员会的全方位监察以及法院的司法裁判处于同一法律层面上。

检察机关的诉讼职能主要体现在提起刑事公诉和提起公益诉讼这两个方面。前者除了包括传统的定罪之诉、量刑之诉和程序性公诉以外，逐渐出现了违法所得没收之诉等新型公诉形态。而后者则具有了民事公益诉讼和行政公益诉讼这两种基本形态。但无论是行使何种诉讼职能，检察机关都是代表国家利益和社会公共利益，通过行使诉权的方式，来达到惩治犯罪、追究民事侵权责任和行政侵权责任。

作为一种“法律监督机关”，检察机关所行使的监督职能并不具有“一般监督”的性质，其监督职能已经独立于诉讼职能，具有“行政监督”与“诉讼监督”这两种形式。“行政监督”是检察机关在提起行政公益诉讼的过程中，对那些存在违法行为和行政不作为情况的行政机关进行法律监督的一种方式。“诉讼监督”则是检察机关对侦查机关、法院、执行机关的刑事诉讼活动进行监督的方式，也是对法院民事审判和行政审判活动进行监督的方式。

在诉讼职能与监督职能之外，检察机关还行使一种介于两者之间的司法审查职能。目前，这种职能主要体现在审查逮捕上面，检察机关行使这种职能的方式也在朝司法化方向发展。未来，对于公安机关、监察委员会所行使的强制措施和强制性处分措施，都有必要纳入检察机关的司法审查的范围，以防止其无根据的行使，避免嫌疑人和被调查人的合法权益受到非法侵犯。

第四章　司法行政机关的职能定位

一、司法行政体制改革问题

自2014年新一轮司法体制改革启动以来，一系列司法改革措施相继得到推行。为实现司法“去地方化”和“去行政化”的改革目标，改革决策者推行了包括法院、检察院人财物交由省级统一管理、司法责任制、员额制在内的一系列改革措施。与此同时，为保证司法公正目标的实现，改革者还提出了审判权与执行权相分离、检察机关提起公益诉讼以及推动审判中心主义的改革方案。这些颇具新意的改革措施，是对我国司法体制的全方位变革，已经推动我国司法制度发生积极的变化。

然而，通过观察这一轮司法体制改革的推行效果，我们不难看出，变革最剧烈的领域主要局限在法院和检察机关“专门性司法行政事务”方面，而公检法三机关的法律关系并没有发生实质性的变化，那种三机关“分工负责、相互配合、相互制约”的体制也没有受到触动，那种“宏观层面的司法行政事务”领域更没有发生重大变化的迹象。结果，司法行政机关在这一轮改革中没有受到重视，甚至陷入被边缘化的境地。

尽管在司法改革的"顶层设计"中，司法行政体制改革有意无意地受到了无视和忽略，但在多年来有关司法改革的学术讨论中，司法行政体制改革一直受到法学界的高度重视，并被视为我国司法体制改革不可或缺的重要组成部分。[1]法学界不断呼吁的一些改革措施，如将看守所从公安机关转交司法行政机关管理，建立统一的刑罚执行体制，民事和行政裁判执行权全面划归司法行政机关行使，等等，都直接涉及司法行政体制的重大变革问题。在研究者看来，要对司法体制改革做出实质性的推动，要对公检法三机关的法律关系做出重新调整，就要对司法行政机关的职能做出重新定位，使那些被实践证明不便由公检法三机关加以管理的司法行政事务，全都转由司法行政机关加以管理。可以说，通过对司法行政职能做出重新调整，来推动公检法三机关法律关系的变革，研究者寄予了极大的期望。[2]

本章拟从全面推动司法体制改革的立场出发，对司法行政体制改革问题作出全面的考察。假如我们的讨论不仅仅局限于现有司法体制改革的"顶层设计"方案，而是着眼于下一轮司法体制改革的实质性推进问题，那么，司法行政体制改革迟早将会被纳入改革决策者的视野之中。笔者将对新中国成立以来司法行政职能的演变情况做一简要回顾，以求对司法行政机关的职能定位做出理论上的梳理。在此基础上，首先，笔者将从比较法的角度分析我国司法行政机关的独特职能定位，将其确定为宏观司法行政事务管理机关。其次，笔者将根据司法行政体制改革的历史演变情况，结合我国司法体制改革的宏观目标，来确定推动司法行政体制改革的若干基本原则。最后，

〔1〕参见陈瑞华：《司法改革的理论反思》，载《苏州大学学报》（哲学社会科学版）2016年第1期。

〔2〕参见陈瑞华：《司法行政体制改革的初步思考》，载《中国法律评论》2017年第3期。

在历史考察和理论分析的前提下，本章将对司法行政体制改革提出几项宏观的改革思路。

二、司法行政职能的历史演变

作为我国行政机关体系的有机组成部分，司法行政机关是随着中华人民共和国的成立而建立起来的。但是，自新中国成立初期以来，随着我国政治体制和司法体制的不断变革，司法行政机关的职能也在发生相应的调整。甚至在1959年之后的非常历史时期，司法行政职能受到政治上的否定，司法行政机关在我国政治体制中一度消失。直到1979年，随着我国政治常态的恢复和“社会主义民主和法制建设”的推进，司法行政机关的建制才被重新恢复。当然，从我国司法体制的发展历史来看，司法行政机关的取消只是那20年间发生的历史事件。1979年恢复重建的司法行政机关一度又延续了新中国成立初期的职能模式。但自1982年以后，司法行政机关的职能开始发生实质性的变化。根据司法行政职能的演变情况，我国司法行政机关大体经历了四个发展阶段，分别形成了四种制度模式：一是新中国成立初期的“大司法行政模式”；二是1954年后以及1979年后的“法院司法行政模式”；三是1982年后的“小司法行政模式”；四是2001年后的“司法行政职能适度扩张模式”。下面依次对此做出简要分析。

（一）新中国成立初期的“大司法行政模式”

所谓“大司法行政”，是新中国成立初期我国司法行政机关全面掌管法院、检察机关司法行政事务的一种职能模式。按照这一模式，司法行政机关除了负责制定司法行政政策，主持律师、公证、狱政、法制宣传等工作以外，还负责法院、检察机关的机构设置、人员编制、干部任命、司法经费、司法人员培训、办公设施建设、物质装备、财政保障等司法行政工作。由于司法行政机关对法院、检察机关的司法行政事务负有全面的管理职权，法院、检察机关要依赖于司法行政机关来维持其人财物的行政保障，因此，这种司法行政职能模式被称为“大司法行政模式”。

1949年，随着《中共中央关于废除国民党的六法全书与确定解放区的司法员额的指示》、《中国人民政治协商会议共同纲领》以及《中央人民政府组织法》的颁布实施，政务院设置司法部，主持全国的司法行政管理工作。根据司法行政与司法审判的“分立制”，法院和检察署分别负责审判和检察业务工作，而法院、检察署的司法行政工作一律交由司法行政机关负责进行管理和实施。1949年12月20日被批准实施的《司法部试行组织条例》，确定了司法部15项职权，包括厘定司法行政政策；设置地方法院和检察机关；司法干部教育训练；司法干部登记、分配、任免事项；全国诉讼案件种类、数量及社会原因之统计事项；犯人改造羁押机关之设置与管理；司法经费之厘定；司法法令政策之宣传；律师登记与管理；公证管理；等等。这是新中国从法律上确立司法行政工作职权的开始，也是迄今为止我国确立“大司法行政模式”的标志。[1]

在这一司法行政模式确立后不久，司法行政机关的职能又发生了一些调整。1950年12月，监狱、劳动改造队以及看守所被全部划出司法部，改由公安部领导。由此开始了刑罚执行机构和未决羁押机构由公安机关负责领导的历史。1951年7月，司法部建立中央政法干部学校，负责为法院、检察机关以及司法行政机关培训司法干部。由此开启了司法行政机关负责培训司法干部的历史。1951年9月，《最高人民检察署暂行组织条例》颁布实施，最高人民检察署设置人事处，掌管人事工作，处理各级检察署干部和编制问题。自此，检察机关开始自行管理自身的司法行政事务，司法行政机关对于检察机

〔1〕　参见郝赤勇：《优化司法职权配置，完善司法行政制度》，载《中国司法》2014年第12期。

关的司法行政事务不再进行管理和控制。由此也意味着“大司法行政模式”受到一定程度的削弱，司法行政机关开始了管理法院司法行政事务的时代。

（二）1954年后以及1979年后的“法院司法行政模式”

1954年9月，随着新中国第一部宪法的颁布实施，第一届全国人大通过了《国务院组织法》和《法院组织法》。这些法律明确规定：“各级人民法院的司法行政工作由司法行政机关管理”，并据此确定了司法部的职能范围，设置办公厅、普通法院司、专门法院司、人事司、宣传司、教育司、公正律师司、财务处、人民接待室。自此，司法行政机关开始了管理法院司法行政工作的历史时期。1955年11月，司法部新设置“法令编纂司”，负责对于司法行政有关的法律法令的起草工作。

1959年4月，第二届全国人大通过决议撤销司法部，各级地方司法行政机关也相继撤销。撤销的理由主要是“司法改革已基本完成，各级人民法院已经健全，人民法院的干部已经充实和加强，司法部已无单独设立必要”。自此，法院司法行政工作全部转归法院进行管理，新中国成立以来实行的司法行政与司法审判“分立制”也告终止。

1979年，司法部重新设立之后，其职能大体也恢复到1954年后的“法院司法行政机关”状态。根据1979年7月通过的《法院组织法》，各级人民法院的司法行政工作由司法行政机关管理；各级法院的设置、人员编制和办公机构由司法行政机关加以保障。与此同时，司法行政机关继续行使以下司法行政管理职能：一是管理和培训司法干部，包括法院、检察院和司法行政机关的司法干部；二是管理政法院校，培养各类司法专业人员；三是管理律师组织、公证机关的工作；四是组织开展法制宣传和法制教育活动；五是编纂行政法律和法令；六是领导人民调解委员会和基层政权司法助理员工作；等等。

从1982年5月开始，司法行政体制改革再次启动，司法部建议将法院司法行政工作转交法院自行管理，同时建议将行政法律法规编纂工作交由国务院办公厅法制局承担。同年6月，这两项改革相继完成，司法部将法院司法行政工作正式转交最高人民法院自行管理，行政法律法规编纂工作改由国务院法制局承担。自此，从1954年以来形成的“法院司法行政模式”正式宣告结束。司法行政机关迎来了长时间的“小司法行政模式”时期。

（三）1982年后的“小司法行政模式”

1982年以来，伴随法院司法行政工作转由法院自行管理，行政法律法规编纂工作被交由国务院法制局负责管理，我国司法行政机关的职能被减少到历史最低限度。根据1982年6月国务院确定的机构编制，司法部主要设置以下部门：办公厅、政策研究室、教育司、宣传司、公证律师司、调解司、外事司、人事司，等等。司法行政机关的主要职能有司法干部培训、政法院校管理、法制宣传、律师管理、公证管理、人民调解，等等。由于司法行政机关既不再对检察机关的司法行政工作进行管理，也不再对法院的司法行政工作加以监督，因此，这种最低限度的司法行政制度可以被称为“小司法行政模式”。

从1982年到2001年，司法行政机关的职能有增有减，但大体维持在“小司法行政模式”的框架之内，其对法院、检察院的司法行政管理权进一步压缩，其对政法教育的管理则基本被取消，但同时获得了监狱管理和劳动教养管理职权，并负责管理我国的国际司法协助工作。1983年9月，国务院将原属公安部的劳改局和劳教局划归司法部，司法部组建了新的监狱管理局和劳教管理局。这标志着我国司法行政机关开始行使对刑罚执行和劳动教养执行的管理权，是我国刑罚执行体制的重大改革。1987年，国务院批准司法部成立司法协助局，这是我国司法行政机关对国际司法协助工作行使管理权的开始。1985年12月，司法部曾对全国司法干部培训体制作出过调整，设置了包括中央政法管理干部学院等在内的若干院校，仍然保持着对法院、检察院和司法行政机关干部的在职培训职权。但随着最高人民法院先后设立全国法院干部业余法律大学和中国高级法官培训中心，随着最高人民检察院先后设立中国高级检察官培训中心和中央检察官管理学院，最高人民法院和最高人民检察院逐步加强了对法官、检察官的自行培训工作。1997年，最高人民法院设立国家法官学院；1998年，最高人民检察院设立国家检察官学院。这两所院校的成立，标志着对法官、检察官的在职培训全部由最高人民法院和最高人民检察院自行承担。2000年，中央政法管理干部学院被并入中国政法大学，而中国政法大学与其他四所政法院校则先后被划归教育部或各省市教育行政机关进行管理。这标志着司法行政机关对法院、检察官干部教育培训职能完全消失，同时也意味着司法行政机关对政法院校的管理职能基本上不复存在。2000年，司法部直属的高等院校仅剩下一所中央司法警官学院。[1]

（四）2001年后的“司法行政职能适度扩张模式”

自2001年以来，随着我国司法体制改革的逐步推进，为解决法院、检察院权力过于集中所带来的问题，一些原由法院、检察院负责管理的司法行政工作逐步被划归司法行政机关，司法行政机关逐步获得了一些司法行政管理权。与此同时，司法行政机关在执行法院生效判决方面获得了更多的职权。由此，司法行政职能开始进入一种“适度扩张”的状态，从而形成了一种“司法行政职能适度扩张模式”。

自2001年以来，司法行政机关先后获得了管理国家司法考试、法律援助、司法鉴定、社区矫正等各项司法行政事务的权力。具体说来，随着统一司法考试制度的建立，司法行政机关开始行使国家司

〔1〕 参见徐汉明：《论司法权和司法行政事务管理权的分离》，载《中国法学》2015年第4期。

法考试的管理权，任何申请担任法官、检察官、律师的人，都必须通过这一国家司法考试。2003年，随着统一的法律援助制度的建立，各级司法行政机关组建了法律援助管理机构。2005年，随着国家司法鉴定体制改革的推进，司法行政机关拥有了对司法鉴定事务的管理权，除了公安机关、检察机关内设的鉴定机构以外，其他司法鉴定机构都要经过司法行政机关的考核、认证、登录和鉴定范围的确认。2012年，随着社区矫正制度的建立，司法行政机关开始对非监禁刑的执行行使管理权。

但与此同时，随着司法体制改革的深入推进，司法行政机关管理的一些职能也发生了一些变化。例如，2014年，随着劳动教养制度的废除，司法行政机关下属的劳动教养场所被改造成“强制隔离戒毒所”，各级司法行政机关开始设立戒毒管理部门，为区别于公安机关下辖的强制戒毒机构，这类戒毒机构被称为“司法戒毒机构”。又如，随着国家司法考试制度被改造成法律职业资格考试制度，所有申请担任法官、检察官、律师以及申请从事立法、政府法制、公证、制裁等法律职业的人士，都要通过统一的国家法律职业资格考试。司法行政机关对国家法律职业资格考试行使管理权。

这样，我国司法行政机关无论是在职能还是在机构编制上都经历了巨大变化。迄今为止，这个国家行政机关所担负的职能主要包括三大类：一是处于不断扩张之中的司法行政管理权，包括国家统一法律职业资格考试、司法鉴定、律师、公证、法律援助等司法行政事务管理权；二是处于不断加强之中的生效判决执行权，包括对监狱、社区矫正的管理权；三是其他法律事务的管理权，包括强制隔离戒毒、人民调解和基层司法行政事务、法制宣传、国际司法协助等事项的管理权。[1]

---

〔1〕 参见王公义:《我国司法行政体制的历史沿革》，载《中国司法》2004年第1期。

三、宏观司法行政模式——我国司法行政机关的职能定位

从世界范围内来看，司法行政机关的职能存在两种模式：一是英美法国家的“司法行政领导检察工作模式”；二是大陆法国家的“大司法行政模式”。根据前一模式，司法行政机关在管理政府法律事务的同时，还要行使检察职能，也就是代表政府对犯罪案件行使刑事追诉的职能。例如，美国联邦司法部，作为联邦检察官的领导机构，对于那些“联邦罪案件”行使追诉权，包括领导联邦调查局行使侦查权，代表政府提起公诉。但与此同时，司法部还负有对移民、反垄断、烟酒枪炮爆炸物、缉毒、判决执行等项法律事务的管理权。〔1〕而根据后一种模式，司法行政机关作为政府组成部分，负有对法院、检察机关的司法行政事务进行管理的权力，举凡法院、检察机关的设置、预算、后勤保障、财政经费，法官、检察官的编制、入职、晋升、奖惩，以及司法考试和法官、检察官的教育培训等事项，司法行政机关都负有做出规划、提出建议甚至进行决策的权力。这两种模式的相同之处在于，司法行政机关都属于政府行政分支的组成部分，司法部长甚至属于内阁成员；司法行政机关都负有对监狱、未决羁押场所加以管理的职责。〔2〕但两者的主要区别在于，前一模式下的司法行政机关领导检察工作，对于追诉犯罪负有全面责任，而后一模式下的司法行政机关则对法院、检察机关的全部司法行政事务负有管理责任。前一模式下的司法行政机关可以被称为总检察院或者政府法律事务部，后一模式下的司法行政机关则属于法院、检察机关的“司法行政事务管理部门”。

新中国成立初期，我国司法行政机关的职能是参照大陆法系的

〔1〕 参见［美］爱伦·豪切斯泰勒·斯黛丽等：《美国刑事法院诉讼程序》，陈卫东等译，中国人民大学出版社2002年版，第189页以下。

〔2〕 参见［德］克劳思·罗科信：《刑事诉讼法》，吴丽琪译，法律出版社2003年版，第53页。

模式建立起来的。所谓“大司法行政模式”，其实在一定程度上就是大陆法国家司法行政机关的缩影。这可能是新中国成立初期全面参照借鉴和移植苏联的司法体制的一种结果。但随着一轮又一轮的司法体制改革，特别是在1979年恢复法制建设以来，我国司法行政体制与大陆法系的模式渐行渐远，终于在1982年以后走上了一条独立发展的道路。但是，这种司法行政体制从来就没有倒向英美法系的模式，未来也几乎没有领导检察工作的可能。这是因为，按照我国人大领导下的“一府一委两院制”，检察机关与法院都是司法机关，与同级政府一起，由同级人大及其常委会产生，并向其报告工作，接受其监督。而司法行政机关作为政府领导的行政部门，所行使的是行政职能，与作为司法机关的检察机关是不可同日而语的。[1]

既然我国现行的司法行政体制既不同于大陆法系的“大司法行政模式”，又有别于英美法系的“司法行政领导检察工作模式”，那么，这种体制的核心特征究竟有哪些呢?

在我国，司法行政机关作为管理“司法行政事务”的行政机关，竟然对法院、检察院的司法行政事务不再行使管理权，这容易令人产生疑惑：司法行政机关的“司法行政管理职能”究竟体现在哪里呢?其实，根据1982年以来我国司法行政职能的演变情况，我们可以发现，在我国的司法体制中其实存在两种“司法行政事务”：一是“宏观司法行政事务”；二是“专门性司法行政事务”。前者是指可以独立于公检法三机关之外的共同司法行政事务，后者则是指可由公检法三机关分别加以管理的司法行政事务。

从新中国成立以来，司法行政机关一直在行使一些基本的司法行政事务，如律师、公证、法制宣传、人民调解等事务。1982年以来，司法行政机关逐步获得对监狱、司法考试、司法鉴定、社区矫正

〔1〕 参见郝赤勇：《我国司法行政制度及其改革发展》，载《中国司法》2011年第9期。

等事务的管理权。这些事务都属于“宏观司法行政事务”，因为它们不属于公检法三机关所独有的司法行政事务，而独立于这些机关的基本法律职能，具有明显的普遍性和共同性。这些职能要么本来就归由司法行政机关加以管理（如律师、公证、人民调解、法制宣传等），要么是随着司法体制改革的推进而逐步被划归司法行政机关的（如刑罚执行、司法考试、司法鉴定、社区矫正等）。当然，对于哪些司法行政事务属于这种“宏观司法行政事务”的问题，并没有一个放之四海而皆准的标准，而是我国改革决策者是通过长期的制度实践和改革探索而逐渐确定的。经验表明，当某一项司法行政事务交由公检法三机关自行加以管理会出现诸如权力集中、职能冲突、权利保障不力等问题时，该项事务就应从公检法三机关独立出来，被确定为“宏观层面的司法行政事务”，并最终被划入司法行政机关的管理职能。〔1〕

至于法院、检察院、公安机关对本系统人财物的管理事务，我们可以界定为“专门性司法行政事务”。例如，新中国成立初期司法行政机关对法院和检察机关的设置，对司法干部教育、训练，对司法干部登记、分配、任免，对全国诉讼案件种类、数量及社会原因之统计，对司法经费之厘定等事项，就都属于这种“专门性司法行政事务”。而1979年确定司法行政机关负责管理法院司法行政事务后，诸如各级法院的设置、人员编制的确定、司法经费的保障以及办公机构的安排等事项，也属于法院内部的专门性司法行政事务的范围。经验表明，由法院、检察院对这些专门性司法行政事务进行自行管理，有助于实现法院、检察院内部司法行政事务的专门化，有利于对法院、检察院人财物的有效管理，也符合我国现行的司法体制。根据我国实行的人大领导下的“一府一委两院制”，法院、检察院都属于国家司

〔1〕 参见王平：《评价〈司法行政权的历史现实与未来〉》，载《中国司法》2005年第3期。

法机关，他们与同级政府都由同级人大及其常委会产生并向其报告工作，而司法行政机关作为政府的组成部分，在宪法层面上并不享有与法院、检察院相同的政治地位。假如我国继续实行新中国成立初期实行过的“大司法行政模式”，那就意味着法院、检察院的人财物要受制于同级政府及其司法行政机关的控制，这显然不利于法院、检察院独立行使职权这一宪法原则的实现。2014年以来，为实现法院、检察院“去地方化”的改革目标，改革决策者推行了法院、检察院人财物收归省级统一管理的举措，一方面强化法院、检察院的财政预算和基本建设由省级财政加以保障，另一方面也强调入额法官、检察官的遴选和惩戒要由省级专门委员会加以决定。这些改革举措足以显示，凡是涉及法院、检察院人财物等司法行政管理的事项，都没有被划归司法行政机关加以管理，而是要么被交付上级法院、检察院，要么被交付省级专门部门进行统一管理。这显然说明，法院、检察院甚至公安机关内部的“专门性司法行政事务”，是不可能被纳入司法行政机关的管理体系的。

在“宏观司法行政事务”与“专门性司法行政事务”发生分离的情况下，司法行政机关究竟承担哪些司法行政事务呢？根据20世纪80年代以来的司法行政体制改革的经验，由公检法三机关负责管理的一些司法行政事务，由于涉及本部门的多重利益，也由于与本部门的核心职能存在一定程度的冲突，存在专业化水平不高、管理效率低下等方面的问题，因此逐渐发生了从“专门性司法行政事务”向“宏观性司法行政事务”的转移。迄今为止，这种司法行政职能的转移还在进行着。例如，法院人民陪审员、检察机关人民监督员的管理工作，正在逐渐被转移到司法行政机关的控制之下。这确实是新时期宏观性司法行政事务得到加强的标志性事件。

那么，司法行政机关的“宏观性司法行政管理职能”究竟有哪些呢？通过总结过去的改革经验，并展望未来的司法行政体制改革的前景，我们可以将这种宏观性司法行政管理职能分为三个方面：一是公共法律服务体系的管理职能，包括对律师、公证、法律援助、司法鉴定、社区矫正、人民调解等公共法律服务职业的宏观管理；二是法院生效裁判的执行职能，目前主要是通过监狱对有期徒刑和无期徒刑、死刑缓期两年执行等自由刑的执行，以及通过社区矫正机构对非监禁刑的执行；三是法院、检察院、公安机关的司法后勤保障职能，包括对法律从业人员的遴选、在职人员的培训、法学教育、司法鉴定等方面的保障职能。

四、公共法律服务体系的构建

随着律师、公证、法律援助、司法鉴定、人民调解、社区矫正等一系列司法行政事务逐渐被归入司法行政机关的管理范围，“公共法律服务”作为公共服务体系的有机组成部分，逐渐形成了一种有机的制度体系。对公共法律服务进行有效的管理，也被视为司法行政机关的重要职能。从改革的角度来看，公共法律服务体系的构建，被视为全面推进依法治国、实现国家治理现代化的必然要求。[1]为适应我国公共法律服务体系的建立和完善，司法行政机关需要在公共法律服务的管理上发生根本的转型，也就是从行政控制型管理模式向服务型管理模式进行转化。[2]

（一）公共法律服务体系的形成

迄今为止，经过多年的司法行政体制改革，我国已经在律师、公证、法律援助、司法鉴定、人民调解等领域初步形成了多元化的法律服务制度。在管理体制上，司法行政机关对这些法律服务业也从原

〔1〕 参见熊选国：《加快推进公共法律服务体系建设》，载《法制日报》2017年9月27日。

〔2〕 参见蒋银华：《政府角色型塑与公共法律服务体系构建》，载《法学评论》2016年第3期。

来的行政控制向行业调控方向进行转变。未来，为保障法律服务业的健康发展，司法行政机关应考虑建立统一的法律服务体系。

作为政府行政机关的组成部分，司法行政机关对一系列法律服务事务拥有管理权。但是，过去的管理方式几乎都是上令下从式的行政控制，也就是将几乎所有法律服务机构都作为司法行政机关的下属机构，通过发布指令、任免干部、行政奖惩等行政方式进行垂直领导。例如，在我国律师制度恢复之初，随着法律将律师定位为“国家法律工作者”，将律师工作机构定位为“法律顾问处”，司法行政机关几乎将律师视为内部管理的事业编制人员，而将法律顾问处则作为内部设置的事业机构。又如，各级司法行政机关过去对司法鉴定机构也采取行政控制的管理方式，举凡司法鉴定机构的设置、负责人的任免、人员的调配、工资福利的发放、人员的奖惩等事项，几乎都由司法行政机关像对待公务员那样加以管理。再如，司法行政机关曾一度直接对政法院校拥有管理权，但这种管理也带有行政控制的色彩，从高校的设置、高校负责人的任免，直到高校的行政事务，司法行政机关的行政领导无处不在，这大大限制了政法院校的办学自主权，违背了法律教育的基本规律。

从1982年以来，随着整个政治体制改革和经济体制改革的逐步推进，司法行政机关对于法律服务的管理方式也在发生根本的变化。这种变化的基本轨迹是，行政控制的色彩逐渐减弱，行业指导的特征逐渐加强。法律服务机构逐渐从司法行政机关控制下的“准公务员”，变成独立自主地从事法律服务的专业人员；法律服务机构也从司法行政机关控制下的事业单位，变成独立经营、自负盈亏的法律服务机构；多种法律职业协会作为独立注册的社团法人，承担起对本法律职业从业人员的监督管理职责。随着司法行政体制改革的逐步深入，律师协会对律师职业的监控力度逐步加强，包括律师在职培训、维护权益、纪律惩戒在内的一系列律师事务，逐步由律师协会进行自主性管理。甚至越来越多的律师协会在会长选举和理事任免等方面，显示出越来越强烈的独立自主性。与此同时，作为公证员工作机构的公证处，尽管是由司法行政机关设立的，但在公证事务的办理上越来越具有独立自主性，公证员协会在教育培训、权益维护、业务交流、纪律惩戒等方面，也越来越按照公证业务的规律进行管理。

2005年司法鉴定体制改革的初步完成，从根本上改变了司法行政机关管理司法鉴定事务的工作方式。通过这次改革，司法行政机关基本上不再设置司法鉴定机构，除了侦查机关内设的鉴定机构以外，其他鉴定机构基本上转变为自负盈亏、自主经营的社会鉴定机构，这类鉴定机构具有明显的经营性、社会性和服务性。[1]司法行政机关对司法鉴定的管理，从原来的行政控制方式彻底转变为现在的行业指导方式。无论是对司法鉴定机构，还是对司法鉴定人，司法行政机关的行业指导和监控主要表现在以下几个方面：颁布司法鉴定执业证书，划定司法鉴定活动范围，登记司法鉴定机构和鉴定人名册，制定和维护司法鉴定职业伦理规范，进行司法鉴定人诚信等级评估，对司法鉴定人进行教育培训，对违规鉴定人进行调查惩戒等。

（二）统一法律服务体系的完善

在对律师、公证、法律援助、司法鉴定、人民调解等法律服务业的管理过程中，司法行政机关应在总结成功经验的基础上，建立一套统一的行业调控制度。司法行政机关应允许所有这些领域的法律服务机构按照自负盈亏、自主经营的原则从事法律服务活动，将这些机构中的法律服务人员按照专业法律服务人员来加以管理。无论是对法律服务机构还是对法律服务人员，司法行政机关都应采取行业调控的方式进行管理，也就是通过确立法律服务业的准入资格、颁发执业证书、确定服务范围、进行名册登记、制定并维护职业伦理规范、

〔1〕 参见陈如超：《司法鉴定管理体制改革的方向与逻辑》，载《法学研究》2016年第1期。

进行教育培训、组织纪律惩戒等方式，对法律服务机构和服务人员进行监督和调控。此外，应当全面推动法律服务协会的建立和完善，将部分行业调控职能逐渐交付法律服务协会来行使。目前律师、公证和司法鉴定已经组建了相关的行业协会，未来的法律援助、人民调解甚至与社区矫正有关的司法社工领域，也应组建相应的法律援助协会、人民调解员协会以及司法社会工作者协会。在这些法律服务行业协会组建完毕的前提下，逐渐由这些行业协会来组织从业人员教育培训，维护从业人员的合法权益，对违规违纪人员进行必要的纪律惩戒。

考虑到未来的社区矫正机构将承担更多非监禁刑的执行职能，而单靠司法行政机关设在基层的社区矫正人员根本不足以完成这方面的使命，因此，可以考虑借鉴和推广北京、上海等地的改革经验，全面组建社会工作者服务机构，并将其纳入法律服务体系之中。目前，社会工作者的工作机构一般设在共青团、高校、非营利性组织等之中，可以协助社区矫正机构提供多方面的服务工作。未来，为有效地规范这些社工机构的工作，司法行政机关有必要组建司法社会工作者协会，对司法社工的从业资格、从业范围、名册登录、职业伦理维护、权益维护、纪律惩戒等加强管理和调控，使该项服务业得到健康发展。〔1〕

五、生效裁判的执行职能

从1982年监狱机构被划入司法行政机关以来，刑罚执行逐步被纳入宏观司法行政事务之中，成为司法行政机关的重要职能。后来，随着社区矫正机构的逐步设立，那种针对非监禁刑的执行监督工作，也被整合进司法行政机关的法律职能之中。但迄今为止，我国的刑

〔1〕 参见许同禄：《深入推进公共法律服务体系构建》，载《中国司法》2013年第5期。

罚执行权仍然由司法行政机关、公安机关和法院分别加以行使，那种统一的刑罚执行体系尚未建立起来。与此同时，尽管司法改革决策者提出了“审判权与执行权相分离”的改革目标，但民事裁判的执行权仍然被控制在法院手中，造成法院司法职权的过于集中，带来一定程度的权力滥用乃至司法腐败问题，也在一定程度上助长了“执行难”问题。

司法行政改革的经验表明，法院生效裁判的执行权不是司法裁判权，而属于宏观性司法行政事务的组成部分。唯有建立统一的刑罚执行体系，并进而将法院生效裁判权统一归由司法行政机关加以行使，才能解决这种由执行权的分散行使所带来的一系列问题。为有效地从事“宏观司法行政事务”的管理，有必要将法院的民事裁判执行权逐步划归司法行政机关，由此实现审判权与执行权的彻底分离。

（一）执行权划归司法行政机关的历史必然性

1982年“劳改”机构和“劳教”机构同时被从公安部划归司法部，这是我国司法行政机关统一行使刑罚执行权的开端。在司法行政机关机构设置发生变化的背后，存在刑罚执行权与侦查权、劳动教养决定权与执行权的职能分离。

当时为什么要进行这种重大改革呢？道理其实很简单，在公安部领导“劳改”部门的情况下，公安机关既行使刑事侦查权，又行使刑罚执行权，这一方面大大削弱了公安机关刑事侦查职能和维护治安职能的有效性，使公安机关无法集中有限的人力、物力履行“治安保卫机关”的职责，无法有效提高刑事案件的破案率，也对其维护社会治安职能的发挥带来消极影响。另一方面，作为自由刑的执行机关，公安机关要对在押已决犯进行教育矫正，贯彻教育、感化、挽救相结合的工作指针，但公安机关侦查破案、快速维护社会治安的职能，明显与矫正罪犯的职能发生冲突，经常顾此失彼，使刑罚执行职能在公安机关内部逐渐被边缘化。既然公安机关同时行使刑罚执行权和刑事侦查权，会带来如此严重的消极后果，那么，将这种职能加以分离，将刑罚执行权划归司法行政机关行使，对面临沉重侦查破案压力的公安机关而言，未尝不是一种解脱。

同样的道理，在公安机关对劳动教养同时行使审批决定权和执行权的情况下，公安机关当时也面临着管理全国数百家劳动教养场所、对数十万人进行劳动教养的沉重压力。在公安机关担负着越来越沉重的侦查破案和维护社会治安任务的情况下，这种对劳动教养场所的管理职能，会耗费大量的人力、物力、财力。不仅如此，对劳动教养人员的教育矫正，与对罪犯的教育改造一样，也都不是公安机关的工作长项，与公安机关作为治安保卫机关的职能存在明显的矛盾。自20世纪末以来，劳动教养的适用对象越来越集中到反复吸毒成瘾、多次卖淫嫖娼以及严重危害社会治安的行为人，而对这些人的教育矫正又不得不伴随着戒毒、戒除不良习气、进行特殊教育等专门性工作。这种专门性工作显然不是公安机关所擅长的。更何况，公安机关对劳动教养既行使审批决定权，又自行行使执行权，也造成权力的过分集中，影响劳动教养决定的公正性和准确性。正因如此，劳教机构被划归司法行政机关，这带来劳动教养的决定权与执行权的真正分离，使得劳动教养的审批和决定权不再受制于执行职能，也使得劳动教养的执行逐步走向专业化、正规化的道路，为后来废除劳动教养制度后劳动教养场所被改造成强制戒毒机构奠定了基础。

"劳改"部门和"劳教"部门被从公安机关划归司法行政机关，最终促成了监狱机构和强制戒毒机构的改革完善，使得司法行政机关成为专门行使狱政管理和司法戒毒管理的专门机构。但这种刑罚执行体制的改革后来并没有发生大规模的推进，而处于停滞不前的状态。公安机关作为主要刑事侦查机关，仍然行使着对拘役、管制以及部分附加刑的执行权，并利用其对看守所的管理权，将被判处短期自由刑的罪犯放置在看守所进行管理。这种由公安机关行使部分刑罚执行权的情况，破坏了国家刑罚执行权的统一行使，仍然造成刑事侦查权与刑罚执行权的高度集中和职能冲突。

与此同时，法院作为国家审判机关，目前仍然在行使着刑罚执行权和民事、行政裁判执行权，造成事实上的审判权与执行权的高度集中和职能混乱。在刑事执行领域，包括死刑、罚金刑、没收财产刑在内的刑罚，都是由法院自行加以执行的。而那些涉及违法所得的追缴，尽管还不算是一种独立的刑罚，但竟然也是由法院自行执行的。这显然说明，对公民生命权的剥夺以及对个人财产权的剥夺，都存在法院“自审自执”的问题，既破坏了国家刑罚执行权的统一行使，又带来了审判权与执行权的相互冲突。

而在民事、行政裁判的执行领域，法院既行使审判权，又行使对生效裁判的执行权，既负责行使执行实施权，又负责对执行过程中执行标的等的变更问题行使裁判权，这种将审判权与执行高度集中行使的体制，既造成法官自由裁量权的滥用，甚至酿成结构性的司法腐败问题，又由于法院自身政治权威和资源的局限而带来制度性的“执行难”问题。2014年以来司法决策者本来已经提出了“审判权与执行权分离”的改革目标，但这一改革迟迟没有发生实质性的推动，法院只是在内部建立了一些保证执行实施权与执行裁判权相对分离的技术性应对措施。

（二）统一刑罚执行体系的构建

为了建立统一的刑罚执行体制，保障刑罚执行权被统一掌握在中立国家机关手中，避免执行权与侦查权的冲突，也避免执行权与审判权的矛盾，有必要将刑罚执行权全部收归司法行政机关统一行使。[1]

---

〔1〕 参见俞占营：《统一刑罚执行体制保障刑罚执行公正》，载《法制日报》2014年12月3日。

首先，那些由公安机关负责执行的刑事处罚，包括拘役、管制以及包括剥夺政治权利、驱逐出境在内的部分附加刑，都应转由司法行政机关予以执行。经过1982年以来的司法行政体制改革，我国司法行政机关在狱政管理方面积累了丰富的经验，并逐步建立了对社区矫正的管理机制，对监禁刑和非监禁刑的执行都有了较为成熟的管理网络。因此，未来可以考虑对被判处拘役的罪犯，放置在监狱内单独执行刑罚；对于被判处管制的罪犯，可以将其纳入社区矫正的执行体系之中；对被判处剥夺政治权利的罪犯，可以由司法行政机关联络其所在的村庄、街道或者社区，对其选举权、被选举权以及其他政治权利的剥夺情况进行动态监控，以保证这一刑事处罚的有效执行。考虑到司法行政机关设有司法协助部门，对于那些被判处驱逐出境的外国人或无国籍人，可以由该部门根据国际条约或者根据互惠原则，有效执行这类特殊的附加刑。

其次，那些由法院负责执行的刑事处罚，包括死刑、罚金刑、没收财产刑，都应被转交司法行政机关加以执行。作为一种旨在剥夺罪犯生命权的极刑，死刑的执行应由司法行政机关下属的监狱负责执行。可以考虑在监狱设置死刑执行部门和执行设施，在接到最高人民法院生效的死刑裁判文书和最高人民法院院长执行死刑的命令之后，监狱死刑执行官员应交付法警执行死刑，检察机关可以派员临场监督。与此同时，对于法院生效判处的罚金刑和没收财产刑，也应由司法行政机关下设的执行部门负责执行，必要时可以采取诸如查封、扣押、划拨、冻结、拍卖、变现等财产性执行措施。对于所执行来的财产，应一律上缴财政部门设置的国库账户。检察机关也应派员全程监督司法行政机关对财产刑的执行活动。

最后，在统一的刑罚执行体系建立之后，司法行政机关除了继续设置和完善监狱、社会矫正机构以外，还可以考虑组建新的刑罚执行机构。未来的监狱可以继续对所有被判处有期徒刑、无期徒刑和死刑的罪犯行使执行权，还可以对被判处拘役的罪犯进行单独关押，执行特殊的教育矫正措施。[1]未来的社区矫正机构对那些被判处管制、缓刑、假释的罪犯，执行非监禁性刑罚措施，包括监督劳动、教育、治疗、考察、评估等各项矫正措施，同时对那些被判处剥夺政治权利的罪犯，社区矫正部门也负责进行执行。那些被判处驱逐出境的罪犯，未来可以由司法部下设的司法协助局负责执行。至于那些被判处罚金刑、没收财产刑的罪犯，司法行政机关可以考虑设置专门的财产刑执行机构负责执行。考虑到这类执行涉及对个人财产权的剥夺问题，未来对这类刑罚的执行可以与民事、行政裁判的执行由同一机构一并实施。

（三）民事和行政执行体制的全面变革

早在2014年，司法改革决策者就提出了“审判权与执行分离”的改革设想，但最高人民法院提出的改革方案却是在法院内部分别设置执行实施机构和执行裁判机构，实现所谓的“内部审执分离”。但经验表明，无论是审判业务庭与执行机构的分离，还是执行机构内部执行实施权与执行裁判权的分离，都存在一些难以克服的缺陷和弊端。这种内部审执分离既无法解决结构性的“执行难”问题，也无法解决由于审判权与执行权集中在法院所带来的自由裁量权滥用问题，甚至难以避免制度性的执行腐败问题。因此，民事和行政执行体制改革的唯一出路还是推行全面的“外部审执分离”，也就是将民事和行政裁判的执行权全部交由司法行政机关负责行使，法院专心致志地从事民事和行政裁判活动。[2]

具体来说，未来民事案件和行政诉讼案件的裁判活动可分为两个部分：一是实体性审判活动，也就是对提起民事诉讼和行政诉讼的

---

〔1〕 参见贾晓文：《完善监狱刑罚执行与社区矫正衔接配合的相关机制》，载《中国司法》2016年第1期。

〔2〕 参见季卫东：《重新定位执行权》，载《中国法律评论》2017年第3期。

案件，为确定民事责任和行政处罚的合法性问题所进行的所有审判活动；二是执行裁判活动，也就是在执行过程中遇有诸如诉讼标的变更、执行对象发生变化或者执行案外人提出异议的情况，执行实施机构应当中止执行活动，将前述事项交由法官予以裁决，后者经过审查作出执行裁定。上述两项司法裁判权都应由法院加以行使，但可以进行必要的分离，也就是前一种裁判权由民事审判和行政审判部门行使，后一种裁判权则由专门的执行裁判法官负责行使。

至于未来对民事和行政裁判的执行实施权，则一律交由司法行政机关负责行使。可以考虑在司法行政机关内部组建民事行政裁判执行部门，由其负责对全部民事和行政裁判加以执行。为保证民事和行政裁判执行的顺利实施，可以在该执行部门配备必要的司法警察和执行设备，对被执行人采取包括查封、扣押、冻结、拍卖、变现等在内的一系列执行措施，必要时对于那些阻碍执行活动的被执行人，也可以经执行裁判法官批准，采取剥夺人身自由的强制措施。但无论如何，在执行实施过程中，一旦发生诸如执行标的变更、执行对象发生变化或者案外人提出异议等情形的，执行人员应当立即中止执行活动，将有关事项提交执行法官负责裁决。

六、司法保障职能

在公共法律服务和生效裁判的执行职能之外，我国司法行政机关还在行使着一些司法保障职能。从2000年国家统一司法考试制度建立以来，到2005年司法鉴定体制改革的推进，一些不适宜由侦查机关、检察机关和法院加以管理的司法行政事务，逐步被归入司法行政机关的管理范围，变成宏观司法行政事务的组成部分。目前，法院人民陪审员的遴选和管理，以及检察机关人民监督员的遴选和管理，正逐步被纳入宏观司法行政事务的重要组成部分。经验表明，这些公安机关、检察机关和法院所不宜行使的司法行政事务，一旦归由司法行政机关加以行使，就可以有效解决这些专门机关机构臃肿、效率低下和权力过于集中的问题，对于这些司法行政事务走向专业化和科学化，也提供了难得的发展契机。

但是，司法行政机关所行使的司法保障职能，仍然存在一些值得关注的问题。尽管20世纪50年代曾经出现的“大司法行政模式”，在我国并没有重新出现的制度空间，但是，我国法院、检察院对其人财物的全面管理，对于法官、检察官乃至司法警察的教育培训，确实带来了一些值得关注的问题。与此同时，公安机关所主管的一些行政管理事务，如未决羁押机构等，也带来了类似的问题。可以说，在司法保障职能的强化方面，我国司法行政机关还有较大的改革空间。

（一）法律从业人员的遴选与培训

1982年以来，司法行政机关在创建律师制度的基础上，推行了全国统一律师资格考试制度。2000年以后，随着全国统一司法考试制度的建立，司法行政机关获得了组织和管理司法考试的权力。这是法官、检察官、律师遴选制度发生的重大变化，标志着我国法律职业从业人员的培养方式朝着专业化和精英化方向迈进了一大步。[1]在总结司法考试制度成功经验的基础上，司法改革决策者构建了全国统一法律职业资格考试制度，使得更多从事法律职业的人员，包括立法人员、侦查人员、公证人员、仲裁人员等都要通过这一国家统一考试，才具有相应的法律职业从业资格。可以说，从律师资格考试制度的建立，直到全国统一法律职业资格考试制度的推行，我国司法行政机关为法律职业从业人员的专业化和精英化做出了较大贡献。

但是，要实现法律职业从业人员的专业化和精英化，仅靠统一法

〔1〕 参见李红海：《统一司法考试与合格法律人才的培养与选拔》，载《中国法学》2012年第4期。

律职业资格考试制度的推行还是远远不够的。这种考试制度所保障的仅仅是较高的法律职业入门条件和较为严格的遴选程序而已。自国家统一司法考试制度推行以来，由于这一考试难度极大，通过率非常低，因此被称为国内“第一考”。尽管国家统一司法考试起到了严格把关、提高司法人员从业水平的作用，但是，由于全日制法学教育本身存在制度性的缺陷，也由于司法人员的在职教育培训机制存在一些漏洞，更由于那些通过国家统一司法考试的人士处于放任自流的状态，而根本没有建立相应的国家统一司法研修制度，结果，法官、检察官和律师的职业水平仍然存在一些难以尽如人意之处。

我国司法行政体制改革的经验表明，对于法官、检察官、律师以及其他从事法律职业的人员，唯有建立统一的教育、培养、遴选、研修、在职培训等职业养成体系，才有可能确保从事法律职业人员的专业化和精英化。而根据2014年以来司法体制改革的目标，唯有确保那些具有较高素质和丰富经验的司法精英人士进入法官、检察官的员额，并保证法官、检察官独立自主地行使职权，才有可能维护司法的公平正义，并优质高效地完成司法工作。鉴于此，未来的司法行政体制改革应当在培养专业化和精英化的法律职业从业人员方面发挥积极的作用，并将此类管理事务纳入司法行政的重要职能之中。

首先，在1982年以后全日制政法院校被划归教育部或各省级教育行政部门，这固然有助于法学教育与其他专业高等教育的融合，符合基本的教育管理规律，但是，也带来了一些深层次的问题。其中最突出的是教育主管当局无法按照法学教育的规律，为法律院校的人才培养制定有针对性的教育行政政策。无论是专门的政法院校，还是普通高校的法律院系，教育行政部门无法确立科学合理的准入门槛，无法建立具可操作性的法学培养标准，无法为法律院系建立公正的退出机制。而司法行政机关由于不再负责法学教育的管理工作，对于法律院系的开办、师资要求、课程设置、学位授予等不再承担监管责任。在此背景下，越来越多的高等学校开办法律院系或者开设法学专业，而教育行政部门所设置的条件和门槛则是低之又低，而对于那些开设法律院系或法学专业的高等学校，其毕业生一旦获得法学本科以上学位，就可以畅通无阻地参加国家统一法律职业资格考试，并在通过考试后成为法官、检察官、律师以及其他法律职业从业人员。应当说，对于法律院系或法学专业的开办，司法行政机关固然不承担直接的管理责任，但是，对于现有全日制高等院校法学毕业生能否有资格参加全国统一法律职业资格考试，难道就不能设置一定的门槛吗？难道司法行政机关就不能对各高等院校法律人才培养的水平进行一定程度的审查和评估，并对不符合条件的高等院校做出不允许其毕业生参与法律职业资格考试的惩戒吗？

司法行政机关对于法律人才培养要发挥积极的作用，还应当考虑对那些通过全国统一法律职业资格考试的人士建立统一的司法研修制度。本来，在2000年以后全国统一司法考试制度推行之时，就有学者提出了借鉴大陆法国家的司法官训练模式，建立司法研修制度的设想。但是，这一设想没有得到任何认真的回应。未来，随着全国统一法律职业资格考试制度的推行，几乎所有法律职业从业人员都要通过这一重要的资格考试，才能走上法官、检察官、律师等法律职业之路。但是，通过这一资格考试的人士充其量只是在法律专业知识的掌握上达到了从事法律职业的最低标准，还远远无法达到立即胜任法律职业的程度。既然如此，司法行政机关为什么就不能在全国层面和各省层面开设专门的司法研修学院，为那些通过法律职业资格考试的人士，举行为期两年的法律实务培训呢？经过这种专门法律实务培训之后，这些人士再被遴选为法官、检察官、律师等法律职业，岂不会尽快胜任本职工作吗？

除了司法研修以外，对于在职法官、检察官的教育培训也没有建立统一的制度体系。迄今为止，最高人民法院组建了国家法官学院，最高人民检察院组建了国家检察官学院，这些教育机构负责对在职法官、检察官的教育培训工作。与此同时，各省、直辖市、自治区高级法院开设法官学院分院，各省级检察机关也开办了检察官学院分院。由此形成了遍布全国各级法官和检察机关的在职教育培训体系。但是，这种培训体系一方面严重分散了有限的在职教育资源，无法整合既有的人力、物力、财力资源，来为在职法官和检察官提供优质高效的培训；另一方面也存在对在职法官、检察官无法提供统一教育培训内容、教育培训无法保证在职人员切实提高司法实务能力的问题。2000年以前，我国曾经实行过统一的在职法官、检察官教育培训制度。但由于当时众多法官、检察官没有受到过系统的法学专业训练，对法官、检察官的教育培训需要注重基础性和专业性，法院和检察机关内部教育培训制度应运而生，并最终取代了统一的司法人员在职培训体系。但是，如今法官、检察官普遍受过法律专业训练，对在职法官、检察官的基础性和专业性教育培训已经不是紧迫的任务，而对这些在职人员的实务训练和前沿性培训，将是未来在职培训的重中之重。可以说，由司法行政机关建立统一的司法人员在职教育培训体系，将现有的法官学院、检察官学院整合进未来的司法官学院之中，已经具备了现实的基础和条件。

（二）人民陪审员和人民监督员的管理

作为公众参与司法工作的主要形式，人民陪审员制度是我国司法制度的组成部分，人民监督员制度则是我国检察制度的重要内容。过去，人民陪审员由法院自行管理，人民监督员则由检察机关自行加以管理。尤其是基层法院和基层检察机关，在管理人民陪审员和人民监督员方面存在沉重的工作压力。举凡人民陪审员、人民监督员的遴选、名册登录、培训、参观、职业伦理规范、惩戒等项事务，都由法院、检察机关自行加以管理。这不仅会带来一系列工作负担，而且也出现了人民陪审员不中立、人民监督员存在利害关系等一系列问题，影响了人民陪审员、人民监督员的公信力。

近年来，随着法院、检察院司法改革的深入推进，特别是员额制的全面推行，法院、检察院的司法行政编制受到不同程度的压缩，原来负责管理人民陪审员、人民监督员的司法行政部门要么受到裁撤，要么不堪重负。而随着司法改革的逐步推进，人民陪审员制度和人民监督员制度还具有越来越得到加强的趋势。例如，法院在原来实行的“1+2”合议庭模式的基础上，逐步推行“3+4”合议庭模式，使得很多案件参与合议庭的人民陪审员人数需要有大规模的增加。在此背景下，一些地方开始探索在基层司法行政机关设置人民监督员管理办公室或者人民陪审员管理办公室，将人民陪审员、人民监督员的管理权向司法行政机关加以转移。经验表明，这种改革探索具有很大的创新性，这意味着对人民陪审员、人民监督员的管理工作，逐步从“专门性司法行政事务”转化为“宏观司法行政事务”，使其走上一条专门化、专业化的管理道路。未来，这一改革在经过全面总结的基础上，可望向全国各地加以推广，使得各地基层司法行政机关全面获得对人民陪审员、人民监督员的管理权。

（三）看守所的隶属问题

在看守所的隶属问题上，目前存在的最大问题是未决羁押权与侦查权发生冲突的问题。本来，未决羁押职能主要是为了实现对在也未决犯的有效控制，避免其发生进一步的社会危害行为，同时也有助于对其人身安全的有效保护。但在看守所归由公安机关控制的体制下，公安机关同时行使着未决羁押权和刑事侦查权，这就造成未决羁押权无法保持基本的中立性，而不得不服务于刑事侦查的需要。例如，目前公安机关高度依赖于看守所内的“狱侦机制”，使得高达三分之一以上的刑事案件通过看守所内部的“深挖机制”来得以破获。这种侦查模式既容易使看守所内的“狱侦活动”发生失控现象，造成一些“特情人员”滥用调查权，发生事实上的威胁、引诱、欺骗甚至暴力取证等现象，甚至酿成冤假错案。另外，也造成嫌疑人、被告人的“超罪犯化”，使其受到较之罪犯更为不利的待遇，使其辩护权利乃至人格尊严都受到不合理的剥夺。[1]

为实现未决羁押权与侦查权的分离，避免侦查机关利用羁押未决犯的便利展开任意侦查活动，有效保障在押未决犯的人身权利和辩护权利，有必要对看守所制度进行全面改革，将看守所成建制地从公安机关剥离出来，转由司法行政机关管理。这一改革如能实现，将意味着我国司法行政机关对未决犯的羁押行使管理权，也将是我国司法行政体制的一项重大变革。

将看守所成建制地转交司法行政机关管理，这一改革本身并不复杂，也不会遇到任何体制障碍。但由于看守所在公安机关的长期管理之下，已经变成了一种刑事侦查的第二战场，成为公安机关用来进行“深挖余罪”的工具，同时也是公安机关对那些被判处短期自由刑的罪犯执行刑罚的场所，因此，看守所制度的改革需要有一系列配套措施加以保障。首先，现行的“狱侦”制度应当全面取消，司法行政机关未来行使对看守所的管理权之后，应当全面废除“深挖余罪”机制，不得在监号内设置“特情人员”或者“耳目”，也不得协助侦查机关将“深挖余罪”或“深挖同伙”的数量，作为确定看守所行政等级的标准。其次，看守所不应继续承担刑罚执行职能，任何被生效裁判判处自由刑的罪犯，都应被转往监狱执行刑罚，接受专业化的教育矫正。未来的看守所应变成一种专门羁押未决犯的场所，并按照无罪推定的原则，对在押的犯罪嫌疑人、被告人给予有尊严的对待，除了足额保障在押人员的福利待遇以外，还应为其有效

〔1〕 参见樊崇义:《看守所:处于十字路口的改革观察》，载《中国法律评论》2017年第3期。

行使辩护权提供基本的便利。最后，未来由司法行政机关管理下的看守所，既要保障侦查机关在看守所内进行讯问的便利，也要给予辩护律师及时会见的机会，使辩护律师与在押的未决犯的会面交流得到无障碍的实现。

（四）涉案财物的管理问题

在看守所管理体制之外，公检法三机关对涉案财物的强制处分和追缴机制，也会造成这些机关对案件发生不适当的利害关系，以至于影响它们的中立性和超然性。目前，在涉案财物的查封、扣押、冻结、拍卖、变现等问题的处置上，我国普遍实行由侦查机关自行处置的工作方式，结果造成侦查权与涉案财物处置权的高度集中，造成侦查机关与案件结局发生直接的利害关系，影响了司法活动的公正性。不仅如此，法院对自己负责审理的案件，竟然不经过法庭审理程序就直接作出追缴违法犯罪所得的决定，并自行负责进行执行。这也影响了追缴涉案财物活动的公正性。

为避免罪犯的合法财产受到任意剥夺，也为了防止其他个人的合法财产受到无理侵犯，有必要在追缴环节建立正当程序的前提下，将追缴违法犯罪所得的执行权纳入刑罚执行体系之中。换言之，司法行政机关下设的财产刑执行部门，除了对罚金刑和没收财产刑进行执行以外，还应对法院生效判决的追缴违法犯罪所得部门行使执行权。

（五）司法鉴定管理体制的进一步变革问题

通过司法鉴定体制的全面改革，司法鉴定机构从法院脱离出来，而变成由司法行政机关监督管理的社会鉴定服务机构，这有助于维护司法鉴定的科学性和权威性，也确保了法院审判的中立性和超然性。对于那些由中立鉴定机构所提供的鉴定意见，法官或合议庭无论是加以采纳还是不予采信，都不再存在法院“自审自鉴”的问题，防止出现“瓜田李下”“自我审查”的尴尬处境。

但是，这种司法鉴定体制改革进行得并不彻底，当时公安机关、检察机关都保留了服务于本部门侦查活动的鉴定机构和鉴定人员，只不过这些机构和人员被禁止从事面向社会提供鉴定服务的活动。未来随着检察机关的职务犯罪侦查权逐步移交国家监察机关，检察机关内设的司法鉴定机构也有可能被随之移交监察机关。但无论如何，这种由侦查机关自行设置司法鉴定机构的制度安排，仍然会带来“自侦自鉴”的问题，使得司法鉴定成为侦查活动的附庸，而失去基本的中立性和超然性，甚至丧失司法鉴定之作为“法庭科学”的基本品质。从维护司法鉴定中立性的角度出发，未来那些设置在侦查机关内部的司法鉴定部门，应逐步被移交司法行政机关进行管理。

七、结论

司法行政体制改革应被纳入司法体制改革的整体框架之中。而要全面启动司法行政体制改革，首先需要重新界定司法行政机关的法律职能。根据我国司法行政机关的历史演变情况，也考虑到司法体制改革的基本目标，有必要将司法行政机关定位为“宏观司法行政事务”的管理者，以区别于法院、检察院和公安机关所行使的“专门性司法行政事务”。

将诸多“专门性司法行政事务”转化为“宏观司法行政事务”，并使之被纳入司法行政机关的管理范围，这是我国司法行政体制改革的成功经验。根据司法行政体制改革的基本经验，司法行政机关的“宏观司法行政事务”主要包括三个组成部分：一是统一法律服务管理职能；二是生效司法裁判的执行职能；三是司法保障职能。当然，这三种法律职能的范围和内涵都在发生着各种各样的变化，具有一定的不可预期性。不过，万变不离其宗。司法行政机关作为各级政府的职能部门，既不可能走向传统的“大司法行政模式”，也不可能采纳英美法的“司法行政兼理检察业务模式”。司法行政机关终究属于一种掌管宏观司法行政事务的行政机关。其职能范围会随着司法体制改革的深入推进，从避免法院、检察官、公安机关权力集中的职能冲突的角度，得到一定程度的扩大。这是符合司法规律的改革方向的。

第五章　看守所制度的改革问题

一、作为未决羁押机构的看守所

按照我国的刑事司法体制，看守所在县级以上行政区域设置，由同级公安机关负责管辖。从县级、地市级、省级，直至国家一级，公安机关普遍设置归其控制和管理的看守所。看守所属于县级以上公安机关下设的内部职能部门。

从担负的主要职能上看，看守所是负责羁押那些被依法逮捕、刑事拘留的犯罪嫌疑人、被告人的国家机关。换言之，看守所羁押的对象是正受到刑事追诉的犯罪嫌疑人和被告人。根据法院统一行使定罪权的原则，这些犯罪嫌疑人、被告人尚处于被侦查、批捕、审查起诉、审判的诉讼状态，还没有被生效判决确定为有罪的人，因而，他们通常被统称为“未决犯”。与此相对，那些已经被法院生效判决确定为犯罪人或罪犯的人，则被称为“已决犯”。

除了负责对未决犯进行羁押以外，看守所还负责对那些被生效判决判处短期自由刑的罪犯进行羁押。看守所羁押的这些已决犯包括两大类：一是被判处有期徒刑一年以下的罪犯；二是法院有罪判决生效后余刑在一年以下的罪犯。这些已决犯既有那些被判处有期徒刑的罪犯，也有被判处拘役的罪犯。由于羁押对象有这些正在服刑的罪犯，看守所就负有与监狱相似的刑罚执行职能，对已决犯的矫正、感化、挽救、劳动改造，以及刑满释放前的社会适应性教育，就成为看守所需要承担的法律职责。

除了对刑事诉讼中的未决犯和已决犯进行关押以外，看守所还负责羁押那些被公安机关处以行政拘留的违反者。一般情况下，一些地方公安机关会针对那些受到行政拘留或治安拘留的行政违法者，设置行政拘留所或治安拘留所。但从实际履行羁押职责的角度来说，这类治安拘留所或行政拘留所通常被设置在看守所之中，并与看守所合署办公。那些行政违法者与刑事未决犯、刑事已决犯都被羁押在同一看守所之中。按照法律规定，看守所对于行政违法者、刑事未决犯、刑事已决犯应当关押在不同监区，实行分别关押、单独管理的制度。

按照常理，看守所在羁押未决犯、已决犯和行政违法者方面，主要承担两个方面的责任：一是防范职责；二是保护职责。前者是指对被羁押者进行监管，防止其逃跑、伤害他人、危害社会等方面的责任。后者则是指对被羁押者加以监护，避免其自杀、受到其他人伤害的责任。但是，除了承担防范和保护责任以外，看守所还承担着一种特殊的侦查责任，也就是通常所说的“狱侦”职能。自20世纪末公安部在大部分省份对公安预审制度作出重大改革以来，所谓“深挖余罪”“扩大侦查成果”的责任，逐渐从预审部门转移给看守所。与此同时，对于那些重大、复杂、疑难案件，未决犯拒绝作出有罪供述的，公安机关还责令看守所承担配合侦查、协助获取有罪供述的责任。这在客观上使看守所成为名副其实的“刑事侦查第二战场”，承担着协助侦查的使命。

看守所同时承担着刑事侦查、羁押未决犯与刑罚执行的职能，而这些职能相互间存在越来越严重的冲突，并带来了一系列难以解决的问题。因此，自20世纪末以来，有关改革看守所制度的呼声不绝于耳。这些改革呼声的核心就是建议将看守所从公安机关控制下脱离出来，转由司法行政机关管理。一些全国人大代表和政协委员，甚至多年不间断地提出议案或者提案，强烈建议决策部门推进这方面的改革。在2003年中央司法改革研究过程中，最高人民法院、最高人民检察院和司法部相继提出了改革看守所制度的司法改革建议。在法学研究中，有关改革看守所制度、建议将看守所转归司法行政机关隶属的观点似乎已经达成共识，但也有一些值得深入思考的问题。与此同时，公安部近年来也对看守所进行了一些改革，并正在推动对《看守所条例》的修订工作。但是，假如看守所在管理体制上不发生重大变化，而仅仅依靠在成文法方面的“小修小补”，是解决不了这一制度的根本问题的。在当前司法改革深入推进的背景下，我们有必要对看守所制度的基本缺陷作出分析，并提出一些新的改革思路。

二、问题重重的狱侦制度

2013年，浙江省高级人民法院对张辉、张高平强奸杀人案件进行了再审，并作出了无罪改判。再审判决书认定公安机关“从同监犯获取及印证原审被告人有罪供述等侦查程序和行为不规范、不合法”。在这一案件中，公安机关安排一名已被判处六年有期徒刑的已决犯进入二被告人的监号，充当了所谓的“号长”，指使他人对被告人进行殴打欺凌，然后对被告人进行威逼利诱，甚至诱导被告人作出虚假的有罪供述，诱骗被告人配合侦查人员的指认犯罪现场活动。在侦查人员获取被告人供述和成功地指认犯罪现场后，该名协助公安机关工作的“特情”竟然获得大幅度的减刑。而在此之前，该名已决犯还曾被公安机关调派到河南，以同样手段协助侦查人员获取了以涉嫌灭门案件嫌疑人的有罪供述，事后也同样获得了大幅度减刑。

根据我国现行看守所管理制度，看守所负有协助侦查部门侦查破案的使命，还负有“深挖余罪”和“扩大侦查成果”的任务。公安部甚至将这种看守所协助破案数和破案率列为评选一级或者二级看守所的重要评价指标。在一定程度上，看守所已经成为协助公安机关侦查破案的侦查机关。为有效破获刑事案件，获取更多的犯罪线索，各级看守所都在每个监号中设置了所谓的“线人”、“耳目”或者“特情”人员。这些或者属于未决犯或者属于已决犯的特情人员，经常被看守所委任为“号长”或者被默许担任“牢头狱霸”。他们接受公安机关的指令，协助侦查部门获得新的犯罪信息和线索，或者迫使那些不认罪或者反复翻供的未决犯作出有罪供述。作为奖励，公安机关会向法院提出减刑、假释的申请，或者对其作出其他方面的宽大处理。在这种或明或暗的交易中，这种“特情”人员为获取减刑、假释机会，或者为了获得其他方面的宽大处理，经常不惜一切代价，采取各种酷刑、威逼、欺骗、利诱等手段，迫使未决犯供述“犯罪事实”，或者同意指认犯罪现场。结果，被告人要么作出了虚假的有罪供述，要么错误地指认犯罪现场，以至于酿成冤假错案。这种发生在看守所内的“狱侦”制度，由于侦查部门授予特情人员过大的权威，加上特情人员不是地痞无赖就是铤而走险之徒，结果经常造成侦查活动的严重失控，酿成冤假错案。前面提到的浙江张氏叔侄案件，以及由同一“特情”人员所造成的河南马廷新案件，都是看守所狱侦制度所造成的典型错案。

不仅如此，在获取“特情”人员提供的犯罪信息或线索后，看守所管教人员还经常利用这些犯罪信息或者犯罪情报，与一些未决犯进行所谓的“情报交易”，形成了不同程度的地下“犯罪情报市场”。作为出卖情报的一方，看守所管教人员进行权钱交易，获取了不义之财，酿成了司法腐败；而作为购买情报的一方，一些在押的未决犯则获悉了新的犯罪线索，通过向侦查机关进行检举揭发来获得被认定为“立功”的机会。这种发生在看守所内的犯罪情报交易市场，显示出看守所作为一种未决羁押场所，早已出现了制度性、结构性的腐败现象，而且多年来的专项治理都没有发挥实质性的作用。

看守所内存在“牢头狱霸”现象，这是一个尽人皆知的事实。公安部和各地公安机关曾多次进行过专项治理，但只能收一时一地之成效，难以从制度上加以禁绝。究其原因，看守所内的“牢头狱霸”经常不是自生自发地形成的，而是在公安机关掌握和控制下的产物。在看守所负担侦查责任的制度下，公安机关采取了一种“在押犯管理在押犯”的管理方式。但是，作为拥有管理权威的在押犯，那些“牢头狱霸”本身就经常是看守所直接委派的，或者因为具有一定的威信，在监号里拥有事实上的领导权威，后来被看守所“招安”，成为协助看守所工作的“特权在押犯”。这些“牢头狱霸”假如被侦查部门委任为“特情”人员，负责协助获取有罪供述或者深挖余罪的工作，那么，他们就有可能对同监号的未决犯采取各种酷刑、威逼、虐待，有时会造成后者的非正常伤亡事件。若干年前曾经在媒体得到广泛报道的云南李乔明“躲猫猫”死亡事件、广西平乐县法官黎朝阳暴死看守所事件、河南鲁山王亚辉“喝开水”死亡事件等，就都属于这类发生在看守所内部的非正常死亡事件。

上述发生在看守所内部的特情人员制造冤假错案、犯罪信息地下交易以及非正常伤亡现象，归根结底是由看守所同时承担着未决羁押与刑事侦查职能所带来的结果。在承担刑事侦查职能的情况下，看守所不可能具有基本的中立性和超然性，也不可能只是充当未决犯的羁押者和保护者，而是要通过各种手段获取在押未决犯的供述、信息或者情报，以便获得刑事侦查效果的最大化。经验表明，要避免看守所出现制度性和结构性的酷刑、狱侦逼供、犯罪信息交易以及非正常死亡事件的发生，唯有使看守所只承担未决羁押职能，将其刑事侦查职能予以取消。而要实现这一点，就需要考虑将看守所的管理权从作为侦查机关的公安机关剥离出来，使其归由一个不承担刑事侦查职责的国家机关进行管理。

三、未决犯的“超罪犯待遇”

按理说，对未决犯的羁押与对已决犯的羁押应当进行严格分离，避免由同一羁押机构对两者进行混同关押。毕竟，对那些已经被生效判决有罪的囚犯，羁押机构既要进行带有惩罚性的劳动改造，又要进行带有预防性的教育矫正，使其未来顺利回归社会，戒除犯罪恶习，学会自食其力。可以说，诸如“回头是岸”“重新做人”之类的政策性宣示，对于已决犯是完全适用的。但是，根据无罪推定原则，那些正在受到刑事追诉的犯罪嫌疑人、被告人，由于尚未被法院生效判决为有罪的人，在法律上还处于“无罪公民”的状态。因此，上述被用来对已决犯进行教育矫正的措施就完全不适用于这些人。对于这些未决犯而言，羁押机构在保证其人身安全的前提下，应当为其进行防御准备和辩护活动提供必要的便利和保障。例如，羁押机构应当为在押的未决犯与辩护律师会面、通信提供便利，应当为未决犯查阅法律条文和法律书籍创造基本的条件，应当保证其不因为作出无罪辩护或者改变供述而受到不利的对待……一言以蔽之，对未决犯的羁押应当维持最基本的中立性，避免将未决犯视为罪犯，更不得对其适用已决犯的待遇。

我国各级看守所对未决犯的人身权利给予了越来越全面的关注。随着刑事司法改革的推进，在押的犯罪嫌疑人、被告人在羁押期间的辩护权也逐步得到一些保障。例如，自2012年以来，辩护律师在侦查阶段就可以持法定证件会见在押犯罪嫌疑人，看守所不再经过办案机关的审查批准，就可以批准律师的会见申请；辩护律师会见在押犯罪嫌疑人、被告人，没有时间和次数的限制，其会谈内容也不受审查，看守所对会面过程不得进行监听；辩护律师自审查起诉之日起，可以向在押嫌疑人、被告人核实有关证据……这些程序保障的设置，对于在押未决犯与辩护律师的充分交流是有益的，对于其辩护权的维护是有效的。

但是，由于对已决犯与未决犯进行混同关押和综合管理，看守所普遍将未决犯视为罪犯，并对其采取像犯罪人一样的待遇。在羁押实践中，由于看守所负责羁押的已决犯都是被判处短期自由刑的罪犯，这些人经过一段短时间的羁押，都会刑满释放，因此，看守所反而赋予这些人更大更多的人身自由，令其负责看守所内的做饭、送饭、后勤等杂务。有的看守所甚至还把已决犯当作临时工来加以管理，使其白天在不受拘束的情况下在看守所大院或大楼里从事各类工作，晚上再令其回到监号里休息。相反，对于那些在押的犯罪嫌疑人、被告人，看守所则如临大敌，对其采取了戒备森严的监禁。可以说，看守所对待在押的未决犯，在限制人身权利和剥夺自由方面，要比监狱对待罪犯还要严厉得多。

例如，有参观者进入看守所内的监号或者监仓，看守所管教人员动辄让在押人员双手抱头面向墙壁蹲在地上，使其被剥夺了基本的人格尊严。

又如，根据我国现行的监狱管理制度，在监狱服刑的罪犯可以获得定期与近亲属会面的机会。但是，根据我国现行的看守所管理制度，无论是犯罪嫌疑人还是被告人，只要被羁押在看守所之内的，都不得会见自己的近亲属，也不得与近亲属进行电话联系和通信联络。

再如，在一个只有区区十几平方米的监号里，看守所通常安排数十名犯罪嫌疑人、被告人住在其中，他们睡在大通铺上，每人只有一个狭窄得只能容纳一个人躺下睡觉的空间。白天，看守所管教民警会责令其进行手工劳动，或者集体坐在大通铺上进行“打坐”。这样的生活环境，别说享有人的尊严，就连基本的生存条件都不具备。

另外，看守所尽管是接受国家财政全额拨款的机构，每名在押未决犯都享有法定的财政保障标准。但是，在未决犯被刑事拘留、逮捕之后，看守所会通知其近亲属为其交纳各类被用来购买日常用品的费用。在一些边远地区的看守所，未决犯近亲属来不及为其存入生活费用的，就连最基本的被褥、卫生纸、洗漱用品等都无法获取。在一定程度上，看守所对待在押未决犯，就像宾馆酒店对待住客一样进行收费管理。

以上是属于看守所在人身权利方面对未决犯的严厉限制情况。那么，在在押犯罪嫌疑人、被告人行使辩护权的保障方面，看守所又做得怎么样呢？

同样是由于对未决犯与已决犯混同关押，看守所将在押的犯罪嫌疑人、被告人视为罪犯，对其防备之心有余，而在保障其有效行使辩护权方面却存在极大的缺陷。本来，在押的犯罪嫌疑人、被告人在法律上尚处于“无罪公民”的状态，享有宪法和法律所赋予的辩护权。但是，看守所既不为每个监号配置专用通信设备，也不提供权利告知书和律师事务所或律师的名录、联系方法，使未决犯无法自行与律师事务所联络，无法自行聘请律师，而只能被动地等待近亲属为其聘请辩护律师，或者为其申请法律援助律师。遇有近亲属联系不畅或者近亲属无从联络的情况，在押的犯罪嫌疑人、被告人就连获得律师帮助的机会都被剥夺了。

与此同时，在我国各级看守所，包括经济最发达的北上广地区的看守所，都普遍没有为未决犯设置图书馆或阅览室，使其无法获得查阅法律条文、研读法律书籍的机会。在押犯罪嫌疑人、被告人没有机会查阅法律条文，又没有了解案件情况的必要渠道，与办案人员就处于信息不对称的状态。个别办案人员利用了在押未决犯的这种孤立无援状态，对其采取威胁、引诱、欺骗甚至暴力取证手段，这就容易造成未决犯作出违心的有罪供述，甚至酿成冤假错案。

不仅如此，在辩护律师会见未决犯方面，由于刑事司法改革的不断推进，尽管已经有了显著的进步，但是，看守所对辩护律师本质上是充满敌意的，对其会见施加了种种不合理的限制。例如，在会见的时间安排上，看守所在律师提出会见请求后经常一拖再拖，无法及时作出安排。又如，在会见的场所上，很多看守所只设置几个有限的专门会见室，同时设置了数量更多的侦查人员讯问室，在侦查人员讯问室闲置时，也不安排律师及时利用这些场所完成会见，宁肯让众多辩护律师在看守所会见室外排起长队。再如，对于律师与在押犯罪嫌疑人的会谈过程，法律尽管禁止看守所进行监听，但是，看守所普遍对其加以录像。尤其是对那些所谓的“敏感案件”，看守所对于律师与在押犯罪嫌疑人会谈过程更是毫无顾忌地进行录音录像，这使辩护律师与犯罪嫌疑人的会谈和交流没有私密性可言。

更富有争议的是，对于辩护律师是否可以携带案卷材料或者证据材料进入看守所，以及律师是否可以向在押犯罪嫌疑人、被告人出示这些材料，我国法律没有明确的授权性规则。很多看守所对此如临大敌，动辄严词拒绝。本来，我国宪法和法律不仅明确赋予犯罪嫌疑人、被告人获得辩护的权利，而且还将犯罪嫌疑人、被告人列为第一顺序辩护人，使其在行使辩护权方面享有优先权。但是，看守所作为公安机关的职能部门，为了防止犯罪嫌疑人、被告人推翻有罪供述，或者作出其他抗拒侦查的行为，几乎都对辩护律师携带的材料作出限制，使在押犯罪嫌疑人、被告人无法充分了解检察机关指控的罪名和理由，更难以与辩护律师形成有针对性的辩护思路。

上述对未决犯人身权利和辩护权利的诸多限制，显示出我国看守所基本上将自身定位为一个兼具刑罚执行和刑事追诉职能的国家机关。在对已决犯与未决犯混同关押的情况下，看守所对两者采取了一视同仁的态度，将那些本来只适用于已决犯的教育矫正、防范戒备措施过度适用于未决犯身上，使在押的犯罪嫌疑人、被告人受到了像罪犯一样的严厉性拘束待遇。经验表明，要真正有效地保障在押犯罪嫌疑人、被告人的辩护权，要确保辩护律师与犯罪嫌疑人、被告人进行充分的沟通、交流和防御准备，就必须将对已决犯的教育矫正职能从看守所剥离出去，使看守所变成一种纯粹羁押未决犯的“未决羁押场所”。至于看守所所负责关押的那些被判处短期自由刑服刑罪犯，则应一律被收入监狱，与其他罪犯一同接受劳动改造和教育矫正。

四、看守所制度的改革

未来的看守所制度究竟应发生哪些方面的变革呢？在笔者看来，对看守所制度的改革应当被放入我国司法行政管理制度的改革框架下加以通盘考虑。

（一）司法行政管理体制的变革

早在20世纪80年代，我国司法行政机关恢复之初，“公检法三机关”除了分别承担刑事侦查、检察监督和审判职能之外，还分别承担了绝大部分的司法行政管理职能。当时的司法行政机关只是负责律师、公证、法学教育、法制宣传等方面的行政管理工作。但随着司法体制改革的不断推进，那种由“公检法三机关”自行从事司法行政管理的体制，被证明存在诸多方面的弊端和缺陷，于是，一系列司法行政管理权被从三机关剥离出来，逐步被纳入司法行政机关管辖的范围。

最初，监狱和劳动改造机关被从公安机关剥离出来，转移给司法行政机关，这些机关后来被统称为“监狱”。经验表明，监狱从公安机关脱离出来之后，司法行政机关对监狱的管理是成功的，并没有因为脱离公安机关而出现结构性的问题。

后来，随着全国统一律师资格考试制度的逐步成熟，司法行政机关逐步获得了组织全国统一司法考试的权限，这使原来由最高人民法院和最高人民检察院管理的法官、检察官资格考试制度被彻底剥离出来，司法部拥有了对法官、检察官、律师司法考试的组织权和管理权。自2018年以后，国家司法考试被改造成国家统一法律职业资格考试制度。司法部仍然继续负责对这一资格考试的组织和管理。

再后来，考虑公检法三机关自行组织司法鉴定管理所具有的负面效果，我国推行了司法鉴定管理体制改革，将法院、司法行政机关自行下辖的司法鉴定机构予以剥离，使其转化成面向社会提供司法鉴定服务的中立的司法鉴定机构。与此同时，对于公安机关、检察机关下辖的司法鉴定机构和鉴定人员，尽管没有将其一并加以剥离出去，但对其鉴定服务范围作出了严格限制，也就是只限于为本部门、本系统的刑事侦查工作提供鉴定服务，而不再从事面向社会进行司法鉴定的服务工作。自此，司法鉴定管理工作开始由司法行政机关负责，该机关对于司法鉴定机构的设置、鉴定业务范围进行认证，对于司法鉴定人的资格和鉴定范围进行资格授予工作。

通过回顾我国司法行政机关职能权限的改革历程，我们可以发现以下几条基本规律：一是凡是公检法三机关在管理方面出现问题和缺陷的司法行政事务，都可以被纳入司法行政机关管理的范围。例如，公检法三机关曾经普遍负责管理司法鉴定工作，结果普遍造成了“自侦自鉴”“自诉自鉴”“自审自鉴”等问题，严重影响了司法鉴定的权威性和科学性。二是凡是与公检法三机关基本法律职能发生冲突的司法行政事务，都迟早要被剥离出来，准备被纳入司法行政机关的管理范围。例如，公安机关曾经承担对生效有罪裁判的刑罚执行权，这被证明是与公安机关所承担的刑事侦查职能直接矛盾的。三是凡是那些容易给公检法三机关带来沉重管理负担的司法行政事务，都有被转归司法行政机关管理的必要。例如，过去最高人民法院和最高人民检察院一度自行管理法官、检察官的资格考试和资格准入制度，这导致这两个国家机关不堪重负，并且因为法官、检察官和律师资格准入口径不一致而影响司法公正的问题。

当然，这种对司法行政管理体制改革的分析容易给人造成一种印象：似乎二十多年来司法行政机关是我国司法改革的最大“受益者”，其职能权限一直处于不断地扩张之中。假如按照法学界和司法界的主流观点，再将看守所整体上、成建制地转交给司法行政机关，这会不会造成司法行政机关管理权限的无限膨胀呢？其实，前面的回顾只是关注了司法行政管理体制改革的一个侧面。二十年来，司法行政机关的管理权限在得到扩大的同时，也有一部分管理权限受到了压缩，甚至被逐步取消。例如，20世纪末，司法行政机关的法学教育管理权就受到大规模的削弱，众多原隶属于司法行政机关的全日制高等学校相继从司法部脱离出来，被划归教育部或各省教育行政部门进行管理。又如，随着劳动教养制度的废止，原隶属于司法行政机关的劳动教养管理职能被予以取消，原有的劳动教养场所逐步被改造成专门负责关押轻刑犯的监狱，或者被改造成强制隔离戒毒场所。再如，在2006年前后的司法鉴定管理体制改革中，原来直接隶属于司法行政机关的司法鉴定机构，几乎都脱离了司法行政机关的直接控制和管理，而变成向社会提供司法鉴定服务的中立司法鉴定机构。司法行政机关对于司法鉴定的管理方式则发生了重大改变，如从原来的上令下从的领导关系变为指导监督关系。

很显然，司法行政管理体制变革的核心，并不是司法行政管理权限的无限扩张，而是司法行政管理权限的重新调整。从根本上说，我国司法行政管理体制改革的方向，应当是化解公检法三机关法律职能的冲突和对立，避免因为职能冲突而带来的促成冤假错案、损害司法正义、降低诉讼效率等一系列难题。对于那些由公检法三机关根本既管不了也管不好的司法行政事务，应当考虑逐步从公检法三机关剥离出来，整体划归司法行政机关负责管理。当然，司法行政机关也不应仅仅关注自身管理权限的扩张，而应改变管理方式，重塑司法行政管理理念，重构司法行政管理模式，在司法体制的“重新洗牌”

中发挥积极有效的作用，真正成为现代法治意义上的“法务部门”。

（二）看守所改革的基本思路

根据以上司法行政管理权限的改革规律，我们认为，将看守所整体从公安机关予以剥离，使其转由司法行政机关控制和管理，这是看守所制度发展的必由之路，也是我国司法行政管理体制改革的有机组成部分。与此同时，在看守所转归司法行政机关之后，应当将对已决犯的刑罚执行职能从看守所剥离出去，使该项职能转由监狱负责行使。由此，未来在司法行政机关控制和管理之下，看守所应成为一种单纯的未决羁押机构。

对于这一改革的正当性论证，前面在对看守所法律职能冲突的讨论中已经作出了初步的分析。笔者的基本看法是，由公安机关管辖的看守所，难以解决刑事侦查与未决羁押的冲突，也无法解决刑罚执行与未决羁押的冲突。看守所担负的未决羁押职能由于受到其本应具有的刑事侦查职能的困扰，导致出现刑讯逼供、冤假错案、权钱交易等问题；看守所所担负的未决羁押职能由于其所承担的刑罚执行职能的影响，导致出现严厉限制在押嫌疑人、被告人人身权利的现象，致使这些未决犯无法有效地行使法定辩护权利。

这种将看守所整体移交司法行政机关的改革思路，与当年监狱整体从公安机关转由司法行政机关控制的改革是一样的，只要操作得当，不会引起任何较大的冲击和震荡。同时，我国目前正在进行的国家监察体制改革，将贪污贿赂和渎职案件的刑事侦查权整体从检察机关予以剥离，并逐步移交监察部门。可见，这种将看守所整体剥离公安机关的改革，既有历史上的成功经验可供借鉴，也有现实中的改革探索可供参考，具有高度的必要性和可行性。

但是，将看守所整体转交司法行政机关的改革，要想取得完全的成功，还需要确立一些必要的配套措施。否则，过去出现过的问题难以得到彻底的解决。

首先，为解决未决羁押与刑罚执行职能混同的问题，有必要考虑在看守所转归司法行政机关之后，将对已决犯的刑罚执行职能从看守所剥离出去，使该项职能转由监狱负责行使。由此，未来在司法行政机关控制和管理之下，看守所应成为一种单纯的未决羁押机构。

其次，为解决未决羁押与刑事侦查职能混同的问题，有必要考虑彻底废止在看守所内部展开“深挖余罪”“扩大侦查成果”的相关制度，废除在看守所内部设置特情人员的制度。考虑到司法行政机关主要承担司法行政管理的责任，而不承担刑事侦查的使命，因此，在看守所转由司法行政机关隶属之后，刑事侦查职能与未决羁押职能的冲突问题大体上可以得到解决。但是，原来由公安机关利用控制看守所的便利而赋予其协助侦查的职能也应发生彻底改变。短期内，看守所制度的这种改革可能会对公安机关的侦查破案率带来一定的冲击和影响。但从长期来看，随着刑事侦查的信息化、电子化、网络化的发展，公安机关逐步摆脱了对被告人供述和“特情”“耳目”的畸形依赖，转而依靠科学技术和实物证据来展开侦查破案工作，这对于我国侦查模式的转变、侦查观念的更新、侦查技术的升级换代，未尝不是一个历史性的改革机会。

最后，在成为司法行政机关控制下的未决羁押机构之后，看守所应加大对在押犯罪嫌疑人、被告人的权利保障，真正贯彻无罪推定原则，使看守所的管理发生脱胎换骨的转变。例如，在人身权利保障方面，看守所应改善未决犯的居住条件，使其享有基本的人格尊严，废止那种将其视为罪犯的羞辱性对待，使其获得基本的生活保障。又如，在辩护权利的保障方面，看守所至少应在每个监号设置一部电话机，放置一部本地律师事务所名录，以便于未决犯与律师事务所和律师进行通信和联络；看守所应至少设立一个法律图书室，为未决犯查阅法律和阅读法律书籍提供便利；在未决犯要求会见辩护律师的情况下，看守所应尽快通知辩护律师到场，没有辩护律师的，应尽量安排值班律师与其会见；为保障未决犯的辩护权，看守所应无条件地允许辩护律师在会见时携带照相和录像设备，携带案卷材料，允许犯罪嫌疑人、被告人全面查阅这些材料，从而做好充分的辩护准备。

（三）对有关质疑的回应

以上这些改革假如能得到顺利推行，那么，看守所制度所存在的缺陷和问题也就迎刃而解了。不过，考虑到在看守所被转交司法行政机关管辖之后，一些人可能担忧这种改革会带来一些消极后果，我们还有必要对看守所转交司法行政机关管辖的改革作出一些澄清和说明。

首先，司法行政机关具有管理看守所的资源和能力吗？

对于这一可能出现的质疑，笔者认为，当年公安机关曾经管理过全国的监狱和劳动改造机构，后来都整体转由司法行政机关管理了，这种改革既没有带来较大的震荡，也没有造成任何不良后果。司法行政机关对监狱的管理不是已经进入正常轨道了吗？同样的道理，未来看守所转交司法行政机关管辖，也不会带来这方面的问题。我国的司法行政机关与公安机关一样，是按照国家行政区划设置的，县级以上直至国家层面都有司法行政机关的设置，可见司法行政机关的组织架构不成问题；就像监狱转交司法行政机关的改革一样，看守所被成建制地移交给司法行政机关，看守所的工作人员都得到保留，司法行政机关管理看守所的能力和资源都会迎刃而解。

其次，看守所转交司法行政机关管辖之后，公安机关的刑事侦查工作会不会受到削弱？

对于这一可能的质疑，我们有必要作出分析和回应。迄今为止，公安机关通过看守所“深挖余罪”“扩大侦查成果”来破获刑事案件，确实已经占据公安机关侦破的刑事案件的很大比例。但是，通过将看守所整体转交司法行政机关，必然带来看守所“狱侦”制度的废除。要提高公安机关的破案率，不能对看守所内的“狱侦制度”形成一种畸形依赖，而应当改变侦查思路，转变侦查模式，利用刑事侦查信息化、电子化、网络化的发展趋势，逐步摆脱对被告人供述的不正常依赖，逐步通过正常途径提高刑事案件的破案率。从某一角度来说，看守所转交司法行政机关的改革，可能会在短时间内对侦查破案率造成一些冲击，但是，这种改革在防止刑讯逼供、避免冤假错案方面发挥积极的功效，并会迫使全国公安机关转变观念，改变侦查思维模式，这或许是一次推动侦查制度变革的重大契机。

最后，看守所转交司法行政机关管辖之后，其刑罚执行职能被进一步转交监狱行使，会不会造成监狱人满为患、不堪重负？

对于这一可能出现的质疑，笔者认为，这些目前由看守所负责执行刑罚的已决犯，在被整体移交监狱管理之后，可能短时间内会带来监狱负担加重的问题。但是，对于被判处短期自由刑的罪犯，应当以改革的思维来看待对他们的教育矫正问题。一方面，法院对于这类罪犯，可以尽可能作出缓刑、单处附加刑或者免除刑事处罚的刑事处罚，以逐步减少对短期自由刑的量刑依赖。另一方面，监狱对于这类罪犯，也可以通过减刑、假释来减少短期自由刑服刑人员的数量，司法行政机关还可以对这些罪犯适用社区矫正，以尽可能减少对这些罪犯的监禁。正如劳动教养制度的废除，并没有带来轻刑犯罪人在监狱内的人满为患一样，轻刑犯罪人从看守所转交监狱的改革，也不会带来类似的问题。这里问题的关键在于法院和司法行政机关都要转变观念，减少对短期自由刑的适用，并对正在服刑的短期自由刑服刑罪犯，尽可能采取非监禁的刑罚执行方式。

第二部分 法院改革的基本问题

第六章 法院改革的困境与出路
第七章 法官责任制度的三种模式
第八章 法院审判委员会制度的基本问题
第九章 法官员额制改革的理论反思

◆　在《法院改革的基本问题》这一部分，笔者对我国法院改革的几个主要问题进行了讨论，根据司法责任制的推行经验，分析了“审判独立”内涵的发展，对法院改革的两大目标——“去地方化”和“去行政化”以及相应的制度安排作出了理论反思，并初步总结了员额制推行所带来的困难，对法官独立审判的制度保障问题作出了评论。

◆　对司法人员追究办案责任，这是我国司法制度长期存在的传统。本部分运用模式分析方法，将我国法官责任制度区分为三种模式——“结果责任模式”、“过错责任模式”以及“职业伦理责任模式”，认为我国在推行司法责任制的过程中，逐步以“违法审判责任”取代了“错案责任”，这意味着结果责任模式的逐步式微，过错责任模式则必然兴起，未来有出现职业伦理责任成为主要责任模式的可能性。

◆　本部分对法院审判委员会制度进行了分析和评论，在剖析这一审判组织的性质、功能及其基本缺陷的前提下，从“司法去行政化”以及维护程序正义的角度，对这一制度的改革动向进行了讨论和预测。

◆　鉴于法官员额制已经在我国法院全面推行，而这一改革在大幅度减少法官员额的同时，也带来诸如案多人少、法官审判不堪重负等方面的问题，因此，本部分讨论了员额制改革的制度保障机制问题，认为法官员额的设定应遵循科学的根据，法院司法行政事务应当走向集中管理，入额法官应当具有基本的审判团队，基层法院适用独任法官审判的案件应当适度扩大，法庭审判应贯彻集中审理原则，入额法官的职业保障应当建立起来。

第六章　法院改革的困境与出路

一、法院改革的困境

2013年以来，随着新一轮司法改革的全面启动，一系列改革举措相继得到推行，各种创新性制度安排纷纷出台，我国的法院制度发生了重大的变化。无论是那些旨在推进“去地方化”的改革举措，还是为实现“去行政化”而推行的制度方案，几乎都是围绕“审判权的独立行使”这一核心问题而展开的。但是，“审判权的独立行使”并不是一个具有清晰含义的命题，这涉及“究竟谁来独立行使审判权”的问题。具体而言，究竟是侧重于维护法院的独立审判权，还是更加强调对法官独立审判的保障，这是一个需要改革决策者予以正视的重大问题。

近期，围绕谁来独立行使审判权的问题，法学界和司法界又展开了一些新的讨论。为与司法改革的顶层设计进行配套，最高人民法院又提出了一些涉及法院改革的新思路。例如，为解决“案多人少”的问题，提出了扩大独任法官适用范围的设想；为发挥法官的集体智慧，提出了组建“专业法官会议”和“专业审判委员会”的设想；法院审判委员会讨论决定的事项主要集中在案件的法律适用问题上；省级以下法院尽管继续向同级人大及其常委会负责并报告工作，但工作报告的审议决议不再交付表决；最高人民法院领导全国地方法院的司法行政管理工作，高级法院与下级法院的司法行政管理具有垂直领导关系；基层法院的审判组织不再实行以合议庭为主的原则，而一般由独任法官负责审判；等等。[1]

这些新的改革思路具有很大的启发意义，但也引发了激烈的争论。我国近年来的司法改革，尽管试图解决一些长期困扰司法体制运行的宏观问题，也推行了一些较为激进的改革举措，但由于理论准备的先天不足，加上改革决策者缺乏必要的实证调查，造成不少改革措施前后不能兼顾，甚至发生相互间的冲突。改革者将这一轮改革的理论基础确定为司法权的“中央事权”与“判断权”属性，而对独立审判的内在要求没有给予应有的重视，对于独立行使审判权原则的保障机制也缺乏统筹规划。[2]结果导致决策层所推出的不少改革举措得不到第一线司法人员的理解和支持，很多地方法院自生自发的改革经验也得不到改革决策者的重视，更谈不上得到及时吸收了。

近年来，一些地方法院进行大胆试验，探索出了一些颇具新意的改革经验。例如，在法院内部废止审判庭的机构设置，不再设立庭长、副庭长，大幅减少副院长的职务数量，在法院内部实行“扁平化”的合议庭设置，从根本上排除了副院长、庭长、副庭长审批和签署裁判文书的可能性。又如，在人民陪审员参与法庭审判问题上，设立那种由四名人民陪审员和三名法官组成的合议庭，加大人民陪审员在合议庭组成人员中的人员比例，使其发挥实质性的裁判作用。再如，

---

〔1〕 2016年3月30日，笔者参加了最高人民法院组织的“人民法院组织法”修改研讨会，获悉了法院的最新改革思路，也聆听了多位法律学者对这些改革思路的不同意见。这引发了笔者的深入思考。此部分内容系笔者有感而发。

〔2〕 参见陈瑞华：《司法改革的理论反思》，载《苏州大学学报》2016年第1期。

对于特别重大、复杂的案件，由全体审判委员会委员组成“超级合议庭”，通过开庭审理来裁判案件，并将审判委员会的裁判范围局限在法律适用问题上。还有，在法院内部设立专业法官会议和专业审判委员会，对于案件中的法律适用问题提供专业咨询意见。这些都被证明属于行之有效的改革经验。

为了对我国的法院改革进行科学的研究，笔者拟从地方法院的改革经验出发，对审判独立的内涵作出新的解释。在此基础上，笔者将对“去地方化”改革的困境、司法行政管理权与司法裁判权的分离、员额制的难题以及法官独立审判的制度保障等问题，在反思有关改革措施的基础上，提出进一步改革的新思路。

二、审判独立内涵的发展

我国《宪法》规定：“人民法院依照法律规定独立行使审判权，不受行政机关、社会团体和个人的干涉。”这是我国确立人民法院独立行使审判权原则的宪法依据。传统的观点认为，这一原则所确立的是“法院独立”审判原则，而不是“法官独立”审判原则。也就是说，这一原则强调法院独立于外部的行政机关、社会团体以及个人，而在法院内部，由于设置了院长、副院长、庭长、副庭长审批案件和签署裁判文书的制度，还使审判委员会拥有对部分案件的讨论决定权，因此不存在法官个人独立行使审判权的制度空间。这种对“法院独立”的强调，甚至一度被视为中国审判独立与西方国家审判独立的主要区别。[1]

但是，随着司法改革的逐步推进，这种仅仅强调法院独立审判的原则已经显得有些不合时宜了。这是因为，根据“司法去地方化”的改革方案，省级以下法院的人财物逐步归由省级统一管理，一些跨行

〔1〕　参见陈光中主编：《刑事诉讼法学》(第4版)，北京大学出版社、高等教育出版社2012年版，第93～95页。

政区划的法院开始建立起来，最高人民法院也建立了若干巡回法庭，受理那些跨行政区划的重大案件。这些改革方案使省级以下法院开始独立于同级党委、人大和政府，拥有相对独立的审判权。而这些独立审判要求显然是传统的“法院独立行使审判权原则”所无法包容进来的。

根据“司法去行政化”的改革方案，法院内部实行司法责任制和员额制，实行“让审理者裁判”和“由裁判者负责”。除了少量由审判委员会讨论决定的法定案件以外，合议庭和独任法官对一般案件拥有独立审理权和裁判权，其裁判文书不再经过院长、副院长、庭长、副庭长的审批或签署；院、庭长进入法官员额的，只能通过参加合议庭或者担任独立法官的方式，进行法庭审理并作出裁判，而对其他法官负责审理的案件则一般不再干预。这些改革方案意味着法官开始成为独立行使审判权的主体，不受院长、副院长、庭长、副庭长乃至审判委员会的干涉，这也成为独立行使审判权原则的基本要求。这些改革一旦得到推行，原本受到主流理论排斥的“法官独立审判”，将逐步变成我国的司法现实。

不仅如此，随着司法改革的推进，上下级法院的关系也开始受到诸多方面的挑战。根据《人民法院组织法》的规定，上级法院监督下级法院的审判工作，未经法定的上诉或抗诉程序，上一级法院不能对下级法院正在审理的案件进行审查或者给出裁判意见。但是，在司法行政管理权的行使方面，上级法院对下级法院却逐步形成了一种领导关系，甚至是一种中国特色的“垂直领导关系”。这不禁引起人们的思考：在司法裁判权的行使方面，上下级法院之间难道不存在一种审判独立关系吗？

中国司法改革的经验表明，法院原有的独立行使审判权原则已经无法容纳一些新的改革措施了，而其固有的一些法律要求也开始受到前所未有的挑战。我们有必要对这一原则的内涵作出新的思考。

其实，完整意义上的法院独立行使审判权（以下简称独立审判）原则具有多个层面的要求。所谓独立审判，其实包含排除特定机构、组织或者个人干涉司法裁判活动的意味。根据可能干涉法院司法裁判活动的障碍来源，我们可以将审判独立界定为五个基本要素：一是裁判独立；二是内部独立；三是审级独立；四是外部独立；五是法官的身份独立。〔1〕

作为审判独立的核心要素，裁判独立是指参与法庭审理的裁判者独立自主地采纳证据、认定事实和适用法律，根据经验、理性和良心对案件得出独立的裁判结论。无论审判独立原则强调的重点内容是什么，那些负责法庭审理的法官或者合议庭，必须拥有独立自主的裁判权，不受任何其他法外因素的干涉。从这一角度来看，“由审理者裁判”显然符合裁判独立的理念。那种曾屡屡受到负面评价的“法官独立”，其实就是裁判独立的一种表现形式。只不过，“法官独立”的表述并不完整，真正恰当的表述应当是裁判者的独立审判。

所谓内部独立，是指裁判者在法院内部独立于其他法官，也不受法院司法行政管理者的干涉。具体到中国法院制度而言，内部独立的主要内容是合议庭和独任法官在司法裁判过程中，不受院长、副院长、庭长、副庭长的干涉，也不受审判委员会的控制。目前，通过推行司法责任制，前一种干涉有望逐步得到消除，而后一种控制则只能逐步加以削弱，还没有出现完全消除的迹象。

所谓审级独立，是指下级法院相对于上级法院享有独立自主的裁判权，不受后者的法外干涉和控制。我国宪法所确立的上级法院监督下级法院审判工作的制度，强调的是上下级法院在审判工作中

〔1〕 有关这问题的详细论证，可参见陈瑞华：《刑事审判原理论》（第2版），北京大学出版社2014年版，第三章。

不是领导与被领导的关系，但没有解决下级法院独立于上级法院的问题。而真正的审级独立，则要求下级法院在审判活动中独立地认定事实和适用法律，不受上级法院的法外干涉和控制。至于上级法院在法定的上诉审程序和再审程序中对下级法院裁判过的案件所进行的重新审判活动，则是上级法院对下级法院行使审判监督权的表现形式，不构成法外的干涉和控制。

所谓外部独立，是指法院作为一种整体，在法庭审理和制作司法裁判过程中，独立于法院以外的任何机构、组织和个人，不受后者的干涉和控制。对法院审判工作可能施加干涉和控制的外部因素有多个方面。其中，同级党委、人大、政府对法院人财物的控制是导致司法地方化的主要原因。目前为实现“司法的去地方化”所推行的各项改革措施，就具有维护外部独立的功能。

最后，身份独立是指裁判者为独立行使审判权所享有的一系列制度保障。通常来说，为实现裁判独立，法官应当在薪酬、福利待遇、任命、责任追究等方面享有一些特殊的制度保障，使其不因独立审判而有后顾之忧，或者有受到任意追责之惧。在近期的法院改革中，法官将逐渐获得高于普通公务员的薪酬待遇，对法官的责任追究将受到更加严格的程序限制，这都体现了对法官身份独立的保障。

三、“去地方化”改革的负面影响

为实现“去地方化”的司法改革目标，改革决策者确立了省级以下法院的人财物交由省级统一管理的改革方案。据此，各省、直辖市和自治区均设置了法官遴选委员会和法官惩戒委员会。但是，这两个委员会究竟设置在哪一机构之下呢？目前，有些省份设置在省级党的政法委员会之下，有得设在省级党的改革领导小组之下。与此同时，为确保省级以下法院的财政拨款不受同级政府的控制，各省、直辖市和自治区还将地方三级法院统一作为省级财政预算单位，由省级政府财政部门足额保证其财政支持。

应当说，省级以下法院人财物收归省级统管是一项影响重大的司法改革举措。这一改革的推行对于中级法院和基层法院摆脱同级党委、政府和人大对其人财物的控制，保障这两级法院的外部独立，将有积极的意义。[1]但是，从目前各省、直辖市和自治区所推行的司法改革情况来看，省级以下法院人财物存在"如何统一管理"的问题。具体来说，省级法官遴选（惩戒）委员会相继组建完成后，随即面临究竟交由哪一部门负责管理的问题。考虑到无论是法官的遴选还是法官的惩戒，都不应属于执政党所直接管理的事项，而属于法院内部的重大司法行政管理事项，因此，由省级党委政法委员会或者改革领导小组进行管理，显然只是权宜之计，不应该成为长久的制度安排。

与此同时，仅仅由各省级政府财政部门设立独立的"法院"类科目，进行"单独编列""全额保障"预算拨款，这也是远远不够的。因为省级政府财政部门假如对于基层法院、中级法院和高级法院的财政预算拥有绝对控制权的话，那么，这就等于将地方法院的生存完全置于省级政府控制之下，其独立审判仍然难以得到保障。同时，省级政府财政部门对于不同地区的同级法院的财政预算情况并不了解，如何确立一种兼顾公平与效率的预算分配标准，将是一个极难以解决的问题。例如，在北京地区，海淀、朝阳两个区的基层法院，与处于远郊的怀柔、延庆两个区的基层法院，所需要的财政预算可谓有天壤之别。又如，在上海地区，浦东新区法院与崇明县法院相比，所需要的财政预算也会有极大差异。[2]

---

〔1〕 参见贺小荣：《人民法院四五改革纲要的理论基点、逻辑结构和实现路径》，载《人民法院报》2014年7月6日，理论版。

〔2〕 参见徐霄桐：《省以下法院、检察院"人财物统一管理"的喜与忧》，载《中国青年报》2014年6月27日，第3版。

由省级党委部门和省级政府财政部门直接控制地方三级法院的人财物固然是存在问题的，但是，假如将这三级法院的人财物完全控制在高级法院手中，也未必是福音。目前，省级法官遴选（惩戒）委员会办公室就设在高级法院之下，省级政府财政部门在分配确定各个基层法院、中级法院财政预算额度时，也会征求高级法院的意见。从管理科学的角度来看，高级法院在对下级法院人财物的管理上有逐渐集权的发展趋势。但是，这种司法行政管理权的过于集中，甚至在上下级法院之间构建完全垂直领导的司法行政管理关系，这又有可能进一步扭曲上下级法院的关系，以至于破坏本就岌岌可危的审级独立。

由此看来，在推行省级以下法院人财物归由省级统管的改革过程中，可能会衍生出一些新的问题，其中最为突出的是省级以下法院与同级人大的关系以及上下级法院的关系问题。对于这两个问题，笔者拟作简要分析。

（一）省级以下人大对同级法院监督的弱化?

在省级以下法院人财物收归省级统管的改革方面，省级人大及其常委会显然没有受到改革决策者们的重视。其实，不仅是省级人大及其常委会，就连全国人大及其常委会，在2013年以来的司法改革中都处于“边缘化”的状态。不仅司法改革的方案没有通过全国人大及其常委会加以审议和通过，没有通过修改法律转化为人民的意志，而且就连与国家权力机关行使职权密切相关的法院人财物问题，这两级人大及其常委会也没有专门的参与决定权。

根据“司法去地方化”的改革思路，县级和地市级人大及其常委会对于同级法院人财物的控制权要受到逐步削弱。既然如此，省级人大及其常委会对于全省三级法院的人财物要不要加强控制权呢?为了填补同级人大及其常委会甚至同级党委、政府对这两级法院监督控制上的空白，加强省级人大及其常委会对全省三级法院的监督权，不是一种必要而可行的选择吗？按照这一改革思路，我们可以考虑在司法改革逐步走上正轨之后，法官、检察官遴选（惩戒）委员会从省级党委部门控制之下逐步转向省级人大常委会控制之下，成为后者的一个重要的职能部门。经过该委员会表决确定之后，省级人大常委会再来对全省三级法院的法官进行统一任免和惩戒，这岂不是一种两全其美的制度安排吗？

与此同时，为避免省级政府财政部门完全控制全省三级法院的财政预算，可以考虑将这一权力交由省级人大常委会来统一行使。根据人民主权的原则，对于法院的财政支持应当属于民意机构的专属权力。政府财政部门应当是国家权力机关所做财政预算的执行部门，而不能拥有对法院财政预算的决定权。根据这一原则，各高级法院司法行政管理部门可以对辖区内两级法院制定预算方案，并将这一预算方案统一层报省级人大常委会，并交由后者表决通过。当然，高级法院在制定司法预算方案时，应当广泛征求全省三级法院司法行政管理部门的意见。必要时可以召开由省级以下法院院长参加的全省司法会议，就预算制定标准和具体额度进行讨论，最终确定一个合理而又可行的预算方案。

在近期有关《人民法院组织法》的修改讨论中，最高人民法院提出了一个调整省级以下法院与同级人大及其常委会关系的改革方案。根据这一方案，地方三级法院对同级人民代表大会及其常务委员会负责并报告工作，但后者对该工作报告的审议决议不再交付表决。这就意味着省级以下法院向同级人大及其常委会的工作报告只具有形式上的意义，后者审议同级法院工作报告的制度将形同虚设。

根据宪法，我国实行人大领导下的“一府两院”制，各级法院都要由同级人大或常委会产生，接受同级人大及其常委会的监督，向同级人大负责并报告工作。迄今为止，最高人民法院向全国人大及其常委会负责并报告工作已经成为一项宪法制度，假如要削弱乃至取消地方三级法院向同级人大及其常委会报告工作的制度，这是否具有足够的宪法依据呢？

在笔者看来，要合理地调整省级以下法院与同级人大及其常委会的关系，就需要对我国实行的“人大领导下的‘一府两院’制”以及根据行政区划设置法院、检察院的制度进行全面的改革。考虑法院、检察院的特殊性，为彻底地走出司法地方化的陷阱，就需要废止县级和地市级人大及其常委会监督领导同级法院的制度，使这两级法院不再由同级人大常委会产生，也不再向后者报告工作。省级以下三级法院都应由省级人大及其常委会统一产生，并接受省级人大及其常委会的监督。高级法院向省级人大及其常委会报告工作的制度予以保留，而其下面两级法院向同级人大及其常委会报告工作的制度予以废止。

（二）上下级法院的垂直领导关系？

我国法院实行四级两审终审制，上下级法院之间不具有行政机关上下级那样的领导关系。根据审判独立的基本原理，上级法院有权监督下级法院的审判工作，但上下级法院在审判工作上不存在垂直领导关系。这就意味着下级法院在行使审判权方面，独立于上级法院；未经法定程序，上级法院不能对下级法院尚未审结案件的审判工作进行干涉。

但长期以来，我国上下级法院之间的这种监督关系并没有得到真正的落实。在司法裁判权的行使方面，上级法院对下级法院正在审理的案件经常进行批示或者指导，而下级法院也经常主动将某一尚未审结的案件向上级法院进行“请示”。尤其是那些“重大”“复杂”“疑难”或者存在外部干预因素的案件，下级法院向上级法院进行的请示汇报，已经变成一种普遍的制度形态。根据笔者在一些地方法院的调查，这种请示可分为“口头请示”和“书面请示”两种。[1]口头请示是一审法院通过非正式的方式向上一级法院请求给出裁判指导意见的制度，由案件的承办法官、庭长甚至分管院长向上一级法院的相关法官作出口头汇报，后者听取汇报，可以就裁判意见给出答复，也可以拒绝答复。书面请示则是一种较为正式的请示制度，下级法院在法庭审理结束后，要召开审判委员会，就案件的裁判给出若干种裁判意见，并标明所存在的争议，然后将请示报告连同全部案卷材料移送上一级法院，上一级法院要指定承办法官，负责对案件进行阅卷，并审阅其请示报告，然后提请院长召开审判委员会，对下级法院请示的案件进行讨论并作出决定。在上一级法院的审判委员会作出决定后，下级法院按照这一决定作出裁判。

对于上下级法院之间存在的“请示报告”制度，法学界和司法界一直都进行过强烈的批评。最高人民法院为解决这一问题，曾屡次发布旨在规范上下级法院关系的规范性文件。[2]但是，由于过去的一些改革方案大都属于“治标不治本”的应景措施，且没有找到那些导致上下级法院关系出现扭曲的关键因素，结果导致这一问题不仅得不到真正的解决，反而在一些地方出现了越来越严重的发展趋势。

导致上下级法院之间出现不正常关系的因素不仅有司法裁判方面的“请示报告”制度，还有在司法行政管理方面越来越明显的“垂直领导”关系。我国司法界基于对司法地方化的“反感”，接连推出一些旨在“去地方化”的改革措施。在不少高层司法界人士看来，最

---

〔1〕 2015年下半年，笔者在江苏、浙江等地法院进行调研时了解到，尽管司法改革已经在全国法院系统全面推行，但是下级法院向上级法院进行内部“请示”的做法仍然十分盛行。尤其是那些所谓的“重大、复杂和疑难案件”，下级法院普遍存在向上级法院请示汇报的做法。对于一般的口头请示案件，上级法院并不必然给予答复。但对于下级法院经审判委员会讨论过的请示案件，上级法院会制定专门法官负责阅卷，并通过召开审判委员会的方式给出答复意见。

〔2〕 参见莫静清：《上下级法院职权将重新定位，取消“案件请示”做法》，载《法制日报》2011年2月17日。

理想的上下级法院关系应当是“垂直领导”关系，这被视为摆脱司法地方化、减少地方党委、政府、人大干预法院审判工作的“灵丹妙药”。[1]在这一改革思路的指引下，上级法院对下级法院司法行政工作的垂直领导越发得到了强调和落实。

随着“省级以下法院人财物收归省级统管”的改革思路得到确立，高级法院可以通过对法官遴选委员会、法官惩戒委员会的控制，来对辖区内两级法院的人事安排施加影响；由于省级以下法院的财政拨款将交由省级政府财政部门统筹解决，高级法院还可以对辖区内两级法院的财政拨款施加影响。不仅如此，根据最高人民法院的改革思路，最高人民法院领导全国法院的司法行政工作，高级法院领导辖区内两级法院的司法行政工作。这种被列入“垂直领导”的司法行政事务可以包括办公、人事、经费、监察、司法警察等多个方面。

这种改革一旦得到全面推行，那就意味着上下级法院之间同时存在两种法律关系：一是司法裁判方面建立在审级独立基础上的监督关系；二是司法行政管理方面建立在行政一体化基础上的垂直领导关系。但问题在于，在上下级法院的“请示汇报”制度仍然盛行的情况下，单方面地强调上下级法院在司法行政方面的垂直领导关系，会不会导致上下级法院在司法裁判方面也走向“垂直领导”关系呢？假如最高人民法院和高级法院通过对下级法院司法行政工作的垂直领导，来指令其按照自己的意图对某一案件作出裁判，下级法院又如何抵制呢？

迄今为止，法院内部的司法裁判权与司法行政管理权没有实现真正的分离，这是我国司法制度的一个顽症。在各级法院内部，法院的院长、副院长、庭长、副庭长会借助于司法行政管理权，来影响合议庭或独任法官的裁判活动。同样，在上下级法院之间，上级法院也

〔1〕 参见郝银钟：《司法权去地方化的制度设想》，载《人民法院报》2013年6月25日。

会通过对下级法院司法行政管理权的控制，来进一步干预下级法院对某一案件的裁判活动。

要解决这一问题，就应当对上下级法院的关系进行统筹规划，在强化上下级法院在司法行政方面的垂直领导关系的同时，建立有效保障下级法院独立行使审判权的机制。2014年以来，法院内部的绩效考核制度开始被纳入改革的轨道。一些地方法院甚至终止了对本院法官审判业绩的考核和排名。那种根据所谓的“结案率”“执结率”“上诉率”“调解率”“发回重审率”“改判率”等项指标来对下级法院审判工作进行考核排名的制度，逐步受到废止。〔1〕可以说，对绩效考核制度的限制使用，标志着上下级法院司法裁判关系开始恢复正常。将来在条件成熟时，完全废除这一制度，对维护审级独立将是非常必要的。

除了限制使用绩效考核制度以外，司法改革决策者对于上下级法院司法裁判关系的调整，并没有推出更为彻底的改革方案。迄今为止，上下级法院之间存在的“请示汇报”制度不仅没有废止的迹象，反而因为司法责任制的推行，法官办案责任的加大，而有得到进一步加强的迹象。假如我们在逐步摆脱了“司法地方化”之后，又迎来了“司法的唯上级化”，那对于贯彻两审终审制、维护审级独立而言，无疑将成为另一个噩梦。

四、法院内部“去行政化”的困境

作为新一轮司法改革的重要内容，司法责任制强调“让审理者裁判”，赋予独任法官和合议庭独立的审判权，废除院长、副院长、庭长、副庭长签署裁判文书的做法，缩小审判委员会讨论案件的范围，使那些进入法官员额的院长、副院长、庭长、副庭长，通过参与合议

〔1〕 参见丁国锋：《徐州中院暂停“考法官”一年引发关注》，载法制网，2015年1月23日发布。

庭的法庭审理来行使审判权，而对其他法官审理的案件则不再进行干预。[1]

贯彻司法责任制的关键在于重新调整司法裁判权与司法行政管理权的关系。要对这两项权力作出重新调整，就需要从三个角度入手解决司法行政管理者干预司法裁判的问题：一是对法院内部院长、副院长、庭长、副庭长的职务进行重新配置；二是对审判委员会讨论决定案件制度进行重新调整；三是对人民陪审员享有实质的裁判权加以保障。以下依次对这三个问题进行分析。

（一）院长、庭长职务配置的正当性危机

司法责任制改革对于法院内部院长、副院长、庭长、副庭长的职权配置提出了挑战，也使人们对这些司法行政职务设置的正当性提出了质疑。既然推行司法责任制的最大障碍就是这些人数众多的司法行政人员，那为什么法院还要设置如此多的副院长、庭长、副庭长呢？尤其是在法官员额被严格控制在39%以内的情况下，原来的一些资深“审判员”都难以进入法官员额，几乎所有“助理审判员”都被排斥在法官员额之外，而那些具有“院长”“副院长”“庭长”“副庭长”职务的人士，却由于受司法行政工作所累而无法全力投入到审判工作之中。既然如此，为什么就非得将审判权赋予副院长、庭长、副庭长不可呢？在员额制的推行面临重重困难的情况下，为什么还要设置如此多的副院长、庭长和副庭长呢？

其实，我国一些地方法院在对司法责任制的探索过程中，早就进行了取消审判庭设置的改革探索，并初步取得了一些积极效果。例如，辽宁省葫芦岛市中级人民法院自2014年起，就打破在原有业务庭之下设置合议庭的层级结构，取消全部业务庭，建立“一个合议庭即一个审判庭的模式”，将原有的13个业务庭重新划分为立案、审

〔1〕 参见贺小荣、何帆：《贯彻实施〈关于全面深化人民法院改革的意见〉应当把握的几个主要关系问题》，载《人民法院报》2015年3月18日，第5版。

理、执行、评查四大类25个合议庭。原来的庭长、副庭长进入法官员额的，一般只能作为审判长参加合议庭，通过法庭审理行使审判权，对于其他合议庭负责审理的案件，既不再审批案件，也不再签署裁判文书。〔1〕

又如，广东省珠海市横琴新区人民法院自2014年起也取消了所有审判庭，在全院设置了8位专职法官，另外设置1名院长、2名副院长，作为兼职法官，由他们分别负责立案、审理、判决和执行工作。除了少数需要由审判委员会讨论决定的案件以外，绝大多数案件均由独任法官或合议庭独立审判，院长、副院长不再进行审批或者签署。〔2〕

葫芦岛市中级人民法院和横琴新区人民法院的改革被法学界和司法界视为"最彻底的法院改革"。在业务庭消失和庭长、副庭长职务被取消之后，主审法官和合议庭成为最主要的审判组织，成为所谓"扁平化"设置的标志。与此同时，为保证合议庭有效吸收集体智慧，这两所法院都运行了"专业法官会议"的机制，使那些重大、复杂和疑难案件被交由专业法官会议进行讨论。这种类似于医院"专家会诊"的会商机制，可以为合议庭提供重要的咨询建议，帮助合议庭对疑难案件作出妥当的裁判。〔3〕

葫芦岛市中级人民法院和横琴新区人民法院的改革取得了积极的效果。根据媒体报道，这两所法院实行彻底的司法责任制改革后，审判效率得到了显著的提高，当事人息诉罢访率有了明显的上升。〔4〕当然，这两所法院改革的效果究竟如何，还需要通过严谨的实证调查

---

〔1〕参见李岩峰、骆惠华:《机制一改天地宽——辽宁葫芦岛中院审判权运行机制改革调查》，载《人民法院报》2014年8月11日。

〔2〕参见陈治家等:《复制横琴司法改革要过三关》，载《广州日报》2014年12月30日。

〔3〕邢世伟:《横琴法院司法改革探索：取消审判庭，设专职法官》，载《新京报》2014年5月29日。

〔4〕参见覃爱玲:《葫芦岛中院审判权改革调查》，载《南风窗》2014年第17期。

和数据分析，经受科学的评估和审查，才能得出令人信服的结论。不过，全国绝大多数法院在推行司法责任制上都陷入重重困境。这两所法院对审判庭和庭长、副庭长职务设置的大规模改革，为我们探索法院改革的新思路提供了新的参考样本。

其实，假如改革者要实行彻底的司法责任制的话，那么，葫芦岛市中级人民法院和横琴新区人民法院的改革完全可以成为一种可资借鉴的经验。改革者与其舍近求远，动辄强调从西方国家引进或者移植“成功”的制度安排，倒不如脚踏实地地观察我国一些地方法院创造的改革经验。这些立足于本土实际情况、以有效解决问题为导向的改革经验，反而更加“接地气”，具有“对症下药”“根除病症”的效果。

按照笔者的设想，司法责任制推行的关键在于重新调整院长、副院长、庭长、副庭长的职务设置。未来，全面取消庭长、副庭长的职务是势在必行的，这与全面废除业务庭或审判庭的机构设置一样，都是迟早要推行的改革举措。对于这一改革的必要性，葫芦岛市中级人民法院和横琴新区人民法院的改革经验已经给出了充足的解释，这里无须再行论证。但是，仅仅取消审判庭的机构建制和庭长、副庭长的职务设置还是不够的。法院内部设置的诸多副院长，作为各个审判庭的“分管院长”，其职务设置的正当性也是需要重新反思的。既然院长、副院长对案件的审批权和对裁判文书的签署权都要取消，那么，再继续设置这些“分管副院长”，究竟还有多大意义呢？其实，从维持法院司法行政工作的正常运转来看，法院内部只需要设置一名院长和一名副院长就足够了。法院院长负责法院的全面工作，享有最高的司法行政管理权，但在司法裁判方面只是一名进入法官员额的普通法官。对于普通案件，院长可以作为审判长参加合议庭并主持法庭审理，与其他合议庭成员一起行使裁判权。而对于特别重大、复杂和疑难的案件，院长可以召集审判委员会会议，对案件进行讨论并作出决定。至于那名专职副院长，则不需要进入法官员额，也不再从事任何审判工作，而作为法院内部的“专职行政管理者”，在向院长负责的前提下，全面处理法院内部的各项司法行政事务。

假如法院不再设置负责审判工作的副院长，再加上全面取消审判庭和庭长、副庭长的职务设置，那么，合议庭和独任法官的审判工作究竟受到怎样的监督呢？其实，对于那些重大、复杂和疑难的案件，审判委员会可能仍然会保留讨论和决定权；对于那些在专业方面存在疑难和争议的案件，“专业法官会议”和“专业审判委员会”又可以发挥“专家会诊”的作用，还可为裁判者提供专业咨询意见；而严格推行的“违法审判责任制度”，又可以让那些享有独立审判权的合议庭和独任法官，承担更大、更明确的法律责任。不仅如此，在法庭审判过程中，合议庭和独任法官还要受到来自控辩双方的制约，后者可以通过行使诉权来对裁判权进行有力的制衡；通过上诉和抗诉，控辩双方还可以启动上诉审程序，使上级法院对下级法院初审的案件进行重新审判。显然，这些来自诉讼程序层面的监督机制，可以对合议庭和独任法官的审判产生有效的制约作用。

（二）审判委员会讨论案件程序的诉讼化？

作为一种领导审判工作的重要机构，审判委员会是法院内部的审判组织，可以对重大、复杂和疑难的案件进行讨论并作出决定。审判委员会可以改变合议庭或独任法官的裁判结论；对于审判委员会的决定，合议庭和独任法官必须服从。多年来，针对审判委员会制度的正当性以及这一审判组织的存废问题，一直存在理论上的争论。[1]而为了回应社会对审判委员会制度的批评和异议，各级法院对审判委员会也不断地推出一些改革方案。

根据最高人民法院的改革思路，审判委员会讨论和决定的主要

〔1〕 参见苏力：《基层法院审判委员会制度的考察及思考》，载《北大法律评论》1998年第2期。另参见陈瑞华：《正义的误区——评法院审判委员会制度》，载《北大法律评论》1998年第2期。

事项是重大、复杂和疑难案件的法律适用问题，对于这些案件的事实认定问题，审判委员会尊重合议庭或独任法官的裁决意见。但是，对于那些“涉及国家外交、安全和社会稳定的重大、复杂案件”，审判委员讨论决定的事项既包括事实认定问题，也包括法律适用问题。[1]与此同时，为防止审判委员会讨论案件数量过多，适当缓解审判委员会讨论案件的压力，各级法院将组建“专业法官会议”和“专业审判委员会”，前者可以为合议庭提供法律适用方面的咨询意见，后者则可以行使审判委员会的部分职权。

按照笔者的观点，审判委员会制度是特定历史条件下的产物，它已经完成了历史使命，其作为审判组织的正当性和合法性已经消失了。如果说审判委员会过去在发挥资深法官的集体智慧、有效抵御外部压力、减少法官个人滥用自由裁量权等方面还有积极作用的话，那么，在法官素质得到显著提高、那些进入员额的精英法官享有审判权的情况下，这种审判组织就没有存在的必要了。况且，审判委员会成员既没有阅卷，也不参加法庭审理，而仅凭承办法官的简要汇报，在极短时间内作出决定，这根本无法保证案件的决定质量，容易作出不负责任的决定。尤其是在外部存在压力和干涉的情况下，法院院长经常通过召开审判委员会来贯彻外部某种权威的意志，对合议庭的裁判结论作出粗暴地干预。不仅如此，审判委员会制度无论发生怎样的变革，其讨论决定案件程序的不公开、不透明和不公正，都是无法克服的根本缺陷。在这一程序中，控辩双方没有机会向审判委员会成员发表意见，失去了影响其决定的机会；回避制度无法得到有效实施，当事人根本不了解审判委员会成员是否与案件存在某种足以影响公正处理案件的关系，更没有办法直接申请某一委员回避；审判委员会的决定是不需要提供裁判理由的，裁判文书也无从记录这

〔1〕 参见最高人民法院司法改革领导小组办公室:《〈最高人民法院关于全面深化人民法院改革的意见〉读本》，人民法院出版社2015年版，第9页以下。

种裁判理由……这些显然违反了基本的程序正义准则。[1]

按照最高人民法院的改革方案，在保留审判委员会制度的前提下，将其讨论决定案件的事项限定为法律适用问题，而对事实认定问题，审判委员会则一律尊重该合议庭的决定。应当说，这种制度调整对于缓解审判委员会的压力和限制审判委员会的裁判权，确有一定的积极意义。但是，这一改革方案也存在明显的缺陷和不足。

首先，这一改革方案违背了"让审理者负责裁判"的基本理念。根据司法责任制的改革方案，负责法庭审理的合议庭和独任法官应有独立的裁判权，无论是院长、庭长，还是审判委员会都不能干涉合议庭和独任法官的审判活动，更不能未经法庭审理就单方面改变审理者的裁判结论。这是一项基本法律准则。但根据现有改革方案，审判委员会仍然可以讨论决定"重大、疑难或者复杂案件"的法律适用问题，并对那些"涉及国家外交、安全和社会稳定的重大、复杂案件"进行讨论决定。那么，究竟什么是"重大、复杂或者疑难案件"？这是非常不明确的。在司法实践中，由于法院院长拥有召集审判委员会会议的权力，对于何谓案件"重大""复杂""疑难"的问题，院长拥有太大的自由裁量权。而在我国现行司法体制下，法院院长的这种自由裁量权几乎是无法受到限制的。同时，什么是"涉及国家外交、安全和社会稳定的重大、复杂案件"？这也存在范围模糊的问题。更何况，对于后一类案件，审判委员会讨论决定的不仅是法律适用问题，还包括了事实认定问题。这显然就与审判委员会只讨论决定法律适用问题的改革精神背道而驰了。

其次，这种改革方案并没有从根本上改变审判委员会的工作方式，尤其没有在审判委员会讨论程序中注入公开、透明和公正的机制。近年来，一些地方法院对审判委员会的工作机制作出了一些有

---

〔1〕 参见陈瑞华：《正义的误区——评法院审判委员会制度》，载《北大法律评论》1998年第2期。

益的改革探索，形成了一些有启发意义的改革经验。如审判委员会委员出席法庭审理，或者旁听庭审实况转播，或者观看法庭审理的录像等。[1]可惜，在最高人民法院的改革方案中，这些源自地方法院的改革经验并没有得到适当的吸收。

其实，假如改革者具有程序正义的基本理念，又假如改革者对于审判委员会的司法决策机制可能带来负面影响给予重视的话，那么，对于审判委员会的讨论程序作出一些创新将是有现实可能性的。例如，可以考虑建立审判委员会委员旁听法庭审理的制度，对于那些符合法定条件的案件，合议庭存在重大争议，提请院长召开审判委员会会议，或者法院院长自行决定准备召开审判委员会会议的，在法庭审理之前，通知审判委员会委员到场出席法庭审理，全程旁听审理过程。又如，对于审判委员会无法旁听法庭审理的案件，或者部分审判委员会委员没有旁听案件审理的，在该委员会开会讨论案件之前，可以组织没有旁听审理过程的委员观看庭审实况录像。不观看庭审录像的委员，不能参加对案件的讨论和决定程序。再如，对于本院审判委员会讨论的案件，合议庭应当将审判委员会的成员以及讨论时间及时通知控辩双方，给予当事人申请回避的机会。在案件存在重大争议时，可以考虑传召控辩双方参与审判委员会会议，给他们向审判委员会当面发表意见的机会。

当然，最根本的改革应当是组建由法院审判委员会全体委员组成的“超级合议庭”。也就是对于那些特别重大、复杂和疑难的案件，由法院院长担任审判长，其他审判委员会委员担任合议庭成员，对案件进行开庭审理。这种超级合议庭遵循直接、言词、公开、辩论的原则，组织法庭调查和法庭辩论，并在庭审结束后，举行秘密评议和表决，形成最终的裁判意见。假如这种超级合议庭制度能

〔1〕 参见张淑玲:《河南高院院长首开庭审案，传统庭审四方格被打破》，载《京华时报》2015年5月29日。

够得到实施的话，那么，审判委员会岂不是“让审理者负责裁判”的典范吗？

（三）人民陪审员享有实质的裁判权？

人民陪审员制度是公众参与审判工作、发挥司法民主的重要制度。发挥人民陪审员在审判工作中的作用，保证司法裁判具有较为充分的民意基础，这是人民陪审员制度改革的基本目标。按照最高人民法院的改革设想，人民陪审员的选任渠道和范围将得到拓宽，人民陪审员的产生将实行随机抽取的方式，人民陪审员将不在审理法律适用问题，而主要裁决事实认定问题。[1]目前，一些地方法院正在对人民陪审制度进行一些新的改革探索。例如，一些基层法院为发挥人民陪审员的作用，开始尝试在重大案件的审理中适度增加人民陪审员的人数，甚至组建“3+4”的大合议庭，也即是由3名法官和4名人民陪审员组成合议庭，使人民陪审员保持人数上的优势，纠正法官的职业偏见。[2]河南和陕西等地的法院为发挥公众参与司法审判的作用，开始尝试实行“人民陪审团”或“人民观审团”制度，使若干个经随机抽选产生的公民组成人民参审团，在旁听席上观摩案件的庭审过程，并通过评议和表决形成参审团的意见，这一意见对合议庭的裁判不具有约束力，但合议庭的裁判意见一旦形成，需要向持不同意见的人民参审团成员进行解释和说明，参审团成员有权提出疑问，合议庭有义务作出解答。[3]

但是，受整个国家政治体制改革过于滞后的影响，人们陪审员制度仍然存在一些亟待解决的问题。例如，人民陪审员的产生方式，

---

〔1〕 参见最高人民法院司法改革领导小组办公室：《〈最高人民法院关于全面深化人民法院改革的意见〉读本》，人民法院出版社2015年版，第10页。

〔2〕 参见黄洁等：《北京门头沟法院启用“3+4”大陪审合议庭，随机抽选人民陪审员行使事实表决权》，载《法制日报》2015年9月10日。

〔3〕 参见张亮等：《人民观审团参审防止冤假错案》，载《法制日报》2014年8月13日。

明显受到法院的任意掌控，无法体现从当地选民中随机产生的原则。又如，人民陪审员与法官的人数比例存在混乱，经常有2名法官与1名人民陪审员组成的合议庭，造成人民陪审员“势单力薄”，无法对案件裁判发挥实质的作用。我国过去曾实行“1+2”的合议庭，也就是由法官1人与人民陪审员2人组成合议庭。后来，可能是出于对人民陪审员一旦形成多数，可能会剥夺法官审判权的现实考虑，各地法院逐步推行所谓“2+1”的合议庭模式，也就是由法官2人与人民陪审员1人组成合议庭。再如，由于法院随意性地实行定期宣判制度，合议庭在法庭审理程序结束后不进行当庭宣判，造成人民陪审员无法及时参加合议庭评议程序，其表决权得不到真正的尊重。还有，法院合议庭实行的是“承办法官”负责法庭审判的制度，别说参加合议庭的人民陪审员，就连作为合议庭成员的法官，都无法真正行使审判权，承办法官在一定程度上取代了合议庭的职权，这造成人民陪审员参与法庭审理经常流于形式。不仅如此，根据目前的改革方案，人民陪审员的审判权被限制在事实认定问题上，他们事实上将被剥夺对法律适用问题的裁判权。这显然借鉴了英美陪审团制度的经验，弥补了人民陪审员法律知识不足的问题。但是，我国的诉讼程序并没有严格区分事实认定和法律适用问题，这种将人民陪审员的作用限制在事实认定问题上的改革可能在可操作性上存在问题。

人民陪审员制度是我国司法制度的有机组成部分。要解决人民陪审员制度中的问题，就需要从司法制度的整体框架上进行统筹规划。在进行“顶层设计”的同时，还应注重观察和吸收地方法院的改革经验。按照笔者的看法，对人民陪审员制度的改革，应当有两个基本思路：一是对人民陪审员制度本身进行必要的调整，当前所进行的扩大人民陪审员的产生渠道、随机遴选产生陪审员、只允许陪审员裁判事实问题等改革措施，就属于这一层面的改革思路；二是对司法制度作出大幅度的调整，为人民陪审员有效地参与法庭审判创造基本的制度保障，为此需要将人民陪审员制度改革纳入整个司法改革的框架之中。

为了给人民陪审员参与法庭审判创造基本条件，有必要考虑进行以下几个方面的改革：首先，参照部分地方法院的改革经验，人民陪审员参加合议庭的人数应当超过法官的人数，并适度扩大陪审员的人数。应当明确的是，在人民陪审员参加法庭审判的案件中，陪审员的人数应当超过法官的人数，这是一项基本的准则。唯有如此才能有效发挥人民陪审员的作用，避免陪审员的被边缘化。可以考虑根据案件的复杂和重大程度，建立“1+2”或者“3+4”的合议庭组成结构。比如，对于可能判处10年以下有期徒刑的刑事案件，可以组建由法官1人和人民陪审员2人组成的小合议庭；而对于那些可能判处10年有期徒刑以上刑罚的案件，则建立由法官3人和人民陪审员4人组成的大合议庭。

其次，为避免人民陪审员“陪而不审”、参与庭审流于形式的问题，可以考虑原则上实行当庭宣判的制度，确保合议庭在法庭审理结束后立即进行评议，使人民陪审员和法官就案件的事实认定问题发表意见，并进行表决，确保表决结果形成书面裁判意见，人民陪审员当场签字确认。在法庭恢复开庭后，合议庭就事实认定所作的裁判意见当庭予以宣布。至于案件的法律适用问题，如刑事案件的量刑问题等，则可以由法官另行形成裁判意见，或者进行定期宣判。

五、员额制的难题

随着员额制的逐步推行，法官的员额被严格控制在39%以内，大量“助理审判员”和“审判员”从法官队伍中分流出去。而院长、副院长、庭长、副庭长通常都较为顺利地进入了法官员额，他们承担着大量的司法行政管理工作，不可能像普通法官那样全力投入到审判工作之中。这就导致那些进入员额的法官将承担高于过去一倍甚至数倍的审判工作量，“案多人少”“审判人手不足”的问题将变得越发严重。

为解决这一问题，改革决策者提出了调整独任法官审判范围的设想。根据这一设想，基层法院审判第一审案件，原则上由法官一人独任审判；只有那些重大、复杂或者疑难案件或者法律另有规定的案件，由合议庭负责审理。这就意味着独任法官审判一审案件将成为基层法院优先选择的一种审判组织形式，而合议庭审理则成为一种例外。

那么，这种旨在配合员额制实施而推行的改革举措，究竟有无正当性和可行性呢？以下拟对此作出理论上的反思。

长期以来，我国基层法院实行以合议庭审判为原则、以独任法官审判为补充的审判组织制度。独任法官审判的案件主要被限制在那些适用简易程序的案件。而合议庭作为一种奉行集体决策的审判组织，被认为可以发挥多个法官、人民陪审员的智慧，避免单个法官在司法决策中可能出现的偏颇，甚至可以减少法官滥用自由裁量权的情况发生。

但是，我国法院长期存在一种“承办法官”制度，很多案件名义上是由合议庭负责审判的，但实际上承办法官才是案件的第一责任人。其他合议庭成员无论是法官还是人民陪审员，通常只是帮助承办法官维持合议制的审判组织形式。从庭前准备、召开庭前会议、法庭调查、法庭辩论，到庭后起草裁判文书、向审判委员会汇报案情等，承办法官几乎承担了一个案件的绝大部分审判工作。参加合议庭的其他法官通常都尊重承办法官的裁判意见，不会认真参与评议，而人民陪审员要么没有机会参加评议，要么在评议时发挥不了实质的作用。这样，承办法官在一定意义上就取代合议庭，成为案件的真正裁判者。

鉴于此，适度扩大独任法官审理案件的范围，限制合议制的适用，已经成为法学界和司法界的共识。[1]

独任法官审判一旦成为一般的审判组织原则，就意味着除了那些适用简易程序的案件以外，大量适用普通程序的案件也有可能由法官独任审判。这无疑将大大节约司法成本，实现法院内部司法资源的合理配置。这对于缓解基层法院"案多人少"问题将是非常有益的。但是，究竟哪些案件适用独任法官审判，而哪些案件被纳入合议庭审判的对象，这一问题在现有改革方案中并没有得到真正的解决。

假如基层法院将合议庭审理案件的范围主要限定在"重大、复杂或者疑难案件"上面，这就跟审判委员会讨论案件的范围发生重合了。这就意味着只有审判委员会讨论决定的案件，才交由合议庭进行审判。这显然不符合合议制的基本原理。更何况，究竟哪些案件属于"重大""复杂"或"疑难"案件，成文法不可能给出明确的答案，而完全由法院自行加以解释。这很可能造成法院在选择审判组织方面享有较大的自由裁量权。

同时，在审判组织的选择上，我国法院一直没有引入诉权启动模式。其实，审判组织的选择不仅牵涉法院诉讼成本的投入和诉讼效益的提高问题，还有可能涉及当事人诉讼权利的行使问题。在英美法国家，获得陪审团审判是正当法律程序的一部分，是被告人的一项重要权利。对于这一权利，被告人可以选择行使，也可以自愿放弃。同样的道理，相对于独任法官审判而言，合议庭审判显然更有利于当事人的权利保障，也属于"正当程序"的组成部分。法院假如一律自行确定审判组织形式，强行指定独任法官审理某一案件，那对于那些期望由合议庭审判的当事人而言，无异于剥夺了他的诉讼选择权。基于这一考虑，除了那些适用标准较为明确的案件以外，可以考虑赋予当事人对审判组织的选择权，对于自愿选择独任法官审判的当事

〔1〕 参见邹川宁等：《审判组织治理的实证研究》，载《人民司法》2008年第1期。

人，可以给予一定的诉讼激励。

例如，在刑事审判中，可以给出两种审判组织的选项：一是独任法官；二是合议庭。对于那些被告人自愿认罪，并且可能判处10年有期徒刑以下刑罚的案件，一律交由独任法官审判。而对于那些被告人不认罪的案件，原则上交由合议庭进行审判。但对于被告人自愿认罪，并且可能判处10年有期徒刑以上刑罚的案件，则由被告人自愿选择审判组织。其中，被告人自愿选择独任法官审判的，法院一旦作出有罪判决，可以适当考虑给予从轻处罚。

六、法官独立审判的特殊保障

法官要真正独立地行使审判权，就需要获得一些基本的职业保障。根据司法活动的基本规律，谁控制了法官的生存，谁就容易控制法官的意志。要真正摆脱外部因素对法官审判的干预，就需要为法官创造较为理想的职业条件，使其在从事审判活动中没有后顾之忧。人们通常所说的“高薪制”“任职终身制”“政治任命制”“司法豁免权制度”等，就属于西方国家对法官独立审判所采取的特殊制度保障。

在新一轮的司法改革中，改革决策者正在酝酿推行以下几个方面的改革：一是在严格控制法官员额的前提下，适度提高法官的薪酬待遇，原则上要确保法官享有高于公务员的工资和福利待遇；二是对法官采取拘留、逮捕等限制人身自由的刑事强制措施，应经过任命该法官的国家权力机关许可；三是追究法官违法审判责任，应由各级法院院长依法提请法官惩戒委员会审议决定，并给予法官陈述、申辩和申诉的权利。

应当说，这几项改革措施对于保障法官独立审判确实具有一定的积极意义。但是，在维护法官的“身份独立”方面，我国还存在一个亟待解决的重大问题：对法官“违法审判责任”的任意追究问题。

我国近期推行的司法责任制，在强调“让审理者裁判”的同时，要求“由裁判者负责”，由此推行了颇有争议的“终身问责制”和“责任倒查制”。“终身问责制”确定的是追究法官责任的时间效力，而“责任倒查制”则确定了追究违法审判的法官的人员范围。其中，“终身问责制”违背了法律责任归责的时效原理，对违反审判的法官竟然采取较之民事追诉和刑事追诉更为严酷的追责时效；而“责任倒查制”则容易造成追责范围的任意扩大，带来事实上的“客观归责”问题。

迄今为止，司法改革决策者强调对法官“违法审判责任”的追究。这种责任的实质是“办案责任”，也就是法官因为在审判过程中存在违法行为并造成严重后果所承担的纪律责任。尽管这种责任成立的前提是法官故意违反法律或者因重大过失而导致裁判结果错误，但是，法官因为审判案件而受到责任追究，这是与司法活动的基本规律发生矛盾的。毕竟，一个在审判过程中不享有司法豁免权的法官，是没有独立刑事审判权的基本保障的。

与动辄追究办案责任形成鲜明对比的是，对于法官违反职业伦理规范的行为，法院却鲜少追究其纪律责任。人们经常从媒体上看到一些法官因为贪污腐败而被追究刑事责任的案例，却极少看到一些因为从事了与法官身份不符的行为而受到责任追究的案例。这就是法官职业伦理责任制度不发达所带来的消极后果。俗语说，小错不追究，必然最终酿成大错。法官独立审判不等于法官可以为所欲为，而应遵守较之常人更为严苛的职业伦理规范。我国在追究法官责任方面显然存在本末倒置的问题，对于本应严格追究的职业伦理责任极少追究，而对于那种极易牺牲法官职业尊严的办案责任却屡屡加以强调。

对于法官办案责任的追究，在我国已经有数千年的传统。我国古代曾长期实行所谓“出入人罪”的法官责任制度，甚至不惜通过司法连坐制来追究办案法官的刑事责任。如今，这种司法连坐制已经成为历史，但是，对法官动辄追究办案责任的做法却一直得到了保留。[1]在笔者看来，唯有彻底废除办案责任制，保证法官不因办案而承担法律责任，才能为其独立审判创造宽松的司法环境。也只有逐步推行司法伦理责任制，对法官违背职业伦理规范的行为进行严密的追究责任，才能维护法官的司法形象，并为其独立审判创造良性的社会环境。

七、法院改革的出路

这一轮司法改革的推进，既给我国的司法制度带来了新的机遇，也造成了诸多意想不到的新问题。例如，司法责任制和员额制的推行，使部分现任“审判员”和几乎所有“助理审判员”无法进入法官员额，失去了行使审判权的机会。其中部分人士因为不甘心被分流到司法辅助人员之中，而选择了消极怠工甚至离职。又如，在法院院长、副院长、庭长、副庭长占据大量法官员额的情况下，法官的审判压力猛然增大，“案多人少”“办案人手不足”的问题立即凸显。再如，在省级以下法院人财物归由哪个部门统管并没有解决的情况下，省级法官遴选(惩戒)委员会的设置出现了权力真空，地方三级法院的财政预算也存在省级政府完全控制的新问题。

对于法院改革遇到的诸多问题和矛盾，改革决策者似乎应当通过深化改革的方式加以统筹解决，而不应采取“变相架空改革”的思路来进行被动地应付。尤其是对于一些地方法院为彻底解决问题所推出的改革经验，改革决策者应当认真对待，在实证研究的基础上，将其中的成功经验推广为普遍的法律规范。而对于法院改革中效果不佳甚至造成普遍负面效果的改革措施，改革决策者则应当痛下决

〔1〕 参见陈瑞华:《法官责任制度的三种模式》，载《法学研究》2015年第4期。

心，要么尽快予以终止，要么及时调整改革思路。

与其他领域的改革一样，司法改革也没有现成的模本可供遵循，必然要经历一段“摸着石头过河”的探索阶段。但是，在这一探索过程中，改革者也不能随波逐流，而应注意总结改革的经验和教训，做好制度试错和纠错工作，逐步形成法院改革的中国经验和模式。或许，这就是中国法院改革的出路所在。

第七章 法官责任制度的三种模式

一、司法责任制的困境

作为中国近期司法改革的重要举措，司法责任制的构建引起了司法界和法学界的高度关注。一般来说，司法责任制包括两个构成要素：一是“让审理者裁判”；二是“由裁判者负责”。前者是指保证主审法官、合议庭享有独立审判权，解决“审理权与裁判权分离”的问题，取消庭长、院长的审批权，实行法院内部司法裁判的“去行政化”。而后者则要求主审法官、合议庭成员对所审理的案件承担法律责任。假如案件在审判质量方面存在瑕疵，或者出现了裁判错误问题，主审法官、合议庭成员将成为被追究责任的对象。而在追究法律责任的范围上，诸多司法改革文件都强调实行“办案质量终身负责制”和“错案责任倒查问责制”。[1]

早在20世纪90年代，全国各级法院就曾试行过错案责任追究制。对于法官故意作出错误裁判或者因过失造成错案的，法院会启动对法官的责任追究程序。由于“错案”的标准并不明确，加上这一制度

〔1〕 参见蒋惠岭：《未来司法体制改革面临的具体问题》，载《财经》2013年第34期。

在法理上和实践中面临较大的争议，最高人民法院最终确立了"违法审判责任追究制度"，并将错案责任追究的内容纳入违法审判责任制度之中。[1]后来，随着案件质量评查制度的推行，法官是否存在违法审判或者办案差错的情况，还被列为对法官进行日常考核的重要指标，也成为对法官进行奖惩的主要依据。

进入21世纪以后，随着一些冤假错案相继得到披露，防范和纠正冤假错案问题成为全社会关注的焦点问题。对于造成冤假错案的司法人员追究法律责任的问题也逐步引起社会各界的重视。[2]2008年，云南省高级人民法院曾尝试建立对违法审判的法官实行终身问责的制度，[3]其中就包含对错案责任人的终身追究。2012年，河南省高级人民法院正式推行"错案责任终身问责制"，引起了当地司法界的震动，法学界也出现了一些反对声音。[4]但是，出于防范冤假错案的需要，也为了使法官行为受到更为有效的约束，中央层面的司法改革文件将错案责任终身问责制正式吸收进来，使其成为与"省级以下法院人财物交由省级统管""法官员额制"并驾齐驱的核心改革措施，[5]甚至被形象地比喻为司法改革的"牛鼻子"。[6]

在法官责任的追究问题上，中国存在三种制度模式：一是结果责

---

〔1〕 1998年，最高人民法院发布了《人民法院审判人员违法审判责任追究办法（试行）》和《人民法院审判纪律处分办法（试行）》，这标志着违法审判责任制度正式得到确立。2010年最高人民法院发布了《人民法院工作人员处分条例》，实施了新的纪律处分制度，同时宣告废止了该院1998年发布的《人民法院审判纪律处分办法（试行）》。

〔2〕 张玉洁：《错案追究终身制的发展难题——制度缺陷、逆向刺激与实用主义重构》，载《北方法学》2014年第5期。

〔3〕 参见胡鹏：《云南省高院出台强制规定，对违法审判责任人终身责任追究》，载《法制日报》2008年9月11日，第A5版。

〔4〕 参见李丽静：《河南，法官错案责任追究力度大》，载《半月谈》2012年第10期。

〔5〕 参见新华社：《改革要聚焦聚神聚力抓好落实，着力提高改革针对性和实效性》，载《人民日报》2014年6月7日，第1版。

〔6〕 参见新华社：《以提高司法公信力为根本尺度，坚定不移深化司法体制改革》，载《人民法院报》2015年3月26日，第1版。

任模式；二是过程责任模式；三是职业伦理责任模式。所谓“结果责任模式”，是一种在案件出现裁判错误的情况下，对存在过错的法官追究责任的制度模式。所谓“过程责任模式”，是指在法官在审判过程中存在程序违法行为并造成严重后果的情况下，对其追究责任的制度模式。无论是“结果责任”还是“过程责任”，都属于广义上的“办案责任”，也就是法官在办理案件过程中或因为造成结果错误，或因为存在严重程序违法行为，所承担的法律责任。因此，上述两种法官责任模式还可以被并称为“办案责任模式”。所谓“职业伦理责任”，属于法官因为违反职业伦理规范所要承担的法律责任。这种责任可以发生在法官办案过程之中，也可以发生在法官办案过程之外，但与办案本身的结果和过程没有直接关系，带有“职业责任”的性质。

上述三种责任的一些内容已经被确立在中国法律和规范性文件之中。在讨论司法责任的构架结构时，无论是司法界还是法学界，所提出的制度方案要么偏重于结果责任、过程责任，要么更为强调职业伦理责任，但都没有超出上述三种责任的范畴。本着“法学家画地图，政治家选择道路”的原则，本章拟对这三种法官责任模式的成因、特征以及所存在的争议，作出简要但尽量系统的分析。然后，笔者还将在对上述三种模式进行综合评价的基础上，对未来法官责任模式的选择问题发表自己的看法。

二、结果责任模式

在中国法律语境中，法官因为作出错误的司法裁判而承担的法律责任，通常被称为“错案责任”。但“错案责任”是一种不规范的用语，它经常被泛指法官对其办案中存在的实体差错、程序差错或裁判文书差错所承担的责任。笔者所说的结果责任主要是指其中的“实体差错责任”。应当说，因为法官作出错误的裁判结果而追究其法律责任，这曾经是中国古代司法制度的一大特色。时至今日，中国司法制度虽然经历了沧桑巨变，却仍然保留了这种法官责任制度，并将其作为纠正和防范冤假错案的重要制度安排。在以下的讨论中，笔者将从历史和比较的视角，分析这种结果责任模式的基本特征及其成因，并通过对其实施效果的考察，来对这种追究法官责任的模式作出反思。

(一)结果责任模式的基本特征

对于在审判中存在违法或不当行为的法官追究法律责任，这是中国古代司法制度的一项重要内容。[1]对于那些造成裁判结果错误的法官，古代法律更是确立了较为严厉的责任。[2]早在西周时期，就有“五过之疵”“其罪惟均”的法律规定。秦律对造成错案的法官区分故意和过失等情形，汉代则确立了“出罪为故纵”“入罪为故不直”的责任制度。[3]唐朝确立了“出入人罪”的法官责任制度，并对法官行为的后果来确立刑事处罚的标准。[4]所谓“出入人罪”，可以分“出罪”和“入罪”两种错案责任，前者是指法官将有罪的人作无罪判决或者将罪重的人作轻罪判决，后者则是指法官将无罪的人作有罪判决或者将罪轻的人作重罪判决。[5]对待出入人罪的法官，唐以后各代法律的处罚原则是：故意出入人罪，“全出全入”的，以全罪论；故意从轻入重，或者从重入轻的，以所剩论；过失出入人罪的，减等处罚，

〔1〕 参见陈光中:《中国古代的法庭审判》，载陈光中:《陈光中法学文集》，中国法制出版社2000年版，第172页。

〔2〕 巩富文:《中国古代法官责任制度的基本内容与现实借鉴》，载《中国法学》2002年第4期。

〔3〕 参见陈顾远:《中国法制史概要》，商务印书馆2011年版，第159页。

〔4〕 巩富文:《中国古代法官出入人罪的责任制度》，载《政法论坛》1990年第1期。

〔5〕 巩富文:《唐代法官出入人罪的责任制度探析》，载《政治与法律》1993年第1期。

但入罪处罚要重于出罪……[1]

中国古代之所以实行如此严苛的法官责任制度，主要是出于“慎重刑狱”的考虑。[2]这种动辄对出入人罪的法官实施刑事处罚的做法，具有极大的威慑力。[3]这体现出中国古代法律偏重以刑事处罚来进行社会控制的传统，属于法制不发达、法律责任制度发育不健全的标志。当然，对于造成错案结果的法官，古代法律对于出罪和入罪也设定了不同的刑罚标准，体现了一种朴素的公平观念。但是，对于“全出全入”的法官实行连坐的追责方式，则使这种法官责任制度留有一定的“同态复仇”的意味。

与古代相比，当代的法官责任制度尽管在制度理念、追责方式、追责机构的设置上出现了重大变化，但是，两种制度所确立的结果责任模式，却几乎是一脉相承的。以下对这种结果责任模式的特征作出具体的分析。

1.作为追责前提的结果错误

在最高人民法院的一些规范性文件中，法官在以下三种情况下应被追究结果责任：一是“故意违背事实和法律，作出错误裁判的”；二是“因过失导致裁判错误，造成严重后果的”；三是“内外勾结制造假案的”。[4]

那么，究竟什么是“错案”或者“裁判结果错误”？迄今为止，最高人民法院并没有对此作出明确的解释，法学界和实务界对此也没

〔1〕 参见张晋藩：《中国法制史》，商务印书馆2010年版，第235页。另参见瞿同祖：《瞿同祖法学论著集》，中国政法大学出版社1998年版，第462页以下。

〔2〕 陈顾远：《中国法制史概要》，商务印书馆2011年版，第59页。

〔3〕 参见瞿同祖：《瞿同祖法学论著集》，中国政法大学出版社1998年版，第462页以下。

〔4〕 2010年最高人民法院颁布的《人民法院工作人员处分条例》，将七类法官违反法律、法规的行为列为纪律处分的适用对象。其中，明确追究法官结果责任的有三个条款：一是“故意违背事实和法律枉法裁判的”；二是“内外勾结制造假案的”；三是“因过失导致错误裁判的”。

有形成令人信服的观点。不过，一些地方法院对“错案”的线索来源作出了一些界定，将其分为两个类型：一是“程序内的来源”；二是“程序外的来源”。前者是指上级法院通过二审或再审程序推翻了原审法院的裁判结论，尤其是二审法院或再审法院因事实不清、证据不足而作出改判或者发回重审的裁定。而所谓“程序外的来源”，则是指法院在外部因素的干预或者影响下认定法官办错案件的情况。例如，海南省高级人民法院就将“检察机关提起抗诉的案件”“上级领导机关批示的案件”“列入人大常委会监督的案件”以及“来信来访中反映存在问题的有关案件”列为发现错案的重要线索。[1]在司法实践中，这种根据“程序外的标准”所发现的“错案”可能还包括新闻媒体给予报道的案件、社会高度关注的案件等。

2.结果责任的承担方式

中国古代法律对造成错案的法官直接追究刑事责任。而在当代的法官责任制度中，追究法官结果责任的主要方式还是纪律处分。这种纪律处分分为警告、记过、记大过、降级、撤职和开除六种。只有在法官的行为触犯某一特定罪名的情况下，才会发生启动刑事追诉程序的情况。我国刑法设定的徇私枉法罪、枉法裁判罪、玩忽职守罪、滥用职权罪等，就属于法官因为违法情节严重而被判处的罪名。

与古代法官错案责任制度相似的是，当代在确定法官的结果责任时也对故意和过失有所区分。原则上，法官故意造成错误裁判，或者内外勾结制造假案的，要承担更大的责任，受到更为严厉的处罚。例如，在最高人民法院的《人民法院工作人员处分条例》（以下简称《处分条例》）中，对于故意“违背事实和法律”枉法裁判的，要给予降级或者撤职处分，对情节严重者，还可以给予开除处分。而对于那

〔1〕 参见《海南省高级人民法院贯彻执行〈人民法院审判人员违法审判责任追究办法（试行）〉和〈人民法院审判纪律处分办法（试行）〉若干规定》，2000年5月9日发布。

些因过失导致错误裁判的，则给予警告、记过或者记大过处分，只有在情节严重的情况下才给予更为严厉的处罚。[1]

3.追究责任的范围

与中国古代追究错案责任的情况相似，当代的结果责任制度也遵循“谁用权，谁担责”的原则，除了对造成错案的法官追究责任以外，还会对进行审查、签署裁判文书的法官追究责任。具体来说，除了独任法官单独承担结果责任以外，在合议庭评议案件时，导致裁判错误的合议庭成员承担责任；在审判委员会讨论决定案件时，导致错误决定的审判委员会委员要承担责任；在院长、庭长负责审批或者签署案件的情况下，不通过法定程序纠正错案的院长、庭长也承担结果责任。

4.追责机构

对法官结果责任的追责程序是按照典型的行政方式进行展开的。对法官追责程序的启动有两种方式：一是上级法院责令下级法院启动对某一法官的追责程序；二是法院内部自行启动这种追责程序。无论采取何种启动方式，对法官的追责主要是在法院内部进行的。一般来说，法院内部的纪检监察部门负有发现线索、进行调查和作出纪律处分的职责；法院审判管理部门则负有组织评查、听取申辩的责任；而案件是否构成错案，最终要由法院审判委员会予以确认。当然，院长作为法院的党政最高负责人，对于法官责任的追究始终拥有最后的决定权。

（二）结果责任模式的制度空间

我国当代的结果责任追究制实际是一种对法官的行政控制方式，是司法行政化的必然产物，[2]也是在法官素质不高、腐败频发的

〔1〕 参见最高人民法院2010年发布的《人民法院工作人员处分条例》第43条、第50条和第83条。

〔2〕 巩富文:《中国古代法官出入人罪的责任制度》，载《政法论坛》1990年第1期。

情况下保证“案件质量”的应对措施。这种结果责任的盛行，与法院所面临的社会舆论压力和政治压力有直接关系。以下依次分析这些制约因素。

1.司法行政化的必然产物

当代的法官责任制度建立在司法裁判与司法行政管理高度集中的体制基础上。这种行政层级制的构造直接促成了结果责任模式的产生。首先，无论是在上下级法院之间，还是在同一法院内部，都按照上令下从的一体化原则产生司法决策，上下级之间是单向服从和效忠的关系。其次，上级法院所作的裁判结论具有权威性和终局性，是评判下级法院法官裁判质量的真正标准。最后，法官的裁判结论一旦被上级法院或者法院行政领导所推翻，就要对其进行惩罚，这种惩罚轻则被用来培养行政服从和效忠意识，重则构成惩罚乃至清除异己的必要措施。在司法实践中，一些地方法院之所以将上级法院的改判和发回重审作为认定法官作出错误裁判的标准，原因就在这里。司法行政化的逻辑就决定了上级法院和法院内的行政领导才是真理的掌握者，并拥有对普通法官进行责任追究的权威。

2.对法官素质不高、腐败频发的应对措施

法官的职业素质参差不齐，且存在一定程度的腐败现象，这一事实为法院追究法官结果责任提供了更为重要的理由。[1]在很大程度上，法官素质不高，职业化水平较低，这曾经是法院内部实行审判委员会讨论决定案件制度的主要理由。[2]毕竟，一个素质不高的法官确实是难以担当独立审判大任的。按照同样的逻辑，那些职业素质低

〔1〕 参见邓红阳、赵红旗:《独立行使审判权挑战法官素质》，载《法制日报》2013年11月25日，第5版。

〔2〕 参见苏力:《基层法院审判委员会制度的考察及思考》，载《北大法律评论》1998年第2期。

下的法官经常会犯一些常识性错误，如裁判文书写作上的错误、对法律理解上的错误、援引法律条文的失误等。近年来，随着法官在职接受教育的比例大幅度提高，越来越多的法科毕业生进入法官队伍，法官的素质得到了显著的提高。但是，大量高素质的法官仍然主要聚集在最高人民法院和高级法院，中级法院和基层法院的法官职业化还存在一些缺憾和不足之处。同时，众多高素质的法律人才聚集在一线城市和经济相对发达的地区，而在一些中西部地区，尤其是在当地的基层法院，法官的整体素质仍有待提高。可以想象一下，在法官的职业素质尚未提高的情况下，唯有实行结果责任模式，使法官对自己造成的错误裁判结果承担责任，才能从根本上督促他们谨言慎行，将更多时间投入到提高职业技能和审判水平上，避免再次发生常识性错误。同时，对那些确实不适合从事法律职业的法官，结果责任模式的存在，也是一种有效的淘汰机制。

不仅如此，现行诉讼法对法官的自由裁量权没有产生较强的制约力，造成一些法官存在权力寻租的空间，甚至存在不容忽视的腐败问题。而司法腐败的发生，必然影响到裁判结果的公正性。为最大限度地遏制司法腐败，法院就需要构建一种将法官的升迁荣辱与裁判结果紧密结合起来的奖惩机制。绩效考核制度和结果责任追究制度的存在，就都是这种奖惩机制的有机组成部分。只不过，绩效考核制度所针对的是法官在日常审判工作中的业绩和表现，而结果责任追究制度所针对的则是法官裁判结果的错误。在一些地方法院制定的错案责任追究办法中，诸如“内外勾结制造假案”“故意向审判委员会作出虚假汇报”“应当调查的证据不予调查”等行为，一旦造成“错误裁判”的，就都被列为错案责任追究的对象。在这些规则的背后，足以体现出存在上述问题的法官的职业素质和廉洁性受到了深深的质疑，对司法腐败的治理显然已经成为结果责任模式赖以存在的主要考虑。

3.社会舆论和政治压力下的应激反应

每当冤假错案发生之后，社会舆论会出现一边倒的“追究法官责任”的呼声，而政治家也会作出“严肃追究错案责任”的指示。[1]这会使法院承受极大的舆论压力和政治压力。为回应社会各界的批评，并对政治家有所交代，法院不得不作出“绝不姑息负有责任的法官”的承诺。可以说，在很大程度上，结果责任的存在不过是法院在压力下的应激反应而已。

法院为什么会作出这种带有本能意味的应激反应呢？主要原因在于法院在整个社会治理结构中不具有基本的独立性，无法抵御外部的压力和干预。作为一种被定位为“为改革开放保驾护航”的司法机关，法院的主要使命是解决纠纷、化解矛盾，实现社会的和谐和稳定。假如在冤假错案发生之后，法院本身就受到众口一词的指责和批评，各种追究法官责任之声不绝于耳，成为社会不稳定的一个新的策源地，这显然是与法院的职能定位不相符的。在此情况下，作为政治家的法院院长，本能的反应就是尽快平息事态，消除一个可能激化矛盾的社会热点事件。而要做到这一点，法院就不得不迅速地将“负有责任”的法官抛出来，使其受到严厉的纪律处分，甚至被追究刑事责任。可以说，一种实用主义和功利主义的思维方式，构成了结果责任模式赖以存在的哲学基础。

（三）对结果责任模式的反思

在过去的法学研究中，无论是司法界还是法学界，对于这种根据案件裁判结果来追究法官责任的制度，大多是持批评态度的。[2]有些批评者明确指出，法院将上级法院作出改判和发回重审的案件都列

〔1〕 参见黎华玲、李亚楠：《强化法官责任追究，严防冤假错案》，载《新华每日电讯》2013年7月10日，第7版。

〔2〕 代表性观点可参见熊秋红：《司法公正与法官责任追究》，载中国法学网：http://www.iolaw.org.cn/showNews.aspx？id=3750，最后访问日期：2015年5月27日；李建明：《错案追究中的形而上学错误》，载《法学研究》2000年第3期。

入“错案”的范围，[1]根据裁判的社会效果来确定错案责任，这违背了司法规律，导致追究范围过宽，而真正的“错案”却得不到有效的追究，[2]这种严苛的责任追究也使法官饱受其苦。[3]也有些批评者认为，将错案结果作为追究法官责任的根据，还造成法院内部人人自危、转移办案责任风险的后果。[4]面对这种风险，法官往往不敢下判，或强迫调解，或依赖院长、庭长转移责任，所在法院也会扩大向上级法院请示的范围。[5]还有些批评者认为，一个案件往往不是由法官独立作出裁判的，而要经过合议庭审理，庭长、院长批示，审判委员会讨论决定的流程。结果责任模式会造成无人真正对案件质量负责的后果。[6]

上述对结果责任模式所提出的批评无疑是很有道理的。笔者拟结合当下司法改革的举措及其未来走向，从认识论、审判独立以及司法救济的角度，对这一法官责任制度模式提出一些新的反思。

1.认识论上的误区

无论是古代的错案责任追究制，还是当下的结果责任制度，都存在一个根本的哲学误区，我们可以将其称为“先验的可知论误区”。具体来说，法官责任制度的设计者相信，案件的事实真相都已经是客

〔1〕 沈杨、殷勤:《是错案“终身问责”应注意区隔“责任豁免”》，载《人民法院报》2015年4月1日，第8版。

〔2〕 广东省高级人民法院研究室理论研究小组:《法官办案责任制的健全和落实》，载《人民司法(应用)》2014年第7期。

〔3〕 广东省高级人民法院研究室理论研究小组:《法官办案责任制的健全和落实》，载《人民司法(应用)》2014年第7期。

〔4〕 魏胜强:《错案追究何去何从？——关于我国法官责任追究制度的思考》，载《法学》2012年第9期。

〔5〕 广东省高级人民法院研究室理论研究小组:《法官办案责任制的健全和落实》，载《人民司法(应用)》2014年第7期。

〔6〕 胡夏冰:《法官办案责任制的理论逻辑》，载《人民法院报》2014年5月22日，第2版。

观存在的，法官应当有能力了解这些案件事实真相，假如法官没有发现这些事实真相，或者“违背事实作出错误裁判”，那么，我们就可以断定该法官作出了“错误裁判”。[1]但是，这种对法官发现事实真相能力的断言是根本不能成立的。

原因主要有三个方面。其一，法官事先并不了解案件事实真相。一般说来，作为一个与案件或当事人没有利害关系的人，法官并不是案件的亲历者，也并不了解案件事实，他只能通过开庭审判活动来认定案件事实。其二，法官的使命是裁断，而不是发现。法官无法像当事人、律师或者侦查人员那样，自行前去收集证据、调查事实，而只能在法庭审理过程中通过对控辩双方证据的审查和判断来形成对案件事实的主观认识。面对控辩双方提供的不一致甚至完全矛盾的证据和事实，法官只能当庭作出何者成立的裁断。其三，在司法审判中，法官经常遇到事实存疑的情况，也就是有一定证据证明某一特定案件事实的成立，但又有相反证据证明该事实可能不成立。面对这种事实存疑的案件，法官无法形成内心确信，但却必须作出权威的裁判。换言之，即便无法对案件事实形成确，法官也不得不作出一个事实认定。

既然任何案件事实都不是法官事先就掌握的，既然法官只能依据证据、通过法庭审理来认定案件事实，并且法官在事实存疑时也不得不作出事实裁判，那么，所谓的“违背事实作出错误裁判”就是很难成立的命题。毕竟，我们很难对法官有无“违背事实”的行为作出准确的判断。但是，假如法官在审判过程中存在违法行为，如违反了证据规则，违反了诉讼法，或者违背了实体法所确立的准则，那么，我们就非常容易得出法官“违法审判”的结论。从操作层面上来看，断定一个法官“违背事实作出错误裁判”是较为困难的，但认定法官

〔1〕 潘建兴:《莫让‘司法责任制’被误读》，载《人民法院报》2014年8月5日，第2版。

“违反法律作出裁判”确实是相对容易的。

2.结果责任与审判独立

那种根据案件的裁判结果来追究法官法律责任的制度，从根本上破坏了法官的良心独立，消解了改革者为解决司法行政化问题所做的一切改革努力。首先，在结果责任模式的影响下，法官被迫与案件的裁判结局发生直接的利益牵连，因而完全丧失了裁判者应有的中立性和超然性。为避免案件被认定为“错案”，法官不惜将裁判诉诸院长、庭长审批，主动申请提交审判委员会讨论，甚至主动报请上级法院事先给予裁判指令，这些转移司法风险的举动足以显示法官在结果责任模式下已经变成一种特殊的“当事人”，处于受审查和被裁判的境地。其次，结果责任模式的实质，在于法官将因为自己对案件的认识和判断而遭受利益损失。但是，假如法官没有实施不法行为，而仅仅因为其裁判结论最终被推翻，就遭受警告、记过甚至开除等纪律处分，这几乎就等于对法官的认识和判断进行惩罚了。这种不是针对法官的外部审判行为而是针对法官的内心确信所实施的惩罚，是对其裁判独立和良心独立的严重损害。同时，这种结果责任模式还会造就一种普遍的司法恐慌：凡是独立行使审判权的法官，都可能因此而受到惩罚。这显然会催生出一种服从主义的司法文化，造就一种人人推卸风险、无人敢于维护正义的司法环境。最后，这种结果责任模式的实施还会造成各项“去行政化”改革措施相互之间发生矛盾，并最终抵销改革者为推进审判独立所做的积极努力。由于错误裁判没有客观的标准，各级地方法院约定俗成地将上级法院的改判或发回重审视为案件发生错误裁判的线索，这势必造成下级法院根据上级法院的裁判来追究法官责任的局面。这种由上级法院来确定错案标准的做法，对上下级法院之间的“审级独立”将造成严重的冲击，造成上下级法院之间形成事实上的垂直领导关系。可以说，本来是为了实现

“去行政化”而推行的司法责任制，却由于继续采取结果责任的追责模式，反而会带来法院上下级之间更为严重的“司法行政化”问题，并进而对司法人员分类管理、法官员额制等诸项改革措施带来消解作用。

3.结果责任与诉讼程序内的救济机制

为防止司法机关滥用裁判权，避免无辜者受到不公正的处罚，现代司法制度都设置了上诉程序和再审程序，使上级法院乃至本法院有机会对案件进行重新审判，以审查下级法院审判活动和裁判结果的合法性，并对那些不公正的裁判结果予以纠正。与此同时，为了对那些受到司法误判直接影响的受害者进行民事救济，法律还确立了国家赔偿制度。其中，作为国家赔偿的有机组成部分，刑事赔偿并不以司法人员存在违法行为或者存在过错为前提，只要法院通过一审、二审、死刑复核或者再审程序对被告人改判无罪的，国家就要无条件地对赔偿损失。这种类似于“保险金支付”的冤狱赔偿方式，在一定程度上为司法误判的受害人提供了司法救济和精神抚慰。

既然任何国家的司法制度都无法杜绝冤假错案的发生，既然法律已经通过司法救济程序对裁判错误作出了最大限度的防范，也通过国家赔偿制度对错误裁判的受害者作出了补偿，那么，我们再去追究法官的个人责任，这究竟还有多大的必要性呢？在法官不存在违法审判行为的情况下，为什么还要对作出“错误裁判”的法官进行责任追究呢？这种结果责任的追究不仅无法对司法误判的受害者提供任何意义的救济，而且还对那些没有任何违法行为的法官进行了惩罚，其正当性是大可质疑的。

三、过程责任模式

过程责任模式是随着“违法审判责任制度”的推行而得到确立的。但“违法审判责任”又是一个似是而非的概念。它既包括法官因为违背事实或者违反实体法所承担的结果责任，也包括法官因为违反诉讼程序而承担的法律责任。在“错案责任制”曾一度衰落的情况下，“违法审判责任制度”的兴起，为过程责任模式的产生创造了制度空间。笔者将对这一模式的兴起、存在的理由及其实施效果的局限性作出分析。

（一）过程责任模式的兴起

对那些违反法律程序的法官追究责任，是一项源远流长的法律传统。在中国古代法官责任制度中，法官在办案中违反法律程序的，可能受到纪律处分或者被追究刑事责任。这种因办案而承担法律责任的情形，与法官出入人罪的责任非常相似。根据有关研究，中国古代法官承担这种过程责任的情形主要有：违法受理、违法逮捕、违法羁押、违反据证定罪规则、违法检验、违法管辖、违反回避制度、违反躬亲鞫狱规则、违法刑讯、状外求罪、断罪未具引律令、违法宣判、淹禁不决、违法行刑等。[1]

相对于“出入人罪”的情况而言，法官违反上述法律程序的，所受的刑事处罚一般会相对轻缓一些。例如，唐律规定，“诸断罪皆须具引律令格式正文，违者笞三十”。又如，自宋朝以来，各朝法律对于法官听讼决狱都设置了期限，并确立了淹禁不决的责任。明清律对此设有专条，对逾期不决的法官可处以笞刑。[2]当然，法官在审判中严重违反法律程序，或者造成严重后果的，也有可能承受较为严厉的处罚，甚至被以出入人罪论处。例如，唐律规定，法官“于本状之外，别求他罪者，以故出入人罪论”。又如，根据清律，所有判决必须遵从现行的律令，皇帝就某一特定案件所发诏谕裁决未颁布为法律者，不得援引为判决依据，违反这一规定的法官要承担与对罪犯加重

〔1〕 巩富文：《中国古代法官责任制度的基本内容与现实借鉴》，载《中国法学》2002年第4期。

〔2〕 参见陈顾远：《中国法制史概要》，商务印书馆2011年版，第59、161页。

或减轻处罚的刑责相同的处罚。[1]

与结果责任一样，古代的过程责任作为一种法官责任制度的模式，也得到当代司法制度的继受。根据最高人民法院的相关规范性文件，构成法官过程责任的追责事由几乎涵盖了审判活动的各个方面。大体而言，法官所承担的这种过程责任具有以下三个方面的特征：一是违反了与审判有关的诉讼程序；二是存在主观上的故意或者过失；三是一般要求造成严重的后果。下面依次对这三个特征作出分析。

与结果责任不同，过程责任建立在法官存在程序性违法行为的基础上。这里所说的程序性违法行为，大体可分为三类：一是法官违反诉讼法规定的行为，如对应当受理的案件不予受理，应当回避而不回避，应当采取强制措施而不采取，违法采取强制措施，违法采取或者解除财产保全措施，对于当事人请求法院调查收集的证据不予收集，应当依法进行鉴定、勘验、查询、核对或者证据保全而不进行等；二是法官违反法院组织法所确立的司法决策方式的行为，如向合议庭、审判委员会隐瞒主要证据或者提供虚假情况，泄露合议庭、审判委员会评议、讨论案件的情况，拖延或者拒不执行合议庭决议、审判委员会决定或者上级法院的裁决命令，篡改、伪造、损毁庭审笔录、合议庭评议笔录或者审判委员会讨论记录等；三是法官存在其他违反法规的司法行为，如对外地法院委托事项拒不办理或者拖延办理，将案卷材料借给他人，私自办理案件，违反规定拖延办案，因徇私而迫使当事人撤诉、接受调解达成执行和解协议并损害其利益，违反规定插手、干预、过问案件，或者为案件当事人通风报信、说情、打招呼等。

与结果责任相似的是，过程责任的追究要建立在法官存在主观过错的前提下。按照最高人民法院对违法审判责任的界定，只有在

〔1〕 参见瞿同祖：《瞿同祖法学论著集》，中国政法大学出版社1998年版，第459页。

法官故意或者过失违反法律、法规的情况下，才可以启动对法官的责任追究程序。同时，相对于故意违反法定程序的行为而言，那些因过失而导致出现程序违法的法官，要受到较为轻缓的纪律处罚。例如，故意违法对应受理的案件不予受理，或者对不应当受理的案件违法受理，情节严重的，可以给予降级、撤职甚至开除处分。相反，因过失导致应当受理的案件未予受理，或者不应受理的案件被违法受理的，对法官要处以警告、记过或者记大过处分。又如，故意违反规定拖延办案，情节严重的，可给予降级、撤职甚至开除处分。而因过失导致所办案件严重超出规定办案期限的，则给予警告、记过等处分。

与结果责任不同的是，法官的过程责任一般建立在法官的违法行为造成严重后果的基础上。根据最高人民法院的《处分条例》，法官故意违反法律程序的，一般要在"造成不良后果"的前提下，才可以追究法官的责任。而法官因过失导致违反法律程序的，则一律要在"造成不良后果"或者"造成严重后果"的前提下，才能启动对法官的追责程序。那么，究竟是什么是"不良后果"或"严重后果"呢？通常情况下，这主要是指法官因为办案违反法律程序而导致出现以下情况：一是造成案件当事人、案外人或者第三人财产损失的，如违法采取财产保全措施导致出现这种结果的；二是造成有关当事人人身伤亡事件的，如因违法采取强制措施造成被羁押人脱逃、自伤、自杀或者行凶杀人的；三是导致职责范围内发生刑事案件、重大治安案件、重大社会群体性事件或者重大人身伤亡事故，使公共财产、国家利益和公众利益遭受重大损失的；四是导致裁判结果出现错误的；等等。

（二）过程责任模式的积极效果

随着"违法审判责任制度"的兴起，过程责任模式一度受到司法界和法学界的肯定。这是为什么呢？过去，研究者动辄将此归结为

“错案责任”本身具有无法克服的缺陷。但是，一种被取代的制度具有缺陷并不足以证明所推行的新制度具有天然的正当性。要说清楚过程责任模式为何得到地方法院的普遍采纳，我们还需要揭示这一责任追究模式的独特优势。

1.法官审判行为的有效规范

结果责任模式的根本缺陷在于法院根据裁判结果的“错误”来追究法官的责任，而这种错误本身又是模糊不清和极具争议的。相反，过程责任模式则注重对法官司法行为的规范和约束，所针对的是法官的违法审判行为。〔1〕通过惩罚这些存在程序违法行为的法官，过程责任制度可以达到以下积极的效果：一是对违反法律程序的法官作出违法之宣告，并对其行为进行严厉谴责，这本身就构成一种有效的报应；二是对那些潜在的程序违法者进行警告和威慑，防止那些程序违法行为的再次发生，维护程序法的有效实施；三是为那些被侵权的当事人提供有效的权利救济，确保他们获得有效行使诉权的机会，维护审判的公正性；四是促使那些作为司法人员的法官，成为维护法律实施的楷模，挽救司法机关的声誉，重建社会公众对司法机关和司法制度的信任。

2.法官主观过错的顺利认定

与结果责任中的主观过错一样，法官在实施程序违法行为时，究竟是否存在故意或者过失，也是经常说不清楚的。不过，作为熟悉法律规则、从事法律职业的司法人员，法官违反程序法、破坏司法规范的行为本身，就足以证明其具有主观上的故意或者过失。无论是最高人民法院实施的“两个办法”还是该院颁布的《处分条例》，对于

〔1〕 2005年，北京市第一中级人民法院曾推行过“法官不规范行为认定制度”，以取代那种在司法实践中无法实施的“错案责任追究制”。根据这一改革措施，法官即便没有作出错误的裁判结果，但只要在审判过程中存在程序违法行为的，法院也会对其加以惩戒。参见王琳：《取消“错案追究制”，还原司法理性》，载《东方早报》2005年12月1日，第A15版。

法官违反法律、法规的行为，通常直接认定为“故意违法”，也就是在违法行为与存在违法故意之间，建立了一种事实推定关系，使有关追责部门避免承担不必要的举证责任。这显然说明，法官只要违反了法律或者法规，就足以被认定为存在主观过错；至少，在主观过错形态存在争议的情况下，认定法官存在过失，显然是没有争议的，也是非常公平的。试想一下，如果一位法官以自己不懂法、不熟悉法律条文为由，辩称自己在实施程序违法行为时不存在主观过错，这种辩解又有什么说服力呢？其实，这跟医疗事故的责任认定一样，医生在治疗过程中造成了患者的伤亡后果，要证明其是否存在主观过错，就主要看其是否存在违反法律、法规或规章的行为。[1]

3.防范“冤假错案”的有效途径

经验表明，冤假错案的发生往往伴随大量程序性违法行为的存在。从近年来得到披露的冤假错案情况来看，法官在审判中存在的一些程序违法行为，可能是造成司法误判的重要诱因。[2]过程责任制度的确立，可以使法官的程序违法行为成为追责的直接依据。这有助于从制度上防范冤假错案的发生。对于法官个人而言，法院仅仅根据“错误”的裁判结果对其启动追责程序，他会本能地认为这是“选择性执法”的结果，他本人只是一个“牺牲品”而已，而不会对其审判行为存在真诚的悔意。不仅如此，仅仅针对错误的裁判结果来对法官实施处罚，而不去惩罚造成这种错误结果的程序违法行为，这也是一种治标不治本的做法，根本起不到防范冤假错案的作用。相反，对于那些有可能造成司法误判的违法诉讼行为，假如采取直接追责的措施，这至少会令其从程序违法行为中承受代价，对其以后的审判行为产生矫治效果，并且在心理上减少对追责的抵触心理。长此

〔1〕 戴佛明:《法官错判与医生误诊》，载《人民法院报》2010年7月23日，第7版。

〔2〕 参见沈德咏:《我们应当如何防范冤假错案》，载《人民法院报》2013年5月6日，第2版。

以往，越来越多的法官在审判过程中谨言慎行，严格遵守程序法的规定，这岂不就从根本上使法庭审判的纠错能力得到加强了吗？冤假错案的发生概率也会随之而得到降低。

（三）过程责任的局限性

过程责任模式的确立，属于我国法院对法官责任制度的有效探索和经验总结，但这一法官责任模式的推行，也带来了一些值得重视的问题，我们要对其局限性给予足够的注意。

1.过程责任对审判独立的负面影响

与结果责任一样，过程责任的推行也会使法官因担心受到责任追究而畏首畏尾，难以做到独立的审判。之所以作出这一判断，主要有三方面的理由。首先，对于经过严格选任而产生的法官，不应当将其视为普遍违法的群体，而应当给予信任和尊重。在我国已经初步建立司法考试和法官遴选制度的情况下，法官的职业素养已经得到显著的提升，这是一个不争的事实。我们应该假定法官都是善意执法，并都会遵守法律程序的。这是我们构建法官责任制度的基本逻辑前提。其次，法官在审判过程中究竟采取何种程序选择，经常存在一定程度的自由裁量权。在很多情况下，法官对某一诉讼程序问题的处置，是否构成程序违法行为，其实是界限不清的。例如，在是否通知证人、鉴定人、侦查人员、专家辅助人出庭作证问题上，法官其实应当享有一定的裁量权，可以根据案件情况来作出是否通知上述人士出庭的决定。假如对于法官拒绝通知这些人出庭作证的决定，一律视为程序违法行为，这反而剥夺了法官在诉讼程序上的自由裁量权。最后，法官一旦担心因为违反法律程序而受到惩罚，就有可能采取机械司法的态度，努力保持形式上的合法性，却在实质上侵害了当事人的合法权益。例如，法官在决定是否通知证人出庭、是否调查核实证据、是否重新鉴定等问题上，假如无条件地满足当事人的愿望，这就从形式上似乎维护了当事人的诉讼权利，却可能造成案件处于久拖不决的状态。这种在古代就被视为“淹禁不决”的行为，本身就被视为一种程序违法行为。于是，为了避免一种程序违法现象，在审判程序上走极端，以至于造成了另一形式的程序违法。这显然是不可取的。

2.治理效果的有限性

法官的程序违法行为要造成“严重后果”才可能被纳入追责的范围，这使过程责任的追责程序很难启动，真正因程序违法而被追责的法官微乎其微。从近期各地法院追究法官责任的案例来看，法官的审判造成了特定的“严重后果”，而又恰巧存在程序违法行为的，法院才有可能启动追责程序。这些“严重后果”主要是指当事人或者案外人自杀身亡的、当事人纠集多人进行申诉信访、案件引起当地群体事件或者暴力事件、案件经媒体报道引发强烈社会关注、案件最终被证明属于冤假错案等。[1]

对法官过程责任的追究，尽管在最高人民法院和地方法院的规范性文件中得到了确立，但是真正启动这种追责程序的案件可谓少之又少；尽管各级法院普遍在质量评查中将法官遵守法律程序的情况列为考核指标，但是，法官因为质量评查不合格而被追究责任的，也非常罕见。这样，过程责任模式在督促法官遵守法律程序、规范法官司法行为方面，其实只能发挥十分有限的作用。这种追责机制实际处于“口惠而实不至”的尴尬局面。

3.过程责任与程序性制裁机制

如前所述，过程责任其实属于一种“办案责任”，也就是法官因办理案件所承担的法律责任。但是，我国已经确立了一种程序性制裁制度，使那些在审判阶段所存在的程序违法行为，可以被宣告无效。具体而言，对于一审法院违反法定的诉讼程序，可能影响公正审

---

〔1〕 参见宗边：《青岛：建立违法审判责任追究体系》，载《人民法院报》2010年11月16日，第4版。

判的，二审法院可以作出撤销原判、发回重新审判的裁定。这就意味着一审法官所实施的程序违法行为，可以被二审法院宣告为程序违法，所作的判决结果被作出无效之宣告，并且案件还要重新退回到一审程序。

既然三大诉讼法都已经确立了程序性制裁制度，法官存在程序违法行为的，可能被作出无效之宣告，那么，各级法院再对违反法律程序的法官追究纪律责任，就显得既不必要也不合理了。本来，对于法官在办案过程中存在的程序违法行为，通过诉讼程序内的途径加以治理，就足以发挥遏制法官程序违法的效果，并避免产生一些负面影响。但是，当代的法官责任制度却动辄强调追究法官的过程责任，使法官因不遵守法律程序而承担程度不同的纪律责任，受到从警告、记过一直到撤职、开除的严厉处罚。与结果责任一样，这种过程责任的追究违背了处罚的必要性原则，属于对法官责任的过度追究和处罚权的滥用。

四、职业伦理责任模式

基于对“错案责任”和“违法审判责任”的反思，我国法学界和司法界已经出现了一种重构法官责任制的改革思潮。[1]而一些地方的基层法院对法官责任制的改革探索，甚至直接将法官违背职业伦理的行为作为主要的惩戒对象，并进行了初步的“法官弹劾制”的改革试验。[2]尤其是在当下的司法改革中，那种要求建立“符合司法规律的法官惩戒制度”的观点已经成为司法界的共识。在这一改革思潮的直接影响下，改革者已经开始着手在国家和省一级分别设立由法官代表和社会有关人员参与的法官惩戒委员会，制定公开、公正的

〔1〕　参见冯文生：《法官职业伦理问责思考》，载《人民法院报》2013年12月6日，第5版。

〔2〕　参见树国、艳东：《首例“弹劾”法官事件始末》，载《公安月刊》2003年第18期。

法官惩戒程序。[1]尽管迄今为止还没有任何一家法院废止原有的办案责任制度，但是，“职业伦理责任”作为一种理想的法官责任模式，完全可能成为未来法官责任制度的改革选项。对于这一责任模式是否符合司法规律，能否避免现有的结果责任和过程责任的缺陷，这确实是值得深入讨论的。

（一）职业伦理责任模式的基本特征

作为一种法官责任模式，“职业伦理责任模式”意味着主要将法官违反职业伦理规范的行为作为对其追责的依据。换言之，在这一法官责任模式下，对法官的责任追究将从以裁判结果为中心走向以法官行为为中心；而在诸多法官行为中，法官在案件审理和裁判过程中所实施的不当司法行为也不再成为追责的对象；真正成为追责事由的应当是法官有违职业伦理规范的不当行为。

1.责任追究事由的专门化

在我国，法官的职业伦理规范主要确立在《法官法》以及最高人民法院的一些规范性文件之中。大体上看，这些职业伦理规范可以包括忠诚于司法事业、维护司法廉洁、保证司法公正、坚持司法为民、维护司法形象五个方面。[2]违反了这五个方面的职业行为规范的，法官要承担相应的职业伦理责任。

这些法官职业伦理责任具有一些显著的特点。首先，这种责任对法官的行为要求要远远高于对普通人的道德要求。例如，法官在行使公民政治权利方面要受到较为严格的限制。法官不得参加旨在反对国家的集会、游行、示威等活动，不得存在违背国家民族宗教政策的言行，不得非法出境等。又如，法官要注重保持良好的社会形象，不去从事任何有损法官职业形象或者与法官身份不相符的行为。

〔1〕 参见叶竹盛：《怎样惩戒法官》，载《南风窗》2015年第8期。

〔2〕 参见最高人民法院2010年发布的《中华人民共和国法官职业道德基本准则》。

2013年8月7日，最高人民法院通报了上海市高级人民法院数位法官违纪违法案件的情况。[1]上海市高级人民法院针对“法官夜总会事件”的教训，出台了针对法官“业外活动”的行为规范，将法官涉足娱乐色情场所等不检行为作为考核和惩戒的依据。[2]最高人民法院发布的一些法官职业伦理准则明确提出了一些异于甚至高于常人的道德要求，例如，不得弄虚作假、不得酗酒、不得重婚、不得参与赌博等。

其次，法官的职业伦理责任强调对法官不当行为的追究，而这些行为与其办案活动没有直接关系。例如，法官不得利用职务之便收受他人财物或财产性利益，不得接受当事人或有关案外人财物、宴请或者其他利益，不得从事或者参与营利性活动，不得利用职务之便为特定关系人谋取不当利益……这些行为无论是发生在办案过程之中，还是在办案活动之外，都与办案的结果和程序没有直接关系。即便法官没有作出错误的裁判结果，也没有违反法律程序，但只要违背了执业行为规范，就都应受到责任追究。

最后，法官的职业伦理责任要独立于刑事责任。在一定程度上，职业伦理责任主要是一种职业纪律责任。在很多涉及法官违反职业伦理规范的案件中，涉案法官大都被追究了刑事责任。特别是那些法官涉嫌贪污受贿、枉法裁判、徇私舞弊的案件，法官最终都被定罪判刑。[3]但是，法官违反职业伦理规范的行为并不必然构成犯罪，法

〔1〕 参见张先明：《最高法院通报赵明华、陈雪明等法官违纪违法案件》，载《人民法院报》2013年8月8日，第1版。

〔2〕 参见程贤淑：《上海规范法官业外言行生活，禁参与不健康娱乐活动》，载《新闻晚报》2013年12月13日，第A1版。

〔3〕 例如，2009年5月7日，最高人民法院曾公开通报六起法官“违纪违法案例”，其中无一例外地属于法官违反职业伦理的情况，部分法官在受到纪律处分的同时，还被移送检察机关提起公诉程序。参见袁祥：《最高法院通报六起法官违纪违法案例》，载《光明日报》2009年5月7日，第4版。

官的职业伦理责任与刑事责任是有着严格界限的。[1]对于法官违反职业伦理的行为，只有在穷尽了所有纪律责任追究途径之后，仍然无法给出一种恰如其分的处罚结果的，才能诉诸刑事追诉程序。相对于刑事责任的追究而言，职业伦理责任的追究具有优先性，不到万不得已，不得轻易启动对法官的刑事追诉程序。

2.惩戒机构的独立性

在职业伦理责任模式下，负责对法官追责和惩戒的机构不再是法院内部的行政部门，作为法院司法行政负责人的院长对惩戒事项也不具有绝对的控制力。根据近期的司法改革方案，对法官的惩戒机构将是专门的法官惩戒委员会，该委员会在国家和省一级层面上分别设置，并不完全隶属于最高人民法院和各省市区的高级法院。[2]根据近期上海市司法改革的试点经验，在市一级层面上设置了法官、检察官遴选（惩戒）委员会，委员会共15人，分别来自法院、检察院、党政部门、法律学者和律师，委员会主任由一位知名的法律学者来担任。[3]迄今为止，该委员会尚未启动任何一起针对法官违纪违法的惩戒程序，对于该委员会在法官惩戒制度中究竟能发挥多大的作用，目前尚没有明确的答案。[4]

当然，这种省级法官惩戒委员会的建立，为我们走出原有的办案责任模式提供了一种制度保证。之所以作出如此判断，是基于以下三个方面的原因：一是法官惩戒委员会具有相当程度的独立性，有可能减弱因为法院内部的行政管理和人际关系等因素对法官惩戒

〔1〕 2014年，最高人民法院曾通报过七起法官行为不检的案例，这些受到纪律处分的法官，都违反了最高法院有关职业伦理准则所确立的禁止性规范。参见罗书臻：《最高人民法院通报七起违反八项规定案件》，载《人民法院报》2014年12月31日，第1版。

〔2〕 参见贺小荣、何帆：《深化法院改革不应忽视的几个重要问题》，载《人民法院报》2015年3月18日，第5版。

〔3〕 参见杨江：《上海版司法改革亮点解读》，载《新民周刊》2015年第1期。

〔4〕 参见叶竹盛：《怎样惩戒法官》，载《南风窗》2015年第8期。

问题的干扰，使法院院长不再对惩戒法官具有绝对的控制力，使上级法院对惩戒下级法院的法官不再拥有较大的权威；二是法官惩戒委员会具有一定的社会代表性，有望体现社会各个层面的价值观，避免原有的法院内部惩戒的垄断性和偏狭性；三是这类法官惩戒委员会在追究法官的职业伦理责任方面具有显著的优势，也容易查明事实，适用职业伦理规范，这可以有力地带动法官责任制度的转型，摆脱那种与法院内部的质量评查、差错认定和绩效考核密切相关的办案责任模式。

（二）确立职业伦理责任模式的主要理由

对于为何追究法官的职业伦理责任问题，笔者无须进行讨论。这几乎是一个不证自明的问题。但对于究竟为何要确立职业伦理责任模式的问题，我们却需要提出一些令人信服的理由。

1.办案责任豁免与审判独立

在职业伦理责任模式下，以职业伦理责任取代法官的结果责任和过程责任，其实质就是确立法官的办案责任豁免权。为什么要确立这种办案责任豁免权呢？首先，这种豁免权的确立可以最大限度地免除法官的后顾之忧，确保法官从容不迫、平心静气地从事审判活动，而不必担心因为作出某种裁判结果或某种诉讼决定而受到利益损失。相比之下，原有的办责任模式使法官承受太大的职业风险，使法官在是否独立审判方面面临两难境地，违背了基本的人性准则。其次，这种豁免权的确立可以鼓励法官仅仅关注事实和法律层面的问题，根据经验、理性、良心作出独立的裁断，而不必顾及本案的政治背景、社会影响乃至其他案外因素的干扰，从而心无旁骛地作出判断。相比之下，原有的办案责任模式迫使法官处于“随时接受审查”的状态，而无法坚持法律人的思维方式，不得不揣摩领导的意图、社会舆论的走向，法官轻则选择一种折中的裁判方案，以至于违背了基本的正义原则，重则违背职业良心，作出一种与法律规定背道而驰的裁决结论。最后，这种豁免权可以赋予法官敢于担当的职业勇气，而不必担心出现职业风险，更不必将这种风险转移给合议庭、庭长、院长、审判委员会或者上级法院。法官可以从容地“一人做事一人当”，通过裁判说理来阐明作出某一裁判结论的根据和理由，通过当庭行使释明权来说明为何要作出某一程序选择。通过这种“敢于接受历史检验”的决心和勇气，法官可以对各种复杂、疑难、重大的案件，作出既符合法理又具有现实基础的裁判结论。

2.违反职业伦理与滥用审判独立的特权

在任何法治社会中，法官享有办案责任豁免的职业特权都是有前提条件的，那就是法官必须遵守基本的职业行为准则，不去败坏法官的职业声誉，不去破坏社会公众对法官的信任和尊重，更不会在职业操守方面犯下低级错误。法官假如违背了法律所确立的职业伦理规范，就构成了一种严重的违约和失信行为，国家有权收回对其赋予的职业特权，不再给予其特殊的权利保护，而启动一种针对法官的特殊惩戒程序。几乎在所有法治国家和地区，对于法官严重违背职业行为规范的行为，如接受贿赂、与律师串通起来获取利益、接受宴请或礼物、违规与当事人进行单方面接触等，都可能构成对法官进行惩戒的直接依据。[1]当然，假如法官违背了职业伦理规范达到了如此严重的程度，以至于触犯了刑法规定，构成某一特定的罪名，那么，这种职业伦理责任还会最终转化为刑事责任。

正是考虑到法官违背职业伦理成为其丧失职业特权的主要原因，我们才需要建立专门的职业伦理责任制度。一方面，我们可以对这种违背职业伦理的行为作出恰如其分的处罚；另一方面，我们也可以组建由司法人员与社会各界人士组织的法官惩戒委员会，对法官的违纪违法行为进行调查和听证，既体现对法官追责的慎重，避免伤

〔1〕 参见梁慧星:《错案追究叫停，法官弹劾上马》，载《民主与法制时报》2015年4月2日，第7版。

及无辜，也给予法官提出申辩的机会，避免在惩戒方面的匆忙草率，使那些本来为维护正义而工作的法官受到公正的对待。

3.对法官违背职业伦理行为的独特治理

为维护法官在司法裁判中的独立性，应当尽可能保障其享有办案责任豁免权。对于法官在个案的裁判结果和诉讼程序方面存在的违法行为，应当尽可能将其纳入诉讼程序的轨道，使其通过审级制度、国家赔偿制度、程序性制裁制度来加以防范和治理。但是，对于法官违反职业行为规范的行为，却没有任何诉讼程序内的治理途径，而唯有构建专门的职业惩戒制度，才能有效地遏制法官的司法不当行为。可以说，将法官违背职业伦理规范的行为与法官的办案行为相分离，是有效治理法官违背职业伦理行为的独特方式。对于这一治理方式，有些法官将其概括为“人案分离”的改革思路。[1]根据这一思路，法官在办案中出现的违法审判问题，应被置于诉讼程序的轨道内进行治理；违反职业伦理规范的行为，则应被纳入职业惩戒的范围。这一方面可以将过去不当设立的结果责任和过程责任予以废止，避免对法官的不当追责和过度惩戒；另一方面则可以加强对法官违反职业伦理的行为的追责力度，促使法官谨言慎行，不去从事与法官身份不相符的不当行为，减少司法腐败现象。

（三）推行职业伦理责任模式的主要困难

近期的司法改革尽管将“去行政化”作为主要战略目标之一，但是，由于诸多改革措施具有明显的不彻底性，加上缺乏必要的制度配套措施，因此，司法的行政化将会以另一种面目出现在司法制度之中。而职业伦理责任模式的推行，在很大程度上受制于司法改革的有效性，也取决于改革决策者们全面推进“去行政化”的决心和毅力。但从目前改革试点的情况来看，推行这一新的法官责任模式还

---

〔1〕 参见冯文生：《法官职业伦理问责思考》，载《人民法院报》2013年12月6日，第5版。

会遇到诸多方面的困难。

1.上下级法院的监督关系?

新一轮司法改革为了解决司法地方化的问题,推行了包括省级以下法院人、财、物等事项收归省级统管在内的一些改革措施。但是,由于法官遴选(惩戒)委员会办公室设置在高级法院,该法院对于全省三级法院法官的责任追究将拥有较大的影响力,至少享有启动法官惩戒程序的权力。而在法官惩戒委员会开会之前,拟定惩戒名单、审查惩戒事由、确定惩戒方式的权力,无疑将由高级法院来加以行使。与此同时,面对全省范围内三级法院的财政预算申请,省级财政部门很可能要求高级法院统一编制全省法院的财政预算申请,这将使得高级法院对下面两级法院的财政预算拨款具有相当大的控制力。如果说基层法院和中级法院的人、财、物原来被控制在同级地方政府手中的话,那么,未来该两级法院的人、财、物将在很大程度上被控制在高级法院手中。

毫无疑问,这一轮司法改革有意无意地强化了各省高级法院的权威,使其对下面两级法院拥有更大的行政控制力。在此情况下,省高级法院通过二审或再审程序所作的改判或发回重审裁决,很可能继续成为对下级法院评查案件质量的标准,也是认定下级法院是否存在"办案差错"的依据。而这种案件质量评查和办案差错认定,又经常被视为发现"错案"或者"违法审判"的重要线索。不仅如此,新一轮的司法改革并没有解决省高级法院的"司法地方化"问题,该法院的人财物照样要受到省级政府、人大的控制。在某一"误判案件"受到舆论关注并导致外部政治压力加大的情况下,省高级法院会利用其对下面两级法院的强大控制力,直接启动或者推动下级法院启动"错案责任追究"程序。即便基层法院和中级法院在人财物上摆脱了同级政府、人大的控制,但这种来自省级政府的压力以及来自省高级法院本身的压力,也会造成它们在追究法官责任问题上难以走出“办案责任模式”的怪圈。

2.法官的去公务员化?

新一轮的司法改革确立了在法院内部“去行政化”的诸多改革举措,但是仍然没有解决法官的“公务员化”问题。有三个方面的因素在阻碍着法官的“去公务员化”:一是法院内部照样设置院长、副院长、庭长、副庭长,主审法官仍然属于上述行政职务之下的公务员,并受到原有业务部门(审判庭)的领导和管理。这与原来实行的“审判长”制度如出一辙。二是所有主审法官仍然是有行政级别的,其升迁要遵从科级、处级、局级和部级的行政序列。法官法所确立的十二级法官制度,无论是在工资待遇还是在职务序列层面上并没有被激活。三是目前推行的司法责任制使主审法官在获得一定独立审判权的同时,明显承受了更大的办案责任追究的压力。[1]因为改革者的逻辑是,原来在层层审批制的作用下,法官并没有真正拥有独立审判权,不承担错案责任还是情有可原的。而现在主审法官拥有了如此大的审判权,根据“谁用权,谁负责”的原则,该法官就要对可能发生的错案承担更大甚至全部责任。

这样一来,在任何一家法院内部,主审法官除了人数略有减少、工资福利待遇略有提升以外,在法院内部照样处于被管理、受调查、被惩戒的地位。一旦发生“案件差错”或者“违法审判”的情形,法院内部的纪检监察部门照样可以启动对其办案责任的调查程序,案件管理部门照样可以对其办案责任进行审核,法院审判委员会也照样可以对其是否构成错案责任或违法审判责任进行认定。在这种严密的行政控制下,负责办案的主审法官肯定会无时不面临受到办案责任追究的风险,相对于改革前的法官、审判长而言,他们的处境并不能发生实质性的改变。

---

〔1〕 参见邢东伟:《压力责任更大生怕办错案受惩戒》,载《法制日报》2015年5月25日,第5版。

3.省级法官惩戒委员会与法院内部追责部门的博弈?

按照司法改革的宏观设想,司法改革的试点省份已经设置了省一级的法官惩戒(遴选)委员会,吸收司法人员和社会各界人士参加,按照正当程序对法官启动惩戒程序。但我们目前同时存在法官惩戒委员会与纪检监察部门这两套性质不同的法官惩戒机构,其背后所体现的则是职业伦理责任模式与办案责任模式的博弈。

迄今为止,在任何一个试点省份中,法院内部都没有削弱纪检监察部门追责权和惩戒权的迹象。这体现了新一轮司法改革的一个显著特点:改革者试图构建一套崭新的司法管理机制,却没有对原有的管理机制作出实质性的调整或废止,结果造成两套机制并存甚至发生冲突的局面。在各级法院的司法管理体制中,纪检监察机构与案件管理部门是法院控制法官办案质量、防止法官出现差错的“中枢系统”。在诉权无法制约裁判权、两审终审制流于形式的背景下,这两个“中枢系统”是所有法院院长在维持案件质量方面所仰仗的主要力量。假如将这两个“中枢系统”予以废止,暂且不说会遭遇政治上的风险,法院就连能否确保案件不出现实体上和程序上的差错,都是没有多大把握的。至于那种负责对全省范围内的法官进行追责的法官惩戒委员会,究竟能否准确、及时地对违法违纪的法官启动追责程序,这却是令人不无疑问的。毕竟,面对全省范围内动辄数以千计或者数以万计的法官,假如没有纪检监察部门和案件管理部门的调查和审核,这样一种省级法官惩戒委员会要迅速地启动惩戒程序,并作出恰如其分的责任认定,这几乎是不可想象的。不仅如此,假如某一法官的追责问题已经得到法院纪检监察部门和案件管理部门的调查核实,然后经过逐级申请,最终被提交给省级法官惩戒委员会,那么,这个委员会还能发挥多大的审查作用呢?我们真的能指望这个委员会只满足于对法官的职业伦理责任进行追责,而对本省各级法院提交的办案责任追责申请,完全置之不理、不闻不问吗?

五、法官责任制度的模式选择

根据中国法官责任制度的发展经验，笔者提出了法官责任制度的三种模式。无论是结果责任模式、过程责任模式，还是职业伦理责任模式，都是司法体制改革的产物，都有各自存在的制度空间，也都有相应的局限性和实施障碍。相比之下，在当前重视纠正冤假错案的背景下，结果责任模式和过程责任模式更容易得到政治家和社会舆论的支持，而站在尊重司法规律、维护司法制度长远发展的立场上，法学界和司法界则更为青睐职业伦理责任模式。但是，结果责任和过程责任作为传统的“办案责任模式”的有机组成部分，其实施效果的局限性也是非常明显的。尤其是在推进法官审判独立、追求司法“去行政化”的情况下，这种办案责任模式不符合司法制度的基本规律。然而，当下司法改革的保守性和不科学性，也没有为职业伦理责任模式预留更大的制度空间，诸多方面的改革措施都困扰甚至阻碍着这一模式的推行。

那么，应当如何对未来的法官责任制度进行模式选择呢？基于中国司法制度的传统以及所面对的特殊问题，对上述三种模式采取非此即彼的选择，可能是既不明智也不可行的。或许，吸收这三种模式的合理因素，从裁判结果、诉讼程序以及职业伦理三个方面对这一制度进行重新整合，可能是唯一较为现实的改革之路。但无论如何，改革者都不应再重复原来的道路，或者继续犯下原来出现过的错误，而应确立一种创造性的改革思维。正是基于这一思路，笔者对未来法官责任制度的发展方向作出初步的预测和评论。

首先，对法官的责任追究应走出“裁判结果中心主义”的怪圈。根据“有行为才能承担责任”的基本原则，法官假如没有实施任何不当的司法行为，就不应对任何裁判结果承担法律责任。我国的错案责任追究制度，曾经仅仅根据所谓的“错误裁判结果”来追究法官责任，造成法学界和司法界对这一制度的普遍抵制。这种教训是极为深刻的，未来的改革者不应重蹈覆辙。

按照基本的法律思维，唯有人的行为才可以构成处罚的对象，这是建立任何一种法律责任制度的逻辑前提。唯有如此，法律制度才能对行为人的行为产生有效的引导作用，行为人也才能对自己的行为具有最起码的可预测性。未来的法官责任制度应当彻底抛弃那种将法官的判断或认识作为处罚对象的做法，将追责的对象转向法官的不当司法行为。这符合责任自负的基本原则，也有利于维护法官审判的独立性。

其次，办案责任是我国法官责任制度的一项基本内容，也是短时间内无法消失的责任形式。但对办案责任的追究应当设置一项前提条件，那就是法官既存在违法审判的行为，又造成了法定的“严重后果”。而仅仅存在单纯的“错误裁判结果”或者仅仅实施了违法审判行为，都不足以启动对法官的追责程序。不仅如此，在法官的程序违法行为与“严重结果”之间，还必须存在直接的因果关系，也就是说，法官违反法律程序的行为直接导致或者触发了错误的裁判结果，这才是对法官启动追责程序的前提条件。

基于我国司法制度的基本现实，法官违反法律程序的行为只有在造成特别严重的后果的情况下，才可以启动追责程序。这种“特别严重的后果”可以包括造成严重违法的裁判结果，也可以是造成当事人或案外人的人身伤亡事件，还可以是带来当事人或案外人的最大财产损失。但无论如何，法官的程序违法行为必须被证明与这些后果之间存在因果关系。在这一点上，我们应当摒弃那种“客观归责”的非理性做法，在法官不存在违法行为的情况下，不能仅仅因为发生了诸如当事人上访、群体事件、当事人自杀身亡等事件，就将法官当作追责对象或者“替罪羊”。

再次，错误的裁判结果不应等同于上级法院的撤销判决结果。

对“冤假错案”的持续关注，是构建中国法官责任制度的主要制约因素。但是，仅仅根据上级法院通过二审或者再审所作的撤销原判裁决，是不可以得出裁判结果存在错误这一结论的。否则，一审法官的审判独立性将永远无法得到保障，上下级法院的监督关系也根本无法建立起来。即便未来将违法审判行为与造成严重后果结合起来，法院仍然会将“错误的裁判结果”视为造成“严重后果”的主要标志。现实的态度不是取消“错误裁判结果”这一追责条件，而是重新界定“错误裁判结果”的标准。

但迄今为止，无论是法学界还是司法界，都没有对“错误裁判结论”作出科学的界定。其实，我们可能永远都无法根据法院后来改判的结论，来认定法官原来所作的裁判是“错误的裁判”。我们可以转换一下思维方式，将“错误裁判结果”改为“违法裁判结果”，也就是法官原来的裁判被证明违反了实体法的要求。例如，法官违反了刑法的规定，对一个本来不构成犯罪的行为认定为犯罪，对本应构成某一罪名的行为认定为构成另一罪名，或者对不应适用缓刑、自首、立功、监外执行的案件却作出了错误的适用。从原来的“错案责任”转向对“违法审判责任”的关注，曾经是我国法官责任制度的一条经验。但是这里的“违法审判责任”应被界定为违反实体法的审判行为。当然，即便存在这种“违法裁判结果”，也不应直接启动追责程序。法官只有在同时存在程序违法行为与实体违法行为的情况下，才能被追究这种法官责任。

又次，对法官责任的追究应当从“以存在主观过错为前提”走向“以违反法律规定为依据”。追究法官责任必须以法官存在主观过错为前提，这既是中国古代法官责任制度的精华所在，也是当代法官责任制度发展的基本经验。但是，无论是故意还是过失，其实是很难得到证明的。有必要将法官存在违法行为本身，视为法官存在故意或者过失的充分理由。换言之，法官实施了任何违法审判行为，都足以认定法官对“造成严重后果”具有故意或者过失。至于对法官究竟认定为故意还是过失，则可以视违法行为的具体情形来加以认定。

最后，根据法官职业规律重构职业伦理规范，并加强对违反职业伦理行为的惩戒。根据当下法官司法公信力不高、权力寻租现象时有发生、司法腐败问题屡禁不止的基本现实，有必要加强对法官职业伦理责任的追究。为此，应当根据司法活动的规律，重新构建法官的职业行为规范，以划定法官在从事政治活动、社会活动、人际交往、经营活动等方面的行为边界，避免法官作出存在明显的利益冲突或者存在严重影响其司法形象的行为。与此同时，根据“法网严密但不严厉”的原则，应当对法官违反职业行为规范的行为追求必然惩罚的结果，使任何一种违反职业行为规范的行为都能受到准确、及时的惩处。

对于法官违反职业伦理规范的行为，可以直接启动追责程序，而不必考虑这些行为是否造成“严重的后果”。根据这一“行为中心主义”的追责原则，法官只要存在违反职业伦理规范的行为，而无论这种行为是否造成了“不良后果”或者“严重后果”，就都应受到职业惩戒。对于法官违反职业行为规范的行为而言，唯有不设立任何准入门槛，像对“行为犯”那样追究责任，才能从根本上遏制法官的不当司法行为。当然，法官因为违反职业伦理规范造成严重后果，并同时触犯刑律的，还可以对这种行为启动刑事追诉程序，使其受到刑事处罚。

第八章　法院审判委员会制度的基本问题

一、引言

一般来说，法院是享有审判权的国家司法机构，但是对具体案件的审判活动必须由法官或其他裁判者依法组成审判庭负责进行。按照法律学者的通行看法，中国法院的审判组织有三类：独任庭、合议庭和审判委员会。独任庭作为由职业法官一人组成的审判组织，有权对简单案件进行审判。合议庭则是根据合议原则建立的审判组织，负责对绝大多数案件的审判工作。无论是独任庭还是合议庭，在行使其审判职能时，都必须在法庭这一特定的时空范围内进行，也就是要保持开庭审判的形式。正是基于这一点，那些旨在规范法庭审判活动的诉讼原则，如审判公开、直接听审、审判集中、言词辩论以及控辩双方的平等对抗等，都要在独任庭和合议庭的活动中加以贯彻。与独任庭和合议庭不同的是，审判委员会是按照所谓"民主集中制"原则在各级法院内部设立的机构，它的职责是"总结审判经验，讨论重大的或者疑难的案件和其他有关审判工作的问题"。由于审判委员会拥有对案件进行“讨论”和作出“决定”的权力，因此它尽管并不直接主持或参加法庭审判，却实际承担审判职能，成为一种审判组织。

审判委员会是我国司法制度的重要组成部分。从20世纪80年代开始，法学界在研究《刑事诉讼法》修改问题的同时，对审判委员会的改革甚至存废问题也曾展开过讨论。法律学者几乎普遍地认为，审判委员会制度的存在是导致我国法院在审判案件过程中出现“判、审分离”“先定后审”直至法庭审判“流于形式”的关键原因之一。〔1〕但是基于对我国国情的认识，直接正面提出废除这一制度的人并不多。大多数学者主张改革这一制度，对审判委员会“讨论”案件的范围加以限制，明确和扩大合议庭在审判中的权限范围，保证合议庭对除重大、疑难或复杂案件以外的“一般案件”，既有审理权，也有最终判决权。这一建议在1996年《刑事诉讼法》中得到了采纳。此后，至少在诉讼法学界，有关改革审判委员会制度的讨论趋于平静。但是，随着新一轮司法改革的启动，包括审判委员会在内的中国各项司法制度开始成为人们关注和评论的焦点。

笔者将对审判委员会制度的性质和实际运作特点作出分析，从不同角度对这一制度的局限性和缺陷作出重新剖析和评价，并提出改革这一制度的一些设想。笔者对审判委员会制度曾进行过一些调查，尤其是有意识地收集了一些实证材料，并且对审判委员会制度的具体运作情况及其存在的问题有一定的认识。笔者希望能引起读者对中国法院审判委员会制度的实际运作情况及其缺陷的重视，并愿与读者一起，关注中国司法制度的改革问题。

---

〔1〕 读者要了解诉讼法学界对审判委员会改革问题的讨论，可以参考陈光中、严端主编：《中华人民共和国刑事诉讼法修改建议稿与论证》，中国方正出版社1995年版，第283～288页。

二、作为审判组织的审判委员会

按照前面的分析，审判委员会之所以是审判组织而不是单纯的司法行政机构，是因为它有权对所谓“重大”“疑难”案件进行“讨论”和作出“决定”。除此以外，审判委员会还有权决定法院内部其他方面的重大事项，如总结审判工作的经验，讨论并决定当事人及其法定代理人请求对本院院长担任审判长的回避问题，讨论并通过助理审判员临时代行审判员职务的问题等。与地方各级法院不同的是，最高人民法院的审判委员会还有权讨论并通过院长或副院长提请审议的司法解释草案，讨论并决定《最高人民法院公报》刊登的司法解释和案例等。但是在上述各项权力之中，“讨论”和“决定”具体案件目前已成为审判委员会最主要的一项职权活动。这一点在几乎各级法院工作中都得到了充分的表现。

无论是讨论案件还是决定其他事项，审判委员会行使权力的方式都是一致的，即召开由专职的审判委员会委员参加的审判委员会会议。究竟哪些人可以担任审判委员会的委员呢？笔者在几次司法改革问题研讨会上都发现有人持这样一种观点：审判委员会委员大多为法院的资深法官。但根据笔者的调查，各级法院的院长和副院长是当然的审判委员会委员，各主要业务庭（如刑事审判庭、民事审判庭、经济审判庭、行政审判庭等）的庭长和研究室主任一般也都是审判委员会的委员。真正不担任领导职务而具有审判委员会委员身份的为数极少。也就是说，法院审判委员会的委员基本上是由正副院长和各庭室的行政领导组成的。一个审判人员一旦不再担任院长、副院长、庭长或主任的职务，其审判委员会委员的身份一般也就不复存在。加上审判委员会不仅讨论决定案件的处理问题，而且讨论通过法院内部的其他重大事项，这就使审判委员会这一组织天然地具有“行政会议”的特征。另外需要特别注意的是，审判委员会会议除法院专职的审判委员会委员参加以外，同级人民检察院的检察长或者由检察长委托的检察委员会委员也可以列席会议。他们可以在会议上发表意见，但无权表决。对这一问题的一般解释是，人民检察院作为国家法律监督机关，有权对人民法院审判活动的合法性进行监督。审判委员会讨论决定案件的活动既然是法院审判活动的重要组成部分，人民检察院当然有权通过列席会议的方式进行法律监督。

对案件的讨论和决定是在专门召开的审判委员会会议上进行的。根据《人民法院组织法》的规定，院长享有审判委员会会议的主持权，并有权决定是否召开审判委员会会议。在司法实践中，法院院长或院长委托的副院长有权决定是否将某一案件提交审判委员会讨论决定。也就是说，院长或受委托的副院长拥有审判委员会会议的启动权。在讨论和决定具体案件方面，院长或受委托的副院长可以自行决定将某一案件提交审判委员会会议讨论，也可以根据合议庭或独任审判员的请求决定提交审判委员会讨论。当然，法院各业务庭的庭长、副庭长如果与合议庭在对某一案件的处理上存有不同意见，有时也可以要求院长将该案件提交审判委员会会议。

作为审判组织，审判委员会会议的核心环节是对案件的“讨论”和“决定”程序。这里的“讨论”类似于法官在法庭上进行的审理活动，而“决定”则类似于法庭对案件所作的判决或裁定。前者是必经的过程，后者是前者所产生的结果。我们首先来看哪些案件可以纳入审判委员会讨论的范围。

《人民法院组织法》对此所作的规定极其简单：“重大”和“疑难”的案件。但是何谓“重大”“疑难”的案件？法律本身并没有给出明确的答案。笔者曾查翻最高人民法院所作的司法解释，发现该院除对审判委员会讨论的刑事案件范围有所界定外，对审判委员会讨论民事和行政案件的范围并没有明确的规定。根据最高人民法院相关司法解释的规定，合议庭对于以下“疑难”“复杂”“重大”的案件，可以提请院长决定提交审判委员会讨论决定：一是拟判处死刑的；二是合议庭成员意见有重大分歧的；三是人民检察院抗诉的；四是在社会上有重大影响的；五是其他需要由审判委员会讨论决定的。由于在审判委员会讨论的案件范围问题上仍然留下一个弹性十足的条款，司法实践中真正由审判委员会讨论的刑事案件远不止该司法解释所划定的上述范围。根据笔者的调查，审判委员会讨论决定的刑事案件还包括拟判处被告人无罪的案件，被告人或被害人身份特殊（如为人大代表、社会知名人士、外国人、港澳台人等）的案件等。根据一些法官的介绍，由于行政诉讼案件直接涉及法院与行政机关的关系，各级法院在对行政诉讼案件进行裁决甚至受理时，就经常要提交审判委员会讨论。

需要注意的是，尽管法学界近年来不断对审判委员会制度提出批评，部分法院也已经开始尝试对审判委员会讨论案件的程序作出改革，但总体而言，审判委员会作为法院内部实质上的最终裁判组织的角色，却始终没有受到削弱。就刑事审判而言，由于判处无期徒刑和死刑的案件属于中级法院法定的管辖范围，高级法院和最高人民法院分别管辖在全省和全国具有较大影响的案件，因此至少从理论上说，中级法院审判的多数刑事案件和高级、最高人民法院审判的所有刑事案件都应纳入该院审判委员会讨论的范围。那么是不是基层法院审判委员会讨论的案件就最少呢？答案是否定的。我们在调查中发现，一些地方的基层法院提交审判委员会讨论的案件几乎达到“案必躬亲”的地步。不少可能对被告人判处两三年有期徒刑的刑事案件、涉及标的额仅几千元的经济纠纷案件、案情十分清楚的行政案件，都被提交审判委员会讨论。一些地方甚至还出现办案人员争相将自己负责的案件提交审判委员会讨论的现象。按照一些研究者的形容，“遇到‘严打’和年终结案时，审判委员会须连续开会，等待汇报案情的办案人员在会议室门前排成长队，每个办案人员汇报案情的时间还须受到限制，这不禁使人想到医生诊断病人的情景……”[1]

审判委员会对大比例的案件进行讨论，必然使作为审判委员会委员的院长、副院长和庭长的工作负担大大加重。这恐怕不是这些审判委员会委员所希望的。对这一问题的合理解释是：首先，法律和司法解释都没有对审判委员会讨论的案件范围作出明确的限制，一些司法解释甚至故意留下较为弹性的条款，使审判委员会从理论上可以对任何一个案件进行讨论。其次，审判委员会会议只有院长或副院长有权启动，而目前我国法院在司法行政管理方面与行政机关几乎没有任何区别，这种高度行政化和官僚化的法院组织制度也为院长、副院长随意决定将案件提交审判委员会讨论创造了条件和环境。最后，但绝非不重要的是，近年建立的国家赔偿制度和“错案追究制度”使负责办案的法官个人承担越来越大的职业风险，而法官个人的经济收入、升迁前途甚至命运与案件的处理情况有着越来越多的联系，这就使作为承办人的法官从主观上就愿意将这种职业风险加以转移。因为案件一旦提交审判委员会讨论，就具有“集体下判”的色彩，将来案件万一被认定为“错案”，就不能单单追究承办人的责任了。事实上，实施所谓“错案追究制度”所面临的一个最困难的问题，恰恰就是如何在审判委员会讨论过的案件中分清审判委员会和办案人的责任问题。司法实践中经常出现的问题是一旦案件经过审判委员会讨论决定，而该案后来又被证明是一桩“错案”，那么无论是合议庭还是审判委员会都很难单独承担法律责任。所谓“错案追究”，就会在一种“法不责众”的惯性逻辑中被成功地规避了。很显然，貌似权力巨大的审判委员会，其实也可以经常被几乎所

〔1〕 尹春丽：《审判委员会改革的设想》，载《中国律师》1998年第8期。该文根据实际调查的结果，对我国审判委员会存在的问题作出了分析，提出了几个过去为人们所认识不清的问题。

有负责承办具体案件的法官作为转移职业风险的“避风港”。

接下来分析审判委员会讨论案件的程序。这是审判委员会制度最具特色的地方。实际上，无论是《人民法院组织法》还是三大诉讼法，都没有任何有关审判委员会讨论案件程序的规定。根据相关司法解释，最高人民法院审判委员会讨论案件的程序具有这样几个特点：(1)本院承办审判委员会讨论事项的有关庭室负责人和承办人应当参加审判委员会会议。承办人对讨论的事项应当预先做好准备，尤其要在会前写出审查报告，参加会议时根据会议主持人的要求汇报案情。(2)合议庭和承办人在审查报告中要对案件事实负责，提出的处理意见应当写明有关的法律根据。(3)承办人汇报案情后，审判委员会委员应当对案件进行充分讨论，必要时可以向承办人提出问题，要求其解答。(4)审判委员会不论参加会议的委员有多少，其作出的决定必须获得半数以上委员的同意才能通过。少数人的意见可以保留并记录在卷。(5)对于审判委员会的决定，合议庭或法院其他有关单位应当执行，如有异议，须报经院长或副院长决定是否提交审判委员会重新讨论决定。

笔者之所以要详细介绍最高人民法院审判委员会的“工作规则”，是因为它是目前唯一对审判委员会讨论案件程序加以规范的司法解释。地方各级法院尤其是基层法院审判委员会讨论案件的程序一般很难达到这样的规范程度。当然，要真正理解法院审判委员会讨论案件的程序，还必须了解中国特有的案件“承办人”制度。所谓案件“承办人”，是指专门负责对某一案件进行审查和处理的审判人员。不了解法院内部情况的读者可能有些奇怪：法院对案件进行法庭审判的组织有独任庭和合议庭两种，它们难道不对案件的处理负责吗？笔者的回答是：这两种审判组织当然对案件的处理负责，但是案件的具体“承办人”承担着更大、更关键的责任。从案件被法院受理开始，“承办人”要对案件是否具有开庭的条件进行审查；决定开庭后要进行各种审判前的准备活动；开庭前后要向合议庭其他成员报告案件的事实和适用法律情况；判决后要对该案件制作案卷存档。案件如果以独任庭的形式进行审判，“承办人”也就是独任审判员；案件如果以合议庭的形式进行审判，“承办人”可以是审判长，也可以是参加合议庭的普通审判员。总之，不论法院对某一案件的审判采取何种组织形式，庭长或院长指定的“承办人”始终要对该案的处理负有责任。下面列举一个司法实践中经常出现的例子：

法官A、B、C三人分别被指定为甲、乙、丙三案件的“承办人”。现在三人共同组成合议庭，审理由A承办的甲案。在法庭审判过程中，A作为审判长，负责调集证据材料，准备庭审提纲，整理案件的卷宗，主持法庭调查和法庭辩论，对被告人进行讯问，对书证和物证分别进行宣读和出示。由于事先对案情已有所了解，加上法庭上也没有发现新的证据和事实，法官B和法官C觉得无事可做，就分别拿出自己将要承办的乙案、丙案的卷宗材料，在法庭上阅读和研究起来。

这种“承办人”制度对于审判委员会制度产生了巨大的影响。不论合议庭由几位法官组成，只要院长或副院长决定召开审判委员会对该案进行讨论，只有“承办人”一人负有向审判委员会汇报案情、回答提问的责任，该案合议庭的其他成员一般不必参加审判委员会会议。修改前的《刑事诉讼法》曾要求法院对检察机关提起公诉的案件进行实体性审查，只有在被告人犯罪事实清楚、证据充分的情况下才能开庭审判。“承办人”在审判前不仅要对检察官移送的卷宗进行全面阅览，而且还要进行全面的调查，因此往往对被告人是否有罪的问题已经产生了结论。但承办人并没有在审判前作出判决的权力，判决的产生是因为院长在审判前召集审判委员会会议，由审判委员会委员在听取承办人汇报案情的基础上作出了决定，由此导致“先定后审”现象的广泛出现。《刑事诉讼法》修改以后，法院对案件的实体性审查程序被取消，检察机关不再将全案证据在开庭前移送法院，承办人从理论上也无权再进行任何形式的庭外调查，这就使“先定后审”现象从理论上得到禁止。但是，审判委员会讨论案件的程序除了采取“先审后定”的方式以外，在其他方面仍然没有发生根本的变化：依然是由承办人在法庭审判的基础上向审判委员会进行口头方式的汇报，审判委员会委员依然是在听取“承办人”汇报的基础上进行讨论，决定案件的事实和法律问题。由于审判委员会一般既不对合议庭法庭审判的过程进行旁听，也无暇阅览检察机关移送的卷宗和合议庭的庭审记录，加上审判委员会讨论案件的活动是秘密进行的，不仅被告人及其辩护人无权参与，社会公众更无权旁听，因此审判委员会几乎完全通过听取“承办人”的汇报来对案件作出处理决定。

那么，审判委员会所作的决定具有怎样的效力呢？一般来说，法院在诉讼过程中可以作出三种结论：“判决”、“裁定”和“决定”。判决由于是对案件实体问题所作的结论，直接涉及纠纷的解决方案和被告人的法律责任问题，因此它往往被视为最重要的法律结论。但是，审判委员会对案件所作的决定却是一种极为特殊的结论，它甚至可以被视为“判决之上的决定”，其效力明显高于判决、裁定和一般的决定。这是因为，无论案件由独任审判的审判员还是合议庭进行法庭审判，一旦被院长提交审判委员会讨论并作出了决定，独任审判员和合议庭就必须执行审判委员会的决定。换言之，审判委员会经过讨论所作的决定具有终局性的效力，不论参加法庭审判的法官是否以及有多少人同意审判委员会的决定，他们都必须按照这种决定的要求作出其判决或裁定。例如，如果合议庭中有两位法官认为被告人无罪或者不应被判处死刑，但是审判委员会的多数意见认为应当判决被告人有罪或者应当判处死刑，那么合议庭的判决就应以审判委员会的决定为准。在司法实践中，如果案件经过审判委员会的讨论，即使合议庭的多数意见与审判委员会的决定不一致，以审判委员会决定为根据的判决书也必须由合议庭全体成员署名，但要注明“本案经过审判委员会讨论”。

经过上述分析和讨论，我们可以发现中国法院的审判委员会制度具有一系列极为鲜明的特点。这些特点使它既不同于英美等国的陪审团，〔1〕也不同于法、德等大陆法国家的“参审法庭”，〔2〕而成为带有明显行政会议性质的审判组织。

三、审判委员会制度的基本缺陷

审判委员会制度在中国已经实施多年，目前真正对这一制度完全满意的人士恐怕为数极少。多数人发现了这一制度在运作过程中产生的一些问题，并从完善我国司法制度的角度，提出了一些改进的建议。当然，也有不少人在肯定这一制度存在问题的同时，认为不应对这一制度的正当性予以完全否定。有的法官就认为，由于审判委

〔1〕 审判委员会与英美陪审团的不同之处有：首先，陪审团与法官行使裁判权方面有极为明确的分工，即陪审团只对案件事实问题（如被告人是否有罪）进行裁断（verdict），法官则负责对证据的可采性及其他程序问题作出裁定，并在陪审团对事实问题作出裁断后决定对法律的适用问题（如量刑）。而审判委员会与合议庭或独任法官在这方面则几乎没有任何明确的分工。其次，陪审员一般全部为非法律职业者，他们作为陪审员的资格要经过特设的遴选和审查程序后才能确定。陪审团一旦确定，就临时充任某一特定案件的裁判者。案件裁断产生以后，陪审团即行解散。而审判委员会则由法院的职业法官组成，委员大都具有司法行政主管的身份，且人员组成相对固定，会连续地讨论决定不同的案件。最后，陪审团在裁断案件之前，必须始终参加由法官主持的法庭审判活动，直接听取控辩双方的陈述、举证和辩论，而审判委员会则是听取承办人的汇报，既不参加法庭审判，也不允许控辩双方到场提供证据。当然，细究起来，两者的理论基础也迥然不同：陪审团制度建立在所谓“平民治理”原则的基础上，确保被告人由与其处于同等身份的人士进行审判，防止官方对个人的任意迫害；而审判委员会制度则是法院内部实行“集体领导”的表现，建立在所谓的“民主集中制”原则的基础之上。

〔2〕 欧洲大陆法国家的“陪审法庭”作为英国陪审团制度的变种，其特点是：职业法官与非职业的陪审员共同组成审判法庭，他们共同参加法庭审判，听取控辩双方的陈述、举证和辩论，并对案件的事实问题和法律适用问题同时进行裁判。非职业的陪审员也并非在审判每一案件时临时选出，而是一旦选出，就具有一定时间的任期。另外，职业法官与非职业的陪审员在人数上也因国家不同而有所差异，如法国的重罪法庭由3名职业法官和9名非职业陪审员组成；德国的陪审法庭（又称为“舍芬庭”）则一般由1名或3名职业法官与2名陪审员组成。

员会这一组织及其讨论案件制度的存在，法院可以充分发挥集体的智慧，避免单个法官或合议庭在认识事实和适用法律问题上的局限性，保证案件得到正确处理。尤其是考虑到审判委员会委员尽管为法院内部的行政领导，但他们一般年龄较大，社会阅历较深，审判经验也较为丰富。而由于司法体制的原因，我国法院一般审判人员的年龄偏小，社会阅历不深，经验也不丰富。因此审判委员会的存在可以在一定程度上防止错案的发生。同时，考虑到我国法院目前存在日益引起社会各界重视的司法腐败问题，由审判委员会这一集体组织对案件的处理进行“把关”，对于防止个别审判人员徇私枉法、任意裁断也是有利的。一些学者甚至还从理论上论证说：审判委员会在中国目前的情况下有助于维护法院在实施法律方面的统一性，有助于保证审判人员的廉洁性，也可以成为法院系统生存和发展的重要保障。

上述这种为审判委员会制度进行辩解的观点不能说没有道理。在法院组织制度中，相对于单个的法官而言，由多个法官组成的组织更容易抵御外界对法院审判活动的不正当压力和干涉，也更容易防止徇私舞弊现象的发生。这也是为什么大多数案件的审判要采取合议制度的原因。毕竟由三名或五名法官组成的合议庭要比独任审判员更有助于实现公正的审判。而在大多数场合下，由法院院长、副院长和各业务庭庭长组成的审判委员会对案件的公正处理要负有更大的责任，作出的决定会更加慎重。因此，从发挥集体智慧和增强法院抵御外界干预的角度来说，审判委员会讨论案件的制度确实具有其存在的必要。但是，任何问题都有其正反两个方面。审判委员会的优势在于其集体智慧和力量可以得到发挥，但集体有时未必比个体更加高明。在其他一些场合下，审判委员会不仅不能成为有效抵御外界对法院审判不当干预的集体，反而可能成为外界干预法院公正审判的畅通无阻的途径。尤其是在我国实行的政治制度之下，当拥有更高政治权威的机构对法院的正常审判提出与法律不符的要求，甚至因为法律以外的原因直接向法院施加压力时，法院院长往往会通过审判委员会会议使法外干预的结果“合法化”和“正当化”。这里有法院的苦衷，可以说是不得已而为之的做法。但是审判委员会可以有效抵御外界干预的说法却被证明是不能完全成立了。事实上，在法院审判不具有独立自主性的大背景下，审判委员会既可以成为维护法院自治性的积极力量，也能够成为强化法院附庸地位的集体。因为法院要生存、要发展，而在其生存和发展过于受制于人时，对公正审判的追求就不得不让位于功利性的考虑。这里起关键作用的不是什么集体比个人高明多少的问题，而是法院与干预者在政治结构中的力量对比关系，以及法院维持其生存的方式，如人事、财政预算和基本设施建设等方面的保障等。这里涉及目前仍然十分敏感的问题，笔者不得不就此打住。

上述分析对于处于目前政治环境下的法院和法官可能显得过于苛刻。与对中国整个司法制度的评价一样，对审判委员会的评价也是十分复杂的问题。如果只抓住一点而不顾其他，将审判委员会问题的一个侧面采取放大镜放大的处理方式，而不注意所谓“光明背后的阴影”，恐怕就无法使人接受其论证过程和论点。即使退一步讲，审判委员会确实具有论者所声称的那些优点且没有其他负面影响，但是由于这一组织本身存在致命的缺陷，而且这些缺陷单单靠诸如缩小审判委员会讨论案件的范围或提高其专业化程度等措施并不能得到根本的克服，那么这些所谓的“优势”本身往往也得不到真正的实现。笔者想强调指出的是，审判委员会在目前中国司法制度中的存在具有必然性，具有其发挥作用的背景因素和理由，或者干脆说具有一定的“合理性”，因为中国确实有中国的国情，但是这不应该成为证明审判委员会制度正当性的理由。任何一个制度或现象的存在和出现当然有其政治、经济、社会、文化等方面的原因，但这并不能也不该阻止人们运用一定的价值标准对该制度或现象的好与坏、公正与否等作出独立的判断。例如，纳粹政权在德国的上台和“文化大革命”在中国的发生在当时都具有一定的历史必然性，也可以说是国情使然，但是谁又能否认这两个历史事件对人类文明和进步事业的破坏性呢？看来，在对法律制度和法律现象的分析、评价方面，要做到彻底的“价值中立”或“价值无涉”几乎是不可能的。作为法律学者，你完全可以运用社会学甚至是自然科学的方法进行研究，但这种研究最终不过使你对法律及其在社会中的存在和实施状况本身有更加真实的认识，对法律改革的艰巨性领悟得更深一些而已。学者的良知和责任要求你必须再前进一步，对你所分析的制度或现象本身的问题和缺陷作出相对客观的价值判断，从而为这一制度的改革、这一现象的克服提供智慧和动力。事实上，即使你不喜欢也不准备接受任何“价值判断”，但在你自认为作出“客观分析”的时候，你也会不自觉地陷入一种实实在在的价值观中不能自拔，只不过你判断任何制度或现象好坏优劣的标准是实用性或工具性而已。功利主义是无孔不入的价值观，只要你没有也不准备接受其他为人们所公认的价值标准，如公平、正义、自由、人权等，你就会有意无意地成为功利主义的俘虏。而功利主义在中国目前这种意识形态背景下的局限性，就不用笔者在这里论证了。

还是言归正传。审判委员会制度存在的问题和缺陷固然已经得到许多人士的认识，但迄今为止在这一问题上的讨论似乎缺乏一种必要的系统性和明确性，价值判断的标准也有待进一步澄清。笔者并不自认为比别人高明多少，但既然已经涉足这一领域，就打算提出个人的思路和见解。在笔者看来，如同对其他司法制度的评价一样，对审判委员会制度的评价也应至少从三个角度进行：一是这一制度实施的结果，尤其是从中产生的法律结论；二是这一制度的组织构成，也就是构成实施这一制度的法律主体；三是这一制度运作的过程，也就是该制度从启动到终结所经历的步骤和环节。

作为一种审判组织，审判委员会被纳入评价对象的基本问题是它对案件的讨论和决定制度。我们首先关心的是它能否或者可在多大程度上承担实现公正审判、维护社会正义的使命。对于审判委员会讨论和决定案件的结果问题，有人认为这种制度的存在有助于维护法律的统一实施，防止司法腐败，保障法院机构的生存；也有人认为实施这种制度的直接后果是限制了合议庭甚至法官个人的积极作用，甚至在一定程度上鼓励法官推诿责任、转移风险，使法院内部充斥着以职业利害的计算代替对司法公正的追求的氛围。当然也有如笔者这样认为审判委员会未必能够抵御外界不当干预的人士。至于经过审判委员会讨论、决定过的案件在裁判结果上有多少错案率，在采纳证据、认定事实和适用法律等环节上质量如何，这些案件与没有经过审判委员会讨论而由独任审判员或合议庭直接判决的案件相比，哪些处理得更加稳妥，尤其是哪些被提起上诉、申诉、抗诉的比率较低……这些问题很难有一个明确的答案。因为目前几乎没有任何机构或个人从事这一方面的司法统计，准确的数字极为缺乏，而由学者单枪匹马地进行“解剖麻雀”式的调查，不仅实施起来极为困难，而且未必能够得到更确切的信息。事实上，对一项制度实施效果的评价，尤其是对一项程序所产生的法律结论的评价，如果没有上述各方面的实证材料和数据，就不可能做到公允、合理。因此笔者不得不说，对审判委员会讨论决定案件效果的评价只能是仁者见仁，智者见智，由于缺乏必要的实证材料，而难以有明确的答案。但是，各种制度的设计上毕竟有影响其实施效果的因素，法律程序本身的设计也会影响其产生的裁判结果。我们下面所要分析的审判委员会的组织构成和讨论决定案件的程序，就极易对其决定结果产生消极的影响。

对于审判委员会的组成问题，目前已经有一些具体的讨论。在很多研究者看来，由法院院长、副院长、业务庭庭长、研究室主任等组成的审判委员会缺少必要的专业分工，他们对具体案件的讨论未必比日趋专业化的合议庭的法庭审判更能保证案件质量。这种观点无疑是可以成立的。因为一个法官从其进入法院工作之日起，一般会长时间甚至终生从事某一领域的审判内工作，如刑事、经济、行政、民事、交通运输、海事、军事甚至未成年案件的审判等，其中民事审判中又分出知识产权审判。而且目前的法院制度似乎也鼓励法官认真钻研某一方面的审判业务，成为这一方面的专家，而不是全部审判业务的通才。法官在法院内部各业务庭之间也会流动，但一般不具有制度性、周期性，而带有随机性、临时性，且经常与法官个人行政职务的变迁有直接的联系。同时，中国目前的法官仍然无法跨越所谓“专业分工”的限制，各业务庭的庭长一般也从本庭法官中遴选，对本庭的业务相对更加熟悉和精通。甚至连法院的院长和副院长也有一个内部分工，分别主管刑事、民事、经济、行政等审判庭的审判业务，从而使“主管”院长对自己负责的审判业务较之其他业务更为精通和熟悉。这样在审判委员会讨论每一个具体案件的时候，真正精通该案件所涉审判业务的法官恐怕只有相关业务庭庭长和“主管”院长，多数审判委员会委员可以说都是外行。那么作为审判委员会委员中难得的“内行”的该业务庭庭长和“主管院长”是否就能保证案件的质量呢？事实上，由于所有审判委员会委员既不阅卷，也不旁听案件的法庭审判，即使是这些“内行”也不能保证案件事实确实、适用法律得当。这就可能带来两种后果：要么审判委员会委员凭借其行政职务上的优势地位，任意下判；要么审判委员会完全听从承办人的意见，丧失其判断上的独立自主性。因为毕竟承办人一般既是该审判业务的内行，又真正了解该案件的实际情况。这就出现了唯一了解案情的承办人向大部分为外行的审判委员会委员汇报的滑稽情景。而大部分为外行、全部不熟悉案情的审判委员会委员却有权作出最终决定，唯一了解案情的内行却没有表决权。这充分显示出审判委员会组织构成上所具有的缺陷。

与审判委员会的组成方式有关的还有他所讨论的案件范围问题。由于审判委员会会议由院长或副院长启动和主持，审判委员会讨论案件的范围存在任意扩张的可能性。但是审判委员会讨论的案件越多，它对单个案件的讨论所花费的时间和精力就相对减少，正确处理一个案件所必需的讨论和评议就会遭到削弱，审判委员会的决定出现错误的可能性也就越大。这是不言而喻的。这一问题已经被越来越多的人士所认识，笔者不想对此作重复论证。

但是，无论是人员组成方面的专业化程度不强，还是讨论案件的范围过大，都不是审判委员会制度存在的致命问题。审判委员会制度存在的根本性缺陷在于其讨论决定案件的程序和过程不具有最低限度的公正性。换言之，审判委员会制度是通过剥夺原告、被告等当事者的基本权利——获得公正审判的权利来维持其正常运转的。

我们首先来分析程序的参与性问题。一般来说，让那些其利益可能受到裁判结果直接影响的人参与到裁判的制作过程中来，使其有机会提出自己一方的观点、主张和证据，有能力对裁判者的结论施加积极的影响，这被视为公正审判的最低标准。英国普通法中的“自然正义”原则，要求裁判者在解决任何纠纷时应当同时听取双方的意见。这几乎被普通法国家的法官视为“审判定律”的公正标准，成为防止任何司法审判偏离公平、正义轨道的最低道德要求。美国宪法修正案中的“正当法律程序”原则，要求政府在剥夺公民的自由、财产甚至生命时必须经过公平、合理的法律实施过程，至少要保证公民获得由中立裁判者主持的公正审判。[1]可以说，现代司法审判的各项程序设计都具有保证这一目标实现的意义。而在审判委员会讨论案件的程序中，只有承办案件的法官有机会向审判委员会委员当面汇报，无论是案件的原告还是被告，无论是被告人的辩护人还是公诉人，都被剥夺了参与审判委员会会议的机会。这就意味着作为案件最终裁判者的审判委员会，对几乎每一个案件的决定都是在案件当事人不在场的情况下作出的。审判委员会的各位委员既不听取原告的陈述，也不听取被告人的辩解；既不接受控辩双方提出的证据，也不关心双方的争议点何在。这就使所有与案件结局有直接利害关系的人，尤其是控辩双方，都无法对审判委员会决定的产生施加积极、有效的影响，而不得不消极地等待审判委员会的处理，被动地承受审判委员会的决定，其"诉讼主体"地位连同其人格尊严显然会因此遭到剥夺。

其次，公正的审判程序要求裁判者必须在控辩双方之间保持不偏不倚的地位。司法裁判是一个理性的协商和争辩过程，裁判者要想使其对纠纷的解决方案得到当事者和社会公众的普遍接受，就须在控辩双方之间保持不偏不倚的中立地位，树立超然于事外的形象，使人对其公正性产生信任。这就是笔者一直所强调的"正义根植于信赖"。英国普通法中的"自然正义"原则要求任何人不得担任自己为当事人的案件的法官，其意义就在于此。尽管绝对的中立性可能永远是一种理想，但是裁判者至少不应对诉讼的任何一方产生偏见，也不应对案件的结局形成预断。尤其要给予当事者对其不信任的裁判者申请回避的机会。而中国法院的审判委员会在讨论案

〔1〕 关于英国普通法中的"自然正义"(Natural Justice)原则，以及美国宪法修正案中的"正当法律程序"(Due Process of Law)原则，读者可参考以下文献：[美]戈尔丁：《法律哲学》，齐海滨、王玮译，生活·读书·新知三联书店1987年版；[美]彼得·斯坦：《西方社会的法律价值》，王献平译，中国人民公安大学出版社1989年版；Christopher Osakwe, The Bill of Rights for the Criminal Defendant in American law, in *Human Rights in Criminal Procedure*, Martinus Nijhoff Pubilishing, 1982。

件时，由于只听取承办人的汇报，控辩双方都无法在场和参与，也难以对拥有最终裁判权的审判委员会委员提出回避的申请。即使偶尔提出这种申请，也由于无法到场提供意见和证据而难以达到预期的效果。另外，同级检察机关的检察长或检察委员会委员有权参加审判委员会会议，实践中也经常有检察机关的代表与审判委员会委员共同讨论案件的做法。检察官在民事、经济和行政审判中参加审判委员会会议固然可以行使所谓“法律监督”权，但在由检察机关代表国家提起公诉的刑事审判中，检察长或一般检察官在辩护方不在场的情况下参加审判委员会会议，并可以发表意见，这就等于裁判者与公诉人一方进行单方面“接触”，使审判委员会的中立形象必然受到消极的影响。

再次，司法审判的公正进行有赖于裁判和按照理性原则形成裁判结论。所谓“程序的合理性”，实际上要求裁判者尽可能全面地听取各方的意见和理由，接触各方提出的证据材料，按照法定的标准采纳其中可以成为定案根据的部分。同时，裁判者还应冷静、从容地对案件的处理结果进行评议和讨论，在裁判作出时也应充分地陈述其理由和根据。只有这样，当事者和社会公众才会对裁判的合理性产生信任。审判委员会制度的一个重大缺陷恰恰就在于它无法保证这种程序的合理性。这是因为，一方面，在审判委员会对案件进行讨论时，各位委员既不参加法庭审判也不阅卷，对法庭调查和法庭辩论的情况无从了解，对控辩双方的证据和意见无从直接听取，他们所接受的案件信息来源只有一个——承办人的口头汇报。而承办人毕竟认识能力有限，又可能与案件或当事者存有各种利害关系，加上汇报时间较短，合议庭其他成员不到场，因此这种汇报很容易断章取义，难以做到全面、客观、具体。这样，审判委员会所接触的证据和资料来源不仅从范围上受到较大的限制，而且这种来源本身的可靠性、全面性也令人怀疑。另一方面，审判委员会也未必能够从容、详尽地对案件的处理进行讨论，在实践中甚至时常发生讨论随意化、决定非理性化的情况。尤其是在所谓“严打”或者更高的政治权威机构（如党的政法委员会）提出明确的裁判要求的情况下，审判委员会对案件的讨论往往就变成如何执行政策、命令或者如何“为改革开放保驾护航”的表态，而证据的采纳、事实的认定和法律的适用等本来更加重要的问题则被弃置不问。而且，审判委员会讨论的情况在法院的判决书中是从不载明的。审判委员会为什么对案件作出这样而不是那样的决定，为什么否定辩护方的辩护意见，为什么认定被告人有罪，为什么必须对被告人判处死刑，为什么非要适用这一法律条款……对于这些问题，审判委员会从不公开作出决定的理由。即使它将合议庭经过评议的裁判结论全部推翻，也是如此。

最后，我们来讨论审判委员会制度的最大缺陷：对司法裁判程序自治性的任意剥夺。众所周知，现代审判制度建立在这样一个基本假设的基础上：裁判者必须在公开进行的法庭审判过程中形成其裁判结论。换言之，由各方同时到场参与并按照固有的诉讼角色进行职能分工的法庭成为解决纠纷的唯一场所，各方在这里进行理性的对话和交涉，裁判者必须在当庭听取各方陈述、考虑各方意见的基础上，当庭提出一项旨在解决纠纷的方案。裁判者不能在审判之前、法庭之外形成裁判结论，而必须将其裁判建立在当庭采纳的各种证据、当庭认定的全部事实的基础上。这种假设从理论上归结起来，就是司法审判的“自治性”问题。而审判委员会制度恰恰就在这一方面出了问题。因为审判委员会的全部委员对案件法庭审判的情况不能进行直接感知，他们不仅不参加法庭审判，不查阅记载庭审情况的案卷材料，也不允许控辩双方到审判委员会会议上当面陈述，而是仅仅通过听取承办法官对案情的汇报，进行秘密的讨论和决定。这样，由控辩双方参与、由社会公众参加旁听的法庭审判，就失去了直接形成裁判结论的能力，法庭审判的进行就失去其应有的意义和功能。这也就是人们经常说的“判、审分离”“庭审流于形式”问题。[1]更有尖刻者评论说:“审者(合议庭)不判,判者(审判委员会)不审,这就恰如看病的人不开药方,不看病的人却敢开药方。”由于审判委员会抛开合议庭的法庭审判而进行秘密的讨论,几乎所有为规范法庭审判而设立的诉讼原则都失去了存在的意义:

其一,由于刑事被告人及其辩护人无法参与审判委员会的讨论过程,被告人的辩护权事实上遭到剥夺,法庭审判中进行的辩护也失去应有的意义。这会导致出现律师界最为无奈的“你辩你的,我判我的”现象。

其二,由于审判委员会在讨论案件时不进行任何证据的调查,也不组织任何有关事实认定和法律适用问题的质证和辩论,却可以对合议庭所认定的事实作出改变,那些本应贯穿于审判过程之中的审判公开、直接审理、言词辩论、法官不更换、法庭审判不间断原则都无法发挥作用。

其三,由于合议庭的结论可以被审判委员会任意加以推翻,法庭审判程序也就形同虚设,而那些为规范法庭审判而设置的诉讼制度,如合议制、回避制、评议程序以及人民陪审员制度等,都失去了存在的意义。

其四,由于审判委员会以秘密的方式讨论和决定案件,社会公众无法参加旁听,也就无法对这种讨论过程实施有效的监督和制约,审判委员会会议成为典型的“黑箱操作”程序。这不仅使公开审判原则在审判委员会讨论程序中无法发挥作用,而且导致公开进行的法庭审判徒有虚名。具有讽刺意味的是,在审判委员会的裁判功能没有任何削弱的情况下,最高人民法院仍然在向全国各

〔1〕“判审分离”“庭审流于形式”绝不是什么小问题。假如裁判结论产生于法庭审判的过程之外或之前,那就意味着控辩双方的参与将毫无意义,而裁判者所作的涉及剥夺个人财产、名誉、自由甚至生命的裁判,将出现任意化和随机化问题。在此情况下,司法专横和擅断也必然会出现。

级法院倡导那种以强化公开审判为主要目标的“审判方式改革”措施。

四、对两个案例的分析

为了使读者更加真实、形象地认识审判委员会制度所存在的问题，笔者拟分析两个实际发生过的案例。透过这两个案例，我们不难看出审判委员会制度改革的必要性和复杂性。

例一　1997年9月19日，被告人张某因挪用公款罪被山西省古交市人民检察院提起公诉。10月27日，古交市人民法院组成合议庭，对该案进行了开庭审理。合议庭经过评议，认为被告人的行为不构成挪用公款罪。由于涉及无罪判决问题，案件被法院院长提交审判委员会讨论。审判委员会经过讨论和表决，认定被告人张某无罪。11月3日，法院对该案作出判决：“被告人张某在任职期间，三次准许或审批本单位资金借出金额达9.7万元，于案前全部归还，且情节显著轻微，危害不大，不认为是犯罪。”当日，判决书经公开宣布后向被告人送达，张某随即被释放。11月4日，古交市人民检察院检察长给市法院院长打电话，明确表示法院的判决不妥，并要求法院在判决生效之前改变判决结论。当日下午，法院院长召集审判委员会委员开会，对该案进行重新讨论，最后决定撤销已经宣告和送达的判决书，改判被告人张某有罪。审判委员会决定作出后，古交市人民法院以判决书有误和院长找张某见面为由，将张某已收到的原判决书收回，并将张某重新送往看守所羁押。11月6日，法院作出新的判决书，并向张某重新宣告和送达。根据审判委员会的第二次决定制作的新判决书认定：“被告人张某在任上述职务期间，三次准许或审批本单位资金借给别人，金额达9.7万元，于案发前已全部归还。挪用数额较大，其行为已触犯刑律，构成挪用公款罪……判处有期徒刑一年。”[1]

在这一案件中，法院在对案件事实作出同样认定的情况下，竟然在四天之内作出了两种完全相反的判决结论。法院在一审判决生效之前自行撤销其判决，对本已确认无罪的被告人改判为有罪，这种程序上的错误是极为明显的。我们注意到，两份判决尽管由同一合议庭署名作出，但都经过了同一法院审判委员会的讨论和决定。当被问及为什么要这样处理时，法院院长回答说：“这是审判委员会集体讨论决定的。”在这里，审判委员会讨论实际成为法院任意司法、违反程序的托词，也成为法外机构干预审判权的合法路径。我们可以假设：如果同级检察院检察长的一个电话就足以导致法院审判委员会推翻几天前刚刚作出的决定，那么一个具有更高政治权威的机构或个人不就更容易使审判委员会“就范”了吗？！这充分显示出审判委员会作为一种行政会议组织的局限性：法院院长可以随时随地召集审判委员会会议，并极可能将自己的意志加给其他委员。同时，从两份判决书的内容来看，审判委员会对该案事实的认定前后并没有发生变化，对被告人行为细节和涉及金额的描述是完全一致的，唯一变化的是对被告人刑事责任的判定。既然事实完全相同，为什么会得出完全不同的判决结论呢？事实上，一个由多个“经验丰富”“资历深厚”的法官组成的组织是不会不清楚如何运用犯罪构成的知识作出判定的，何况他们面对的又是如此简单、明了的案件。真正合理的解释是，审判委员会对案件的定性要么没有进行认真、理性的讨论，要么这种讨论完全让位于法外的因素，如与检察机关的关系，案件被检察机关提起抗诉的可能性，案件被上级法院改判后对本法院的不利影响等。审判委员会的“出尔反尔”使人感到它可以任

〔1〕 此案的情况曾由中央电视台“社会经纬”节目于1997年12月18日播出。笔者曾就此案接受过该节目记者的采访。

意出入人罪，而不必提供作出决定的理由，使直接受到其决定影响的被告人张某无法掌握和左右自己的命运，而是被动地听任这一组织处理，消极地承受这一组织强加给自己的裁判结果。不仅如此，合议庭也几乎完全被“玩弄于股掌之中”，因为审判委员会前后自相矛盾的决定都要由合议庭执行，并以合议庭的名义下判。而合议庭不论是否同意审判委员会的结论，也都必须服从。合议庭的法庭审判过程对裁判结论的决定作用的完全丧失，由此可见一斑。

如果说例一中的审判委员会通过运作“成功”地将法律规定的程序规避开来的话，下面的例子则典型地反映出这一组织在讨论案件程序中存在的问题和缺陷。

例二　被告人谭某和王某均为广东省珠海市中级人民法院经济审判庭的法官，其中谭某还是该院经济庭庭长、审判委员会委员。1998年6月，二被告被中山市人民检察院以民事枉法裁判罪提起公诉。中山市人民检察院的起诉书（中检刑诉〔1998〕35号）载明：1994年9月间，粤海公司以南屏公司提供虚开的增值税专用发票致使其退不到税为由，向珠海市中级人民法院起诉，要求南屏公司赔偿其损失。被告人王某主审此案。因为粤海公司无法举出南屏公司交货的证据，珠海市中级人民法院经审理判决驳回粤海公司的诉讼请求。粤海公司提出上诉后，广东省高级人民法院二审维持原判。1996年3月，粤海公司改变诉讼请求，以南屏公司没有交货而应返还货款为由，再次向珠海市中级人民法院起诉。被告人谭某将此案交由被告人王某主审。王某作为该案原审主审人，明知粤海公司收到美金本票并提供了美金结汇凭证，明知粤海公司虚假起诉的目的是想要回实际损失的款项，但在向合议庭汇报案件时，却隐瞒上述重要情节，违背事实地提出支持粤海公司诉讼请求的意见，致使合议庭形成支持粤海公司诉讼请求的决议。珠海市中级人民法院审判委员会先后两次讨论该案，被告人王某作为该案主审人，向审判委员会汇报案情时，继续隐瞒事实真相，导致审判委员会形成了同意合议庭意见的错误决议。被告人谭某在得知真相后，不仅没有制止粤海公司的虚假起诉行为，却在被告人王某写的该案审结报告上批示，同意支持粤海公司诉讼请求。1996年12月，珠海市中级人民法院审判委员会讨论此案时，被告人谭某作为审判委员会委员，在发言时，故意隐瞒事实真相，违背事实地主张支持粤海公司的诉讼请求，同意判令南屏公司返还实际没有收到的款项和利息。后珠海市中级人民法院审判委员会再次讨论此案，并在不明本案客观事实的情况下，形成了支持粤海公司诉讼请求的错误决议，致使法院最终作出了错误的判决。以上是被告人谭某和王某构成民事枉法裁判罪的主要事实根据。〔1〕

对于这一由民事审判行为所引发的刑事案件，我们所要关注的是检察机关对两名被告法官提起公诉的事实根据：他们要么作为承办人，向审判委员会作出“虚假”的汇报，要么作为审判委员会委员，在审判委员会会议上作出“违背事实”的发言，致使审判委员会作出“错误”的决定。也就是说，审判委员会作出“错误”决定、法院作出“错误”判决的责任应当由作为承办人和审判委员会委员的被告人负担。人们不禁要问：审判委员会作为专门讨论决定“重大”“疑难”“复杂”案件的审判组织，在这起案件中是否也负有一定的责任？因为决议尽管错误，但也是由全体审判委员会委员集体表决通过的；承办人和庭长分别在汇报和发言时有“故意隐瞒事实真相”的行为，但他们毕竟没有最终决定权。既然审判委员会经过集体讨论所作的决定一旦发生错误，就要由承办人和个别发言的委员承担责任，那么这一组织在认定事实和适用法律方面岂不是完全失去了独

〔1〕 有关这一案件的具体情况和详细评论，读者可参见陈瑞华：《问题与主义之间——刑事诉讼基本问题研究》，中国人民大学出版社2003年版，第257页。

立自主性！人们还可以进一步追问：审判委员会连承办人汇报和个别委员发言中的错误都发现不了，它讨论案件的程序是不是有问题呢？！实际上，这一案例暴露出的核心问题是我们前面讨论过的审判委员会决定程序的缺陷。不难想象，一个审判组织既不阅卷，也不旁听合议庭的法庭审判，更不允许案件的当事者在审判委员会会议上当面陈述和举证，而是通过听取承办人的口头汇报进行表决，该组织必然受到承办人意见的重大影响。一旦承办人故意隐瞒事实真相，而被视为“内行”的个别委员又“里应外合”地进行“推波助澜”，那么该组织作出错误的决定就不可避免了。如果说审判委员会的讨论对于正确适用法律有时还能够保证的话，那么由于这种讨论无法贯彻直接审理、言词辩论、控辩双方平等对抗等诉讼原则，因此它在认定事实上几乎不具有任何优势，甚至完全可以说是一个“低能儿”。笔者不知道这种审判委员会作出的错误决定一律由承办人和发言人承担责任的做法是否已经普遍实行，若真如此，我国司法制度将会造成无数的人间悲剧：使法官个人承受那种由审判委员会制度的缺陷所造就的“苦果”。

限于篇幅，笔者不再分析更多的实际案例，也不再对上述两个案件作出进一步的分析。不过，例一的情况说明审判委员会确实能够为其“出尔反尔”地决定案件提供“合法”的路径，而例二的情况则证明这一组织难以承担其查明案件事实真相、确保公正审判的应有使命，而且在“错案”发生后还会推脱本应由它承担的法律责任。由此可见，审判委员会制度在我国的司法实践中存在的问题和缺陷是不容忽视的。认识到这一点，并不等于否定或抹杀这一组织在维护法律统一实施中所具有的一些积极作用，也不意味着无视它在发挥抵御司法腐败方面所作出的一些贡献。事实上，如果不克服审判委员会制度存在的缺陷，解决这一组织自身所存在的问题，审判委员会不仅无法发挥其所谓的“积极作用”，反而会成为产生司法不公的源泉。即使有些问题目前还不具备解决的条件，而我们指出其问题所在，也可以引起疗救者的注意。

五、审判委员会制度的改革动向

目前，一些学者和法官基于对审判委员会制度所存问题和弊端的认识，提出了改革审判委员会制度的设想。例如，有人提出应当继续缩小审判委员会讨论案件的范围和数量，由最高人民法院通过司法解释，对各级人民法院审判委员会讨论决定案件的范围作出明确的限制。有人建议改革审判委员会的组织机构和人员构成，充分贯彻审判专业化分工的思想，具体思路有：取消全院统一的审判委员会，成立若干专业性质的审判委员会，如民事审判委员会、刑事审判委员会、行政审判委员会等，各专业审判委员会的成员由分管院长、相关业务庭庭长、副庭长和资深法官组成，这些专业委员会只讨论决定各相关业务庭的案件；取消实权性质的现行审判委员会，成立咨询性质的审判委员会，使其成为具有顾问和咨询性质的机构，这种审判委员会的成员由法院资深法官、法学家和著名律师组成，其职能是只讨论案件，不作出实体性判决。[1]还有一种建议认为，审判委员会要客观、全面地了解案情，就应当亲自参与所讨论案件的开庭审理或者参加旁听，没有参加旁听或者审理的审判委员会委员不得参加审判委员会会议。此外，明确规定审判委员会讨论案件的时间，确保审判效率的提高也被视为必不可少的改革措施。

以上有关改革审判委员会制度的思路无疑都是富有启发意义的。有些建议也颇有见地，并有助于克服审判委员会制度的缺陷。但是，任何改革建议和对策都带有明显的主观性，并不可避免地带有论者的价值取向甚至个人好恶。而在法学研究中，要减少这种分析

---

〔1〕 尹春丽：《审判委员会改革的设想》，载《中国律师》1998年第8期。

上的主观性，增强解释上的客观性，就需要更多地分析“实际发生过的事实”，也就是中国司法实践中正实际进行的司法改革措施。对于关注审判委员会制度改革的法律学者来说，与其将时间和精力过多地投入到有关这一制度的改革方案的设计上，倒不如关注这一制度正在发生的一些变革迹象。这对于我们预测中国司法制度未来可能发生的变化，并进而提出通则性的假设和命题，无疑将更有价值。

（一）审判委员会委员旁听庭审

一些地方法院尝试进行的第一项改革是引入听证机制，使审判委员会委员有机会出现在法庭上，亲自听取法庭审判的整个过程，从而根据自己对控辩双方举证、质证和辩论形成的直观印象，对案件的事实认定和法律适用问题作出裁决。在具体听证方式上，有的法院在专门的审判委员会会议室安装同步录像直播系统，使法庭审判的全过程通过电视画面被传播到审判委员会面前；有的法院则在法庭判听席上设置专门的“审判委员会委员席”，使审判委员会委员得以在法庭上旁听庭审的整个过程。以下是山东德州市中级人民法院所尝试进行的审判委员会听证的情况：

2005年5月24日，山东省德州市中级人民法院开庭审理陈斌抢劫一案。与以往不同的是，法庭旁听区增设了“审委会委员”专席，9位审判委员会委员如数到齐，而且身前都摆放着标示姓名的桌牌。这是德州市中级人民法院新推出的审判委员会委员当庭听讼制度的首次展示。根据德州市中级人民法院新近推出的制度，凡重大的或者疑难的案件，或者经承办案件合议庭申请、需要审委会研究讨论的案件，案件开庭时须增设“审委会委员”席，安排审判委员会成员到庭旁听。宣布开庭后，主审法官不仅要宣布合议庭组成人员、诉讼参与人等，还逐一宣布到庭的德州市中级人民法院审委会成员，并明确宣布，“本案将由合议庭审理评议，经本院审判委员会研究后作出判决”，“被告人不仅享有对审判长、审判员、书记员要求回避的权利，同时享有对到庭的审判委员会成员要求回避的权利”。在休庭间隙，合议庭经评议能够提出处理意见的，到庭审委会成员要立即开会听取汇报、讨论研究，尽可能让合议庭做到当庭口头宣判。在制作裁判文书时，承办法官要在介绍本案诉讼参加人的部分中，将到庭审委会成员的姓名全部列明。

按照德州市中级人民法院的解释，目前各级法院对于重大、复杂、疑难案件，名义上是由合议庭负责审判，但实际上幕后定案的却是审委会。一些当事人打完了官司也不清楚案件是否经过审委会研究讨论，参加研究决定案件的审委会成员是谁，在裁判文书上，更看不到有关审委会成员的署名，当事人依法享有的知情权和申请回避权被打了“折扣”，致使当事人对法院判案的公开性和公正性持怀疑态度。为此，德州市中级人民法院积极进行司法改革，推出了上述一系列措施，这些做法既克服了原来审委会制度存在的“有权定判的却不参与庭审而开庭审案的又无最终决定权”的弊病，又让当事人对所有参与审理和研究决定案件的法官，都充分享有知情权，实际地行使申请回避权。德州市中级人民法院认为，开庭时增设“审委会委员”席有利于在审判中更好地保障人权；有利于更深层次地落实审判公开，避免“暗箱”操作；有利于提高办案质量和效率，从而使许多重大的或疑难的案件即时口头宣判成为可能，进一步提高当庭宣判率；有利于审委会职能的全面发挥，使审委会提出的监督和指导意见更富有针对性、实效性，更好地履行其应有的职责。德州市中级人民法院认为，随着人民法院司法能力和法官队伍素质的不断提高，报审委会研究讨论的案件趋向于越来越少。在这种形势下，实行以在法庭上增设“审委会委员”席为标志的一系列制度，不仅是必要的，而且是切实可行的。[1]

---

〔1〕 郑春笋：《德州中院幕后裁判者走到幕前监督和被监督——德州法院审委会听讼成制度》，载《法制日报》2005年5月27日。

这种在法庭旁听席上设立“审判委员会委员席”、请审判委员会委员亲自听取法庭审判过程的“改革举措”，无疑是有意义的“创举”。法院显然已经意识到现行审判委员会制度的基本缺陷，并在不影响审判委员会制度之功能的情况下，做出了这种改革试验。假如该法院真的能将这种新做法坚持下去，那么，审判委员会过去所普遍存在的问题，如只听取承办人一人的口头汇报，而无从了解法庭上举证、质证和辩论的整个情况，剥夺了被告人的辩护权和申请回避权，容易作出片面甚至错误的决定等，就在相当程度上得到了解决。从司法裁判的社会效果来看，拥有“最终裁决权”的审判委员会委员，亲自出席法庭审判，并在听取控辩双方意见和辩论的基础上，对事实认定和法律适用问题作出裁决。从审判委员会本身讨论案件的程序上来看，这种由审判委员会亲自参加庭审的裁判方式，无疑要比现行的“行政会议裁决制”，更容易取得控辩双方的认可和接受，其社会公信力也会大大得到加强。

但是，在审判委员会委员坐在旁听席上行使司法裁判权的过程中，负责案件具体审理的合议庭岂不成为一种摆设、合议庭主持下的审判程序岂不成为一种形式了吗？既然合议庭并无实质上的裁判权，那么，为什么还要保留这种流于形式的合议制呢？需要知道，尽管审判委员会已经介入了此案，并注定要对案件的裁决发挥关键作用，但司法裁判中的一系列具体程序事项，如阅卷、庭前准备、通知各方出庭、组织法庭调查和法庭辩论等，却全都要由合议庭来负责安排。既然如此，实际负责整个审理过程并对案件情况真正了如指掌的，可能还是合议庭成员，尤其是主持合议庭的“承办人”；负责审理案件的合议庭仍然无法享有实质上的裁判权，而负责裁判案件的审判委员会又不可能参与案件的全部审理程序。这种“判者不审”“审者不判”“判审分离”的问题岂不照样存在吗？可想而知，既然合议庭并不享有最终的裁判权，那么，法官们为什么非得严格遵守法律程序和尊重当事人权利不可呢？既然审判委员会负有最终的裁决权，那么，由合议庭主持的法庭审判何必非得认真进行不可呢？这不能不令人担心：法庭审判是否会演变成一种带有仪式化的“作秀”或者“表演”？

既然审判委员会已经走到了法庭旁听席，既然法院已经意识到单靠听取承办人的口头汇报根本无法做到公正的审判，那么，为什么不采取较为彻底的改革，由审判委员会委员组成一个“超级合议庭”，对案件的审理权和裁判权统一加以行使呢？我们可以设想一下，这种由审判委员会充当合议庭的法庭审判，可以由法院院长亲自充当审判长或者主审法官；本院全体审判委员会委员充当合议庭成员；从庭前准备到法庭审理程序全部由审判委员会委员负责组织和安排；最后的裁决也由这些委员联署姓名，并共同对案件裁判结果承担责任。当然，考虑到组织这样的“超级合议庭”，也花费较多的司法资源和投入太多的诉讼成本，因此，可以将其负责裁判的案件限定在特别重大、复杂和疑难的案件上面。这样的裁判方式难道不比坐在旁听席上庭审更能克服一些明显的弊端吗？

（二）专业审判委员会的构建

根据笔者的调查，一些地方法院为了克服审判委员会不分案件类型、不分法律专业讨论案件，以至于出现对几乎每一个案而言审判委员会的大多数委员都是“外行”的问题，还设立了“专业审判委员会分会”之类的机构。根据案件的基本类型划分，这种机构可以有“刑事案件审判委员会分会”、“民事案件审判委员会分会”和“行政案件审判委员会分会”等不同的设置。这些“审判委员会分会”并不是审判委员会本身，后者仍然是由院长、副院长和主要业务庭庭长组成的权力机构，并拥有最终的讨论和决定案件的权力。只不过，上述“审判委员会分会”的权力色彩有所减弱，而主要由各业务审判庭的庭长、副庭长和资深法官组成。这些法官尽管绝大多数都不是法院的审判委员会委员，却可以凭借自己的业务知识和审判经验对本领域的案件进行充分的讨论和提出裁判意见；审判委员会在开会期间，可以听取各个“审判委员会分会”的裁决意见，并在此基础上作出最终的决定。

在审判委员会制度暂时无法废除的情况下，这种建立所谓“专业审判委员会分会”的改革努力，还是有一定积极意义的。毕竟，由各个审判庭内资深法官组成的“审判委员会分会”，可以发挥其专业优势，对于各自领域内的案件提供更加公正的裁判意见。这要比那种作为“行政会议”的审判委员会笼而统之地讨论和决定案件的做法，更可以减少这一制度的弊端。但是，这种“审判委员会分会”仍然不是通过参加庭审而提出裁判意见的，而是沿袭了原来的听取承办人汇报的方式。况且，这种“分会”不仅可以决定案件的法律适用问题，而且仍然可以对合议庭有关事实认定的裁决意见作出变更。法院审判委员会也依然不是通过提取控辩双方的质证和辩论来作出决定，而是听取各个“审判委员会分会”负责人的口头汇报，从所获取的信息的来源上甚至要比原来的听取承办人汇报更加依靠传闻证据。通过这种建立“专业审判委员会分会”的方式来克服现行审判委员会制度的缺陷，其效果仍然可能是不尽如人意的。

（三）对审判委员会讨论案件范围的限制

为回应社会各界对审判委员会的批评，一些法院已经开始探索限制审判委员会讨论案件的范围。根据最高人民法院2015年通过的关于推行司法责任制的规范性文件，审判委员会讨论案件的范围被限制为“涉及国家外交、安全和社会稳定的重大、复杂案件”以及“重大、疑难、复杂案件的法律适用问题”。当然，这种涉及国家外交、安全和社会稳定的重大、复杂案件毕竟并不多见。在司法实践中，越来越多的法院将审判委员会讨论案件的范围限定为“重大、复杂、疑难案件的法律适用问题”。这也成为审判委员会未来发展的一个方向。

应当说，审判委员会不再对案件事实问题进行讨论并作出决定，这是审判委员会制度发生的一个积极变化。毕竟，审判委员会委员既无法全面阅卷，也无法听取控辩双方的举证、质证和辩论，而仅仅听取承办法官的口头汇报，就对案件事实问题作出决定，甚至改变合议庭或者独任法官经过庭审所作的裁判结论，这既违背了直接和言词审理的原则，也容易在事实问题上作出误判。如今，审判委员会不再讨论决定事实认定问题，这就意味着合议庭和独任法官享有对案件事实认定问题的独立裁判权，实现了在事实认定方面审理权和裁判权的统一。这可以说是法院在“去行政化”方面迈出的一大步。

但是，审判委员会继续保留对案件法律适用问题的讨论决定权，这仍然存在几个难以解决的难题。首先，一个案件的“事实认定问题”和“法律适用问题”经常是混为一谈的，难以有一个公认的区分标准。比如，在犯罪构成要件的认定方面，对某一罪名的认定既要判定指控的行为是否发生，行为人是否实施了该项行为，又要审核该项行为是否符合刑法分则所确立的特定犯罪构成要件。可以说，事实认定和法律适用在这里是得不到完全区分的。再如，在非法证据排除问题上，对侦查人员非法侦查行为的认定是一个程序性争议事实的认定问题，但与此同时，对非法证据排除规则的适用本身又是一个典型的程序法律适用问题。对这里面的“事实认定”和“法律适用”问题，哪个法官能分得清楚呢？由此可见，事实问题与法律问题的区分只能是相对的，而很难有绝对的、客观的标准。这势必导致审判委员会讨论案件的范围难以有一个清晰的边界，在实践中难免会超越规范性文件所设定的范围。

其次，即便是能够确定“法律适用问题”的范围，审判委员会假如继续通过听取承办法官口头汇报的方式作出决定，甚至直接改变合议庭、独任法官的裁判结论，那么，这难道不是对后者独立审判权的侵犯吗？尤其是在全国法院普遍推行司法责任制和员额制的情况下，审判委员会这种讨论决定案件的方式，不也违背了“让审理者裁判”的基本理念了吗？同时，在越来越多的精英法官进入法官员额、法官专业素质大体得到保证的今天，审判委员会还有什么理由对其案件的法律适用问题横加干涉呢？当初，法院设置审判委员会的主要理由是解决法官素质不高的问题，避免法官滥用自由裁量权甚至出现司法腐败的现象。但如今，法官素质已经得到普遍的提高，就连院长、副院长都已经加入合议庭从事审判活动，而不再对其他法官作出的裁判文书进行签署，且司法责任制的推行已经导致“让裁判者负责”甚至终身承担司法责任。这岂不说明当初设置审判委员会的理由已经不复存在了吗？

六、从“会议制”走向“审理制”——审判委员会制度的另一种改革出路？

众所周知，审判委员会主要是通过听取承办人汇报和讨论表决的方式来行使审判权的。尽管历经多年的改革和调整，审判委员会讨论、决定案件的这种方式并没有发生实质性的改变。无论是从程序正义还是从实体正义的角度来看，这种裁判方式都存在一些致命的缺陷。而近期的一些改革举措对于克服这些缺陷也是效果不彰的。例如，一些法院推行审判委员会委员旁听庭审的制度，这固然有助于增强这些委员的亲历性，增强裁判信息来源的多元性，但是，这些坐在旁听席上的委员，同样无法受到合议庭和独任法官所能受到的法律约束，他们枉法裁断的可能性仍然是很大的。又如，专业审判委员会的构建，对于避免审判委员会委员专业化程度不足具有一定的积极意义，但是，这种专业审判委员会并不具有表决权，其意见最多对合议庭和独任法官的裁判产生参考作用。普通审判委员会讨论决定案件的方式并没有因此而受到任何影响。再如，对审判委员会讨论案件范围的限制，确实有助于保障合议庭和独任法官对案件事实问题的独立裁判权，但是，即便在法律适用问题上，审判委员会委员也应听取控辩双方的陈述和主张，并在裁判文书中提供作出某种决定甚至推翻合议庭、独任法官意见的理由。而在现行的审判委员会制度框架下，这一点是根本难以做到的。

那么，审判委员会制度究竟何去何从呢？多年来，有关废除审判委员会制度的呼声一直不绝于耳。但是，司法界都将此视为一种“极端的主张”或者“不切实际的改革建议”，并不加以重视。对于这一点，笔者不予置评。但是，按照罗马法时代的一句格言，当某一法律制度的立法理由不存在时，这一制度就没有存在的空间了。法院审判委员会制度本来就是为了发挥集体智慧、避免个别法官的专断而设置的集体决策制度，如今，随着法官专业素质的整体提高，也随着那些规范法律自由裁量权的制度的不断完善，司法责任制的不断加强，这一制度的存在基础已经被大大削弱了。当然，有人肯定会辩解说，各级法院的审判委员会委员要么是院长、副院长，要么是主要业务庭的庭长以及少量资深法官，一旦废除了审判委员会制度，这些人士的权威将受到消极的影响，其利益也会受到一定的损失。这些人士目前作为“既得利益者”，可能成为审判委员会制度改革的最大阻力。

近期在一些地方法院出现的最新改革动向，显示出一些改革者正试图在遵循司法规律与尊重既得利益之间寻求一种新的平衡。根据现有的资料，有两所地方法院正在改革审判委员会司法决策的方式。它们分别是广东珠海横琴新区人民法院和北京知识产权法院。这两所法院都将过去的“会议制”改为“审理制”，也就是对于审判委员会讨论决定的案件，将全体审判委员会委员组建为一种超级合议庭，法院院长担任审判长，通过庭审、评议、表决来形成最后的“决定”。对此决定，合议庭和独任法官都要遵守，并在裁判文书中载明审判委员会的意见和理由。审判委员会由过去的“法院行政会议”，被改造为一种“超级合议庭”，是这一制度发生的最新的也是最剧烈的变革。

根据根据广东省珠海市横琴新区人民法院的改革经验，在严格限定审判委员会讨论案件的范围的基础上，建立审判委员会通过开庭审理裁决案件的制度。具体来说，在保留“会议制”的基础上，引入“审理制”，也就是建立审判委员会委员组成合议庭直接审理案件的常态化机制。原则上，凡是审理结果“不直接对外”的，也就是不直接产生裁判结果的，可以继续采取会议制，包括本院生效裁判发生错误需要再审的案件，以及拟就法律适用问题向上级法院请示的案件。而在审理结果“直接对外”的情况下，也就是要产生新的裁判结果的情况下，原则上采取审理制，也就是由审判委员会委员组建超级合议庭，通过开庭审理作出裁决，具体适用的案件包括以下三种：一是拟宣告无罪、免予刑事处分或者拟在法定刑以下量刑的；二是检察机关依据审判监督程序提出抗诉的案件；三是有重大社会影响的案件。与此同时，建立重大、疑难、复杂案件的识别机制，确保“审理制”的适用具有明确的标准。〔1〕

北京市知识产权法院也在探索审判委员会制度的改革。该法院在区分事实认定问题和法律适用问题的前提下，给予合议庭和独任法官对事实认定问题完全独立的审判权。对于那些在法律适用方面存在争议的重大、复杂、疑难案件，在合议庭或独任法官完成事实问题的庭审之后，再由审判委员会委员组成合议庭就法律适用问题举行第二次庭审。具体做法是，由法院提前三天通知当事人参加庭审的审判委员会委员名单，当事人可以对这些委员提出回避申请。庭审过程中，审判委员会委员作为合议庭成员参加庭审，听取控辩双方

〔1〕 参见蔡美鸿主编：《横琴新区司法改革模式》，法律出版社2016年版，第34～35、236页。

对法律适用问题的辩论意见。庭审结束后，审判委员会委员就法律适用问题作出决定，合议庭按照审判委员会的意见作出评议和裁决。最终的裁判文书仍然要由合议庭名义发布，但要反映审判委员会委员关于案件法律适用问题的裁决意见和理由。[1]

应当说，上述两所地方法院并没有改变审判委员会决定案件的制度，所改变的主要是决定案件的程序，也就是由过去的“讨论制”或“会议制”改为现在的“审理制”。但在多数意见形成之后，审判委员会仍然要将决定意见和理由提交合议庭或独任法官，后者再根据审判委员会的意见进行评议并形成裁判意见，当然，对于审判委员会的决定，合议庭和独任法官必须服从。至于最终的裁判文书，仍然要由合议庭或独任法官加以署名，但要载明审判委员会的意见和理由。

这种将审判委员会讨论案件由“会议制”改为“审理制”的改革，尽管只是在极少法院进行尝试，却具有普遍而重大的意义。根据“让审理者裁判”的原则，审判委员会既然拥有对重大、复杂、疑难案件的实质裁决权，就应当亲自参与法庭审理，听取控辩双方的意见和辩论，然后形成自己对案件法律适用问题的裁决意见。尽管控辩双方发生争议的不是事实认定问题，而只是法律适用问题，但是，对此问题也应贯彻司法亲历原则，给予控辩双方向委员们发表意见的机会，这既符合程序正义的理念，也有助于委员们集思广益，从控辩双方的辩论中获取作出决定的灵感和信息，避免自由裁量权的滥用。更何况，在审判委员会可能承担“司法责任”的情况下，建立审判委员会委员亲自参与庭审的制度，也符合“权力、义务和责任相统一”的原则，使其避免承担不必要、不合理的职业风险。

但是，同样根据“让审理者裁判”的原则，审判委员会既然要对

〔1〕 参见最高人民法院司法改革领导小组办公室:《〈最高人民法院关于完善人民法院司法责任制的若干意见〉读本》，人民法院出版社2015年版，第109页。

案件进行开庭审理，并作出实质性的裁判，那么，为什么就不能对案件法律适用问题作出独立的裁决呢？换言之，审判委员会既然已经变成一种超级合议庭，那为什么就不能对一个案件的法律适用问题进行完整的法庭审理，并自行签署裁判文书呢？为什么在审判委员会作出决定之后，还要继续由原来的合议庭进行评议、表决并签署裁判文书呢？假如原来的合议庭成员并不同意审判委员会的决定意见，这岂不仍然要像服从行政命令一样遵从审判委员会的决定吗？在此情况下，原合议庭的独立审判权岂不受到破坏了吗？这岂不仍然属于“审理权与裁判权的分离”吗？

可以看出，受目前司法体制的制约，改革者虽然已经认识到审判委员会制度的基本缺陷，却仍然畏首畏尾，不敢对审判委员会制度作出完全符合司法规律的改革。其实，在推行审判委员会“审理制”的前提下，完全可以考虑将审判委员会改造成一种真正意义上的“大合议庭”。具体来说，凡是由审判委员会讨论决定的最重、复杂、疑难案件，一律由审判委员会委员组成合议庭，由院长担任审判长。在原来合议庭对案件事实问题审理结束后，应当由其出具裁判意见，然后再由审判委员会组成大合议庭，对法律适用问题进行第二次法庭审理。这种由全体审判委员会委员组成的“大合议庭”，可以由院长担任审判长，指定一名法官担任承办法官，并参照其他合议庭的审理方式，进行开庭前的准备工作。在庭审过程中，大合议庭要给予控辩双方进行当庭举证、质证和辩论的机会，在庭审结束后，应当进行评议和表决，以多数委员的意见形成裁判结论。最终，大合议庭的裁判文书应由参与庭审的审判委员会委员予以签署。由此，对于那些重大、复杂、疑难案件，未来可以由两个合议庭分别进行法庭审理，并形成两份裁判文书。其中，小合议庭（或独任法官）通过开庭审理事实认定问题，并形成独立署名的裁判文书；大合议庭（审判委员会委员组成的合议庭）则通过开庭审理法律适用问题，并形成由大合议庭署名的第二份裁判文书。

七、中国法院的内部独立问题

近年来，有关司法改革问题的讨论在法学界一直比较热烈。从具体的研究情况来看，可以说是不同专业、不同学科的学者均“轮番上阵”，都在对中国司法制度中存在的问题和弊病进行“问诊切脉”，都在为中国的司法改革提出各种制度上的设计和构想。这不能说不是一个好的景象。司法改革在各项政治改革中属于风险最小、社会效益却较大的领域。如果将司法改革作为整个政治改革这一系统工程的一个环节，而不是将其孤立起来加以对待的话，这种改革成功与否及收效多少，将直接影响社会公众对司法机构、司法制度甚至整个国家法律制度的信任和尊重，影响公众对国家政权权威性的信心。但是，如果有意无意地无视司法制度实际为政治制度的一个组成部分这一现实，以为只要建立了法官高薪制，实现了法官的专业化，克服了法院组织和审判活动中的行政化趋向，解决了司法中的地方保护主义，就可以完成或者基本完成中国司法制度的改革，那就真正地忽略了中国司法改革的复杂性和艰巨性。同时尤其值得注意的是，如果在批评甚至否定某一制度设计及其赖以存在的理念的同时，不能提出新的价值观念或者不能运用新的价值观念进行评价，有关司法改革的任何设计或设想都可能陷入盲目性甚至任意化。可以说，司法改革首先是一场观念和思想的革新。观念和思想并不能单独成为司法改革启动和成功的保证，但是没有新观念和新思想指导的任何改革是注定要失败的。这就应验了这样一个命题：进行任何改革时既要注意“主义”，也要重视“问题”，并且要在“问题”的解决过程中贯彻“主义”的要求。

在笔者看来，审判委员会问题的实质是中国法院如何建立内部独立机制的问题。在审判委员会制度之外，中国法院还存在院长、副院长、庭长、副庭长层层设置，下级法院请示上级法院以及最高人民法院对全国各级地方法院正在审理的案件加以审批等方面的普遍现象。这些本应存在于行政机关系统中的制度和实践，为中国法院普遍奉行为“潜规则”。这些“潜规则”不仅破坏了两审终审制，而且损害了各级法院相对于上级法院的独立自主性。在中国未来的司法改革过程中，法院系统内部的行政层级化和上下级法院事实上的“一体化”，恐怕将是实现司法公正的最大障碍。这一问题如果得不到任何实质性的解决的话，那么，无论是推行司法责任制、建立员额制，还是强化公开审判，都将是无本之木，其结果将是“南辕北辙”，改革越多距离司法公正的目标也就越远。

尽管司法权的独立行使向来被认为是一个政治理念，而且绝对的独立审判充其量只是一种遥不可及的理想，但是任何一个学者都不得不面对这样一个现实：追求司法的独立自主性永远是每一社会在进行司法改革时所要解决的重大课题。如同获得公正审判的目标一样，司法审判的独立自主性尽管不可能存在一个统一的最高标准，但是一些最低限度的审判独立标准却是每一个社会的司法制度都应当达到的。否则，人们完全有理由对这种司法制度作出消极的价值评价。这种最低限度的审判独立标准包括：法院在国家权力结构中应保持人事、财政预算、基础设施建设等方面的相对自主性，而不能在这些方面完全受制于法院外的行政机构，尤其是完全受制于地方各级行政机构；在法官的任职、升迁、薪金待遇、退休、免职、纪律惩戒等与个人身份有关的事务方面，应当有相对客观的标准，并由中立机构依公正程序作出决定，而不能完全受制于某一个人或行政机构；法官个人在审判案件方面应具有一定的独立自主性，非依法定程序，即使是法院的院长等司法行政领导或者上级法院也不能随意干预其审判；等等。法院作为最重要的司法机构，如果不具备这种最低限度的独立自主性，就会在国家权力结构中无法树立起崇高的地位和形象，也就会在人、财、物等各方面受制于行政机构，尤其是地方各级行政机构；法官个人在法院内部也会完全受制于其行政主管和上级法院。在这种情况下，无论是由法官主持进行的法庭审判，还是由审判委员会进行的案件讨论，自然都无法保持其自治性，司法审判必然徒有虚名。可以说，在这些最低的审判独立标准得不到实现的情况下，谈论审判委员会的改革问题将毫无意义。而这些审判独立的目标的实现，在中国还将需要很长的时间，还有很长的路要走。〔1〕

审判委员会制度的存废是与克服中国法院审判活动中的行政化倾向密不可分的。法院作为国家司法机构，其组织制度和审判程序均应按照有别于行政机构的原则进行设计。例如，与行政机构不同，法院的审判在启动时必须具有一种被动性或应答性，即不告不理，只有在有人或机构提出指控后才能开始审判活动，并且将其审判的范围严格限制在指控所确定的人和事的范围之内。〔2〕否则，如果法院在启动方面过于积极主动，就会丧失其赖以存在的中立性和超然性。又如，法院的审判无论采用什么样的组织形式，都应当体现多方参与的原则，即由控辩双方在裁判者面前同时到场，裁判者必须在一方在场的情况下听取另一方的意见和证据。而且法院的裁判结论还必须以它在法庭审判过程中直接接触和采纳的证据为根据。如果法院在制作裁判时将控辩双方或者其中一方排除在外，单独地、秘密地得出结论，那么法院的理性论辩、说服、交涉特征就不复存在了。而审判委员会所具有的行政会议的特征，破坏的恰恰就是法院在组织和审判程序方面的司法性质。要克服这一点，除了对审判委员会的人员

〔1〕　审判委员会讨论决定案件的制度破坏的是法院的“内部独立”，也就是法官和合议庭相对于法院内部行政领导和行政主管的独立性。事实上，如果不通过立法途径对审判委员会与法官个人及合议庭的关系加以规范，使法官和合议庭在受到有效约束的前提下享有审理和裁判上的独立自主性，那么法院即使在整体上具有独立审判权，也无法实现公正的审判，更无法在全社会建立法院作为司法裁判机构的良好社会形象。

〔2〕　参见陈瑞华：《司法权的性质——以刑事诉讼为范例的分析》，载《法学研究》2002年第5期。

构成进行重新设计以外，还必须对诸如法院院长和副院长的职责、业务庭庭长的权力范围、司法行政主管与法官个人之间的关系作出明确的限定。

为确保审判委员会讨论案件程序的公正性，对这一组织的活动方式加以改革的确是必要的。但改革必须遵循这样一个原则：任何对案件事实作出最终认定的裁判者必须参加法庭审判，直接接触和审查证据，当面听取控辩双方的言词辩论。为此，审判委员会无论由哪些人构成，都必须直接参加法庭审判。具体的改革方案可以包括以下两个环节：一是在审判委员会与合议庭之间进行职能方面的分工，案件事实一律由合议庭通过法庭审判加以认定，审判委员会不再就案件事实问题进行讨论和作出决定，而仅仅决定案件的法律适用问题；二是在案件决定由审判委员会讨论后，所有将要参加审判委员会会议的委员都必须参与法庭审判活动，这种参与只能采取院长主持下的听证方式，也就是由全体审判委员会委员组成前面所说的“超级合议庭”，使审判委员会委员真正作为裁判者，参与法庭审判的全部过程。

第九章　法官员额制改革的理论反思

一、问题的提出

作为新一轮司法改革的重要组成部分，员额制与司法责任制是保障我国法院实现精英化、独立化和公正化的两项举措。所谓员额制，是指在对司法审判人员、司法辅助人员和司法行政人员进行“分类管理”的前提下，为进入法官序列的人设置一定的员额限制，并确保那些审判业务精湛、品行兼优的审判人员，经过层层选拔，尤其是经过省级法官、检察官遴选委员会的考核审查，最终被任命为入额法官。无论是法院院长、副院长、庭长、副庭长，还是经过同级人大常委会任命的普通审判人员，都只有经过上述选拔和审查程序进入法官员额之后，才能行使审判权。而所谓司法责任制，则有两个方面的含义：一是“让审理者裁判”；二是“由裁判者负责”。前者意味着合议庭或独任法官拥有对案件的独立审判权，院长、副院长、庭长、副庭长则不再干预前者的审判活动，既不发布指令，也不再签署裁判文书，这些司法行政管理官员假如要审理案件，就只能在进入法官员额的前提下，通过加入合议庭或者担任独任法官，来行使对案件的审理权和判决权。而所谓“由裁判者负责”，则是指根据权力与责任相一致的原则，在合议庭和独任法官拥有独立审判权的前提下，对法官实行终身问责和责任倒查的制度。尽管这种责任主要还是一种办案责任，但是，责任追究的前提还是法官在审判过程中存在违法审判的情形，并造成法定的严重后果。在以上员额制和司法责任制的制度框架下，员额制是司法责任制的前提和基础，唯有让那些最优秀的司法精英进入法官员额，并大幅度减少法官的数量、提升法官的福利待遇和社会地位，合议庭和独任法官独立行使审判权才有实施的前提；也只有对入额法官在“实现精英化”“隆其地位”的前提下，对法官违反审判责任的追究也才有现实的基础。

经过几年的改革探索和逐步试点，全国法官员额制的推行已经基本完成。[1]经过这一改革，全国法官的总人数应从改革前的21万余人，减少为现有的12万多人。司法改革决策部门为入额法官确定了39%的最高限额，也就是各地法院最终确定的入额法官占全院政法专项编制总数的比例，不得超过39%。但是，为了给未来的审判人员提供晋升的通道，各地法院一般都没有将这39%的员额全部用满，而是预留了部分员额。这样，目前真正进入员额的法官所占据的比例也就介于33%～35%。与此同时，一些经济发达省份为解决“案多人少”“案件分布不均衡”的问题，还创造性地推行了以省为单位设置法官员额的经验，也就是在案件较多的地区突破39%的员额限制，个别地区甚至达到50%的员额，但在那些案件较少的地区则将法官员额设置为30%以下甚至更低。但总体上，全省入额法官的比例并没有突破所限定的比例。

在很多参与司法改革的司法界人士看来，员额制改革是这一轮

〔1〕 参见胡道才：《法官员额制改革“落地”后的思考》，载《中国社会科学报》2017年3月28日。

司法改革的重中之重，也是最难解决的难题。[1]由于很多已经被同级人大常委会任命为“审判员”或“助理审判员”的法官，可能因为无法入额而失去审判案件的权力，因此，确定哪些审判人员进入法官员额就成为一件敏感而又复杂的难题。与此同时，由于未来只有入额法官才享有独立审判权，而那些从事司法行政管理的官员无论职务有多高，只要无法入额，就都不得再从事审判工作，因此，法院内部拥有行政职务的官员的入额问题，也成为各方强烈关注的问题。应当说，员额制改革不仅会冲击现有的法院审判管理方式，而且会带来一系列的利益冲突。

那么，在经过数年的改革探索和人事磨合之后，各地法院基本完成了员额制的改革，这是否意味着员额制的推行就一帆风顺了呢？其实，仔细研读各地法院的员额制改革报告，就不难发现，目前所完成的改革主要是按照法定程序确定了入额法官，并将入额法官的数量控制在39%或者更低的限额之内。更确切地说，员额制改革的初步完成无非意味着入额法官的人数被控制在39%以内而已。[2]但是，仅仅将入额法官的人数予以减少，这难道就是员额制改革的主要目标吗？在入额法官得到确定，并组成审判团队之后，如何真正解决“案多人少”的问题？在法院院长、副院长、庭长、副庭长进入法官员额之后，如何解决司法行政管理与司法裁判的关系，从而保证这些人士承办更多的案件？在入额法官组成审判团队之后，如何设定合议庭审理案件的范围？要不要适度扩大独任法官审判案件的范围……这一系列的问题，可能都是员额制推行后所带来的新问题，也是这一轮司法改革所必须认真面对并加以解决的问题。[3]

〔1〕 参见严建漪：《员额制改革：一场动自己“奶酪”的硬仗》，载《人民法院报》2016年11月14日。

〔2〕 参见汪涵：《员额制改革初显成效》，载《民主与法制时报》2017年2月7日。

〔3〕 参见骆锦勇：《重视后员额制改革时期的挑战》，载《人民法院报》2016年10月21日。

本章拟对员额制推行后的新问题作出较为系统的考察。笔者将反思法官员额的设定依据，从院长、庭长入额后承办案件的难题出发，讨论法院司法行政管理体制的深入改革问题，并围绕解决“案多人少”的问题，对入额法官审判团队的构建发表看法。与此同时，本书还将对合议庭和独任法官审判案件的范围进行分析，并对审判效率的提高以及法官待遇的提高加以讨论。在笔者看来，在各地法院成功地减少法官员额之后，员额制改革并没有取得真正的成功，这一改革的推行还将经历一条漫长的道路，并需要通过进一步的体制改革，才能达到改革决策者所预期的效果。

二、法官员额的设定依据

目前，改革决策者将法官员额限定为法院内“中央政法专项编制”的39%。这里所谓的“中央政法专项编制”，是指自1982年以来实行的对全国各级公安、检察、法院、司法行政系统编制单列，实行统一领导，中央与省、市、自治区分级管理的人事编制制度。中央政法专项编制制度施行以来，公安、国家安全、检察、法院和司法行政系统的编制从“党政群机关”中分离出来，作为专项编制单独管理。确实，在设定这种政法专项编制时，有关部门考虑了基本国情、政法队伍规模、政法工作实际需要、财政承受能力和社会影响等因素，并确定了政法专项编制的总规模。而各级法院内的“中央政法专项编制”也是根据这一原则确定的，有着不可突破的编制规模。

具体到法院编制而言，这种政法专项编制也是中央将法院的总编制额度确定之后，再由最高人民法院向各高级法院、上级法院向下级法院通过层层划拨来确定的。但是，这种对中央政法专项编制的设定并没有根据不同地区的经济发展水平、地理环境、历史文化传统、诉讼案件数量、法官人均办案数量等更为复杂的因素来进行，造成不同地区政法专项编制数的设定缺少科学的评估，并难以在动态中进行必要的调整。与此同时，随着社会经济的发展，法院受理的案件量呈现出爆炸式的增长，尤其是在一些经济发达地区，“案多人少”的问题显得越来越突出。法院业内人士普遍认为，当前中央确定的政法专项编制数量太少，且变化调整难以满足审判事业的发展需要，已经严重制约了法院的发展和办案效率的提高。为应对日益繁重的审判工作和日益复杂的司法行政管理职能，越来越多的地方法院在中央政法专项编制之外，设定一些地方事业编制，以吸纳更多的工作人员。

在这一轮司法改革中，改革决策者为实现法官的精英化和专业化，就是在不突破这一法院内“中央政法专项编制”总量的前提下，设定了39%的法官最高限额。按照这一法官员额设定方式，先有一个不容突破的“中央政法专项编制”总量，然后才有法院内部在这一总量基础上的39%限额。但是，姑且不论法院内部的“中央政法专项编制”设定得是否科学合理，单就这一39%限额的设定来看，就容易忽略各个地区的具体差异，造成一些经济发达地区法官员额的严重不足，而一些经济欠发达地区法院则出现法官员额的超量供应。我们可以经济发达严重不均衡的广东地区为例，来审视法官员额制设定标准存在的问题。

据调查，广东省佛山市顺德区人民法院核定的政法专项编制为314人，经过2014年和2015年两次遴选，共有130名法官进入法官员额，这一数量已经超出核定政法专项编制的40%。但该区2016年受理案件总量已经突破4万件，入额法官人均办案量超过300件，达到全国法院平均数的4倍以上，也达到广东省法院平均数的3倍以上。深圳全市两级法院核定的政法专项编制是1906人，2015年已经确定入额的法官1065人，中院法官员额已经接近政法专项编制的60%，各区法院法官员额则接近65%，大大突破了“法定”的39%限额。相对于珠三角地区而言，广东其他地区法院的法官员额则出现了过剩的局面。例如，包括汕头、茂名在内的粤东、粤西、粤北地区，39%的法官员额显得明显过剩，一些地方甚至出现“案少人多”的局面，实际确定的入额法官占政法专项编制的比例也低于30%。〔1〕

为解决“案多人少”的问题，一些地方法院突破了根据政法专项编制数来确定法官员额的做法，实行一种根据单个法官平均办案数量来确定法官员额的制度，并取得了积极的效果。例如，广东省佛山市中级人民法院推行了一种“以案配人”的制度，也就是通过对未来一年受理的案件数量进行预测，在此基础上确定一个法官一年的办案工作量，从而确定来年的法官人员配置。具体而言，该法院每年年底都会对下一年度的收案情况进行预测，预测以各业务庭前30个月的收案数为基数，形成对下一年度收案数量的预估，再通过预测的案件数除以各部门每名法官应当办理的案件数，最终确定各部门下一年度的应配法官人数。这种“以案配人”的制度在探索中取得了积极效果，也无意之中触及员额制改革中的最核心问题——如何根据一个法官的有效工作时间来确定其一年的办案数量，并根据法院全年的收案数来确定所需要的法官数量。〔2〕

广东省珠海市横琴新区人民法院对法院改革作出了最前沿、最富有创意的探索。该法院根据“少而精”的原则，实行相对固定的员额制。该法院通过综合考虑横琴的社会、政治、经济、文化状况，并根据过去年均受理案件的数量，预估法院年均受案数量在2000～2500件。同时，再考虑案件审判质量和法官能力等因素，以每位法官年均办案250件为标准确定法官的员额。员额制一旦确定，就保持大体稳定；只有在员额空缺时才选任新的法官，也只有在受案

〔1〕 参见王逸吟：《法官员额制的广东试点》，载《光明日报》2015年6月8日。

〔2〕 参见陈陟云、孙文波：《法官员额问题研究》，中国民主法制出版社2016年版，第59页以下。

数量发生明显变化时，才对法官员额作出调整。总体上，该法院确定的法官员额为11人，其中8人为专职法官，3人则由院长、副院长兼任。从2013年至2016年的审判情况来看，该法院的法官员额设定经受了司法实践的检验，既保证了案件审判的质量，也避免了法院过去所司空见惯的“案多人少”的问题。[1]

迄今为止，在法官员额的设定问题上，我国实际出现了两种制度模式：一是按照中央政法专项编制的39%来确定法官最高限额的模式；二是根据法院年度收案数和法官人均年度办案数来确定法官员额的模式。前一模式比较注重对法官数量的严格控制，有助于实现法官的精英化和专业化。而后一模式则强调对法官年度审判工作量的科学评估，既维护司法裁判的公正性，也避免法官的超负荷工作。按照笔者的看法，未来法官员额制的改革应当将这两个模式加以折中处理，既要兼顾中央政法专项编制存在的现实，也要考虑法官的年度办案数量和审判工作承受力，从而使员额制改革走向良性循环的轨道。

在员额制改革推行的初期，由于法院的司法行政管理模式和法官的办案模式没有发生根本的转变，也由于入额法官人数的相对减少，可能在一段时间内带来甚至加剧“案多人少”的问题。但随着相关改革的稳步推进，员额制改革所带来的积极效果势必会显现出来。我们有必要思考一个问题：39%的法官员额是不是一定要用满用足？对于一个基层法院和中级法院来说，动辄设置100名以上的法官是否符合精英化和专业化的要求？更进一步地说，从未来加强法官职业保障、提高法官工资福利的角度来说，在入额法官保持如此高的人员规模的情况下，大幅度提升法官的尊荣感和社会地位，究竟具有多大的现实可能性？

---

〔1〕 参见蔡美鸿主编：《横琴新区司法改革模式》，法律出版社2016年版，第9页以及第16页以下。

三、法院司法行政事务的集中管理

迄今为止，各级法院的院长、副院长、庭长、副庭长大都顺利进入了法官员额，成为同时享有司法裁判权和司法行政管理权的“超级法官”。在各地法院都面临“案多人少”问题并深为“入额法官比例”所困的情况下，这些“超级法官”进入法官员额的问题，的确具有相当大的敏感性和争议性。根据司法责任制的要求，这些“超级法官”不再对其他合议庭或独任法官审理的案件进行审批或签署裁判文书，而应像普通入额法官那样，作为合议庭成员或者作为独任法官，亲自行使审理权和裁判权。然而，在现有体制不变的情况下，这些“超级法官”毕竟担任院长、庭长的行政职务，行使一定的司法行政管理职能，要指望他们像普通入额法官那样，全力以赴地从事审判工作，这是非常不现实的要求。这就必然意味着院长、副院长、庭长、副庭长在占据法官员额的情况下，只能完成普通法官一半以下甚至更少的审判工作量。于是，那些没有司法行政管理职务的普通入额法官，除了要承受较之改革前更大的审判工作量以外，还不得不分担这些“超级法官”一半以上的审判工作量。由此，普通入额法官的审判工作压力之大，也就可想而知了。

与此同时，在各级法院保留审判委员会制度的情况下，审判委员会仍然要对那些“重大、复杂、疑难案件”进行讨论并作出决定。这就意味着审判委员会仍然在行使着审判职能。既然如此，作为审判委员会委员的一些司法行政官员，如研究室主任、审判管理办公室主任、政治部主任等，也面临要不要进入法官员额的问题。这些官员假如不进入法官员额，就无法以审判委员会委员的名义行使司法裁判权。而假如将这些官员吸收进法官员额之中，那么，真正留给普通职业法官的法官员额又减少了一部分，普通入额法官的审判压力无疑就更大了。

员额制改革的经验表明，不对法院内部的司法行政管理体制作出全方位的改革，员额制的推行就将面临较大的体制阻碍。从广东省珠海市横琴新区人民法院和辽宁省葫芦岛市中级人民法院所作的最前沿探索来看，在法院内部废除审判业务庭的建制，取消庭长、副庭长的职务设置，对于员额制的顺利推行而言，或许不失为一种一劳永逸的改革方案。[1]而从甘肃省兰州新区人民法院的最新改革经验来看，在取消审判业务庭的基础上，组建若干个审判团队，所有法官均进入这些审判团队之中，享有独立审判权。[2]这三所法院改革的共同之处在于，在保留院长、副院长职务设置的前提下，不再设置刑事审判庭、民事审判庭、行政审判庭、立案庭、审判监督庭等审判业务庭的建制，所有庭长、副庭长在通过考核合格后，成为入额法官。由此，除了院长、副院长属于当然的入额法官以外，其他所有庭长、副庭长在失去司法行政职务之后，都变成了带有“行政职级”的入额法官。[3]

当然，仅仅废除审判业务庭的建制、取消庭长和副庭长的职务，而不对法院内部的司法行政管理体制进行进一步的改革，这还是远远不够的。毕竟，在过去保留院长、庭长的管理体制下，法院内部对司法行政事务采取了一种分散化的管理方式，也就是除了在法院层面上设置管理人财物和审判管理的机构以外，还将大量具体的行政事务赋予审判业务庭，使这些审判业务庭实际承担着大量繁杂的司法行政事务。假如要废除审判业务庭的建制，那么，这些本来由审判业务庭承担的司法行政事务将如何处置呢？

在这一方面，珠海市横琴新区人民法院作出了全方位的改革探

〔1〕 参见李岩峰、骆惠华：《机制一改天地宽——辽宁葫芦岛中院审判权运行机制改革调查》，载《人民法院报》2014年8月11日。另参见蔡美鸿主编：《横琴新区司法改革模式》，法律出版社2016年版，第8页以下。

〔2〕 参见赵志峰：《法院更像法院，法官更像法官》，载《法制日报》2017年3月31日。

〔3〕 参见覃爱玲：《葫芦岛中院审判权改革调查》，载《南风窗》2014年第17期。

索。该法院在取消审判业务庭的前提下，在法院内部设立“三办一局一队”，其中的“三办”是指“审判管理办公室”“人事监察办公室”“司法政务办公室”；“一局”是指“执行局”；“一队”则是指“司法警察大队”。审判管理办公室履行立案信访、司法公开、宣传等职能，同时作为审判委员会、法官会议的办事机构；人事监察办公室履行政工、纪检监察等职能，同时作为法官考评委员会的办事机构；司法政务办公室履行原来办公室、行政装备科、研究室的职能。执行局和司法警察大队保持职能不变。另外，取消审判业务庭之后，庭长的审判管理职责主要有法官会议及审判管理办公室履行，行政管理职责则由院长、人事监察办公室即司法政务办公室负责。[1]

通过上述司法行政管理体制改革，横琴新区人民法院将原由审判业务庭承担的司法行政事务全部收归法院层面进行专门管理，通过设置若干个办公室，实现了司法行政事务的集中管理。按照通常的说法，在法律制度的功能没有消失的情况下，这一制度的废除将是不可能的。既然审判业务庭的司法行政管理职能被整体移交给专门机构行使，既然法院对司法行政事务进行集中统一的管理，那么，审判业务庭的废除也就水到渠成了。在此基础上，那些行使司法行政管理权的庭长、副庭长职务也就不再保留，所有进入员额的法官都平等地享有独立审判权，并承担相应的司法裁判责任。与此同时，那些作为司法行政管理官员的研究室主任、审判管理办公室主任、政治部主任等，也不再进入法院审判委员会，而仅仅在法院层面对法院司法装备、审判绩效、政务人事、纪律监察等行使管理权。未来的法院审判委员会假如要继续保留的话，就可以仅仅吸收法院院长、副院长以及真正的资深法官参与其中，这些人士成为审判委员会委员的前提是他们都必须属于入额法官，拥有独立行使审判权的资格。由此，困

〔1〕 参见蔡美鸿主编:《横琴新区司法改革模式》，法律出版社2016年版，第8页以下。

扰法官员额制改革的几个主要障碍也就消除了。

不仅如此，根据珠海市横琴新区人民法院的改革经验，在全面推行法官员额制之后，法院院长将同时担当首席法官和司法行政最高负责人的双重角色。法院未来究竟需要设置多少位副院长，这也是值得认真研究的问题。按照我国多年来实行的“分管院长”制度，副院长的设置是与现行的审判业务庭的建制相适应的。可以说，在院长统一领导下，每一审判业务庭都有相应的分管副院长来进行管理和领导。假如按照横琴新区人民法院的改革经验，未来的审判业务庭逐步得到全面取消的话，那么，那些因审判业务庭而设置的“分管副院长”也就没有必要设置了。[1]考虑除了审判委员会之外，法院内部已经设置了专业审判委员会和法官会议，遇有重大、复杂、疑难案件的法律适用问题，需要提交讨论的，主审法官完全可以提交专业审判委员会或者法官会议进行“专家集体会诊”，后者可以就法律适用问题向其提供咨询意见，以协助其解决那些有专业性和前沿性的法律适用难题。既然如此，法院内部继续设置分管院长的必要性也就不复存在了。按照笔者的设想，法院除院长以外，只要在设置两位副院长也就足够了，其中一位副院长协助院长进行指导法官的审判活动，另一位副院长则协助院长进行司法行政业务的管理工作。甚至还可以考虑在法院内部设置“司法行政事务院长助理”的职务，使其在不进入审判委员会、不履行任何审判职能的情况下，专门协助院长从事司法行政事务的管理工作。

四、入额法官审判团队的构建

在员额制改革全面推行之后，入额法官的人数较之原有审判人员的数量有了显著的减少，而法院审理案件的数量却呈现出有增无

---

〔1〕 邢世伟：《横琴法院司法改革探索：取消审判庭，设专职法官》，载《新京报》2014年5月29日。

减的发展态势，这就使“案多人少”的问题更加凸显出来。如何在入额法官人数减少的情况下，大幅度提高单个法官的审判效率，这是各地法院都需要认真面对并提出有效解决方案的难题。

然而，我国法院传统上实行的是法官“事必躬亲”的办案模式，除了在一个审判业务庭设置若干个书记员、司法警察以外，每个审判员、助理审判员一旦受理案件，就要独自完成从庭前准备到起草裁判文书在内的全部工作。这种带有“手工作坊”性质的办案模式，不仅带来了法官办案效率低下、案件久拖不决的问题，而且也无法保证法官将主要精力投入到研究法律适用问题、提高审判质量、加强裁判文书说明性等工作之中，无法造就真正的精英法官，更谈不上打造精品案件了。

早在21世纪初，最高人民法院的一些有识之士就已经意识到这一问题的严重性，逐步提出了增设法官助理的改革设想。这一改革设想在最高人民法院的前三个五年改革纲要中已经有一定的反映。但是，受那种严重滞后的审判管理体制所限，法官助理制度一直没有得到真正全面的推行。法官“事必躬亲”的办案模式没有发生实质的变化。在2014年以后，随着员额制和司法责任制的全面推行，法院开始启动真正的人员分类管理，法官助理作为一种重要的“审判辅助人员”，开始被视为一种保证入额法官独立审判的重要力量。按照最高人民法院的改革设想，无论是合议庭还是独任法官，行使审判权过程中都要组建审判团队，法官助理和书记员将是审判团队的重要组成人员。法官助理主要协助法官完成一系列审判辅助性工作，包括审查诉讼材料，协助法官组织庭前证据交换；协助法官组织庭前调解，草拟调解文书；协助法官办理财产保全和证据保全工作；协助法官办理委托鉴定、评估工作；协助法官准备与案件审理有关的参考资料；协助法官草拟裁判文书；等等。而书记员则主要负责以下审判事务性工作：庭前准备的事务性工作；检查诉讼参与人的出庭情况，宣布法庭纪律；负责案件审理中的记录工作；整理、装订、归档案卷工作；等等。

根据各地的改革实践，审判团队大体分为合议庭模式和独任法官模式两种。合议庭的审判团队一般由1名主审法官、2名以上法官（或人民陪审员）、数名法官助理以及一名书记员组成。而独任法官模式则一般由1名主审法官、数名法官助理、1名书记员组成审判团队。例如，广东省广州市中级人民法院就按照1名法官、1名法官助理和1名书记员组成标准审判团队。同时，建立适度的增补调配机制，也就是为那些审判案件数量较多的法官配备2名以上的审判辅助人员。广东省深圳市福田区人民法院按照“1+2+3+4”的审判团队模式，也就是组建以审判长1人为核心，辅之以法官2人、法官助理3人和其他司法辅助人员4人的大审判团队。[1]

作为法院改革的最大胆探索者，珠海市横琴新区人民法院在创制了“少而精”的法官队伍之后，又组建了“专而足”的审判辅助人员队伍。在目前确定11名法官员额的前提下，为每个法官配备3名法官助理和1名书记员。未来根据审判辅助人员编制的变化情况，还将适度增加审判辅助人员的配置。除此以外，根据办案情况，该院还按每200件执行案件配备1名执行员，负责生效裁判的执行工作；为每250件案件配备1名司法警察，负责值庭、警卫、押解等司法警察事务。[2]

各地员额制改革的经验表明，法官员额制的有效实施，有赖于审判团队的组建和良性运转。[3]可想而知，在一名法官动辄承担200件以上的年度办案任务的情况下，要指望该法官单独完成所有的审判工作和审判辅助性工作，这是一种不切实际的制度安排，其实施结果

〔1〕 参见最高人民法院司法改革领导小组办公室：《〈最高人民法院关于完善人民法院司法责任制的若干意见〉读本》，人民法院出版社2015年版，第62～63页。

〔2〕 参见蔡美鸿主编：《横琴新区司法改革模式》，法律出版社2016年版，第9～10页。

〔3〕 参见骆锦勇：《如何科学构建审判团队》，载《人民法院报》2017年3月23日。

要么是办案质量无法得到保证，要么是法官以身体健康乃至生命为代价进行“透支性”审判工作，而不具有任何可持续性可言。相反，在适度减少办案法官数量的情况下，为每名法官配备一定数量的法官助理和书记员，这可以使法官从繁重、琐碎的庭前准备和庭外协调工作中解脱出来，将精力主要投入审判质量的提高和裁判文书的充分说理上面。而在法官的指导下，法官助理就像法官的学生或学术助手一样，为其承担诸如协助调解，全面阅卷并制作阅卷摘要，查找相关法律条文、相似案例和学术观点以及草拟诉讼文书等大量繁杂的审判辅助工作，书记员则在法庭审理过程中按照法官的要求从事审判事务性工作。通过组建这样的审判团队，法官的审判效率可望得到显著的提高，法官助理在协助法官完成工作的同时，自身的素质和实践能力也可以得到相应的提高，从而有可能成为未来的法官人才储备力量。可以说，只要法官助理和书记员人数配备得当，单个法官的办案质量将得到显著的提升，年度办案效率也将得到大幅度提高。

当然，在入额法官组建审判团队方面，目前还存在一些亟待解决的问题。除了包括广东地区在内的一些沿海经济发达地区以外，全国大多数地方的法院在组建审判团队方面进展缓慢，有些地方甚至还在延续多年来实行的法官“事必躬亲”办案模式。究其原因，法官助理人事编制制度的僵化以及法院经费的不足可能是主要的制约因素。目前，一些地方法院为保证一名法官至少配备一名法官助理，还举行了全省或全市范围内的法官助理招录工作，试图吸收更多的应届法科毕业生从事这项工作。但是，包括北京在内的很多省份，要实现一名法官配备一名法官助理和一名书记员的最基础审判团队配置，还面临着重重困难，有很长一段路要走。

其实，根据一些西方国家的法制经验，法官也可以根据审判工作的需要，自行招录一些临时性的法官助理。例如，在美国，无论是联邦法官还是州法官，都可以从应届法学毕业生中招录法官助理。通常而言，那些知名法学院排名前十的应届毕业生，不仅学业成绩名列前茅，而且担任过本法学院法律评论编辑工作的优秀毕业生，最受法官的青睐，也最有可能被聘用为法官助理。法官聘用谁担任法官助理，聘用几名法官助理，基本上由法官自主决定。但法院要为每名法官提供数量相对固定的经费，由法官用作支付法官助理的薪金。这种临时招录的法官助理，不是固定职位，持续时间最多是一年或者两年。当然，每名法官也可以有一名固定的法官助理，后者属于法院聘用的编制内审判辅助人员。美国实行的这种临时性法官助理制度，不仅为法官解决了审判助理人手不足的问题，也使这些临时性法官助理得到了技能培养和实务训练，为美国法律精英培养了一支后备力量。很多著名的法官、检察官、律师、法学教授，都有过担任临时性法官助理的经历。

目前，我国法官员额制改革的推进与僵化保守的审判管理体制发生了越来越多的冲突。在众多省份无法大规模解决法官助理人事编制的情况下，借鉴西方国家的法制经验，实行临时性的法官助理制度，或许不失为一种有效的变通改革方案。我国有那么多的大学设置了法学院系，每年毕业的法科本科生和研究生达到数十万人。假如各地法院转变观念，允许法官从当年大学法学优秀毕业生中招录一些法官助理，并为其设定担任临时性法官助理的年限，那么，这将大大缓解由法官助理人员匮乏所带来的压力。在笔者看来，为每一名入额法官设置一名专职法官助理和一名专职书记员，这是保证员额制有效运行的最起码要求。在此基础上，应当通过实行临时法官助理制度，来解决法官办案工作压力过大的问题。

与此同时，在审判团队组建过程中，除了法官助理和书记员以外，司法警察和其他审判辅助人员的配备也应提上议事日程。入额法官审判团队的构建，将带来法官办案模式的巨大转变。过去，法官隶属于某一审判业务庭，根本没有自己的独立审判团队，只能与别的法官共同使用书记员、司法警察，甚至轮换使用审判法庭。现在，在员额制得到推行之后，入额法官具有独立自主的审判权，也称为事实上可以独立签署裁判文书的承办法官。即便案件由合议庭负责审判，负责案件审判的仍然是某一承办法官，其他法官只是协助其组成一个合格的合议庭，而承办法官还可以直接使用人民陪审员，来协助其组成合议庭。有鉴于此，未来法官审判团队的组建，应当辅之以固定审判法庭的设置，使法官的办公室与固定使用的审判法庭连接起来，并配备相对固定的司法警察。在这一相对固定的审判法庭内，法官成为审判团队的最高负责人，法官助理和书记员从事审判辅助性工作，司法警察为其提供值庭和安全保障工作。在有条件的法院，甚至可以考虑改变法院建筑物的内部结构，在法官享用专门的办公室和审判法庭之余，为其配置专用的图书室和休息室，外部则冠之以“某某法官审判区”的名牌。这不仅有助于保证法官办案效率的提高，而且也可以大大提升法官的尊荣感。

五、法官独任审判案件范围的扩大

长期以来，我国法院在审判组织的构建上，实行的是以合议制为原则、以独任审判为例外的方式。具体来说，在基层法院，除了那些适用简易程序的轻微案件以外，一般案件都要由合议庭进行审理和作出裁判。而在中级法院以及更高审级的法院，案件不分轻重，一律由合议庭负责法庭审理。一般来说，合议制被视为民主集中制的体现，更有利于贯彻集体决策的原则，避免单个法官或因为独断专行或因为知识经验欠缺而造成错误的裁判结果。

但是，由于法院“案多人少”问题由来已久，也由于多年来实行“承办法官负责具体案件”的审判惯例，合议制在司法实践中基本上是流于形式的。表面看来，合议庭组成人员拥有对案件的审理权和判决权，但实际上，真正对案件负责并自始至终主持对案件的审理和裁判的还是承办法官。通常情况下，这位承办法官就是合议庭的审判长或者主审法官，他或者与两名法官组成合议庭，或者与人民陪审员组成合议庭。但在院长、副院长、庭长、副庭长参与合议庭的情况下，审判长则要由具有上述职务的法官来担任审判长。而在两名合议庭成员具有上述行政职务时，则要由具有较高行政职务的法官担任审判长。但无论如何，无论是庭前准备、庭外调查、法庭审理，还是裁判结果的形成乃至诉讼文书的撰写，最终对案件承担责任的还是承办法官。有时候需要向审判委员会或者上级法院汇报案情时，承办法官也要责无旁贷地承担这些庭外或庭后的工作。从根本上看，承办法官制度的运行，造成承办法官真正行使审判权，其他作为合议庭成员的法官则放弃对案件的实质审判权。可以说，在实行合议制的情况下，从形式上行使审判权的是合议庭，但从实质上行使审判权的则是承办法官。

在合议制名存实亡的情况下，越来越多的研究者主张适度扩大独任法官的审判案件范围。毕竟，相对于独任法官而言，合议庭的审判活动既缺乏效率，又造成诉讼资源的浪费。首先，在承办法官与另外两名法官组成合议庭的情况下，对同一案件的审理要由三名法官参与其中，这与一名法官独任审判相比，显然是不符合诉讼经济原则的。其次，合议庭无论是由三名法官组成的，还是法官与人民陪审员共同组成的，都面临不同合议庭成员的诉讼分工和集体决策问题，无论是法庭上的共同发问，还是庭审结束后的共同评议，都要比法官独任审判耗费更多的时间。最后，在合议庭成员的意见存在重大分歧，特别是在承办法官的意见不被另外两名合议庭成员认可时，案件就可能被提交审判委员会进行讨论决定，而审判委员会的讨论决定程序一旦启动，案件的诉讼效率显然就受到消极的影响。

在2014年开始推行员额制改革之后，入额法官的数量明显少于原来有权审判案件的法官的数量。再加上进入法官员额的院长、副院长、庭长、副庭长的年度办案数难以达到入额法官办案数的一半，这导致法院“案多人少”的问题更加严重。越来越多的研究者认为，在员额制改革普遍推行之后，压缩合议庭审理案件的范围、扩大独任法官审理案件的范围，就变得不仅具有必要性，而且具有现实的紧迫性了。毕竟，单个入额法官所承担的审判数量，较之改革前而言，可能会有一倍以上乃至更大幅度的增长。假如再像过去那样，继续实行以合议庭审理为原则的做法，那么，几乎所有入额法官都会出现“不堪重负”的局面，甚至会造成灾难性的案件积压现象。不仅如此，随着司法责任制的推行，入额法官在统一行使审理权和裁判权的同时，还会因违法审判行为而承担责任倒查和终身问责的后果，这种近乎苛刻的审判责任追究制度，也使过于强调合议庭审判难以分清责任，而适度扩大独任法官的审理案件范围，反而有助于实现法官责任与权力的统一性，促使法官为避免承担严厉的司法问责而洁身自好和谨言慎行，防止法官作出有违事实和法律的错误裁判。显然，司法责任制的推行也使扩大独任法官审理案件的范围变得具有较大的可行性。

既然压缩合议庭审理案件的范围既具有必要性也具有可行性，那么，我们就可以进一步讨论对这一审判组织审理案件的范围压缩到什么程度了。在笔者看来，在基层法院负责审理的案件中，除了那些法定的“重大”“复杂”“疑难”案件以外，一般案件都应一律交由法官独任审判，而不再由合议庭负责审判。换言之，合议庭审理案件的范围大体上与审判委员会讨论案件的范围保持一致。从各地基层法院目前审判委员会讨论案件的比例来看，这些“重大”“复杂”“疑难”案件一般占全部案件的10%以内，这一比例在有些法院甚至低于5%。与此相适应，基层法院受理的案件将有90%以上可以交由独任法官负责审判。

不仅如此，中级法院负责审理的初审案件和上诉审案件是否一律都要实行合议制呢？答案也是否定的。在笔者看来，凡是一审法院采取法官独任审判的案件，经过上诉或者抗诉进入二审程序的，二审法院一律继续实行法官独任审判的原则。反之，原来由一审法院通过合议庭作出判决的案件，二审法院则要组成合议庭进行审判。至于中级法院受理的一审案件，由于本来就属于重大、复杂的案件，因此原则上都要提交合议庭进行审判，而不再实行法官独任审判的方式。

在合议庭审理案件范围受到限制的情况下，如何防止合议制流于形式呢？毕竟，假如继续实行现行的承办法官制度，合议庭审理案件的范围即便受到压缩，其流于形式的局面仍然将维持下去，这仍然会令人质疑合议制究竟有无实质的意义。

其实，只要我们继续保留合议制这种重要审判组织形式，就不能不进一步思考如何实现“合议制实质化”的问题。根据“责、权、利相统一”的原则，要避免合议制的形式化，我们有必要考虑建立固定合议庭的改革构想。换言之，凡是由三名法官组成合议庭的，这些法官都必须是入额法官，并组成相对固定的合议庭，对于所审理的案件采取共同受理、共同审理、共同形成裁判意见、共同承担审判责任的做法。只要合议庭成员集体承担审判责任，而不是单单由承办法官一人承担审判责任，那么，作为合议庭成员的三名法官就不会对承办法官的裁判结论不闻不问，而会发挥集体讨论、集体决策的责任和智慧，尽力避免案件出现错误的裁判结局。另外，即便是由法官与人民陪审员共同组成合议庭的，人民陪审员的人数也应当超过法官的人数，也就是组成由1名法官加2名人民陪审员的小陪审法庭，或者组成由3名法官加上4名人民陪审员的大陪审法庭。但无论合议庭组成情况如何，人民陪审员也应与法官一起，承担必要的审判责任。只不过，对人民陪审员追究审判责任的方式，可能与对法官的责任追究方式要有所区别对待。比如，对于人民陪审员追究审判责任可以考虑采取警告、暂停陪审资格以及彻底取消陪审员资格的惩罚方式，情节严重、构成犯罪的，也可以追究其刑事责任。

六、集中审理的实现

法官员额制的推行，导致大量拥有“审判员”“助理审判员”身份的人士，无法进入法官员额，也失去了审判案件的权力，从而带来一线审判法官人数的显著减少。这打破了原有的司法资源投入与受理案件数量之间的平衡，带来越发严峻的“案多人少”问题，使提高诉讼效率、解决案件积压问题成为法院改革所面临的头号难题。迄今为止，我国法院改革的很多举措都是为着解决这一问题而逐步推进的。例如，通过推行司法责任制，使合议庭和独任法官享有独立审判权，逐步废止院长、庭长审批案件和签署裁判文书的做法；通过组建法官审判团队，为法官配备审判辅助人员，提高法官单位时间里审结案件的效率；通过压缩合议制的适用范围，适度扩大法官独任审判的案件范围，使单个法官在单位时间里审理案件的数量得到大幅度的增加……应当说，上述改革无论是对节约诉讼成本还是对增加审判产出而言，都可以产生积极的效果。但是，无论是单个法官在单位时间里审结案件的数量，还是一个法院全体法官面对蜂拥而入的案件的司法应对，归根结底还会受到个案审判流程和结案周期的影响。在对法院内部司法裁判决策方式、审判团队以及合议制的适用范围作出调整之后，我们有必要对各类案件的审判流程作出必要的简化，以尽可能压缩个案审判的诉讼周期，避免不必要、不合理的诉讼拖延。

对于这一问题，改革决策者显然已经有了初步的认识。民事诉讼法已经确立了小额诉讼程序，使那些较为轻微的民事案件可以得到快速的审理和判决。而自2014年以来，随着“认罪认罚从宽制度改革”的逐步试点，一种有别于现行简易程序的刑事速裁程序在轻微刑事案件中得到试行，并取得了积极的效果。无论是民事诉讼中的小额诉讼程序，还是建立在认罪认罚从宽政策基础上的刑事速裁程序，都是在轻微案件的审理中发挥了缩短诉讼周期、降低诉讼成本的作用。但在普通案件审判流程的制度安排上，目前尚未出现有针对性的重大改革方案，还存在节约诉讼资源、降低诉讼成本的巨大改革空间。

其实，通过认真观察我国普通审判程序的全部流程，我们不难发现，法庭审理过程既不复杂，也没有耗费过多的诉讼资源。法庭耗费时间最多的通常是三个诉讼环节：一是开庭前的准备；二是庭审过程中的休庭；三是庭审结束后对裁判结论的形成。首先，尽管各地法院已经普遍实行“排期开庭制度”，但是，在一个案件被分配给某一合议庭或者独任法官之后，距离案件真正进入开庭审理，还需要经历一个较长的庭前准备流程。这一方面可能是因为承办法官同时受理了多个案件，需要进行请示汇报，或者需要进行庭外调查核实有关证据；另一方面也可能是因为法官没有充分利用庭前会议，无法对控辩双方的诉讼请求进行集中处理，也难以对控辩双方提出的程序性争议进行集中解决，从而导致开庭前的准备活动持续时间过长，对于控辩双方提出的诸如传召证人出庭、调取相关证据、重新鉴定等诉讼请求，承办法官无法给出权威的、及时的处理方案。

其次，在开庭审理过程中，遇有影响诉讼进程的事项，法庭随意休庭，中断正常的审判流程，且在短时间内不恢复法庭审理过程，从而造成法庭审理时断时续，无法实现法庭审理不间断地进行。迄今为止，我国法律只对某一审判程序设定了最高审判期限，但也确立了突破这一审限的例外情形和审批程序。然而，对于法庭开庭审理过程中休庭的次数和持续时间却没有作出明显的限定，结果导致法庭休庭和中断庭审的随意性。经验表明，法庭在休庭期间所进行的

"庭外活动"，不仅效率非常低下，而且由于没有诉讼各方的同时参与，也导致诉讼效果并不理想。结果，在动辄数周乃至数月的休庭过后，法官恢复开庭审理，对于前面已经进行完毕的法庭调查活动，已经记忆模糊，难以从中产生清晰的内心确信。

最后，在对普通案件开庭审理结束后，法庭很少进行及时评议并形成裁判结论，而普遍采取所谓的"定期宣判"方式。我国法律对于法庭审理结束后的休庭时间也不作出任何限制，结果导致这一休庭动辄延长到数周乃至数月，特殊案件甚至延长到一年以上。与此同时，法律对于所谓的"定期宣判"也没有限定需要宣判的最高期限，结果导致法庭对一个案件庭审结束后长时间里迟迟不宣告裁判结论。法庭之所以这样做，可能是因为它本身没有独立审判权，一旦遇到"重大""复杂""疑难"案件，尤其是遇到社会关注度较高的敏感案件，就需要向庭长、副院长、院长进行请示汇报。而案件假如被提交审判委员会讨论的，承办法官还要向审判委员会进行汇报；案件需要向上级法院请示汇报的，承办法官乃至院长、庭长也要准备提交给上级法院的汇报材料。这些发生在庭审之外的内部请示汇报活动，大大延缓了法庭形成并宣告裁判结论的时间，造成案件在庭审结束后迟迟无法形成裁判结论的局面，使整个案件的结案周期大幅度延长。

导致法庭迟迟无法形成裁判结论的原因，还有承办法官乃至合议庭对审判责任的推诿和规避，以及主动对独立审判权的放弃。我国实行的司法责任制，强调"让裁判者负责"，并为此确立了责任倒查和终身问责机制。这种基本不受"追诉时效"限制的超级审判责任制度，造成法官人人自危，也迫使法官尽量规避可能的职业风险。于是，遇有略敏感的案件，承办法官在庭审结束后根本不敢下判，而是尽可能获得庭长、院长或者审判委员会的意见，或者获得上级法院的裁判意见，然后才根据这些意见形成最终的裁判结论。在这种层层请示和责任规避的氛围中，案件的结案周期也只能一延再延。另外，遇有各方存在重大争议的案件，承办法官也不敢贸然下判，而只能等待法院与其他机关进行反复协调。尤其是那些面临当事人上访的案件，或者可能被宣告无罪的案件，法院面临公安机关、检察机关乃至当地党委政府的巨大压力，只能等待由当地政法委员会组织的协调。经过这种反复协调之后，这类案件的结案周期肯定会大幅度延长了。

在员额制改革普遍推行之后，面对不断攀升的受理案件量，也面对入额法官人数明显减少的现实，各地法院都有了提高诉讼效率、压缩案件结案周期的强烈愿望和迫切需求，也为我国法院真正贯彻审判集中原则带来了历史性的机会。经验表明，要真正压缩案件结案周期，就不能仅仅在简化法庭审理程序上做文章，而应当将改革的视野投向大幅度简化庭前、庭外和庭后诉讼环节上。考虑到我国正在推行司法责任制，注重“让审理者裁判”，已经开始取消院长、庭长审批案件和签署裁判文书的做法，因此，这为我们走出法院内部请示汇报制度创造了一个良好的制度保障。在此基础上，我们有必要重新考虑如何确保法官在法庭审理中形成裁判结论，而不是在庭审之外寻找裁判的灵感。

为贯彻审判集中原则，有必要对开庭审理时间与庭前准备时间作出区分。原则上，对于法官的开庭审理时间，法律不必作出任何限制，只要法官不存在故意拖延庭审的情况，法庭开庭时间就不应受到限制。但是，对于开庭前的准备时间，法律则应作出明确的限制，对于合议庭组成之后、启动开庭审理的时间，应当有一个最高期限，在没有正当理由超出这一期限之后仍然不开庭审理的，法官应被视为构成程序性违法行为。为避免庭前准备环节的拖延低效，法官应尽量通过召开庭前会议，使控辩双方的程序性争议尽量解决在这一环节，也使得控辩双方的诉讼请求尽可能及时提出，并得到法庭的合理回应。

与此同时,对于开庭审理时间与庭外调查核实证据的时间应作明确区分。原则上,法律所限制的应当是法庭的休庭时间,应要求法庭在不得不中止诉讼进程之后,在尽可能短的时间内恢复法庭审理进程。为此,法律应对法庭休庭的次数和持续时间作出明显限制,确定单个案件休庭的最高期限,超出这一期限,法庭所进行的法庭审理活动应被宣告无效。

不仅如此,对于法庭审理结束后的宣判时间,法律也应作出明确的限定。原则上,法庭审理结束后,法庭必须要有一个形成并宣告判决的最高期限。超出这一期限,法庭审理也应被宣告无效。为避免法庭进行任意的"定期宣判",法律应尽量将"当庭宣判"列为一般原则,而将"定期宣判"设定为例外情形并为定期宣判确定明确的适用条件和审批程序。经验表明,大力推进法庭"当庭宣判",是避免诉讼拖延的治本之道,也是有效贯彻合议制、维护庭审实质化、发挥人民陪审员作用的必由之路。

七、入额法官的职业保障

在法官员额制改革初步完成之后,入额法官的数量显著减少,入额法官所承担的审判工作量成倍增长。而在司法责任制得到推行之后,伴随着院长、庭长审批案件和签署裁判文书制度退出历史舞台,入额法官拥有了独立审判权,但因为审判责任制的存在,法官的审判工作压力和职业风险也在明显增大。于是,我们不得不考虑一个问题:在员额制所带来的司法精英化得到实现之后,如何为法官建立一种必要的职业保障机制?

首先,需要考虑的是如何建立一种有别于公务员的法官职业晋升机制。员额制的推行,确实可能导致审判业务庭和庭长、副庭长的设置逐渐淡出,甚至逐步得到取消,除极少数具有院长、副院长职务的法官以外，其他所有法官都将失去司法行政管理职能，而平等地行使司法裁判权。这种职业氛围的养成，为我们创立一种特殊的法官职业晋升机制奠定了基础。

有必要考虑取消普通法官的行政级别，使其不再根据公务员行政职务系列进行升迁。原有的那种将法官按照科级、处级、局级、部级向上升迁的机制，客观上将法官纳入公务员的职务管理系列之中。这会造就同一法院不同法官之间身份、地位的不平等状态，难以维护法院内部的审判独立。与此同时，按照所谓“上级领导下级”“下级服从上级”的原则而建构起来的上下级法院关系，也因为上下级法官行政级别的相差悬殊，而造成下级法官独立性的降低，以至于严重影响了法院上下级之间的审级独立。有鉴于此，对于普通法官的行政级别应当逐步废除。废除的方法是逐步取消那些依附于行政级别的工资差异和福利待遇，使法官的行政级别与其社会评价没有实质的关系。将来在条件成熟时，将那种形式上的法官行政级别彻底取消。当然，法院院长、副院长作为司法行政事务的管理者，其行政级别的取消取决于所在法院行政级别的消失。各级法院的行政级别短时间内难以消失时，这些管理者可能还要继续保留行政级别。但是，一旦进入行使审判权领域，院长、副院长的行政级别就不再发挥作用，而与其他普通法官享有平等的审判权。

那么，在法官的行政级别逐步取消之后，如何构建一种特殊的法官晋升渠道呢？笔者认为，可以考虑彻底激活我国法官法早就设定的法官等级制度，并使这些法官等级与工资福利和社会评价发生直接的联系。譬如，未来法律应为十二级法官分别设立具体的工资待遇、福利保障以及其他尊荣地位，使处于不同等级的法官、高级法官、大法官和首席大法官，根据其所承担的审判职责的不同，在工资福利方面获得必要而合理的差别待遇。

其次，在确立有别于公务员的法官职务晋升机制的基础上，我们需要考虑法官的工资待遇和福利保障问题。长期以来，法官的工资福利通常比照同级公务员来加以确定，致使法官职业的特殊性和重要性都没有得到充分体现。法官工资福利在低水平徘徊，从积极的方面说，难以激发法官"服务于正义事业"的使命感和尊荣感，更谈不上成为"社会正义的最后一道屏障"。而从消极的角度来看，处于低收入群体的法官，可能不珍惜法官这一职业，很难抵制各方面的不当诱惑，以至于走上权钱交易乃至司法腐败的道路。有鉴于此，在法官精英化得到初步实现之后，应当根据不同法官等级重新确立相应的工资福利，从而重新构建法官薪金制度。鉴于目前法官的工资福利水平，改革法官薪金制度的核心应当是提升法官的工资福利水平。至于法官"增长工资"的幅度究竟有多大，那还要根据一系列因素来进行科学的评估和衡量。但至少，法官的平均工资福利应大大高于公务员的工资福利标准，并不低于法学教授的平均工资待遇水平。

最后，在法官审判责任的追究方面，司法改革决策者固然强调了"责任倒查"和"终身问责"的原则，但是，在实际追究法官审判责任时还是应该充分兼顾法官职业的特殊性。原则上，为保证法官独立行使审判权，有必要确立法官在审判过程中的职业豁免权，避免其受到不必要和无根据的责任追究，从而为其独立审判创造一个良好的环境。对于法官审判责任的追究，不应当"唯结果论"，而应追究法官的"违法审判责任"，就是以违反程序法和实体法为前提来追究其法律责任。与此同时，对于严重违背法律职业伦理规范、败坏法官声誉的行为，也应纳入法官责任追究的体系中来，使法官责任追究发挥维护法官纲纪、清除害群之马的作用。

在法官责任的追究方面，除了要确立严格的责任标准以外，还需要建立一套特殊的纪律惩戒程序。迄今为止，各省、市、自治区都建立了法官、检察官惩戒委员会，并初步确立了一套有别于公务员的法官、检察官惩戒程序。为避免法官受到不公正的责任追究，尤其是防止个别法院院长、副院长对法官进行打击报复和职业迫害，有必要建立较为完善的法官纪律惩戒听证程序，为受到追诉的法官提供充分辩解的机会。在惩戒委员会作出惩戒决定后，还应为受惩戒的法官提供向上级法官、检察官惩戒委员会申诉的机制。在条件成熟时，还可以考虑为那些受到纪律惩戒的法官，提供向法院提出司法救济的机会，从而使得对法官的纪律惩戒逐步被纳入行政诉讼的轨道。

八、结论

经过三年多的改革探索，各地法院初步完成了法官员额制改革。但这一改革主要是将各法院法官的员额减少到中央政法专项编制的39%以下。入额法官人数的减少固然是实现司法精英化和专业化的必要保障，但这还远远不意味着员额制的改革已经彻底成功。在一定程度上，确定入额法官的数量，使那些没有入额的审判员、助理审判员得到妥善的安置，这只是员额制改革的第一步。

要真正实现改革决策者所期待的实现法官精英化和专业化的目标，我们必须考虑员额制改革所衍生出来的新问题。尤其是为解决"案多人少"的问题，避免法院出现严重的案件积压、法官审判不堪重负的问题，我们需要以改革的思维，研究解决那些困扰我国法院审判多年的体制性和结构性难题。例如，对于法官员额的确定，除了考虑中央政法专项编制的限制这一因素以外，还必须考虑全院年度收案数和单个法官年度办案数，否则有关法官员额的设定就会背离科学的轨道。又如，在各级法院院长、副院长、庭长、副庭长基本进入法官员额之后，我们必须考虑法院司法行政事务管理的专门化和集中化问题，逐步取消庭长、副庭长的司法行政管理职能，减少不必要的副院长职务数量，使这些年富力强的资深法官，能够全身心地投入到审判工作之中，以缓解法官员额紧张所带来的办案压力。再如，为提高入额法官的审判效率，完善未来的入额法官审判团队，有必要适度增加法官审判团队中的法官助理数量，探索试行临时法官助理制度，使法官助理和书记员真正有效地分担法官的审判工作。还有，为避免单个案件不必要地耗费法官资源，有必要在基层法院和中级法院适度扩大独任法官的适用范围，减少合议庭审理案件的范围，并在那些确实有必要实行合议制的案件中，实现合议制的实质化，避免合议庭的形式化。当然，在员额制得到推行之后，我们还需要考虑诉讼流程的简化和结案周期的压缩问题，考虑建立法官职业保障机制的问题。没有这两方面的进一步改革，法官在普通程序中仍然难以提高诉讼效率，法官独立行使审判权也就是一句空话。

要解决员额制改革所带来的新问题，一方面需要有创造性的思维方式，保持开放的胸怀，对上述带有结构性和体制性的难题提出富有新意的解决方案；但另一方面我们也需要密切关注一些地方法院经过艰苦探索所创造的成功经验，使那些具有生命力的改革经验及时被上升为普遍的制度。例如，一些地方法院取消审判业务庭的建制，取消庭长、副庭长的设置，对于顺利推行员额制改革，实现法院的去行政化，维护普通法官在审判方面的平等地位，都具有极大的可复制性。又如，一些地方法院所创设的1名法官、3名法官助理和1名书记员的审判团队，对于大幅度提高法官的审判效率，就具有极大的推广价值。再如，一些地方法院推行的法院司法行政事务的专门化和集中化管理体制，既大大提高了司法行政管理的效率，又避免庭长、副庭长将大量精力耗费在一些繁杂的行政事务上，实现了“让司法行政的归司法行政，让司法裁判的归司法裁判”，实现了司法行政事务的科学管理，也确保一大批精英法官回到审判业务之中。

第三部分 刑事司法改革的主要课题

◆ 在《刑事司法改革的主要课题》这一部分，笔者对我国公检法三机关的法律关系作出了理论总结，认为相对于西方国家的"司法裁判中心主义"的纵向构造而言，我国存在一种公检法三机关"流水作业"的诉讼模式，这一模式带来了一系列问题，2014年以来所推行的"审判中心主义改革"对这一模式有所触动，却没有动摇这一模式的根基。

◆ 笔者认为，我国刑事司法体制中存在一种"侦查中心主义"的诉讼模式，这一模式对于改革决策者倡导的"审判中心主义改革"构成了最大阻碍。这一诉讼模式在诉讼程序之内和诉讼程序之外都有相应的制度体现，检察机关的诉讼监督职能和程序倒流机制则对这一模式进行了强化。如何走出"侦查中心主义模式"，真正走向"审判中心主义模式"，这是关系我国刑事司法改革成败的关键课题。

◆ 针对我国法院推行"庭审实质化改革"的情况，笔者认为，我国刑事审判中存在一种"新间接审理主义"的诉讼模式，只要这一模式不发生实质性的改变，那么，诸如证人出庭作证、排除非法证据、强化庭审功能之类的改革举措，都将难以产生预期的积极效果。

◆ 在刑事普通程序中推行"庭审实质化改革"的同时，在刑事速裁程序和简易程序中贯彻"认罪认罚从宽"的改革理念，是我国刑事司法改革的基本经验。本部分在对刑事速裁程序改革经验进行总结的基础上，对几个有争议的问题作出了评论，讨论了刑事审判程序简易化改革的限度，提出了建立全流程简化模式的设想。

第十章　公检法三机关的流水作业模式

一、“公检法三机关”的关系模式

在20世纪后20年的中国刑事诉讼法学史上，值得重视的理论突破莫过于若干基本范畴的提出，以及由此引发的有关刑事诉讼基本理论问题的讨论。“刑事诉讼构造”就是这些范畴中重要的一个。本来从词源学上看，这一概念是中国学者从日本法学中移植过来的，意指刑事诉讼中控诉、辩护和裁判三方的法律地位及其相互间的法律关系。而在此之前，中国学者尽管未曾明确提出过这一概念，但大体上也有与此相似的理论分析。例如，不少学者都发现，仅仅就刑事诉讼程序进行一般的分析，关注于所有诉讼主体之间的法律关系，根本不足以把握这一程序的主要脉络和框架，甚至会忽略某一刑事诉讼程序模式的独特方面。因此，有人提出了所谓“刑事诉讼形式”的概念，将控诉、辩护、裁判三方的法律关系作为分析的主要对象。后来，鉴于“刑事诉讼构造”毕竟属于一种“舶来”的概念，有人又提出了“刑事诉讼结构”这一中国化了的概念。不过，无论是源自日本法学的“刑事诉讼构造”，还是中国学者独创的“刑事诉讼形式”“刑事诉讼结构”，其作为法学范畴的含义大体上都是一致的：它们都着眼于刑事诉讼程序的整体而不是某一局部的环节，都将控诉、辩护、裁判三方的法律地位和相互关系作为研究的核心内容，也都关注于从调整上述三方法律地位和相互关系入手进行刑事诉讼程序的改革。作为理论范畴或概念，它们的提出使刑事诉讼法学研究更有可能摆脱“注释法学”的羁绊，从而推动刑事诉讼理论得到进一步的开拓。应当说，提出这些概念的学者在刑事诉讼法学史上是功不可没的。

“刑事诉讼构造”这一概念的提出，其方法论价值似乎更大于理论开拓意义，它在实证分析方面的意义也更大于规范分析方面的价值。因为通过这一概念，人们对刑事诉讼程序的观察角度与过去的研究产生了区别：不再将所有诉讼参与者的权利、义务、责任以及所有诉讼环节都纳入分析的视野，也不再过于关注诉讼程序的细枝末节，以至于“只见树木，不见森林”，而是真正从纯粹“诉讼”的角度，将控诉、辩护、裁判三方主体的地位作为分析的重心，将三方的法律关系作为诉讼程序的整体框架。如果说过去从苏联法学中借鉴来的“诉讼法律关系”概念几乎将所有参与刑事诉讼的主体都纳入研究对象的话，那么从“刑事诉讼构造”这一概念出发，人们就要将整个刑事诉讼程序加以切割，使其中的主要权利义务关系成为研究的焦点。由此看来，所谓“刑事诉讼构造”，不过是控诉、辩护和裁判三方之间“诉讼法律关系”的代名词而已。当然，笔者这样说并非要对刑事诉讼构造作为理论范畴的意义进行贬低，而是要指出这一概念的真正理论价值之所在。

“刑事诉讼构造”这一概念固然将人们的分析视野引向刑事诉讼程序的整体框架，但从以往的研究情况来看，分析者似乎更加重视控诉与辩护、裁判与辩护之间的法律关系，也更加倾向于将上述三方的法律关系置于一个横向的程序平面上进行分析。正是由于这一点，研究者往往习惯于将刑事诉讼程序划分为侦查、起诉和审判等三个典型的诉讼阶段，并对它们各自的诉讼构造问题给予更多的关注。但从理论上来看，刑事诉讼构造其实有“横向构造”和“纵向构造”之分，前者是指控诉、辩护和裁判三方在各主要诉讼阶段中的法律关系，而后者则是指三方在整个刑事诉讼程序中的法律地位和关系。如果说“横向构造”不过是着眼于三方诉讼主体在各个程序横断面上的静态关系的话，那么“纵向构造”则更加强调三方在整个诉讼程序流程中的动态关系。考虑刑事诉讼所要解决的是国家与个人之间发生的争端，在国家公诉机构将诉讼提交法院之前已经存在一系列审前活动，如收集证据、查获嫌疑人、准备起诉、审查起诉等，因此审前程序与审判程序之间的关系理应被纳入“纵向构造”的视野。又考虑侦查、公诉和裁判机构实施的行为直接涉及嫌疑人、被告人及其他公民的权利，而辩护方的地位又往往与它们的活动具有内在的联系，因此，上述国家追诉机构和裁判机构之间的法律关系也应纳入“纵向构造”的范围。

在中国学者的著述中，刑事诉讼的“纵向构造”问题一直都受到不应有的忽视。例如，大多数学者都认为中国的刑事诉讼程序具有与欧洲大陆法国家相同或相似的模式，有人甚至沿用日本学者的模式分类理论，将中国的刑事诉讼视为“职权主义”的模式。也有人指出中国与大陆法国家的刑事诉讼在具体程序环节上都具有一系列不同的特征，并认为中国刑事诉讼具有“超职权主义”的程序模式。实际上，无论是“职权主义”，还是“超职权主义”，都不过是研究者站在“横向构造”的角度，对刑事诉讼程序的特征所作的归纳。正是由于这一点，近年来中国学者就刑事司法改革问题所进行的讨论，几乎全部着眼于侦查、起诉和审判等具体的程序环节，而很少有人关注侦查、起诉、裁判之间在纵向上存在的法律关系。与此有关的公检法三机关之间的法律关系问题，则受到更为严重的忽略。这样，在中国刑事诉讼的整体构造（尤其是其中的“纵向构造”）保持不变的情况下，对诸如审判方式、审查起诉等方面的改变就只具有极为有限的意义，也不会产生明显的积极效果。

例如，仅仅从审判的横向构造来看，中国原有的审判程序确实具有职权主义诉讼的一些特征，这可以从法官的主导地位、控辩双方的辅助地位等方面表现出来。而在1996年刑事诉讼法实施以后，中国的审判程序从英美吸收了一些对抗式程序的因素，法官的主导地位有所削弱，控辩双方的对抗性有所增强。[1]但是，嫌疑人在侦查阶段仍然没有沉默权，而必须担负"如实陈述"的义务；被告人在法庭审判阶段仍然大都作出有罪陈述，实际充当着"控方证人"的角色；控辩双方即使在法庭审判阶段也不能具有平等的诉讼地位，双方的"平等武装"还只是一种理想；公诉方制作的侦查卷宗仍然对裁判者的结论具有极大的影响力；由于法官不参与审判前的诉讼活动，侦查仍然属于一种由检警机构单方面进行的追诉活动，侦查机构也仍然自行实施各种强制性措施，而不受任何中立裁判机构的授权和审查；等等。

看来，刑事诉讼法所改变的不过是法庭审判的"横向构造"，也就是控诉、辩护、裁判三方在法庭审判中的地位和关系，但对于公检法三机关之间的法律关系，以及侦查、公诉和裁判等诉讼阶段之间的法律关系，都没有作出明显的改变。可以说，中国刑事诉讼的"纵向构造"在刑事诉讼法修改前后几乎没有发生任何实质上的变化。相对于刑事诉讼的横向构造而言，由公检法三机关的关系所体现的纵向构造恰恰代表了中国刑事诉讼程序的主要特点，其中的问题也显得更为严重。

基于以上认识，本章拟对中国刑事诉讼的整体构造进行一次崭

〔1〕 1996年，中国立法机构对原颁布于1979年的《刑事诉讼法》作出了较大规模的修改。修改后的《刑事诉讼法》对审判制度作出了引人注目的改革，在引进英美对抗制的基础上，确立了具有中国特色的"抗辩式"或"辩论式"审判方式。有关中国现行的审判方式，读者可参加陈瑞华：《刑事诉讼的前沿问题》，中国人民大学出版社2000年版，第七章。

新的探索。笔者将把现代法治社会的刑事诉讼程序归结为"以裁判为中心"的构造模式，而将中国的刑事诉讼程序概括为"流水作业式"的构造模式。在对刑事诉讼构造的模式进行比较的基础上，笔者拟对中国刑事诉讼构造的特点、问题和未来的出路，作出简要但尽量系统的分析。

二、以裁判为中心的司法模式

什么是"以裁判为中心"的诉讼模式？比较刑事诉讼法学的研究成果表明，英美与法国、德国、意大利等大陆法国家的刑事诉讼程序从基础性理念到诉讼程序设计方面都存在较大的差异。不过，不容忽视的是，这些西方国家的刑事诉讼程序在整体构造上却具有越来越多的共同特点。尤其是相对于中国的刑事诉讼构造而言，这些共同特点显得格外引人注目。我们可以看到，西方各国的刑事诉讼程序有两个极为重要的理论基础：一是司法最终裁决原则；二是控审分离原则。根据前一原则，所有涉及个人自由、财产、隐私甚至生命的事项，无论是属于程序性的还是实体性的，都必须由司法机构通过亲自"听审"或"聆讯"（hearing）的方式作出裁判，而且这种程序性裁判和实体性裁判具有最终的权威性。根据后一原则，司法职能必须与追诉犯罪职能加以严格的区分，而不能由司法机构代行追诉职能，也不能由侦查或公诉机构兼负司法裁判职能。即使在审判前阶段，有权决定对公民基本权益进行限制和剥夺的机构也只能是不负有追诉职能的司法机构，而不能是侦查机构或者公诉机构。这样，裁判活动就不仅存在于法庭审判阶段，而且也存在于审判前的诉讼阶段，并被用来决定与个人基本权益有关的一切事项。同时，即使在法庭审判阶段，司法机构也要继续就审判前追诉活动的合法性进行司法审查。这样，司法机构的裁判活动实际就居于刑事诉讼的中心，成为具有典型"诉讼"特征，而与行政活动甚至准军事活动完全不同的国家职能活动。当然，这种“以裁判为中心”的诉讼构造在英美和大陆法国家之间，甚至在英美之间和大陆法各国之间，并不具有完全相同的形式。由于英美刑事诉讼一般来说更接近于民事诉讼的构造，因此典型意义上的“以裁判为中心”的诉讼构造实际存在于英美刑事诉讼之中。不过，经过长期的司法改革，德国、意大利和法国的刑事诉讼程序，也大体上具有“以裁判为中心”的诉讼构造。我们下面将就这一诉讼构造的特点进行具体的分析。

（一）司法审查机制

在西方各国，如何防止个人的自由、财产、隐私等基本权益受到追诉机构的无理限制或剥夺，被认为是侦查程序中的主要诉讼问题。为此，各国普遍设立了司法授权和审查机制，也就是让一个不承担侦查和公诉职能的“中立司法机构”，对警察和检察官采取的强制性措施发布许可令状，并进行合法性审查。无论是逮捕、拘留、审前羁押，还是搜查、扣押、窃听，凡是涉及限制或者剥夺个人权利和自由的侦查行为，一般都要由法官作出许可与否的决定。即使在那些法定的情况紧急的场合，检警机构在单方面决定采取强制措施以后，也必须在尽可能短的时间内向法官进行报告，由后者就其行为的合法性进行司法审查。由此，司法机构就可以通过裁判活动对检警机构的追诉活动实施严密的司法控制。

在涉及剥夺人身自由的强制措施的适用上，各国一般建立了“逮捕前置主义”或者“逮捕与羁押相分离”的司法审查模式，使逮捕和未决羁押要分别受到一次独立的司法审查。前者采取警察提出申请、法官审查并颁发令状的方式，后者则采取强制性的司法听证程序，要求警察在逮捕后尽可能短的时间内将犯罪嫌疑人带至法官面前，后者经过听取检控方的羁押理由和辩护方的保释理由，就犯罪嫌疑人究竟应被正式羁押还是保释作出裁决。

(二)司法救济

刑事追诉机构为收集犯罪证据而采取的强制性措施不仅要接受司法机构的同步授权和审查,而且还要接受更高一级司法机构的事后审查。一般而言,遭受逮捕、审前羁押、搜查、扣押、窃听的公民,如果在诉讼过程中认为自己受到不公正的对待,就可以向法院提起专门的程序性诉讼。这种专门针对追诉机构活动的合法性所进行的司法裁判活动,在有些国家被称为“人身保护令”之诉,在有的国家则被视为针对强制性措施的“司法复审”活动。一些国家不仅允许具有较高审级的法院,如英国的高等法院、美国的联邦上诉法院、德国的州高等法院、法国的上诉法院审查起诉庭等,直接受理这一类程序性诉讼,而且还允许被羁押者直接向本国最高法院就有关诉讼活动的合法性提起诉讼。接受诉讼请求的法院一旦对此事项进行受理,就必须举行专门的听审,在控辩双方的参与下,就有关强制性措施的合法性进行审查,并作出权威的裁判。

(三)审查公诉

在英国,受到可诉罪指控的被告人有权申请治安法官对起诉进行预审,以确定起诉是否具备充分的理由,防止被告人受到无根据的指控,避免诉讼的拖延并使被告人陷于无理的讼累之中。在美国的联邦和一部分州的司法区,重罪案件可以提交大陪审团进行审查公诉,一般的公诉案件则可以提交法官进行专门的预审程序。在德国,州高等法院基于被害人的起诉,可以对检察官所作的不起诉决定进行审查,并对符合条件的案件作出强制起诉的裁判。在法国,除了预审法官对重罪和部分轻罪案件要进行带有侦查和审查起诉双重性质的初级预审外,上诉法院审查起诉庭还可以就重罪案件进行第二次预审,并作出起诉与否的裁判。在意大利,预审法官可以在侦查结束以后举行专门的预审程序,以确定案件是否具备移送法庭审判的条件。显然,在西方各国,检察机构对于案件所作的起诉或者不起诉决定一般不具有最终的法律效力，法院或其他司法机构事实上对这种起诉活动拥有一定的审查权和控制权。

这显然表明，在大多数西方国家的刑事审判前程序中，始终有一个司法裁判机构负责对检察机关提交的案件是否达到提起公诉的条件进行着司法审查。其目的在于防止检察机关任意地提出一个无理由的起诉，以至于使被告人受到无根据的起诉；在刑事诉讼的早期确保被告人全面地阅览和研究检察机关所掌握的案卷材料，从而较为充分地进行审判前的防御准备。不仅如此，通过这种审判前的审查起诉活动，刑事案件的性质和可预期的刑罚幅度也大体上有了定论，司法机构可以借此确定法庭审判的程序模式，使符合条件的案件尽快进入简易程序。主持这种“预审”或者“审查公诉”程序的，可以是预审法官（如美国、意大利、法国），治安法官（如英国），也可以是大陪审团（如美国）。只有这些司法机构作出了准许提起公诉的命令，检察机关才可以正式向法院提起公诉。否则，案件就有可能被撤销起诉，后者被转化为其他非正式的刑事程序（如大陆法国家的保安处分程序）。

（四）对追诉活动合法性的司法审查

在西方各国，法庭审判不仅是对案件的实体问题作出最终裁判的场合，而且还具有审查警察、检察官追诉活动合法性的功能。如果说被告人作为涉嫌犯罪的人，属于一种“实体上的被裁判者”的话，那么司法警察和检察官，作为追诉活动的实施者，在其侦查和审查起诉是否合法方面，也要接受法院的司法裁判，从而处于“程序上的被裁判者”的地位。例如，在英美，这种司法审查主要是通过排除非法收集的证据来进行的。一般而言，对于司法警察采用非法搜查、扣押、窃听、讯问等手段获得的书证、物证、供述等证据材料，法院基于辩护方的申请，可以将其排除于定案根据之外。这在客观上起到约束和限制警察权力、通过司法裁判维护侦查活动合法性的作用。在法国，控辩各方可以对预审法官实施的行为向上诉法院审查起诉庭申请宣布无效，也可以就预审法官所作的裁定向这一法庭提出上诉，由此引起上诉法院对侦查活动进行全面的司法审查。而在德国和意大利，法院对于检察官、司法警察采用严重违法的手段获得的供述等证据，也可以将其排除于法庭之外。通过上述审查活动，法院事实上就可以在审判阶段继续对审判前的追诉活动实施一定的司法控制。

（五）案卷材料的效力

在英美，指控一方不得向主持法庭审判的法官移送任何案卷材料，作为事实问题裁判者的陪审团也不得接触控辩双方的任何证据材料，甚至不得对案情有过多的了解。所有证据都要由控辩双方按照一定的顺序当庭出示，证人也要由双方当庭进行交叉询问。根据英美证据法，传闻证据、意见证据、品格证据等容易误导陪审团的证据一般都被禁止提到法庭上。作为裁判者的陪审团或法官完全根据控辩双方当庭进行的举证、质诘、辩论来认定事实，得出裁判结论。可以说，英美审判前程序与审判程序实际处于一种隔离的状态，追诉机构在审判前得出的指控结论并不能对法院的最终裁判具有预定的约束力，法庭完全可以根据案件的审理情况作出独立自主的裁判。在意大利，检察官和司法警察在审判前制作的案卷材料只对预审法官的预审活动具有影响力。预审法官决定将案件移送法庭审判的，还必须制作第二份案卷材料，其中只包括一些法定的必须移送法院的侦查行为记录和证据材料。控辩双方的其他所有证据仍要当庭向法院提出，并接受法庭的直接审查。

而在法国和德国，检察官尽管可以将全部案卷材料移送法院，但法院一般会委派一名报告法官负责阅卷。其他职业法官不得阅卷，只能听取报告法官的口头报告。至于作为外行人士参与法庭审判的陪审员，则既不能阅卷，也不能听取报告法官的报告。在法庭审判过程中，法庭可以通过直接、言词、集中、辩论式的法庭审判活动，对案件事实和适用法律问题作出独立自主的裁判。从理论上讲，侦查机构移送的案卷材料对法庭的最终裁判不具有任何预定的效力。但从实践的效果来看，由于报告法官在审判前向职业法官报告过案情，在评议中又要作开头发言，因此侦查案卷会通过他对职业法官甚至陪审员产生一定的影响。不过，考虑法国和德国的法庭一般要直接听取所有证人的口头证言，亲自接触所有距离原始事实最近的证据，并采用连续不断、法官不更换的集中方式进行庭审，法庭审理结束后一般立即进行评议，以保证裁判者根据其在法庭审判中形成的直接印象作出裁判，因此，案卷对法庭裁判的影响也会得到一定的削弱。

（六）法院组织的特殊性

无论是英美还是大陆法国家，司法警察和检察机构大体上都按照一体化的方式进行构建，警察和检察官在诉讼中不具有独立性，而必须在法定范围内，服从上级的指挥和领导；警察和检察官也可以被中途临时撤换，而这并不影响诉讼的进程。与此相反，法官在履行司法裁判职能过程中则具有完全的独立自主性，任何机构或个人都不能干预法官正在负责审理的案件，法官所在法院的行政主管和上级法院的法官也无从对法官施加影响。而且，法官一旦被指定负责审理某一案件，一般就不得中途更换，审理一般也不得随意中断。同时，为体现司法裁判的中心地位，西方各国的管辖制度都是针对法院的裁判活动而建立的，检警机构必须服从这一制度的安排；回避制度也主要是为确保法官、陪审员作为裁判者的资格得到控辩双方的认同而建立起来的，因此回避只能适用于裁判者，而不能适用于其他人，检察官与辩护方也拥有同样的申请裁判者回避的权利。不仅如此，司法鉴定只能由法官任命、授权或者接受控辩双方提出的合格专家进行制作，检警机构无权直接主持进行这一活动；对于检察机构起诉的案件，法庭只是裁断指控的罪名是否成立，而不能超越起诉书载明的被告人和事实方面的范围，自行进行审理和裁判，也不能在检察机构未履行变更起诉罪名的情况下，擅自按照新的未经起诉的罪名作出有罪裁判；等等。通过这些制度安排，法官、法院、司法裁判活动在刑事诉讼中的中心地位，就大体上得到了确立。

三、“流水作业”的司法模式

根据笔者长期以来的观察和思考，中国的刑事诉讼在纵向上可以说具有一种“流水作业”的构造。[1]公安、检察和裁判机构在这三个环节上分别进行流水作业式的操作，它们可以被看作刑事诉讼这一流水线上的三个主要的“操作员”，通过前后接力、互相配合和互相补充的活动，共同致力于实现刑事诉讼法的任务。

长期以来，中国刑事诉讼法一直存在一项极为重要的诉讼原则，也就是人民法院、人民检察院和公安机关进行刑事诉讼，应当分工负责，互相配合，互相制约，以保证准确有效地执行法律。这一原则通过对公检法三机关之间的关系进行界定，从法律上确立了中国“流水作业式”的刑事诉讼构造。因为我们可以看到，公检法三机关在刑事诉讼中具有完全相同的任务：保证准确、及时地查明犯罪事实，正确应用法律，惩罚犯罪分子，保障无罪的人不受刑事追究，教育公民自觉遵守法律，积极同犯罪行为作斗争。同时，它们还拥有为完成这一任务所必需的诉讼活动方式：三机关“都有权向有关单位和个人收集、调取证据”，而且审判人员、检察人员、侦查人员必须依照法定程序，收集能够证实犯罪嫌疑人、被告人有罪或者无罪、犯罪情节

〔1〕 笔者在一些未曾发表的论文中曾将中国的刑事诉讼构造解释为“三道工序式”或“诉讼阶段式”的构造。在给研究生讲授“刑事诉讼理论”课程时，笔者也曾运用过上述称谓。但一旦动笔进行研究这一问题，笔者又发现这两种说法仍然有未尽其意之处。实际上，中国刑事诉讼的典型特征就在于侦查、起诉和审判三阶段之间，以及公检法三机关之间具有既易于混同又有些分散的特点。不仅中国的审判前程序不具有一体化的样式，而且审判与审判前程序也没有进行适当的分离。认识到这一点之后，笔者倾向于使用“流水作业”这一新的称谓。因为侦查、起诉和审判这三个完全独立而互不隶属的诉讼阶段，犹如工厂生产车间的三道工序。

轻重的各种证据。不仅如此，法律还要求公安机关提请批准逮捕书、人民检察院起诉书、人民法院判决书，必须忠实于事实真相。

查遍整部中国现行的刑事诉讼法，类似这样要求公检法三机关共同遵守的条文多达20余个，而且主要集中在刑事诉讼法的“总则”部分。这样，公检法三机关之间的法定职能分工就不可能有更多的积极意义，它们之间的“分工负责”和“互相制约”经常被其“互相配合”所代替。与此相对应，在这一由三个机构共同作业而进行的活动中，法院不可能对检警机构的追诉活动实施真正的司法控制，司法裁判活动也就不可能居于刑事诉讼的中心地位。为了使读者认清这种“流水作业式”的诉讼构造的基本特征，及其与“裁判中心式”的诉讼构造的主要差异，笔者将从以下方面对其进行总结和归纳。

（一）三大“司法机构”

根据刑事诉讼法的规定，公检法三机关都可以按照法定的管辖分工范围，对刑事案件进行立案，由此引发刑事诉讼程序的启动。当然，检警机构通过立案启动的是刑事公诉案件的侦查程序，法院通过立案启动的则是刑事自诉案件的审判程序。

与西方各国都不相同的是，我国有关管辖的法律规则所规范的不仅是法院的立案活动，而且还包括公安机关和检察机构的立案活动。本来在西方仅仅作为司法裁判权划分依据的管辖制度，在中国却可以被用来确定司法警察和检察机构侦查权的分配。同时，西方各国的回避制度主要适用于参与法庭审判的法官和陪审员，检察官和辩护方都有平等的机会申请裁判者回避。而在中国，申请回避只是当事人的诉讼权利，检察人员不仅不能行使申请回避权，而且还与侦查人员和审判人员一道，成为当事人申请回避的对象。这种回避制度似乎暗含着这样一种逻辑前提：公安机关、检察机关和法院都是国家司法机关，与案件或当事人有着法定不适当关系的侦查人员、检察人员和审判人员，都必须依法退出诉讼程序，这样才能确保案件得到公正的“处理”。

公检法三机关还可以独立从事一些本来只属于司法机构职责范围内的行为。例如，公检法三机关都可以决定对某一公民采取强制性措施，从而导致该公民人身自由、财产乃至隐私等权益被剥夺。在中国，作为刑事强制措施的拘传、取保候审和监视居住，可以由公安机关、检察机关和法院分别独立发布许可的令状。公安机关和检察机构还可以直接发布对公民实施刑事拘留的命令。而作为最严厉的强制措施，逮捕则既可以由检察机构批准或者直接决定采取，也可以由法院自行决定适用。又如，公安机关对案件的侦查终结，检察机关提起公诉，以及法院对案件所作的有罪裁判，都要达到同一最高的证明标准：“犯罪事实清楚，证据确实充分。”甚至连逮捕这一强制措施的采取，过去都要达到“主要犯罪事实已经查清”的程度。当然，现行刑事诉讼法已经对这一证明标准作出适当地降低。根据修改后的刑事诉讼法的规定，逮捕所需要的证明标准是“有证据证明有犯罪事实”。[1]这显示出法律实际将公检法三机关都视为司法机关的立法意图。再如，公安机关、检察机关和法院对于各自作出的“错误”拘留、逮捕或定罪裁判，都可以启动国家赔偿程序，并作出是否予以赔偿的裁决。另外，本来在西方各国只能由法院决定的司法鉴定问题，在中国也可以由公检法三机关在各自的阶段独立决定。因此司法实践中经常出现三机关各自聘请或指定鉴定人制作鉴定结论的情况。

以上情况显然表明，中国刑事诉讼法实际将公检法三机关设计成为三个几乎完全独立的司法机构，使它们都拥有一些本应由中立司法机构所拥有的权力。这样，中国刑事诉讼就不会形成那种以司法裁判为中心的格局，而必然成为公检法三机关相互配合实施的流

〔1〕 由最高人民法院、最高人民检察院等六家机构于1998年1月19日联合发布的《关于刑事诉讼法实施中若干问题的规定》，则将这一标准解释为：“有证据证明发生了犯罪事实；有证据证明犯罪事实是犯罪嫌疑人实施的；证明犯罪嫌疑人实施犯罪行为的证据已有查证属实的。”参见该规定第26条。

水作业活动。

（二）司法审查机制的匮乏

在中国，法官一般无权参与刑事审判前的诉讼活动。公安机关除了在实施逮捕时需要取得检察机关的批准以外，可以自行决定采取其他旨在限制或者剥夺人身自由的强制措施，还可以采取诸如搜查、扣押、查封、冻结、监听、通缉等强制性侦查行为。而检察机关作为“法律监督机关”，除了行使公诉职能之外，还拥有批准逮捕以及采取其他强制措施的权力。无论是公安机关还是检察机关，在采取强制措施和强制性侦查措施时都不受法院的司法审查和司法授权的限判。法院只能在检察机关向其提起公诉以后，才能进行司法裁判活动。

这种司法授权和审查机制的缺乏，导致审判前阶段不存在任何实质上的司法裁判活动。无论是遭受不当羁押的嫌疑人，还是受到不公正搜查、扣押的公民，都无权直接向中立司法机构提出诉讼请求，法院也几乎从来不会受理这种请求，并就此举行任何形式的司法裁判。中国的司法裁判仅仅是法院对被告人是否有罪进行的裁判活动，而不是针对审判前追诉活动的合法性进行的裁判活动。那些在西方作为体现法院最终裁判者地位的司法救济制度，如人身保护令程序等，并不存在于中国的刑事诉讼之中。在中国，法院经常进行的主要是实体性裁判活动，而很少就某一程序性事项进行裁判活动。在司法实践中，遭受长时间羁押或者被采取其他强制措施的嫌疑人、被告人，一般只能向侦查机构或者检察机关提出有关解除或者变更强制措施的请求。但是，侦查机构作为与案件有直接利害关系的机构，有强烈的追诉犯罪的欲望；而检察机关也同时负有公诉或者侦查职责，有有效追诉犯罪的动机。作为接受被告人申诉、控告的机构，它们显然都缺乏必要的中立性和超然性。真正用来审查审判前追诉活动合法性的司法裁判活动实际并不存在。

（三）对侦查行为合法性的司法控制

自2010年以来，我国法律逐渐确立了非法证据排除规则，使侦查行为的合法性开始受到法院的司法控制。从书本法律上看，这种排除规则可以有“绝对排除规则”、“裁量性排除规则”和“可补正规则”三种模式。但从这些规则的运行效果来看，真正富有意义的排除规则主要是那种针对非法讯问行为的强制性排除规则，那种针对非法实物证据的裁量性排除规则以及针对瑕疵证据的可补正规则，基本上处于无法实施的状态。

即便是那种针对非法言词证据的强制性排除规则，在司法实践中也难以得到真正有效的实施。迄今为止，法院真正排除的非法证据主要是侦查人员通过明显刑讯逼供、讯问地点明显不合法或者讯问没有依法录音录像等手段所获取的非法供述。至于侦查人员采取威胁、引诱、欺骗等非法手段所获取的非法供述，以及侦查人员所获取的“毒树之果”“重复自白”等非法证据，都几乎没有被排除的先例。不仅如此，那些没有被纳入强制性排除规则适用对象的非法侦查行为，很难被法院纳入司法审查的对象，更不用说被排除于法庭之外了。

很显然，即便在法庭审判阶段，法院难以将侦查行为的合法性纳入司法审查的对象，被告人及其辩护律师也难以将侦查行为的合法性问题诉诸司法裁判程序。那些在司法实践中屡禁不止的刑讯逼供、超期羁押、滥用强制措施、剥夺律师权利等非法侦查行为，还难以被纳入程序性制裁的轨道。法院既然难以将侦查行为的合法性纳入司法审查的对象，也很难对那些非法侦查行为作出无效之宣告，那么，法院审判的中心地位显然就无法树立起来。

（四）公诉方案卷材料的影响

我国1979年《刑事诉讼法》曾经确立了案卷移送主义的起诉制度。1996年《刑事诉讼法》曾对此作出过改革，大大限制检察机关移送法院案卷材料的范围，确立了所谓的“主要证据复印件移送制度”。但这一改革实施后不久即告失败，而被代之以检察机关庭审后全卷移送制度。基于我国刑事司法的实际状况，为避免出现更为严重的问题，立法机关在2012年通过修改《刑事诉讼法》，废止了1996年以来的改革措施，恢复了1979年《刑事诉讼法》曾经确立的案卷移送制度。

根据2012年《刑事诉讼法》，检察机关在提起公诉时要将全部案卷材料连同起诉书一并移送法院，记载着侦查证据、成果和侦查过程情况的案卷事实上成为前一程序连接后一程序的纽带，后一机构在前一机构案卷的基础上继续进行以后的活动。这样，审判前程序与审判程序就呈现出一种前后递进和接力互补的关系，在侦查阶段形成并作为控方指控根据的案卷实际上成为法院裁判被告人是否有罪的直接根据，法院的审判不过是对侦查结论的确认而已。在侦查卷宗的连接下，侦查、起诉和审判实际构成真正意义上的“第一审”、“第二审”和“第三审”程序，法院的审判实际失去了对追诉方意见和证据进行独立审查的能力。

不仅如此，在中国目前的法庭审判中，绝大多数证人、鉴定人都不出庭作证，公诉方提交法院的大都是侦查人员单方面制作的书面证言笔录，以及侦查机构单方面聘请或委托的鉴定人所作的书面鉴定意见。在法庭审判中，法庭对这些证人证言、鉴定意见的调查，大都通过直接宣读书面证言、证言笔录或者鉴定意见的形式来进行。由于证人、鉴定人不能直接出席法庭审判，控辩双方也就失去与证人、鉴定人进行当庭对质的机会，法庭对这些证据的调查必然会流于书面化和间接化。如此一来，侦查卷宗对法庭审判的直接影响又通过书面的证言和鉴定意见发生作用，法庭审判依然不过是对侦查卷宗中记载的证言和鉴定意见法律效力的确认而已。在这种情况下，法院或许可以进行快速的审判，节省大量的人力、物力和时间资源，但是它所丧失的却是独立自主的裁判权，并导致刑事追诉机构通过案卷间接决定裁判结论的现象发生。

（五）程序倒流

根据我国刑事司法的惯例，刑事诉讼活动既可以从前一阶段向后一阶段运行，也可以从后一阶段向前一阶段返回。因为在案件由公安机关向检察机关申请批准逮捕、移送审查起诉以及检察机关向法院提起公诉、法院对案件进行庭前审查或者开始法庭审判以后，检察机关（在审判前阶段）和法院（在审判阶段）在审查后认为案件事实不清、证据不足或者有遗漏罪行或被告人情形的，有权退回前一机关补充侦查。刑事诉讼的期间也随之相应地延长。实行这种退回补充侦查制度的理论基础有两个：一是实事求是这一认识论原理要求对刑事案件事实真相的认识应当经得起历史的考验和审查，三机关为查明事实真相应当进行反复调查；二是为了实现不枉不纵，进行反复的审查是必要的。在这样一种可往返的诉讼运行模式下，嫌疑人、被告人的羁押期间会随同诉讼期间的延长而不可避免地得到延长。

自1996年以后，我国法院直接将案件退回检察机构补充侦查的做法得到禁止。法院在开庭前的审查公诉阶段，即使发现案件证据不足，也不能直接将案件退回补充侦查，更不能自行进行庭外调查。一般情况下，法院发现检察机关的起诉缺少有关诉讼材料时，只能通知检察机构进行补充。即使检察机关不予补充，法院也不能以此为由拒绝开庭审判。但是，在法庭审理中，公诉人发现案件需要补充侦查的，可以向合议庭提出延期审理的建议，合议庭一般必须同意。这一延期审理的建议以两次为限。同时，合议庭发现被告人可能有自首、立功等法定量刑情节，而起诉和移送的证据材料中没有相关证据的，应当建议检察机关补充侦查。这样，案件即使进入法庭审理阶段，合议庭或者公诉人仍然可以“建议”进行补充侦查，案件由此从审判阶段退回到审判前的追诉阶段。不仅如此，检察机关在审查起诉阶段，发现公安机关侦查终结的案件事实不清、证据不足的，仍然可以退回公安机关补充侦查。但与过去不同的是，补充侦查现在一般不得超过两次，一次以一个月时间为限。同时，在补充侦查期间，嫌疑人、被告人的羁押期间一般也要相应地延长。

检察机关在审查起诉和法庭审判阶段还可以将案件退回补充侦查，这显示出即使在刑事诉讼法修改以后，侦查、起诉和审判“逆向运行”的情况仍然没有得到实质上的改变。但近年来，刑事案件由法庭审判阶段向前两个程序“逆向运行”的情况还有其他表现形式，这主要是指检察机关任意撤回起诉和二审法院发回重审问题。

本来，刑事诉讼法并没赋予检察机关在法庭审判阶段“撤回起诉”的权力，这种做法是在司法实践中自行形成并逐渐发展成为一种替代“无罪判决”的方式的。对于案件事实不清、证据不足的，法院不是按照法律规定作出“指控的犯罪不能成立的无罪判决”，而是允许检察机关撤回起诉。有时，这种“撤回起诉”可以发生在第一审阶段，也可以发生在第二审程序之中，甚至在极端的案件中还有可能发生在有罪裁判执行完毕后的再审程序中。检察机关将其起诉的案件予以撤回，这本身没有太大的问题。但关键的问题在于撤回起诉的检察机关可以自行或者要求侦查机关对案件继续展开补充侦查工作，并可以随时重新向法院提起公诉。这种在撤回起诉后的重新起诉可以原来的罪名进行，也可以变更一个新的罪名，但所要起诉的“人”和“事”却是没有变化的。

导致刑事诉讼逆向运作的还有二审法院的发回重审问题。本来，第二审法院发现案件事实不清、证据不足的，应当像一审法院那样，作出“指控的罪名不能成立的无罪判决”。但是，由于刑事诉讼法仍然允许二审法院以事实不清、证据不足为由，将案件发回重新审判。而在司法实践中，案件一旦经由二审法院发回重审，一审法院一般都会允许检察机关将案件退回补充侦查，案件由此从二审程序依次退回到一审程序、审查起诉程序甚至侦查程序。

这种随意地推动刑事诉讼逆向运作的做法，导致法院无法成为最终的司法裁判者，对那些本来不符合定罪条件的案件也无法作出无罪判决。这就大大削弱了司法裁判的权威性和公正性，使疑罪从无原则无法得到贯彻。同时，刑事诉讼的反复逆向运行还使刑事案件的结局具有极大的不可预测性，导致被告人因为同一行为而受到多次重复的刑事追诉，使其长时间内处于利益不确定和命运被判定的状态。不仅如此，由于中国刑事诉讼的办案期限与羁押期限是合二为一的，这种无休止的逆向运行还不可避免地导致“超期羁押”问题的出现。

根据以上的分析，读者不难看出中国这种“流水作业式”的刑事诉讼构造，实际上与那种“以裁判为中心”的构造具有极大区别。人们过去笼统地将中国的刑事诉讼归结为所谓“职权主义”或者“超职权主义”的程序模式，其实忽略了这种构造的纵向方面，无视公检法三机关之间前后接力、互相补充的法律关系。当然，从理论上看，检察机关作为国家法律监督机关，负有监督公安机关和法院诉讼活动合法性的职责。从表面上看，似乎中国刑事诉讼中也确实存在一种特殊的司法机构，也因此存在一定的司法审查或监督机制。但是，考虑到检察机关既是法律监督机关，又是所有公诉案件的起诉机构，同时兼负司法监督和刑事追诉两种直接对立的诉讼职能，实际在同时充当原告和司法官的诉讼角色，这显然违背了那种“任何人不得充当自己案件的法官”的原则。司法实践的情况表明，检察机关的法律监督并不具有可操作的程序保障，公安机关的侦查活动并没有受到检察机关的有效控制，侦查、公诉和审判等诉讼活动各自独立运行的状况也并不能得到改观。退一步讲，即使检察机关真的能够发挥“法律监督”职能，切实履行起司法控制的使命，中国刑事诉讼也不可能形成“以裁判为中心”的构造，而完全可能形成“以（检察机关的）追诉为中心”的模式。这与现代刑事诉讼的“诉讼”特征是不相符合的。

应当承认，自1996年以来，我国《刑事诉讼法》经历了数次重大修改，使“流水作业式”的诉讼构造至少在书本法律上受到一定的削弱。例如，尽管检察机关可以将公安机关报请批准逮捕或者移送审查起诉的案件退回补充侦查，但法院不得主动将检察机构提交审判的案件退回补充侦查，刑事诉讼的“逆向运行”情况确实有所改变；检察机关在起诉时不再将全部案卷材料移送法院，合议庭成员在开庭前不得进行任何形式的庭外调查，这使审判人员事先受到检警机构意见影响的可能性有所减少；对于侦查机构采用刑讯逼供等非法手段获得的被告人供述、被害人陈述和证人证言等言词证据，法院有权加以排除，使检警机构的追诉活动有可能受到法院的司法审查；对于检察机关起诉的案件事实不清、证据不足的，法院可以作出无罪判决，这也使法院至少从理论上成为案件实体问题的最终裁判者；等等。不少学者就是基于这一事实，认为中国的刑事诉讼程序已经实现“以侦查为中心”向“以裁判为中心”的转化。但是，由于中国司法体制上存在诸多缺陷，法院不仅不能保持独立自主的裁判者地位，而且还实际承担着惩治犯罪、维护社会秩序的任务，因此它能在多大程度上充当中立的裁判者，从而将自己从刑事追诉职能中摆脱出来，这确实还存在较大的疑问。事实上，在中国的整个司法体制未作彻底变革的情况下，仅仅就刑事诉讼的个别环节或步骤进行一定的“小修小补”，根本不足以改变这种公检法三机关相互配合和前后接力的整体格局。由此看来，中国刑事诉讼中存在的“流水作业式”的纵向构造，并没有因为《刑事诉讼法》的修改而发生根本的变化。

四、对“流水作业”模式的反思

在中国司法制度中，有关“法律监督”的程序设置随处可见，并有逐渐增强的趋势。从宪法和法律的规定来看，各级人民代表大会及其常务委员会对法院、检察机关的工作实施监督，并从人事任免方面对法院和检察机关实施法律上的控制，法院、检察机关还要向人大报告工作；检察机关作为国家专门“法律监督机关”，有权监督公安机关和法院的诉讼活动，促使其纠正违反法律规定的行为。近年来，针对刑事诉讼活动的“监督”活动呈现出日益扩大的趋势。

面对上述情况，人们不禁会发出疑问：中国的刑事司法制度为什么非得依赖外部的监督机制不可呢？客观地讲，从宪法、法院组织法、检察院组织法、刑事诉讼法的规定来看，中国已经建立了一套大体上还算完备的刑事司法体制和刑事诉讼程序，但为什么公检法三机关不能按照这套制度和程序进行一种自动的良性运作，而要依靠一些外部力量的推动才能保持刑事诉讼活动的正常运转呢？从目前社会舆论的关注点来看，公检法三机关在一定范围内存在以下引起人们非议的问题：超期羁押、随意适用强制措施、刑讯逼供、非法取证、冤假错案难以获得纠正等。这些情况并非为中国所独有，但为什么它们不能通过公检法三机关正常的良性互动得到解决，而非得“惊动”司法体制以外的权威和力量才能得到处理呢？

其实，上述问题不过是从一个侧面暴露了中国刑事诉讼构造的主要问题：由于公检法三机关各自相对分散地从事诉讼活动，各自在某一诉讼阶段上充当拥有最终决定权的司法机构，那种“以司法裁判为中心”的诉讼构造基本上没有建立起来，因此刑事诉讼出现混乱无序，大量程序违法得不到纠正的现象也就随之发生了。也就是说，在很多情况下，由于现行司法制度没有在公检法三机关中确立一个相对权威的机构，而是将权力分散地放置于它们之中，使得诉讼程序难以依靠三机关的互动而得到合法的运作，必须由某一外部权威来加以推动、干预或者施加压力，才有可能使宪法和法律的规定得到实施。由公检法三机关通过“流水作业”的方式进行刑事诉讼活动，似乎天然地存在一种危险：要维持其正常的运转，就必须引进外部的干预。这就使宪法所确立的“检察权和审判权的独立行使原则”变得难以实现。

中国刑事诉讼的这一问题产生了一定的消极影响。本来，与纠问式诉讼相比，现代刑事诉讼制度建立在一项基本的理论假定的基础上：将国家惩治犯罪的活动纳入“诉讼”的轨道，使诉讼的每一阶段都存在控诉、防御和司法裁判三方的相互制衡，使作为国家利益代表的检警机构能够通过与辩护方在中立的司法裁判机构面前进行理性的论争，来完成刑事追诉的使命，由此才能保证刑事诉讼真正成为一种诉讼活动，而不至于成为行政性治罪活动。〔1〕

但是，中国这种“流水作业式”的刑事诉讼构造，却造成审判前程序中缺少中立的司法裁判机构，审判阶段的司法裁判机能也明显弱化。对于审判前程序而言，由检警机构直接面对被追诉者，自行决定实施旨在限制或者剥夺公民基本权益的强制性措施，诸如逮捕、拘留、搜查、扣押、勘验、检查等直接影响公民权益的措施无法获得中立司法机构的授权和审查，遭受不公正对待的公民也不能获得有效的司法救济。这必然使名义上的诉讼活动成为检警机构针对公民自行实施的单方面治罪活动。这种司法裁判机制的缺乏，直接导致被追诉者地位的严重恶化和检警机构权力的无限膨胀甚至滥用。前面所说的“超期羁押”“刑讯逼供”“随意适用强制措施”“非法取证”“任意处置”等现象，之所以在司法实践中屡禁不止，就导源于这种“流水作业式”的审判前程序构造，导源于审判前程序的单方面治罪性质，也导源于审判前程序缺乏中立裁判者这一事实。结果，无论

〔1〕 例如，在法国刑事法制史上，有关刑事程序方面的法律在17世纪曾以“治罪法”命名。而在法国大革命以后，拿破仑于1808年制定通过的一部刑事程序法仍被命名为“治罪法”。直到1897年，一部体现了自由主义政治哲学的刑事程序法才正式命名为“刑事诉讼法”。从“治罪法”到“刑事诉讼法”，这一名称的变化实际体现了人们对待刑事诉讼性质和功能的态度的转变。

是侦查程序还是审查起诉程序，都没有形成“以裁判为中心”的诉讼形态，不存在控诉、辩护和裁判三方同时参与的诉讼构造，而只能算作以刑事追诉为目的的“行政程序”。于是，刑事诉讼法所确立的侦查和审查起诉程序，竟然从实质上不属于“诉讼程序”。

对于审判程序而言，法院不仅不能对检警机构的追诉活动实施有效的司法审查，独立自主地排除非法所得的证据材料，而且还只能依靠指控方在审判前、审判过程中以及法庭审理结束以后相继移送的书面案卷材料制作裁判结论，从而丧失了独立自主地采纳证据、认定事实和适用法律的能力，无法做到真正从法庭审理过程之中、从控辩双方的举证和辩论过程中形成自己的裁判结论。这一现实所导致的必然是法庭审判过程的流于形式和裁判机能的名存实亡。在这一构造下，所有针对法庭审理的公正进行而设置的诉讼原则和制度，如合议制、回避制、两审终审制、审判公开、辩护、交叉询问等，大都丧失了其存在的价值和本应发挥的诉讼机能。法院不仅在“实体性裁判”方面成为“镇压的仪式”，也成为对侦查和起诉结论的确认程序，而且那种以审查侦查行为合法性而建立的“程序性裁判”机制，在中国刑事诉讼中没有太大的存在空间。法院尽管有法庭审判之形式，却无法形成“以司法裁判为中心”的实质性诉讼形态。

与此同时，“流水作业式”诉讼构造的这一缺陷，还使公检法三机关之间法定的职能分工几乎完全流于形式。本来，法官这一职业在立法设计中确实是有别于警察和检察官的。例如，法官制服的肩章上刻着的是天平的图案，而警察肩章上刻着的则是盾牌图案；法官一般主要在法庭上、在控辩双方同时到庭的情况下进行裁判活动，而警察和检察官则可以在办公室、现场等非正式场合进行追诉活动。但是，由于法院与检警机构一样，都被认为负有惩治犯罪、查明事实真相的政治使命，法院本来所具有的公正司法裁判者角色，经常不得不让位于实际的“第三追诉者”角色。事实上，“公检法三机关”这一称谓本身已经点破了中国法院的处境。那种本应成为“社会正义最后堡垒”的法院，在中国却与检警机构联合起来，成为追诉犯罪这一“流水线”上的操作员，成为维护社会治安的工具。这就使法院在履行维护社会正义方面，天然地存在一些不可避免的局限性。

无论是中国法院对于检警机构退回补充侦查、撤回起诉、重复起诉等任意追诉行为的极度容忍，还是法院本身通过变更起诉罪名、主动提起不利于被告人再审程序等方式，对刑事追诉发挥“拾遗补阙”的作用，都表明即使建立了“以裁判为中心”的诉讼构造，法院也无法承担其中立裁判者的诉讼角色，而注定只能充当“公检法三机关”这一接力比赛程序中的运动员。如果说在审判前的侦查和审查起诉阶段，中立的司法裁判者并不存在，在第一审程序中法院即使主持法庭审判程序，却无法担当起权威裁判者的话，那么，上述以刑事追诉为价值导向的“诉讼活动”，却显示法院即便拥有了最终的司法裁决权，所从事的也不过是变相的刑事追诉活动而已。因为在裁判者本身就是原告的情况下，刑事诉讼程序是不会有“辩护者”这一角色存在的。面对这充满刑事追诉愿望的刑事法庭，被告人及其辩护人任凭作出怎样的防御准备和辩护努力，也不会获得与检控方进行“公平游戏”的机会，更无法获得真正意义上的公正审判。

不仅如此，“流水作业”的诉讼构造，使“公检法三机关”在各自的诉讼阶段和诉讼活动中都成为“独立自主的司法机关”，并拥有各自的程序决定权。用句通俗的比喻，就是中国刑事诉讼中存在三个独立的“包青天”，在各自的程序中充当“司法裁判者”。在这种缺乏“中立司法裁判者”的诉讼制度中，一种权威的、拥有终局裁判权的司法机构并不存在。结果导致几乎在每个诉讼阶段，即使面临重大的争议和分歧，也没有任何机构可以作出最终的生效裁判结论。例如，在侦查阶段，纵然嫌疑人及其辩护律师对于会见在押嫌疑人、变更强制措施等提出了多次申请，也不会有任何机构给出权威的裁决,因为对这些事项作出决定的恰恰就是侦查机关本身。又如,在法庭审判阶段,面对检察机关所提出的撤回起诉要求,法院即使给予准许并作出正式的裁定,检察机关仍旧可以对同一行为重新提起公诉。在这种多次撤回起诉又随即重新起诉的情况下,中国刑事诉讼程序就无法建立权威的裁决机制了。再如,在第二审程序中,对于"事实不清、证据不足"的案件,二审法院可以随意作出"撤销原判、发回重审"的裁定,案件还可以从一审法院一直退回到审查起诉和侦查程序。这种发回重审显示出诉讼程序中并不存在"一锤定音"的权威裁决者。最后,检察机关只要认为已生效裁判"确有错误",就可以提出抗诉。这种抗诉一经提起,就会无条件地引起刑事再审程序的启动。假如检察机关永无休止地提起这种再审抗诉,法院也就只能无休止地对同一案件启动再审程序。

"流水作业"的诉讼构造在以上情况下就陷入了一个困境:在"公检法三机关"都无力作出司法裁决的情况下,刑事诉讼程序就会出现运转失灵的现象。这就有点类似于计算机的"死机"现象。造成这一现象的主要原因,就在于中国刑事诉讼中始终并不存在一种权威的、终局的司法裁判者,对于争议和分歧无法作出最终的定论。于是,这种诉讼机制的运转就不得不依靠外部的"监督"或者"协调"了。无论是检察机关和权力机关的"监督",还是中共各级"政法委员会"的"协调",都在客观上对上述功能失调的刑事诉讼机制作出了一定的程序外规范。这种"监督"和"协调"的负面作用当然是十分明显的,但没有这些来自外部的"监督"和"协调"机制,刑事诉讼就会陷入永无休止的拖延和内耗之中。

五、走向"审判中心主义"?

时至今日,中国已经出现过多部刑事诉讼法典。但是,刑事诉讼总体上仍然具有"流水作业"的基本构造,公检法三机关依然在相互配合着从事惩治犯罪的活动。中国刑事诉讼中的绝大多数问题，似乎都与这种独一无二的“流水作业”的诉讼构造存在密切的联系，过去进行的改革似乎完全忽略了这种导致权力滥用的刑事司法体制。因此，对公检法三机关“流水作业”的诉讼格局进行改变，对侦查、起诉和审判三阶段之间的法律关系作出变革，应当成为今后司法改革的重点之一。

那么，如何对这种沿袭多年的“流水作业”的诉讼构造进行改造呢？鉴于这种诉讼构造的缺陷，就是将国家追究犯罪的活动按照行政管理的方式进行规范，而没有将此纳入诉讼的轨道，因此，改造的重心应当是从“流水作业”走向“以司法裁判为中心”。当然，笔者这里所说的只是从理论意义上而言的，这丝毫不意味着中国必须全盘接受西方某一国家的诉讼模式。我们所应关注的，应当是“以裁判为中心”的诉讼构造所赖以建立的基础性理念，以及与此相伴而生的基本诉讼框架。从历史的视角来看，英国的刑事诉讼程序似乎一直得到整个西方世界的青睐。不必说美国等英国的前殖民地国家，即便是法国、德国、意大利等大陆法国家，从18世纪以来，也一直在从英国刑事司法制度中寻找改革的灵感和精神资源。可以说，大陆法国家之所以能够成功地从纠问式诉讼走向现代职权主义的诉讼模式，就是因为直接吸收了英国对抗式诉讼的因素。如果说18世纪大陆法国家的司法改革成功地使审判程序剥离了过去的纠问化的外衣的话，那么20世纪中后期以来的改革，则进一步使其审判前的追诉程序逐渐远离行政性治罪活动的特点，越来越具有诉讼的特征。因此，将整个刑事诉讼程序按照诉讼的基本要求进行构建，使其受到司法裁判机制的制约，显然构成大陆法国家200年来刑事司法改革的主旋律。同样，中国从20世纪初的“清末改制”以来，刑事诉讼也一直面临着如何摆脱纠问化和行政化倾向，走向以诉讼模式规范国家治罪活动的问题。应当说，构建一种“以司法裁判为中心”的诉讼构造，同样应当是中国刑事诉讼走向法治化和现代化的必由之路。

摆脱“流水作业式”诉讼构造的第一步，应当是在审判前的追诉程序中设立一个不承担追诉职能的中立的司法机构，使其能够对检警机构限制或者剥夺公民基本权益的行为，进行有效的司法授权和司法审查。由此可以在审判前程序中构建起真正意义上的司法裁判程序。

在笔者看来，审判前程序要想摆脱其纠问化和行政化的形象，就必须在诉讼构造中设计一个中立的裁判者，使所有发生在检警机构与嫌疑人之间的争端都能被纳入司法裁判程序的轨道。这个所谓“中立的司法裁判者”，可以是一个既不承担追诉职能，也不承担案件实体性裁判职能的独立法官。他应当能够参与审判前活动的全过程，并就所有与公民基本权益有关的事项，如逮捕、拘留、取保候审、监视居住、搜查、扣押、窃听、勘验、检查、鉴定、通缉等强制性措施，发布是否许可的令状。同时，对于公民因不服自己遭受的强制性措施而提出的申诉、控告，该法官还应负责进行受理和审查。不仅如此，对于公民因为遭受不合理或过长的审前羁押而提出的诉讼，还应当有专门的法院负责受理和审查。笔者认为，可以考虑借鉴西方各国的“人身保护令”制度，在中国构建一种专门针对审判羁押的合法性而进行的程序性裁判制度。这对于防止超期羁押、任意羁押现象的发生，无疑是极为重要的治本之道。

摆脱“流水作业式”诉讼构造的第二步，是彻底切断审判前的追诉程序与审判程序的因果联系，真正使法庭审判成为决定案件结局的唯一阶段。

为此，应当确立以下几方面的程序保障：一是贯彻直接和言词审理原则，建立证人、鉴定人、被害人出庭作证的制度，使裁判者完全通过当庭听证和聆讯，对证人证言、鉴定意见和被害人陈述等言词证据的证明力作出裁断。二是实行彻底的“起诉书一本主义”，禁止检察机关在提起公诉时将任何足以令裁判者产生预断的证据材料移送给法院，同时禁止检察机构以任何形式、在任何阶段再将案卷材料移送法院，以保证裁判者完全根据控辩双方当庭提出的证据作出裁判，并且将自己的裁判结论建立在通过当庭听审所形成的直观印象上面。三是确立传闻证据排除规则，严禁检察机关随意地以书面笔录的方式提供被告人供述、证人证言、鉴定意见或被害人陈述。对于这种传闻证据一般应当将其排除于法庭审判之外，不使其作为法庭定案的根据。对于以上所有言词证据，都必须以被告人、证人、鉴定人、被害人等的当庭陈述，作为定案的直接根据。被告人在侦查阶段所作的有罪供述、证人在侦查阶段所作的证言、鉴定人在侦查阶段所作的鉴定意见，以及被害人在侦查阶段向检警机构所作的陈述，都不能直接被用来作为对被告人进行定罪的根据。四是禁止裁判者与检警机构进行任何形式的“单方面接触”。无论是在法庭审判开始之前，还是审判过程中，或者审理结束之后，裁判者都不能与控诉一方进行诸如“交换意见”“提供材料”“秘密协商”之类的幕后活动。否则，检警机构的意见就会通过这种接触直接对裁判者的结论产生不可低估的影响。只有通过上述途径使刑事追诉的结论不再对司法裁判的结局具有预定效力，裁判者才能真正从法庭审判过程之中，而不是刑事追诉机构的案卷中寻找裁判的根据。法庭审判也才能由此具有“刑事诉讼中心”的地位。

摆脱“流水作业式”诉讼构造的第三步，是强化嫌疑人、被告人一方的诉讼主体地位，扩大辩护律师在刑事诉讼中的参与范围，使辩护一方成为足以对抗追诉一方，并能够对司法裁判者形成有效制约的“一极”。

“诉讼形态”的形成，除了必须存在中立的司法裁判者以外，还必须使辩护一方具有较强的对抗能力。否则，那种典型的“控诉、辩护与裁判相互制衡”的诉讼格局不仅难以形成，而且还会演变成为裁判者与追诉者联合起来，共同对付辩护一方的诉讼态势。因此，必须至少从以下几个方面提高嫌疑人、被告人的诉讼地位：一是赋予嫌疑人、被告人保持沉默的权利，使其享有作出有罪供述或者无罪辩解的自由；无论是追诉机构还是裁判者，都不能因为嫌疑人、被告人保持沉默，或者进行过激烈的无罪辩解，而作出对其不利的裁判结论。为此，司法警察和检察官在对嫌疑人进行讯问之前，都必须首先向其告知诉讼权利和行为的后果，并发出有关的警告。二是大幅度地缩小审前羁押的适用范围，尽量采取羁押的替代性措施，如取保候审等，使更多的嫌疑人、被告人能够在诉讼过程中具有基本的人身自由，从而与辩护律师一道，进行充分的辩护准备活动。三是扩大辩护律师的参与范围，增强其参与效果。在审判前的追诉活动中，辩护律师应当在警察、检察官讯问嫌疑人时始终到场，为其提供法律帮助；辩护律师与在押嫌疑人、被告人的会见应当不受任何形式的监视，保持基本的秘密性；辩护律师在侦查结束之后应当立即进行全面的阅卷；在侦查过程中，辩护律师应当有权进行必要的调查，收集有利于嫌疑人的证据材料；对于检警机构实施的重大侦查活动，辩护律师应享有到场参与的权利；等等。在法庭审判开始之前，辩护律师应当有权再次获得阅览检察机关掌握的全部证据材料的机会，从而为法庭上的辩护进行充分准备；辩护律师如有证据需要法院协助调取、有证人需要法院传唤，法院应当运用其司法裁判权，发布有关的令状（如“调取证据令”“传唤证人令”等），确保辩护方与控诉方一样有将证据提交法庭的机会。

摆脱“流水作业式”诉讼构造的第四步，是彻底贯彻“控审分离”的原则，确保法院真正成为中立的司法裁判者，而不再承担任何刑事追诉职能。

为此，应当确立法院中立性和被动性的活动方式，禁止法院积极主动地启动任何诉讼程序，防止法院成为事实上的“第二公诉人”。

在制度设计上，首先，应当建立诉因制度，将法院的司法裁判活动严格限制在检察机关起诉书载明的范围，不得对起诉书指控的被告人和有关指控事实之外的其他人或事实进行审理或者作出裁判；同时，对于检察机关起诉的罪名不能构成的，应当按照适当的变更起诉程序，重新提起公诉，并给予辩护一方以新的充分的防御准备。严格禁止法院在检察机关不同意、辩护一方未被告知且没有进行适当准备的情况下，自行改变起诉的罪名。其次，对于二审案件，法院应当将自己审判的范围界定在当事人上诉、检察院抗诉的范围之内，不再奉行全面审理原则。最后，应当严格禁止法院以任何形式主动提起再审程序，并且废除所谓对原来的被告人不利的再审，使再审真正成为纠正不公正的原审裁判、避免公民受到错误定罪判刑的司法裁判活动。只有在法院保持基本的中立性的情况下，司法裁判才能成为公正地解决争端的活动，而不再成为追诉公民的工具。法院也才能够摆脱与检警机构进行“接力赛跑”的形象。

改造中国刑事诉讼构造的第五步，是改变检察机关“法律监督者”的地位，使其不再同时承担司法监督和刑事追诉这两项相互矛盾的诉讼职能。

检察机关既进行法律监督，“保证国家法律的统一实施”，又负责提起公诉和支持公诉，就犹如是在担任自己为当事人的案件的司法裁判官一样。检察机关在履行法律监督职能时，缺乏起码的中立性和超然性。检察机关所具有的这种法律监督者地位，尽管在确保公安机关遵守法律程序、法院依法裁判方面，能否发挥多少有效的积极作用还尚存疑问，但它所带来的负面作用却是巨大而明显的：一方面，它导致法院无法在审判过程中具有独立自主性；另一方面，这种法律监督还使“控辩双方平等对抗”的诉讼目标难以实现。事实上，在公诉人将自己视为“法律监督者”的诉讼格局下，被告人及其辩护人怎么可能与之享有平等的诉讼权利呢？本来，检察机关与辩护一方就在对抗能力方面就存在天然的不平衡，诉讼程序本来应当在他们之间人为地制造一种“平等武装”的空间，并为此而适当限制检察机关的追诉势头，赋予被告人一系列的诉讼特权，这是程序公正的最低要求。但是，中国的被告人不仅没有一些必需的“特权”，就连检察机关所享有的一些诉讼权利，他也无权行使。这就使刑事诉讼自始至终带有控辩双方不平等对抗，甚至带有刑事追诉者凭借垄断性的国家权力，追究涉嫌犯罪的公民的氛围。因此，将检察机关从法律监督者变为刑事追诉机构，使其成为与辩护一方完全平等的诉讼主体，这对于“以裁判为中心”的诉讼构造的形成，无疑是最为关键的改革步骤之一。

要形成“以司法裁判为中心”的诉讼格局，第六步的改革应当是赋予法院“最终裁判者”的地位，使其对刑事诉讼过程中的所有争议问题，都能够通过开庭方式，作出权威的法律结论。

为了结束公检法三机关各行其是、分散行使权力的局面，确立法院成为权威的司法裁判机构是绝对必要的。前面所说的确立一种专门从事审判前的司法授权和司法审查活动的法官，其实也带有让法院进行最终裁判的意味。在笔者看来，法院要真正保持权威裁判者的地位，就必须将以下事项纳入司法裁判的轨道：一是所有涉及公民人身自由、财产、隐私等权利的强制性措施；二是司法鉴定的决定权，包括鉴定人的选任、鉴定人的人数、鉴定的时机、鉴定意见的审查和采纳、重新或者补充鉴定等一系列事项；三是所有证据的合法性和可采性，包括通过刑讯逼供等非法手段获取的口供、证言、被害人陈述等言词证据，也包括采用非法搜查、扣押、查封等手段获取的实物证据等；四是证据的交换和展示问题，也就是控辩双方在法庭审理开始之前将各自掌握的证据互相展示给对方的问题；五是证据的调取和证人的传唤，证据和证人不论是控诉方还是辩护方提出的，一旦遇有证据持有者拒不提交、证人拒不出庭作证的情况，法院在接受控辩双方的申请后，都应当发布有关的司法命令，强制调取有关证据或者将证人强行传唤到法庭；等等。对于以上事项，一旦控辩双方不服法官或者法院的裁判结论，都应当允许他们向上级法院提出上诉，以引发新的司法裁判程序。另外，要使法院真正具有权威裁判者的地位，在案件事实不清、证据不足的情况下，法院应有权作出权威的无罪判决，以结束控辩双方的争执，以国家法律的名义宣告检察机关的指控未能成功，从而使受到追诉的公民及时结束“被控告者”这一不确定的身份，摆脱其权利和命运待判定的处境。

最后，要真正建立“以司法裁判为中心”的诉讼构造，还必须进行一系列的司法改革。其中最关键的改革步骤是确保司法裁判者真正具有独立自主性。

事实上，如果法院不能相对于地方行政机构、立法机构具有独立自主的裁判权，如果法院不能独立于社会团体、新闻传媒乃至公众舆论，如果法官或陪审员相对于法院内部的院长、庭长、审判委员会甚至上级法院，不能具有独立自主的裁判权，那么，确立“以司法裁判为中心”的诉讼构造，不仅是不可能的，而且是有百弊而无一利的。

当然，要从“流水作业”走向“以司法裁判为中心”，要从公检法三机关“接力赛跑”走向以诉讼方式解决国家与个人之间发生的纷争，仅仅依靠上述改革措施还是远远不够的。这还涉及一系列司法制度甚至宪法体制的重大变革，也要求整个社会的价值观念和法律文化发生相应的变化。而且，即使仅仅进行以上七个方面的改革，摆在我们面前的也是极为艰难的路途。从一个稳定的司法体制，向另一个从理念到制度设计都全新的司法体制过渡和转型，谈何容易！笔者只能提供一种变革的思路和框架。而要真正实现这些复杂的变革，则需要改革者有过人的智慧、坚定的毅力和不屈不挠的决心。不过，当前由司法公正问题引发的司法改革大讨论，以及作为这一讨论大背景的蓬勃兴起的市场经济和改革开放的氛围，也为我们走出原来的体制创造了可行的条件。

第十一章　侦查中心主义

一、"审判中心主义"改革的困境

自2014年以来，有关确立"以审判为中心的诉讼制度"的设想成为我国司法改革框架的组成部分。所谓"以审判为中心的诉讼制度"的设想，又可以简称为"审判中心主义"，主要意图在于突出审判程序在刑事诉讼中的中心地位，强调所有定罪的证据和事实都要经过法庭上的举证、质证和辩论，裁判理由形成于法庭上，将侦查、审查起诉的证据标准统一到法院裁判的标准上，确保侦查和审查起诉的案件事实证据经得起法律的检验。[1]简言之，审判中心主义的基本要求是以法院裁判的标准来审查侦查和审查起诉的质量，从而对侦查和审查起诉活动形成一种倒逼机制，以维护法律的统一实施。

伴随官方司法改革方案的出台，有关审判中心主义的构建问题成为法学界研究的热点问题。这种研究大都围绕审判中心主义的内

---

〔1〕 参见周强：《必须推进建立以审判为中心的诉讼制度》，载《人民日报》2014年11月14日。

涵、制度保障、实现方式等问题来展开。但是，对于任何一种尚未实现的改革设想或改革目标的研究，总是充满着风险性和不确定性。根据社会科学研究的基本准则，研究者只有将那些已经发生的经验事实作为研究对象，才能作出相对客观的解释。而对于那些没有发生的不确定事实，研究者既无法展开科学的观察，也难以作出准确的预测，而往往得出一些主观性较强的结论。在审判中心主义问题上，有关研究也出现了同样的问题。迄今为止，有关“审判中心主义”问题的讨论，研究者就连基本概念都没有达成共识，对于“审判中心主义”与“庭审中心主义”“第一审中心主义”“庭审实质化”的关系作出了主观性较强的解读，对未来中国实现审判中心主义的路径作出了一些对策性研究。〔1〕

按照笔者的研究习惯，对于一个尚未发生的改革方案，尽量不去作对策式或者预测式的分析和评论。法学界与其“研究”审判中心主义这一尚未发生的改革目标，倒不如踏踏实实地分析阻碍审判中心主义实现的制度障碍。笔者曾对我国刑事诉讼的纵向构造问题做出过有针对性的研究。根据这种研究，我国刑事诉讼之所以没有形成审判中心主义的格局，是因为存在一种“流水作业的纵向构造模式”，使公检法三机关在各自的诉讼程序中具有权威裁判者的地位，并通过一种接力比赛的方式推动着刑事诉讼的进程。〔2〕不仅如此，我国刑事诉讼之所以没有形成审判中心主义的格局，还是因为刑事法庭中存在一种“案卷笔录中心主义”的审判方式，公诉方通过移送侦查机关制作的案卷笔录，使法庭审判变成对侦查机关案卷材料的审

〔1〕 司法实务界对此所做的权威解读，可参见沈德咏：《刑事司法程序改革发展的基本方向》，载《人民法院报》2014年10月24日；沈德咏：《加快推进以审判为中心的诉讼制度改革》，载《法制日报》2015年6月12日；沈德咏：《论以审判为中心的诉讼制度改革》，载《中国法学》2015年第3期。

〔2〕 有关刑事诉讼纵向构造的研究，可参见陈瑞华：《刑事诉讼的前沿问题（上册）》（第5版），中国人民大学出版社2016年版，第277页。

查和确认过程，而失去了对案件事实进行实质审查的能力。[1]作为近年来法律改革的成果，证人、鉴定人已经开始出庭作证，言词审理原则逐步得到贯彻，但是，刑事法庭仍然通过庭前阅卷和当庭审查侦查案卷笔录来形成对案件事实的认定，法庭审判仍然具有一种"新间接审理主义"的形态，这是导致法庭审理流于形式的主要原因。[2]

对于上述研究所得出的结论，笔者至今仍然予以接受。不过，随着观察和研究的深入，笔者发现，审判中心主义之所以在我国刑事诉讼中难以得到确立，还有一个重要的原因，那就是相对于审判程序而言，侦查程序在整个刑事诉讼中居于中心地位，侦查机关所收集的证据以及所认定的案件事实，既是公诉机关提起公诉的依据，也是法院作出裁判的根据。在一定程度上，法庭审判无非就是对侦查结论的审查和确认过程而已，已然失去了对案件事实的重新探究能力。相对于我们正在努力推进的"以审判为中心的诉讼制度"而言，我国实际存在一种"以侦查为中心的刑事诉讼构造"。对于这种"以侦查为中心的诉讼构造"，我们可以简称为"侦查中心主义"。

在我国法学研究中，"侦查中心主义"并不是一个新鲜的概念，法学界和司法实务界对这一概念的使用由来已久。但迄今为止，很少有人对这一问题作出系统的分析和评论。在笔者看来，不对侦查中心主义作出尽可能准确的解读和分析，我们就无法理解审判中心主义何以成为我国刑事司法改革的目标，也无法解释法庭审判流于形式的根本原因。笔者在讨论中，将揭示侦查中心主义的基本特征，分析检察权对于侦查中心主义的影响，反思这一诉讼构造所造成的消极后果，并对近年来刑事司法改革的局限性作出评论。笔者所要

〔1〕 关于"案卷笔录中心主义"的研究，可参见陈瑞华：《刑事诉讼的前沿问题（下册）》（第5版），中国人民大学出版社2016年版，第519页。

〔2〕 关于"新间接审理主义"的研究，可参见陈瑞华：《新间接审理主义——"庭审中心主义改革"的主要障碍》，载《中外法学》2016年第4期。

论证的结论是，如果我国刑事诉讼继续保持侦查中心主义的诉讼构造，那么审判中心主义的设想就将是不可能实现的。

二、程序内的侦查中心主义

通常而言，侦查是指侦查机关为查获犯罪嫌疑人、收集犯罪证据所进行的专门调查工作以及所采取的强制性措施。侦查机关在对一个刑事案件作出立案决定后，要收集犯罪证据，查获犯罪嫌疑人，将符合法定条件的案件移送检察机关审查起诉。检察机关对于侦查机关移送的案件进行审查，对于符合法定条件的案件向法院提起公诉。法院则通过对案件的法庭审理，作出权威的司法裁判。按理说，法院审判才是决定一个刑事案件结局和被告人命运的场合。但是，我国刑事诉讼制度在实施过程中却出现了异化现象，将本来仅仅带有公诉预备性质的侦查程序视为刑事诉讼的中心，而审查起诉和审判都变成对侦查结论的审查和确认过程。具体而言，侦查机关所收集的犯罪证据，经过检察机关的移送，最终大都被法院采纳后作为定案的根据；侦查机关所认定的犯罪事实，经过检察机关的确认，最终被法院认定为裁判事实；侦查机关所查获的犯罪嫌疑人，经过检察机关的提起公诉，最终被法院认定为犯罪人。

我国刑事诉讼既然形成了以侦查为中心的诉讼格局，那么，这种诉讼格局究竟有哪些基本特征呢？在笔者看来，侦查中心主义的主要特征既体现在诉讼程序内部，也体现在诉讼程序外的社会、政治、文化等方面。这里首先讨论程序内的侦查中心主义的特征。

在刑事诉讼程序内，侦查中心主义主要体现在侦查机关对嫌疑人人身自由的处置、对涉案财物的强制处分以及对追诉证据的封闭式采集，对法院的裁判产生了实质性的影响。也就是说，法院在对案件作出裁判时，会考虑侦查机关已经进行了一段时间的未决羁押、已经处置了嫌疑人的涉案财物等情况，并对侦查机关制作的案卷笔录进行“接力比赛”式的审查和加工，最终接受侦查机关所认定的结论。在很多情况下，即便侦查机关所得出的结论并没有得到足够的证据支持，甚至案件存在明显的矛盾或者疑点，法院也会对此加以迁就，作出所谓“留有余地”的裁决。

（一）侦查机关对嫌疑人的未决羁押

在我国刑事诉讼中，侦查机关对嫌疑人人身自由的剥夺，主要是通过刑事拘留和逮捕来进行的。刑事拘留和逮捕属于最重要的刑事强制措施，一旦采取，会使嫌疑人受到长时间的未决羁押。由于没有确立司法审查和令状主义的审批机制，无论是刑事拘留还是逮捕，都不是由中立的司法机关加以审查批准的。不仅如此，刑事拘留和逮捕后的羁押期限的延长，也没有被纳入司法审查的领域，而主要是由侦查机关自行审查、自行批准的。与此同时，侦查机关一旦对嫌疑人采取刑事拘留、逮捕和延长羁押等措施，就会追求使嫌疑人、被告人受到定罪的结局，因为错案责任追究和国家赔偿制度的存在，会使侦查机关和侦查人员因为违法羁押而承受不利的法律后果。

1.侦查机关自行决定刑事拘留和发布通缉令

作为一种在紧急情况下对嫌疑人采取的临时性羁押措施，刑事拘留是由侦查机关自行决定的，不存在中立司法机关的审查和授权。通常情况下，刑事拘留可以由县级以上公安机关负责人加以审批。本来，刑事诉讼法要求一般的刑事拘留期限为14天，而对那些涉嫌“流窜作案、多次作案、结伙作案”的嫌疑人，才可以拘留37天。但在司法实践中，公安机关对于所有案件的嫌疑人的拘留期限都可以延长到37天。不仅如此，对于嫌疑人不讲真实姓名、住址，身份不明的，经县级以上公安机关负责人批准，在其身份没有查明之前，可以不计算羁押期限，也就是可以无限期地进行拘留。

对于“应当逮捕”的在逃嫌疑人，公安机关可以直接发布通缉令，采取追捕归案的措施。目前，县级以上公安机关在本辖区内可以直接发布通缉令，超出本辖区的，可以报请上级公安机关发布。公安机关所拥有的这种将嫌疑人自行缉拿归案的权力，使侦查权与强制到案权高度集中，经常导致通缉权力的滥用。经验表明，在没有中立司法机关加以审查和授权的情况下，发布通缉令的权力经常成为公安机关任意干预经济纠纷案件、随意剥夺公民人身自由的手段。

2.侦查机关自行延长逮捕后的羁押期限

在检察机关作出批准逮捕的决定后，侦查机关就可以执行逮捕措施，并使嫌疑人受到较长时间的未决羁押。而未决羁押的延长也没有中立司法机构的审查和授权。侦查机关发现嫌疑人“另有重要罪行”的，经县级以上公安机关负责人批准后，可以重新计算侦查羁押期限。这就意味着侦查机关对于每一项新发现的罪行，都可以将原来的羁押期限归零，重新羁押2个月，还可以报请上级检察机关批准，延长羁押期限。不仅如此，遇有被逮捕的嫌疑人不讲真实姓名、住址，身份不明的，侦查机关还可以在查清其真实身份后开始计算羁押期限。这就意味着侦查机关对身份不明的嫌疑人可以无限期地进行羁押。

我国刑事诉讼法并没有确立“最高羁押期限”，侦查机关根据侦查的需要，可以较为随意地延长逮捕后的羁押期限。加上未决羁押期限与办案期限并没有得到严格的区分，侦查机关可以在办案期限延长的同时，自动地延长羁押期限。例如，在需要异地取证、委托鉴定等特定的场合，侦查机关可以通过诉讼中止等方式来延长办案期限，同时对嫌疑人的羁押期限也得到了相应的延长，而这种延长既不需要办理任何审批手续，也根本没有经过中立司法机关的审查。这就导致在检察机关移送审查起诉之前，那些被拘留、逮捕的嫌疑人普遍受到长时间的未决羁押。这种未决羁押期限动辄达6个月以上，甚至可以达到一年甚至数年以上。

3.侦查机关与未决羁押存在直接的利害关系

由于错案责任追究和国家赔偿制度的存在，侦查机关为避免被追究错案责任，或者为避免承担国家赔偿责任，证明其刑事拘留和逮捕的合法性，会竭力追求嫌疑人、被告人被定罪的结局。于是侦查机关就与其所采取的刑事拘留、逮捕和未决羁押措施发生直接的利害关系。

根据错案责任追究制度，侦查机关在作出刑事拘留决定后，案件最终被撤销、不起诉或者法院宣告无罪的，侦查机关都会承担一种特殊的"错案责任"。这种错案责任要么会导致侦查人员受到某种程度的惩罚，要么会影响侦查机关在绩效考核中的排名和业绩。根据国家赔偿制度，侦查机关在作出违法拘留的决定后，案件最终被撤销、不起诉或者被宣告无罪的，要承担相应的刑事赔偿责任。由于侦查机关属于违法拘留的"赔偿义务机关"，它们可能因为作出拘留决定而承担国家赔偿责任，而负责办案的侦查人员还可能受到追责，因此，这些机关连同其工作人员就与拘留发生了一定的利害关系。

在我国刑事司法实践中，经常出现法院根据被告人受到未决羁押的期限来确定刑期的现象。这种被俗称为"实报实销"的现象，可以显示出法院为避免侦查机关承担错案责任和国家赔偿责任，而对那些本来尚未达到定罪条件的案件作出了"留有余地的有罪裁决"。这也足以说明侦查机关为避免承担错案责任和国家赔偿责任而对法院施加了程度不同的压力，以迫使其作出违心的有罪判决。可以说，侦查机关通过掌握对嫌疑人的未决羁押权力，就拥有了追求使嫌疑人、被告人受到定罪的强大动力，也促使其对法院的审判活动施加积极的影响。

（二）侦查机关对涉案财物的强制性处分

与对嫌疑人人身自由的剥夺措施一样，侦查机关可以自行对涉案财物进行查封、扣押、查询和冻结，也可以对那些不宜长期保存的涉案财物进行变卖、拍卖、出售或者变现。除非涉案财物被视为极为重要的证据，并属于可移动的财物，否则，侦查机关可以随意拒绝随案移送，甚至在侦查阶段就可以自行处置。基于此，侦查机关就与案件发生了经济上的利害关系，并强烈追求对嫌疑人、被告人加以定罪的诉讼结局。在侦查机关、检察机关的共同压力下，法院经常迁就侦查机关事先处置涉案财物这一行为，对那些本来不具备定罪条件的案件作出了有罪裁决。

1.侦查机关对涉案财物的查封、扣押、查询、冻结

按照我国现行的刑事司法体制，侦查机关可以自行决定对涉案财物的查封、扣押、查询和冻结。公安机关、检察机关根据侦查的需要，既可以查封、扣押涉案的土地、房屋等不动产，也可以查封、扣押诸如船舶、航空器、机器、设备、文物、金银、珠宝、字画等动产。经县级以上公安机关负责人或者各级检察机关检察长批准，侦查机关就可以制作查封或者扣押决定书，由侦查人员实施查封或者扣押。与此同时，根据侦查的需要，侦查机关还可以前往金融机构，对嫌疑人的存款、汇款、债券、股票、基金份额等财产进行查询、冻结。经县级以上公安机关负责人或者各级检察机关检察长批准，侦查机关制作协助查询或者协助冻结财产通知书，侦查人员即可通知金融机构对上述有价证券实施查询或者冻结。

对涉案财物的强制性处分，很容易侵犯嫌疑人的财产权，也容易对有关企业的生产经营活动造成程度不同的妨碍。尤其是对嫌疑人存款、汇款等财产的冻结，动辄可以持续六个月，对债券、股票、基金份额的冻结还可以达到两年，而且还可以连续延长冻结期限。但是，对嫌疑人财产权造成如此严重侵犯的强制性处分措施，竟然交由侦查机关自行决定、自行执行，而不经中立司法机关的审查，也没有司法机关的授权，这使法院对涉案财物的强制性处分处于失控的状态。

2.侦查机关对涉案财物的实质性处置

对涉案财物的查封、扣押、查询、冻结尽管是临时的强制性处分措施，但是在涉案财物可能发生腐败变质或者不宜长期保管的情况下，侦查机关还有权对相关涉案财物进行变卖或者拍卖。而对那些权属明确无争议的被害人财产，侦查机关假如认为有关犯罪事实已经“查证属实”的，还可以在登记、拍照、录像或者估价后，及时返还被害人。不仅如此，对于查询、冻结的有价证券，在有关权利人提出要求或者有价证券有效期即将届满时，侦查机关还可以将其直接加以出售或者变现，并将所得价款继续冻结在专门银行账户之中。

侦查机关对涉案财物的变卖、拍卖、返还被害人或者出售、变现，意味着它们拥有自行处置涉案财物的权力。但是，在案件尚处于侦查环节、嫌疑人是否有罪尚未确定的情况下，侦查机关对涉案财物的自行处置，势必造成一种“涉案财物即为赃款赃物”的态势，从而对法院的审判施加积极地影响和压力。不仅如此，侦查机关对涉案财物的处置，由于处于不公开、不透明的状态，非常容易出现高价贱卖、贵重物品低价出售的情况，并给个别侦查人员进行权钱交易提供了机会。而且，这种不透明的处置通常都是不可逆的，涉案财物的所有人难以获得任何有效的司法救济，而只能听任侦查机关随意地造成既定事实，并对法院的司法裁判施加影响。

3.侦查机关对涉案财物的自行控制

尽管法律和司法解释再三要求侦查机关应将涉案财物随案移送，但是，侦查机关似乎更为看重上述涉案财物的经济价值，而忽略了这些财物的证据属性，普遍选择对这些涉案财物进行自行控制，而拒绝随案移送。在司法实践中，公安机关、检察机关只有对那些需要作为证据使用的财物，才会随案移送，并交由检察机关审查起诉，后者交由法院作出最终处理。但是，侦查机关假如认为有些动产或者不动产“不宜移送”的，还可以自行控制，只将清单、照片或者其他证明文件随案移送。这样，是否对那些涉案财物随案移送的权力，就几乎完全掌握在侦查机关手中。结果导致在法院开庭审判中，大量的涉案财物都无法被移交到法院，更难以出现在法庭上，接受当庭举证、质证和价值审查，法院就连对犯罪所得、犯罪工具或者其他违禁品的追缴都难以顺利开展，有时甚至形成所谓的“空判”，以至于失去了基本的权威性。

4.侦查机关通过“收支两条线”的涉案财物管理方式，获得财政部门“按比例返还”的收益

自1998年以来实行的“收支两条线”的控制机制，是对法院、检察机关、公安机关等处置涉案财物的一种管理方式。这种管理方式有助于从源头上预防和治理腐败，被视为加强廉政勤政建设以及公正执法的制度保证。“收支两条线”机制的重心在于将“收”和“支”加以分离，使公安机关、检察机关和法院所获得的涉案财物一律上缴国库，而这些机关的财政开支则由财政部门独立支付，与他们所获取的财物不发生直接的联系，避免“自收自支”。〔1〕

但是，由于受政法经费拨款制度的限制，这种“收支两条线”的机制在司法实践中发生了变形和扭曲。各级财政部门在向政法机关拨付经费时，再一次将“支出”与“收益”密切联系在一起，也就是根据这些机关“收益”的多少来确定“支出”的规模和数量。这种“按比例返还”的做法逐渐成为财政部门对政法机关进行财政拨款的潜规则。假如这些国家专门机关没有任何办案收益的话，那么，财政部门给它们拨付的经费其实就是少得不能再少的“人头费”而已，根本不足以维持这些机关的正常办公开支需要。再加上公安机关、检察机关、法院通常都靠自身力量来筹集资金，进行诸如办公大楼、办案装备、员工住房等的建设和更新。这些远远超出正常财政经费的支

〔1〕 参见柳叶:《深化收支两条线改革后基层政法经费保障问题的思考》，载《民族论坛》2002年第6期。

出，也需要从“按比例返还”的收益中去获取。[1]

在这种“按比例返还”政策的激励下，侦查机关成为刑事司法活动的“创收部门”，它们为了尽可能多地获得正常财政拨款之外的财政收益，就不可能不将查封、扣押、冻结的涉案财物作为“开源节流”的对象。在侦查阶段，对于这些涉案财物以及被拍卖、出售后的资金，侦查机关唯有将其牢牢地控制在自己手中，才能防止被其他专门机关作为“按比例返还”的对象。正因如此，侦查机关不仅尽量减少随案移送的涉案财物，而且就连法院通过生效判决加以追缴的涉案财物，其也不会真的“上缴国库”，而只会自行提交给财政部门，使其算作本部门所获得的办案收益，并要求财政部门根据提交的涉案财物数量，按照比例拨付本部门应得的经济收益。也正因如此，侦查机关在侦查过程中就与案件发生了经济上的利害关系。案件一旦进入审判程序，法院假如要作出无罪判决，就等于将侦查机关可能获得的经济收益加以否定。因此，对法院施加积极地影响，要求法院作出有罪判决，并对涉案财物加以追缴，这是侦查机关的必然选择。

（三）作为法院裁判根据的侦查案卷笔录

我国侦查机关通过一种高度封闭式的证据采集程序，将有关诉讼文书、证据材料以及记录调查取证过程的材料做成书面的案卷笔录。通过案卷移送主义的起诉方式，法院在开庭前获得查阅全部侦查案卷笔录的机会；法庭允许公诉方直接援引和宣读案卷笔录的内容，赋予侦查案卷笔录以证据能力，使其成为法庭调查的对象；通过对案卷笔录的形式化审查，法庭可以直接确认侦查案卷笔录的证明力，将其作为认定案件事实的根据。在认定所指控的犯罪事实方面，侦查实际成为审判人员形成实质性内心确信的依据，法庭审判不过是在侦查人员调查工作的基础上，沿着侦查人员的思路，对案件事实

〔1〕 参见夏鹏程等:《关于政法机关经费保障问题的思考》，载《地方财政研究》2009年第7期。

作出进一步的审查和确认而已。在一定意义上，侦查程序具有“彻底的事实审”的意味，而法庭审判则具有“续审”的性质。侦查机关与审判机关的关系完全变成一种“接力比赛”的关系。只不过，在侦查和审判之间还有一个检察机关的传递和交接过程。

1.侦查机关对追诉证据的封闭式采集

在我国刑事诉讼中，侦查机关无论是对言词证据的获取，还是对实物证据的采集，几乎都采取了一种封闭进行的方式。侦查人员单方面地讯问犯罪嫌疑人、询问证人，自行实施勘验、检查、搜查、扣押、查封、冻结等收集证据的行为，甚至秘密采取各种技术侦查措施。在这些侦查活动过程中，侦查人员不仅不受检察官的指导、引导或者指挥，而且也排除了辩护律师参与的可能。通过这些封闭式采集证据程序，侦查人员制作了案件的侦查案卷笔录。这些侦查案卷笔录通常包括有关诉讼文书、书面证据笔录以及记录侦查行为过程的书面材料等。

从案卷笔录形成的过程来看，侦查案卷笔录所记录的通常都是传来证据，甚至还可能是经历了多重传播和复制过程的第三手材料。例如，嫌疑人有罪供述笔录、证人证言笔录就经历了嫌疑人、证人向侦查人员的陈述以及侦查人员对这些陈述的书面记录这两个信息传播过程；勘验、检查笔录以及搜查、扣押笔录也经历了侦查人员实施勘验、检查、搜查、扣押行为以及侦查人员对这些侦查行为的书面记录等信息传播过程；鉴定意见则经历了侦查人员向鉴定人出具鉴定检材、鉴定人实施鉴定行为以及鉴定人出具鉴定意见等多个信息形成过程。表面看来，侦查案卷似乎记录了侦查人员所收集的与案件事实有关的全部证据材料，但实际上，这些证据材料既体现了侦查人员对案件事实的认识，也反映了侦查人员对案件性质的主观倾向。因此，这些证据材料既无法准确地反映案件事实的本来面目，也带有程度不同的片面性，所记录的几乎都是不利于嫌疑人的事实信息。

2.侦查案卷笔录的庭前移送

1979年《刑事诉讼法》确立了案卷移送制度，检察机关在提起公诉时要将全部案卷材料移送法院，法院在阅卷的基础上进行庭前准备活动，并组织法庭调查。这种制度带来了诸如法官“先定后审”“庭审流于形式”等弊端。1996年《刑事诉讼法》曾对这种案卷移送制度作出改革，将检察机关移送法院的材料限制为“主要证据”的复制品以及证据目录和证人名单。这被视为“刑事审判方式改革”的重要举措。但这种制度自推行之日起就陷入某种困境，后来被“庭后移送案卷制度”所取代。2012年《刑事诉讼法》最终恢复了案卷移送制度，使刑事法官重新获得在开庭前查阅和审查公诉方案卷的机会。

公诉方庭前移送的案卷材料主要是侦查案卷笔录。随着案卷移送制度的恢复，侦查机关所收集的证据材料和所认定的侦查结论就对法官产生程度不同的影响，刑事审判中的一些固有缺陷也重新得到暴露。诸如法官“庭前产生预断”“对侦查结论产生认同”“法庭审判流于形式”等问题，再一次在我国刑事审判中显现出来。案卷移送制度不仅造成了庭审的形式化，而且还使辩护律师与法官处于直接对立的状态。经验表明，那些查阅过侦查案卷的法官，就像一名参加“接力比赛”的运动员一样，接过了检察机关传递过来的“接力棒”——侦查案卷笔录，继续进行查明案件事实、惩罚犯罪、保障无罪的人不受追究的工作。在此情形下，被告人及其辩护人无论是作无罪辩护，还是作程序性辩护，就都会与刑事法官发生观点的冲突甚至对抗。那些事先审查并初步接受了侦查结论的刑事法官，很难接受辩护方所提出的“被告人不构成犯罪”的观点，对于辩护方所提出的“公诉方提出的证据应被排除于法庭之外”的观点，也通常会置若罔闻。对于刑事法官来说，通过审查和研读侦查案卷笔录，他们对案件证据的调查和案件事实的审查已经初步结束，对于被告人构成犯罪这一点已经形成大体的内心确信。所谓的“法庭审理”，无非是要进行完这一法定的“程序仪式”，或者最多再听取一下控辩双方是否还有新的证据或者观点。对于辩护方来说，要到达无罪辩护或者程序性辩护的成功，最主要的工作是要推翻法官庭前通过阅卷所形成的内心确信。而这一辩护工作要想取得成功，将变得极为困难。

3.侦查案卷笔录的证据能力

2012年以来，证人、鉴定人、专家辅助人出庭作证的制度初步得到了建立。在司法实践中，证人、鉴定人、专家辅助人出庭作证的情况有了缓慢的增加。从表面上看，这一现象似乎标志着直接和言词原则得到了贯彻。但是，只要略微深入地观察一下法庭审判的实际情形，就会发现法庭的言词审理或许得到一定的体现，但是直接审理原则却仍然没有得到真正的贯彻。这是因为法律并没有规定限制侦查案卷笔录的证据能力，侦查机关所收集的证人证言笔录、被害人陈述笔录、鉴定意见，仍然可以畅通无阻地出现在法庭审理之中。在大多数案件的审理中，证人、鉴定人并没有出庭作证，法庭允许公诉方直接宣读侦查机关制作的证人证言笔录和书面鉴定意见。而在证人、鉴定人出庭作证的情况下，法庭仍然准许公诉方宣读侦查机关所作的证人证言笔录和书面鉴定意见。既然侦查案卷中的证人证言笔录、鉴定意见始终具有证据能力，那么，它们就可以无障碍地成为法庭调查的对象。

要贯彻真正的直接和言词审理原则，法庭应将侦查案卷笔录排除于法庭大门之外，否定其证据能力。原则上，只要证人出庭作证，法庭就只能听取证人的当庭陈述，并听取控辩双方对证人的交叉询问，从而对该证人证言的真伪虚实作出当庭判断。当然，作为一种例外，法庭也可以准许公诉方宣读侦查机关制作的证言笔录，如针对证人当庭所作的与庭前笔录不一致的陈述，或者在证人当庭表示无法回忆案件事实真相时，为了唤起证人的记忆，公诉方可以宣读相关证言笔录。但这种宣读的证言笔录最多只能起到弹劾证据或者唤起记忆的功能，而不能成为法院认定犯罪事实的根据。然而，我国法律竟然在证人出庭作证的情况下，准许公诉方随心所欲地宣读和出示侦查人员制作的证人证言笔录，对这类笔录证据的证据能力不设置任何法律障碍。这必然使法庭审判变成对侦查结论的审查和确认过程，而失去实际的意义。

对于侦查案卷笔录的证据能力，被告人及其辩护人固然可以通过申请排除非法证据来提出挑战，但是，这种挑战连同其对侦查行为合法性的质疑，要想获得成功，还是非常困难的。辩护方要想申请法院对被告人有罪供述笔录予以排除，就必须证明侦查人员存在刑讯逼供等非法取证行为；辩护方要想申请法院将证人证言笔录、被害人陈述笔录排除于法庭之外，也需要证明侦查人员存在暴力、威胁等非法取证行为。这种对排除非法言词证据所设置的极为苛刻的限制性条件，体现了一种价值倾向：无论是被告人有罪供述还是证人证言笔录、被害人陈述笔录，其证据能力原则上是不受挑战的，只有在极为罕见的例外情形下，法院才可以将明显非法取得的言词证据笔录加以排除。不仅如此，对于侦查人员所制作的其他笔录证据，如勘验、检查笔录，搜查、扣押笔录，辨认笔录，侦查实验笔录以及鉴定意见材料，辩护方即使提出排除非法证据的申请，法院要么给予公诉方进行程序补救的机会，要么可以这类非法取证行为“没有达到影响司法公正的程度”为由，拒绝辩护方的申请。

4.侦查案卷笔录的证明力

在侦查机关移交的案卷笔录普遍具有法庭准入资格的情况下，法院究竟对其证明力是如何判断的呢？原则上，在证人、鉴定人不出庭作证的情况下，证人证言笔录、书面鉴定意见只要不遇到强有力的质疑，都会被法庭采纳作为定案的根据。与此同时，在被告人当庭作出有罪供述的情况下，侦查机关提交的被告人供述笔录的证明力也会得到确认。但在证人出庭作证并作出与庭前笔录不一致的陈述，或者被告人当庭推翻原有罪供述的情况下，法庭究竟是如何采纳证据的呢？

根据我国现行的证据相互印证规则，证人当庭所作的证言与其庭前证言笔录发生矛盾的，除非证人能够作出合理解释，且当庭证言有其他证据印证，否则法庭不得采信其当庭证言。这显示出证人当庭证言的采信是有条件的，而对庭前证言笔录的采信则相对容易得多。与此同时，被告人在庭审中推翻有罪供述，但不能合理说明翻供原因，或者其辩解与全案证据发生矛盾，而其庭前供述有其他证据印证的，法庭可以采信其庭前供述笔录。其实，要使庭前供述得到其他证据的"印证"，并不是很困难的。只要有证据在形式上印证了被告人供述笔录的部分内容，就足以显示该供述笔录得到了印证。这也足以说明被告人即使当庭翻供，法庭仍然可以较为容易地采信庭前供述笔录的证明力。

对侦查机关制作的证人证言笔录、被告人供述笔录的证明力的强调，显示出我国法院在同时面对证人当庭证言和证言笔录的时候，更倾向于采信证言笔录的证明力；在面对被告人当庭翻供或者作出不一致陈述的时候，也更愿意采信庭前有罪供述笔录的证明力。这种对侦查案卷笔录证明力的推崇，说明法院的言词审理也罢、书面审理也罢，充其量不过是一种可有可无的形式，而不具有实质的意义。既然侦查机关所制作的案卷笔录都被认为比证人当庭证言、被告人当庭陈述更为可信和可靠，那么，证人何必还要出庭作证呢？被告人当庭何必接受讯问呢？甚至再往前追问一句：法庭何必要对证据进行所谓的"法庭调查"呢？法庭通过审查和确认侦查机关移送的案卷笔录，不是照样可以对这些笔录证据的证明力作出鉴别和判断吗？

不仅如此，对于侦查机关提交的一些特殊材料，法院对其所进行的法庭调查更是普遍达到流于形式的地步。这些特殊材料主要有侦查机关提交的情况说明类材料、对案件所作的定性材料、所提交的秘密侦查材料等。例如，在我国司法实践中，侦查机关所提交的“情况说明”，经常被用来证明侦查行为的合法性，或者对案件侦查的情况作出解释，对于这类说明类材料，法院通常直接加以采纳，而几乎从不听取控辩双方的举证和质证意见。又如，在公安机关同时负责行政处罚和刑事侦查的案件中，公安机关所制作的“责任认定书”，如其所制作的“交通事故责任认定书”，经常直接成为法院认定被告人刑事责任的依据，而不再对其证明力作出任何实质性的审查。再如，对于侦查机关采取诸如监听、跟踪、秘密录像等秘密侦查手段所获取的材料，法院根本不听取控辩双方的举证和质证，而是直接将其采纳为定案的根据。在上述情形下，法院对侦查案卷的审查的形式化几乎达到了极致状态，侦查机关所制作的特殊材料可以不经法庭调查而成为法院定案的根据。

三、程序外的侦查中心主义

侦查中心主义的理念不仅体现在刑事诉讼程序之内，还广泛地存在于我国的政治、社会、经济、文化等领域之中，成为我国社会治理方式的有机组成部分。在这些领域中，侦查机关可以通过对嫌疑人的公开逮捕、对侦查人员的立功嘉奖、对侦破案件的新闻报道、对受害公务员授予政治称号等方式，造成有关案件属于刑事案件、嫌疑人构成犯罪的“既定事实”，从而对法院的裁判施加强大的社会和政治影响，使法院不得不接受侦查机关所确立的结论。而在一个法院无法独立行使审判权的司法体制下，那些承受极大政治、经济、社会压力的法院，经常会迁就侦查机关的要求，对一些本来尚未达到定罪条件的案件作出有罪裁决，并通过一种“留有余地的裁判方式”，在量刑上作出一些折中式的处置，以避免因科处重刑或者极刑所可能带来的负面影响。

（一）对嫌疑人的“公开逮捕”

迄今为止，我国一些地方仍然保留了“公开逮捕”的做法。这种被冠之以“公开逮捕”“公捕公判”或者“公拘公捕公判”的做法，还被一些地方视为在特定时期内严厉惩罚特定犯罪行为、提高刑罚威慑力的有效手段。这类“公开逮捕大会”不仅有公检法三机关的负责人亲自参加，而且还会邀请当地党、政、人大、政协负责人，由直接分管“政法工作”的党政官员主持大会，邀请各界人士多达数千人参加会议。在这类带有“政治集会”性质的大会上，公安机关负责人会将那些因涉嫌犯罪而被批准逮捕的犯罪嫌疑人押赴现场，当场宣布“依法逮捕”。与此同时，法院院长也会随后对那些已被判决有罪的被告人当场作出有罪宣判，并宣读判决书所认定的事实和结论。〔1〕

这种“公开逮捕”的做法引发了很大争议。反对者通常认为，这种对尚未被判决有罪的嫌疑人公开宣告逮捕的做法，违反了无罪推定原则，造成对嫌疑人名誉权的侵犯，造成“嫌疑人已经构成犯罪”的社会影响，导致法院判决受到“民意”的左右甚至绑架，无法维护法院审判的独立性和权威性。〔2〕当然，坚持公开逮捕的人士也会辩称，这种做法有助于营造强大的社会舆论，使已经被逮捕的嫌疑人受到惩戒和教训，并使那些潜在的犯罪人受到有效的威慑。这在特定时期内对于遏制特定的犯罪行为，具有积极的社会效果。〔3〕

所谓“公开逮捕”，其实是一种公开宣告那些被批准逮捕的嫌疑人构成犯罪的一种政治仪式。通过这种仪式，侦查机关借助党、政、

〔1〕 参见扬帆：《“公捕公判、游街示众”之痛》，载《人民法院报》2010年8月4日。

〔2〕 参见刘炜：《公捕公判：三令五申下回潮逆袭》，载《民主与法制时报》2012年4月16日。

〔3〕 参见高亚洲：《惩罚犯罪不是“公捕的借口”》，载《检察日报》2012年11月5日；魏文彪：《质疑“公开宣布逮捕”：“公捕”可能侵犯名誉权》，载《中国青年报》2001年8月3日。

人大、政协等部门的权威，一方面宣告有关案件的侦查活动取得了积极效果，造成“批准逮捕即等于案件告破”的印象；另一方面则宣告嫌疑人已经构成犯罪，对于嫌疑人应当视同犯罪人，并对其进行严厉惩罚。这一仪式势必对检察机关和法院造成强大的政治压力：无论是审查起诉还是审判，都只能是对侦查结论的确认过程，而不可能推翻侦查机关所确定的“有罪结论”；在嫌疑人已被批准逮捕的情况下，即便侦查机关所收集的证据在证据能力或证明力上存在问题，即便侦查机关所认定的犯罪事实还存在一些疑点，检察机关和法院都应对其加以迁就，或者进行拾遗补阙，或者作出留有余地的处理，但无论如何都不能推翻侦查机关的结论。无论是检察机关还是法院，推翻侦查机关的结论，就意味着否定那种由党、政、人大和政协等部门参加的政治仪式，这显然会使检察机关和法院承受程度不同的政治代价。因此，公开逮捕的实践在很大程度上削弱了检察机关和法院独立行使职权的原则，强化了“侦查中心主义”的诉讼构造。

在有些地方，所谓的“公捕公判”有时还伴随“公开发还被盗被抢被骗物品大会”，公安机关将所获取的“赃款赃物”面向社会公众公开发还。财产类犯罪案件的被害人，可以凭借相关证件或者证明材料，前往现场参加大会，并当场领取被盗、被抢或者被骗的财物或者钱款。但是，与“公捕公判大会”一样，这种赃款赃物发还大会也是发生在侦查阶段，由公安机关在宣告案件侦破后立即举行。既然就连涉案财物都被认定为“赃款赃物”，并可以由被害人加以领取了，那么，这个案件就肯定被视为犯罪案件，嫌疑人也肯定就是犯罪人了。既然如此，检察机关何必还要进行审查起诉，法院何必要进行法庭审判呢？这种实践做法显然大大强化了被害人乃至整个社会对侦查结论的接受程度，对于检察机关的不起诉决定以及法院的无罪判决，无论是被害人还是社会公众，都势必会产生强烈的抵触情绪。

（二）对“侦查破案”信息的公开披露

在我国侦查体制中，一直存在所谓“侦查破案”的机制，也就是在侦查机关成功地查获犯罪嫌疑人、获取嫌疑人的有罪供述之后，案件就被宣告为“破案”，侦查随即被宣告为获得成功。与此相适应，侦查机关在自认为“侦查破案”之后，就对外发布相关信息，或者发布新闻通稿，或者邀请新闻媒体进行全面报道。这一方面对侦查人员的成功破案作出宣传；另一方面也对嫌疑人及其“犯罪事实”作出了“妖魔化”的渲染，给社会公众留下该嫌疑人“已经构成犯罪”的印象。这种在侦查阶段公开披露破案信息的做法，被认为“将犯罪嫌疑等同于犯罪认定”，极易让社会各界产生先入为主的有罪认知，严重影响后续的审查起诉和审判工作。[1]

这种公开披露破案信息的做法等于承认侦查机关所认定的结论具有权威性，强调侦查机关认定的“案件事实等同于最终的裁判事实”，侦查机关认定的“犯罪嫌疑人等同于犯罪人”，侦查机关认定的“涉案财物等于赃款赃物”。既然如此，无论是检察机关所进行的审查起诉活动，还是法院举行的法庭审判活动，都只是对侦查结论的确认而已，而不具有实质上的价值。而在客观上，侦查破案信息的公开披露，会使检察机关和法院都承受程度不同的社会压力，甚至迫使这两个国家机关最终屈从于社会舆论的渲染和新闻媒体带有倾向性的炒作，影响其检察权和审判权的独立行使。

（三）对参与破案侦查员的“公开嘉奖”

与所谓的“侦查破案”观念有关的是，侦查机关还经常举行对参加案件侦查侦破的侦查人员的立功嘉奖活动。尤其是一些地方的公安机关，在刚刚查获嫌疑人、获得嫌疑人的有罪供述之后，即举行所谓的“破案立功授奖大会”，对那些参与案件侦查、对侦破案件有功

---

〔1〕 参见沈德咏：《论以审判为中心的诉讼制度改革》，载《中国法学》2015年第3期。

的侦查人员，进行公开的表彰和奖励。这种表彰和奖励动辄采取记功、晋升职务或者经济奖励的措施，在当地党政、人大等负责人的参与下，在公检法三机关负责人的亲历下，通过当地新闻媒体的报道，在全社会进行传播和宣传。这种做法同样受到各界的质疑，被视为违反法院统一定罪原则的不当做法，否定了法院审判的权威性和独立性。[1]

在云南杜培武案件中，当地公安机关在案件“告破”后就举行过这种立功嘉奖大会，对参与侦查破案的侦查人员记集体立功，对领导侦查的两名侦查员单独记功，对立功的侦查员职务晋升一级，并做了金额不等的经济奖励。但是，在法院经过审判发现侦查人员存在刑讯逼供行为，案件系属事实不清、证据不足的情况下，公安机关以对侦查人员进行过立功授奖为由，对法院施加强大的压力，迫使法院做出了“留有余地的裁判”，也就是宣告有罪但作出较为宽大的刑事处罚。但在真凶落网、杜培武案被认定为冤假错案之后，当地公安机关相继取消了对侦查人员的立功嘉奖，并对两名实施刑讯逼供的侦查员作出了定罪判刑。[2]

侦查机关对侦查人员的公开嘉奖，容易造成一种既定事实：侦查人员不仅成功地破获了刑事案件，而且还属于“有功之臣”，应当受到政治上的表彰和肯定，可以成为其他侦查人员效仿的榜样。这种嘉奖由于发生在侦查阶段，再加上主流新闻媒体的渲染，党、政、人大、政协负责人以及公检法三机关负责人的亲自参与，容易给检察机关和法院造成另一种强大的政治压力。检察机关在审查起诉中即便发现侦查机关存在刑讯逼供等程序性违法行为，也会因为政治因素

---

〔1〕 参见杨涛：《破案立功授奖能否等到判决后》，载《中国青年报》2014年5月13日。

〔2〕 参见王达人、曾粤兴：《正义的诉求——美国辛普森案和中国杜培武案的比较》，法律出版社2003年版，第195页以下。

的考量而予以忽略；法院即便发现案件事实不清、证据不足，也会采取“网开一面”的做法，对公安机关的处境予以体谅，甚至不惜作出“留有余地的裁判”。于是，侦查机关通过公开立功授奖制度，不仅绑架了检察机关，而且对法院造成一种挟持状态，侦查机关所认定的结论就对检察机关和法院具有决定性影响。

（四）对遇害公务员“烈士”称号的授予

在我国的刑事诉讼制度中，遇有被剥夺生命的被害人是国家公务员的，还有授予“革命烈士”的制度。根据这一制度，只要公安机关宣告案件告破，被害的公务员被认定属于在履行职务过程中遇害身亡的，经过政府民政部门的批准，就可以被认定为“革命烈士”，从而享有一定的政治待遇和社会福利。[1]但问题的关键在于，案件刚刚被宣布告破，还处于侦查过程之中，有关政府部门就匆匆忙忙地授予被害人这一“政治荣誉”，这势必对后来的审查起诉和审判活动带来消极的影响。比如说，既然本案的被害人已经被授予“烈士”称号，那么，本案嫌疑人、被告人就等于“杀害革命烈士”的凶手，不仅应当被予以定罪，而且还应受到严厉的惩罚。假如检察机关经过审查起诉，发现侦查机关存在刑讯逼供行为，或者法院经过审判，发现侦查机关所认定的事实没有确实、充分的证据加以支持，案件根本没有达到定罪的标准，那么，检察机关和法院还怎么坚持法律底线呢？

其实，在“烈士”称号的授予过程中，有关政府部门仅仅根据公安机关出具的侦查结论，即认定受害的公务员系在履行职务过程中受害身亡。但这一结论既没有经过检察机关的审查，也未经法院通过法庭审理程序的确认。假如这一结论经过检察机关和法院的审查

〔1〕 在几起由城管与小贩冲突引起的刑事案件（如崔英杰案、夏俊峰案等）中，作为被害人的城管队员在案件侦查过程中即被政府部门授予“革命烈士”称。这引起了较为广泛的争议。参见李欣悦、刘建宏：《崔英杰表哥：刚开始觉得英杰肯定是完了》，载《新京报》2007年4月11日；卢斌：《夏俊峰仍然等待死刑复核，死亡城管烈士待遇未落实》，载《南方都市报》2012年9月3日。

被认定是根本不成立的，那么，政府部门所授予的政治称号岂不形同儿戏了吗？反过来，这种由政府部门授予的“烈士”称号，不仅对被害人作出了肯定性的政治评价，而且对嫌疑人、被告人作出了政治上的否定性评价，甚至相当于由政府部门作出了有罪之宣告。而面对政府部门的政治压力，面对被政治所诱导的社会舆论，检察机关和法院通常只能顺应这一政治评价，接受侦查机关认定的结论。由此，侦查机关就通过政府部门的政治支持，对被害人“烈士”称号的事先授予，对审查起诉和审判活动施加了积极的影响和有效的干预，侦查显然成为刑事诉讼的中心阶段。

四、检察权对侦查中心主义的强化

我国宪法将检察机关定位为“国家法律监督机关”，刑事诉讼法则确立了检察监督原则。根据这一原则，检察机关有权对侦查机关、法院和刑罚执行机关的诉讼活动进行法律监督，对那些违反法律规定的诉讼行为和决定可以进行纠正。在刑事诉讼中，检察机关将诉讼监督权与公诉权集中于一身，垄断了国家的公诉资源，造成了公诉权的普遍滥用。例如，检察机关同时享有批准逮捕权和公诉权，在提起抗诉方面享有辩护方无可比拟的绝对诉讼优势，可以通过程序倒流机制，对那些不符合定罪标准的案件进行重新加工，以便确保侦查结论得到法院的最终采纳。检察机关在公诉活动中的强势地位，大大强化了侦查中心主义的诉讼构造。以下对此作出具体分析。

（一）批捕权与公诉权的高度集中

尽管面临极大的争议，检察机关迄今为止仍然拥有决定或者批准逮捕的权力。在我国的检警关系中，检察机关对于公安机关负责侦查的案件，在行使批准逮捕权方面确实可以发挥一定程度的制衡作用。但是，这种批准逮捕权的行使方式，使公诉机关掌握了剥夺被告人人身自由的权威，使侦查机关的侦查结论很容易转化成为检察机关的公诉结论，乃至对法院的审判产生较大的影响。

在一定程度上，检察机关同时拥有批准逮捕权和公诉权，意味着它可以成为一种“有权对被告人剥夺人身自由的超级原告”，从而享有一些为被告方所不可比拟的诉讼资源。应当承认，随着我国刑事司法改革的逐步推进，检察机关对于公安机关负责侦查的案件作出不批准逮捕的情况越来越多，对侦查机关的诉讼监督也在逐渐加强。但是，作为国家公诉机关，检察机关对侦查机关申请逮捕案件的审查，更多的是从保证公诉质量的角度来进行的，其不可能站在完全中立的角度，对侦查机关和嫌疑人的利益给予兼顾和平衡。无论是嫌疑人还是辩护律师，在批准逮捕程序中都难以充分行使辩护权，更难以对检察机关批准逮捕决定施加积极有效的影响。这显然容易造成检察机关对侦查机关侦查质量的迁就。检察机关目前仍然推行的所谓“附条件逮捕”，就是通过降低逮捕条件来满足侦查需要的典型例证。〔1〕

同时，这种对批捕权和公诉权的高度集中，使检察机关在接过侦查机关的“接力棒”之后，可以对法院的审判施加强大的压力和影响，迫使其接受侦查机关所得出的侦查结论。作为国家公诉机关，检察机关一旦批准逮捕，即与案件的结局存在一定的利害关系。这是因为，尽管刑事诉讼法对批准逮捕确立了较低的证据标准，但在司法实践中，检察机关对批准逮捕和提起公诉大体采用着相似的证据标准。检察机关一旦批准逮捕，即意味着达到了提起公诉的程度。与此同时，对于检察机关侦查监督部门批准逮捕的案件，公诉部门假如作出了不起诉的决定，有可能意味着前者作出了“错误的批捕决定”，并有可能因此承受不利的绩效考核结果。不仅如此，检察机关在作出批准逮捕决定后，案件最终被作出不起诉或者宣告无罪的，也要承担相应的刑事赔偿责任。由于检察机关属于违法逮捕的“赔偿

〔1〕 参见朱孝清：《论附条件逮捕》，载《中国刑事法杂志》2010年第9期。

义务机关”，它们可能因为作出批准逮捕决定而承担国家赔偿责任，而负责办案的检察人员还可能受到追偿，因此，这些机关连同其工作人员就与逮捕发生了一定的利害关系。正因为如此，检察机关提起公诉后，通常会以侦查机关“代理人”或者“接力者”的身份，继续代表国家进行刑事追诉活动，并在追诉犯罪中发挥“临门一脚”的关键作用。

与侦查机关一样，检察机关在对嫌疑人批准逮捕并将案件提起公诉后，也会因为逮捕后羁押期间的延长而产生不同程度的“焦虑感”，并迫切希望说服法院作出有罪的裁决。在检察机关作出批准逮捕决定后，嫌疑人可以自动地受到长达2个月的未决羁押。而在遇到法定的侦查困难的情形下，侦查机关经上一级检察机关或者省级检察机关批准，还可以将逮捕后的羁押期限延长至7个月。检察机关的逮捕决定可以使嫌疑人受到如此长时间的未决羁押，这势必促使检察机关尽力促成法院有罪判决的宣告。在这一点上，检察机关与侦查机关既具有共同的利益，也会采取协调一致的立场。否则，检察机关就可能因为违法逮捕而受到错案责任追究和承担刑事赔偿责任。

（二）强大的抗诉权

对于法院的裁判结论，检察机关假如认为“在认定事实或者适用法律方面确有错误”，就可以提起抗诉。这种抗诉根据适用对象的不同，可以分为“二审抗诉”和“再审抗诉”两种。但无论提起何种抗诉，检察机关都可以在法律监督权的保障下，拥有强大的公诉资源，其抗诉也会产生远远超过辩护方的法律约束力。例如，检察机关针对一审法院所作的未生效判决，一旦提起抗诉，二审法院要一律开庭审理。但相比之下，除了一审法院判处死刑的案件以外，当事人即使提起抗诉，二审法院也只有在涉及对一审判决提出可能影响定罪量刑的事实异议的情形下，才有可能开庭审理。司法实践的情况表明，二审法院对于当事人上诉的案件极少进行开庭审理，而大多数都采取书面审查或者“调查讯问”的审理方式。又如，对于法院所作的已生效裁判，检察机关一旦提起抗诉，同级法院一律要启动刑事再审程序，对案件进行重新审理。相比之下，当事人对于已生效裁判即使提起申诉，也极难以启动刑事再审程序。

检察机关在提起抗诉方面所具有的强大权威，不仅破除了“控辩双方平等对抗”的神话，而且还使其公诉主张对法院的审判具有极大的影响力。而检察机关的公诉主张，通常所体现的也就是侦查机关的侦查结论。检察机关即便对于侦查机关所认定的罪名不一定给予认同，但对于侦查机关所认定的“犯罪事实”，则几乎肯定给予了认可和坚持。在中国公检法三机关的“流水作业”过程中，接过侦查机关接力棒的检察机关，通过行使强大的公诉权，使侦查机关的侦查结论对于法院的审判具有绝对的影响力。这显然表明，检察机关借助于所享有的强大公诉资源，对于侦查中心主义的构造具有较大的强化作用。

（三）程序倒流

在我国的刑事司法体制中，“公检法三机关”为了发现事实真相，不仅可以推动诉讼程序从侦查到审查起诉再到审判顺向运行，而且在案件事实不清、无法达到下一程序标准时，还可以推动诉讼程序逆向运转，也就是从审判回到审查起诉直至回到侦查阶段。对于这种从审判退回审查起诉再退回侦查阶段的程序流转方式，我们通常称其为“程序倒流”。[1]

通常情况下，程序倒流主要有三种形态：一是退回补充侦查；二是撤回起诉；三是撤销原判、发回重新审判。其中，退回补充侦查是检察机关对于事实不清、尚未达到起诉条件的案件，将其退回侦查机关重新进行侦查活动的一种诉讼决定。通过退回补充侦查，检察机

〔1〕 有关程序倒流问题的早期研究，可参见汪海燕：《论刑事程序倒流》，载《法学研究》2008年第5期。

关可以责令侦查机关进行必要的补充调查活动，并纠正原来侦查中的失误、违法或者不足之处。通过退回补充侦查，检察机关发挥了传送带和过滤器的作用，促使侦查机关通过重新加工、拾遗补阙，达到提起公诉的要求。但这种诉讼决定不可避免地导致案件从审查起诉甚至从审判阶段重新回到侦查阶段，这既容易带来刑事追诉的重复化，又必然导致嫌疑人、被告人羁押期限的自动延长。退回补充侦查通常发生在审查起诉阶段，被限制为最多两次，每次补充侦查的时间不超过一个月。但在司法实践中，检察机关在法院审判阶段遇有案件事实不清、证据不足的，也可以通过申请延期审理，将案件退回补充侦查。通过这样的退回补充侦查，检察机关就可以促使案件从审判阶段直接退回到侦查阶段，从而带来全流程的程序倒流。

撤回起诉是检察机关在法庭审判中对于事实不清、证据不足的案件，经法院裁定批准将提起公诉的决定予以撤销，并推动案件退回审查起诉阶段的诉讼活动。按理说，法院经过法庭审判，对于事实不清、证据不足的案件应当作出无罪判决。但是，检察机关为避免案件出现无罪判决的结局，通常会主动提出撤回起诉的申请，法院经过审查作出批准撤回起诉的裁定。原则上，检察机关撤回起诉后，假如没有收集到新的证据或者发现新的事实，就不能再行提起公诉。但在司法实践中，检察机关要收集到“新的证据”或者发现“新的事实”，其实也不难做到，法院对此并没有提出较为严格的要求。结果导致检察机关通过撤回起诉，可以轻易地将案件重新提起公诉，甚至可以通过变更罪名，反复地将同一个案件重新提起公诉。当然，检察机关撤回起诉后，发现案件确实不具备重新起诉条件的，也会作出不起诉或者责令侦查机关撤销案件的决定，使案件被作出事实上的无罪决定。但无论如何，检察机关都会尽力避免出现法院作出无罪判决的结果。

撤销原判、发回重新审判是二审法院对于事实不清、证据不足的上诉案件或抗诉案件，在撤销一审判决的基础上将案件退回一审法院重新审判的决定。表面看来，这一决定会导致案件从二审程序退回到一审程序，但在司法实践中，一审法院还会作出准许撤回起诉的裁定，推动案件从一审程序退回审查起诉程序，直至退回侦查程序。由于撤销原判、发回重审会带来案件久拖不决、被告人长时间受到未决羁押等问题，我国法律对这类决定的适用作出了限制，如只允许二审法院发回重审一次，对于经过重新审理后再次被提起上诉或者抗诉的案件，二审法院要么维持原判，要么依法改判。与一审程序中的退回补充侦查一样，二审法院的发回重审也会带来全流程的程序倒流，甚至会导致检察机关先后适用撤回起诉、退回补充侦查等措施。

归根结底，程序倒流主要是在检察机关推动下促使诉讼程序逆向运转的一种诉讼现象。通过程序倒流，检察机关就像产品质量监督员一样，对侦查机关的办案质量起到把关和监督的作用，而对法院的审判又起到程序过滤的功能。无论是退回补充侦查、撤回起诉，还是撤销原判、发回重新审判，检察机关都可以借此避免案件被作出无罪的判决，竭力避免刑事追诉的失败。表面看来，检察机关似乎作出了一定的妥协和让步，如使案件回到审查起诉甚至侦查阶段，但实际上，检察机关却通过补充侦查、重新审查以及其他拾遗补阙的活动，对侦查机关的基础性调查工作进行了全方位的补充和完善，以尽量保证侦查机关所得出的有罪结论，最终获得法院的认可和接纳。对于嫌疑人、被告人的权利保障而言，检察机关这种推动程序倒流的做法无疑带有滥用公诉资源的嫌疑，使其辩护权处于极为不利的境地。但对于法院接受侦查结论而言，检察机关的做法则起到推动和促进的作用。可以说，在避免案件出现无罪结局方面，检察机关与侦查机关具有完全一致的利益，也会持有大体相似的诉讼立场。检察机关推动的程序倒流，最终对侦查中心主义具有较大的加强和补充作用。

五、对侦查中心主义的反思

在我国“公检法三机关”的“流水作业”诉讼模式中，侦查实际处于刑事诉讼的中心地位，无论是对指控犯罪证据的收集还是对犯罪事实的认定，都发挥着实质性的决定作用。无论是审查起诉还是法庭审判，都大体上属于对侦查结论的形式审查活动，或者至多发挥着程序补救和完善补充的作用。既然侦查属于刑事诉讼的中心阶段，那么，要推进“以审判为中心的诉讼制度改革”，显然就面临着体制上的困难。

侦查中心主义的诉讼构造究竟会产生哪些负面影响呢？根据笔者的观察，这一诉讼构造会直接带来法庭审理的形式化，使所谓的“庭审实质化”成为一种遥不可及的理想；它会导致法院在作出无罪判决时失去权威性和独立性，甚至会普遍接纳一种“留有余地的裁判方式”，从而造成一系列的刑事误判；它会造成刑事法官无法保持中立性，难以保证被告人进行有效的辩护，从而带来程序上的非正义。不仅如此，由于没有中立的司法机关主导整个审判前活动，案件的程序分流和程序过滤就无从谈起，大量的程序性争议问题得不到及时解决，从而大大影响刑事诉讼的效率。以下对此作出简要的分析。

（一）“庭审实质化”改革的阻碍

法庭审判流于形式、法庭审判程序形同虚设，这是我国刑事审判制度长期存在的问题。究其实质，法院对刑事案件的事实认定并不是通过当庭审理来完成的，而主要是通过对侦查案卷笔录的形式审查，对侦查机关所认定的有罪结论普遍给予了确认。按照前面的分析，侦查机关对嫌疑人人身自由的剥夺以及对其涉案财物的处置，都使其变得与案件存在直接的利害关系；侦查机关的案卷笔录成为法院认定案件事实的直接依据，这势必导致法庭审理无法完成对案件事实的实质性认定，而沦为对侦查结论的形式审查过程；侦查机关通过对嫌疑人的公开逮捕、对侦查人员的公开嘉奖、对案件侦破信息的公开披露、对涉案财物的公开处置等方式，向全社会宣示了嫌疑人构成犯罪、案件已经告破的信息，从而对检察机关和法院施加了强大的政治和社会压力；而检察机关作为同时享有批准逮捕权和公诉权的法律监督机关，既会通过强大的公诉权来促使法院接受侦查机关的结论，也会通过程序倒流等方式对不符合定罪条件的案件进行程序补救，以最终促成法院作出有罪的裁决。这样，法庭审理至少在认定事实上就失去了独立性和权威性，法院对侦查结论通常会给予普遍的接受。

既然法庭审理是流于形式的，那么，所谓的“以审判为中心的诉讼制度改革”也就是一种难以实现的目标。可想而知，在侦查中心主义构造不受触动的情况下，所谓的“证据裁判原则”必然变成“侦查案卷笔录裁判原则”，法院只是以侦查机关制作的书面案卷材料来形成对案件事实的认识过程，而这些笔录材料的证明力和证据能力根本无从得到实质性的审查；在侦查中心主义构造下，所谓的“直接和言词原则”也无法得到切实的贯彻，因为证人、被害人、鉴定人即使出庭作证，法院照样可以随心所欲地宣读侦查机关制作的证人证言笔录、被害人陈述笔录和书面鉴定意见，甚至以书面笔录来否定当庭证言的证明力，而这种对侦查案卷笔录“照单全收”的做法显然不符合真正的直接和言词原则；在侦查中心主义的构造下，所谓的“举证完成在法庭”“质证进行在法庭”“辩论进行在法庭”“裁判理由形成于法庭”，是根本不可能实现的，因为刑事法官通过庭前阅卷已经大体完成了对案件事实的内心确信过程，法庭上的“举证”“质证”和“辩论”失去了实质的意义，根本不会对法官的内心确信产生实质性的影响，而裁判理由也早已随着庭前阅卷而大体形成，庭审只是对这种裁判理由的确认过程；在侦查中心主义的构造下，所谓的“根据法庭审判的证明标准作为最终的裁判标准”，也是不可能实现的，这是因为，刑事法官既然根据侦查案卷笔录来形成对案件事实的认定，就只能被动地接受侦查机关所确定的事实认定标准，这种构造所带来的只能是侦查机关的事实认定标准成为检察机关提起公诉的标准，也最终成为法院作出有罪裁判的标准。

最高人民法院一直将推进“庭审实质化”作为完成“以审判为中心的诉讼制度改革”的必由之路。但在侦查中心主义诉讼构造不受触动的情况下，法庭审理的形式化几乎是必然会发生的，而要让法庭审理在认定事实上发挥实质性的决定作用，并成为对侦查和审查起诉工作质量的检验场合，进而对侦查和审查起诉形成一种诉讼倒逼机制，促使侦查机关和检察机关遵守法律程序、提高办案质量，这几乎是不可能实现的目标。

（二）刑事误判的发生

在侦查中心主义构造的影响下，侦查机关或通过侦查案卷笔录，或通过对案件的公开定性，或者通过对涉案财物的实质性处置，来对法院的审判活动施加积极的影响。而法院迫于侦查机关和检察机关的压力，通过一种颇具仪式化的法庭审理活动，对侦查机关的结论予以认可，而放弃了对案件进行实质化审理的机会。结果导致法庭对于侦查机关可能出现的事实认定错误，不仅无法进行纠正，甚至还经常进行有意无意地纵容和掩盖，或者至多通过程序倒流机制进行一些程序补救活动。这样，侦查机关一旦出现认定事实上的错误，法院也就随之而维持这种错误的结论，由此导致刑事误判的发生。

自20世纪末以来，我国刑事审判中屡屡出现“冤假错案”的问题引起了全社会的高度关注。其中，那些通过刑事再审程序被纠正的著名冤假错案，还被用作分析我国刑事司法制度缺陷的典型样本。为避免和防止冤假错案的发生，最高人民法院相继出台了一些具有司法解释效力的刑事证据规则，立法机关颁布了2012年《刑事诉讼法》，确立了一系列新的证据规则和程序规范。但是，根据司法统计的结果，自2005年以来，全国四级法院判决生效的案件逐年增加，但宣告无罪的案件却在逐年下降，无罪判决的被告人人数从2005年的2162人，下降为2010年的999人，2013年则下降为825人，2015年达到1039人；无罪宣判率从2005年的0.256%下降到2010年的0.099%，2013年则下降到0.071%，2015年达到0.084%。[1]2010年以后，法院作出无罪判决的被告人人数总体呈下降趋势，无罪判决率逐年持续走低，这足以说明无论是刑事证据规则的颁行，还是《刑事诉讼法》的修改，都没有没有改变法庭审判流于形式的发展趋势。

当然，法院无罪判决率的持续下降，并不能准确反映刑事案件被作出无罪处理的实际情况。事实上，侦查机关对案件作出不立案、撤销案件的决定，检察机关对案件作出不起诉的决定，法院作出终止审理的裁决，这都属于广义上的“无罪处理”的情况。对于这些在无罪判决之外的“无罪处理”情况，我们也未能掌握准确的统计数据。但是，无罪判决数的减少和无罪判决率的持续走低，至少可以说明，法院审判的权威性和独立性不仅没有得到加强，反而变得越来越弱化。因为无罪判决书的减少可以反过来说明法院采纳侦查结论的案件量在逐年增加，无罪判决率的降低也足以说明法院作出有罪判决的案件比率达到了99.9%以上，并还在持续不断的上升。这反映出，在侦查机关和检察机关的双重影响和压力下，法院对侦查结论的接受程

〔1〕　根据最高人民法院的统计，我国全国四级法院自2005年以来的无罪判决情况统计如下：2005年全国四级法院判决生效的刑事被告人84万多人，宣告无罪的2162人，无罪判决率为0.256%；2008年全国四级法院判决生效的刑事被告人100多万人，宣告无罪的1373人，无罪判决率为0.136%；2010年全国四级法院判决生效的刑事被告人为100万多人，宣告无罪的999人，无罪判决率为0.099%；2013年全国四级法院判决生效的刑事被告人近116万人，宣告无罪的825人，无罪判决率为0.071%；2015年全国四级法院审结刑事案件110万件，判决生效被告人123万多人，宣告无罪1039人，占0.084%。参见段文：《法院为何不敢做无罪判决》，载《凤凰周刊》2015年第9期；周强：《最高人民法院工作报告——2016年3月13日在第十二届全国人民代表大会第四次会议上》，载《人民法院报》2016年3月21日。

度还在不断地提高，法庭审理流于形式的问题也在持续不断地发生恶化。

在侦查机关和检察机关的双重压力下，法院既然更倾向于选择有罪判决，那么，对于那些在认定犯罪事实上存在明显缺陷的案件，究竟如何处理呢？在这一问题上，我国法院迫于多方面的压力，发展出一种“留有余地的裁判方式”。这种裁判方式的核心特征是，法院对于事实不清、证据不足、尚未达到法定证明标准的刑事案件，违心地作出有罪的裁决，但在量刑上作出程度不等的宽大处理。简言之，这种裁判方式的实质在于，在定罪方面实行“疑罪从有”，在量刑方面则遵循“疑罪从轻”的原则。坦率地说，这种裁判方式在目前法院无法独立行使审判权的背景下，确实属于法院被迫选择的一种带有妥协性的裁判方式。但是，这种裁判方式一旦成为法院摆脱压力的普遍途径，那么，刑事误判的发生也就在所难免了。从20世纪末以来，那些得到披露和纠正的著名“冤假错案”，几乎都是法院屈从于侦查机关或检察机关的压力，对尚不够定罪条件的案件作出了有罪判决，但在量刑上“留有余地”。当若干年后，案件最终被发现属于“冤假错案”，原来的有罪判决被推翻，这种“留有余地的裁判方式”最终被证明属于法院协助侦查机关作出刑事误判的主要原因之一。[1]

在很多著名“冤假错案”的刑事诉讼过程中，侦查机关对被告人进行了长时间的未决羁押，对被告人的涉案财物进行了查封、扣押甚至拍卖，对被告人举行了公开逮捕大会，对案件的侦查破案过程作出了公开化报道，对侦查破案有功的侦查人员进行了公开表彰和嘉奖。不仅如此，检察机关也对案件诉讼进程的推进起到了“推波助澜”的作用，对于事实不清、证据不足的案件还促成了各种“程序倒流”。

---

〔1〕 参见陈瑞华：《留有余地的判决——一种值得反思的司法裁判方式》，载《法学论坛》2010年第4期。

随后，法院在侦查机关和检察机关的双重压力下，通过一种毫无实质意义的法庭审理活动，维持了侦查机关作出的有罪结论。这显然说明，在侦查中心主义的诉讼构造的影响下，法院成了一种没有自主权的木偶，法庭审判也变成"宣示被告人有罪的法律仪式"。侦查机关一旦出现事实认定方面的错误，法院也难以发现这种错误，或者即便发现可能存在错误，也缺乏纠正这种错误的权威和能力。

（三）程序正义的牺牲

在侦查中心主义构造的影响下，法庭审理是流于形式的，难以对案件事实的认定产生实质性的决定作用。这一方面造成法官因为事先阅卷而难以保持中立和超然的态度，另一方面也导致被告人及其辩护人难以有效地参与刑事裁判的制作过程，无法对这种裁判结果的形成施加积极有效的影响。可以说，侦查中心主义的诉讼构造只要继续存在下去，刑事审判就不可能实现基本的程序正义，被告人的辩护权也无法得到有效的行使。

前面分析的法院无罪判决数的减少和无罪判决率的持续走低足以说明，任凭被告人及其辩护律师做出多么有效的辩护，法院采纳这种无罪辩护意见的可能性都是很小的。毕竟，全国四级法院年均无罪判决被告人的人数保持在1000人以下，这意味着每个省、直辖市或自治区大体上只有30多人被作出无罪判决，而这30多个案件再被分配到一个省内的各个法院，那么，大体上每五个法院才有可能每年出现一起无罪判决。这也意味着大量的基层法院、中级法院甚至高级法院，可能在若干年之内都不存在无罪判决的案件。这一司法现状足以显示，被告方在很多法院所从事的无罪辩护活动，可能对法院的裁判结果根本不会发挥任何实质性的影响。而法院对被告方无罪辩护意见的普遍漠视，也反映出所谓的裁判者保持中立、利害关系人的有效参与等程序正义要求，根本得不到有效的贯彻和体现，所谓的"公正审判"也就无从谈起了。

在侦查中心主义构造的影响下，被告方不仅无法进行有效的无罪辩护，而且其程序性辩护意见也经常遭到法院的普遍排斥。作为程序性辩护的主要方式，被告方申请法院排除非法证据的辩护，就不仅难以说服法院启动司法审查程序，更难以说服法院作出侦查行为无效的裁决。这是因为，在对侦查机关的案卷笔录全盘接受的情况下，法院对于侦查案卷笔录的证据能力是不持异议的。被告方假如要挑战侦查行为的合法性，并进而质疑某一侦查案卷笔录的证据能力，就需要自行提出证据加以证明，并说服法院接受其诉讼请求。这种证明无异于与侦查机关和检察机关进行全方位的对抗，并说服法院对侦查机关的侦查行为作出违法之宣告，并进而排除其法律效力。试想一下，在法院相对于侦查机关、检察机关都不具有更高权威性的司法体制中，法院通过一种简单粗糙的法庭审理，怎么可能轻易地启动这种对侦查行为合法性的司法审查程序，又怎么可能对公诉方的关键证据予以排除呢？

迄今为止，我们无法获取全国法院排除非法证据的详细数据。但从一些地方的零星统计中，我们大体上可以发现非法证据排除规则在地方法院的适用情况。例如，浙江省温州市两级法院在2014年至2016年上半年的统计数字就可以说明一定的问题。该市两级法院在2014年审结的17，526件案件中，启动非法证据排除的有28件，法院成功地排除非法证据的有4件；在2015年两级法院审结的17，518件案件中，启动非法证据排除程序的有20件，法院成功排除的有5件；在2016年1月至6月两级法院审结的9214件案件中，启动非法证据排除程序的有10件，成功排除的则有0件。其中，在上述成功地排除非法证据的9个案件中，法院最终变更罪名的有3件，在量刑上作出宽大处理的有2件，裁定准许检察院撤回起诉的有1件，排除非法证据对裁判结果没有任何影响的有3件。

我们还可以看一下浙江全省的统计数据。浙江省下辖11个地级市，设有一所高级法院，11个中级法院，一所海事法院，90所基层法院。2014年全省法院启动非法证据排除程序的共有135件，温州两级法院则启动28件，占全省的20%以上；2015年全省法院启动排除非法程序的则有53件，温州两级法院则启动了20件，占全省的37%以上；2016年1月至6月全省法院启动非法证据排除程序的共35件，温州两级法院启动了10件，占全省的28%以上。[1]

在上述司法统计数据中，我们无法看到被告方申请排除非法证据的案件数量，也无从发现法院拒绝启动非法证据排除程序的数量。但根据刑事司法的经验，被告方申请排除非法证据的案件，肯定远远大于法院启动非法证据排除程序的案件数量。一些地方法院在启动排除程序之前，已经进行初步审查程序，对大量“不符合条件的申请”都拒绝启动排除程序。而在这极为有限的启动排除程序的案件中，法院最终排除非法证据的案件比例也是不高的。温州市两级法院启动排除非法证据的案件，还占了浙江全省三级法院的四分之一以上。这表明，在浙江其他地区的法院的审判程序中，真正启动排除程序和最终排除非法证据的案件数量就更少了。

法院启动非法证据排除程序的数据显然表明，被告方就排除控方非法证据所提出的程序性辩护意见，很难获得法院的接纳。这反映出法院对于侦查程序合法性很少进行实质性的审查，更极少对侦查机关违法取证的行为作出程序性制裁的决定。法院通过庭前阅卷不仅对被告人构成犯罪这一点产生先入为主的认识，而且认为侦查行为的合法性以及侦查案卷笔录的证据能力几乎是不受挑战的，也不会轻易将其纳入法院司法审查的范围。相对于侦查行为的合法性问题而言，法院更关注的是侦查案卷笔录的真实性。而只要没有遇到强有力的挑战，侦查案卷笔录的真实性也是很少遭受质疑的。

---

〔1〕 以上统计数据引自徐建新、方彬微：《我国刑事非法证据排除规则运行的实证研究——以W市刑事审判实务为视角》，载《证据科学》2016年第6期。

（四）诉讼效率的下降

在我国刑事诉讼中，那些普通的刑事案件在审判前阶段的诉讼流程动辄持续一个月甚至一年以上的时间，效率低下，诉讼成本投入过高，甚至经常出现案件积压的问题。究其原因，以侦查为中心的诉讼构造发挥了极为负面的影响。这主要表现在四个方面：首先，在刑事诉讼中，一旦遇有案件事实不清、证据不足的情况，没有一种较为权威的案件过滤机制，以便对那些不符合起诉条件的案件及时作出无罪决定。其次，如果遇到案件适合适用简易程序或者刑事速裁程序的情况，也没有一种有效的案件分流机制，以便将案件尽快交付快速审理程序。再次，假如控辩双方发生了某种程序性争议，也无法将该项争议提交一个超然的司法机关加以裁决，以便使案件的程序争议尽早得到解决，避免使这类争议大量积压到审判阶段，以至于影响诉讼的效率。最后，在案件出现事实不清、证据不足的情况下，无论是检察机关还是法院，都不遵循无罪推定的基本理念，对案件按照疑罪从无的原则加以快速处理，而是动辄诉诸程序倒流机制，通过退回补充侦查、撤回起诉、发回重新审判等方式，推动案件进行程序上的逆向运行，甚至逐步将案件退回到侦查阶段，这必然带来诉讼期限的大幅度延长，严重影响诉讼的效率。

在侦查中心主义构造的影响下，侦查成为对案件事实的全面调查过程，审查起诉和审判成为对侦查过程和结论的审查过程，每一案件都要经历全面的“三道工序”的加工过程，并且在每一环节都要经受枝节繁多的内部审核程序，造成诉讼环节的重复设置和诉讼成本的增加。在审判前阶段，由于不存在一种中立、权威的司法裁判机关的介入，侦查机关和检察机关进行重复、低效的刑事追诉活动，造成诉讼效率的下降。在审判阶段，由于法院不具有真正的权威，对于案件也不具有“一锤定音”的独立裁判权，经常造成案件在二审、一审、审查起诉和侦查等诉讼程序之间进行所谓的“案卷旅行”，使案件迟迟无法产生终局的裁判结论。

六、“审判中心主义”改革的冲击

2014年中共十八届四中全会通过的《关于全面推进依法治国若干重大问题的决定》，首次将“推进以审判为中心的诉讼制度改革”列为司法改革的重要目标，强调全面贯彻证据裁判规则，严格依法收集、固定、保存、审查、运用证据，完善证人、鉴定人出庭制度，保证庭审在查明事实、认定证据、保护诉权、公正裁判中发挥决定性作用。这一改革的意图在于“确保侦查、审查起诉的案件事实证据经得起法律的检验”。[1]

既然司法改革的决策者将“审判中心主义”奉为司法改革的重要目标，那么，现行的“侦查中心主义”的诉讼构造显然就属于这一改革所要解决的问题。因为只要侦查机关可以决定案件的诉讼结局，只要法院的审判对于案件事实认定不具有实质性的意义，那么，审判就不可能在查明事实方面发挥决定性作用，而只能变成对侦查结论的形式化审查和确认过程而已。但非常遗憾的是，尽管不少学者和司法界人士对“审判中心主义”的改革目标都作出了理论上的解读，但几乎都没有将“侦查中心主义”视为一个亟待解决的问题，也没有对这一诉讼构造作出有针对性的分析。在此背景下，2016年最高人民法院、最高人民检察院会同其他三个部门通过了《关于推进以审判为中心的刑事诉讼制度改革的意见》(本章以下简称《意见》)，对“审判中心主义”的基本要求和相关保障措施做出了具体规定。

那么，这份《意见》所强调的一些诉讼理念和制度安排究竟会不会对侦查中心主义构造带来冲击呢？其实，这份《意见》所强调的理念大体有以下几个方面：一是侦查机关应当全面、客观、及时地收集

〔1〕 参见程慎生:《推进以审判为中心的诉讼制度改革》，载《人民法院报》2015年1月8日。

证据，强化对客观证据的收集，弱化口供的作用，规范取证程序；二是完善公诉机制和不起诉制度；三是统一证明标准，强调侦查和审查起诉要向审判阶段看齐，适用统一的法定证明标准；四是重申非法证据排除规则，并强调从源头上预防刑讯逼供和非法取证行为；五是贯彻疑罪从无原则，无论是审判还是审查起诉，对于定罪证据不足的案件，都要作出无罪判决或者作出不起诉决定；六是推进庭审实质化，要贯彻证据裁判原则，落实直接和言词原则，确保证人、鉴定人出庭作证，确保庭审在查明事实等方面的关键性作用，同时还要推进繁简分流，扩大刑事速裁程序的适用范围，探索实行认罪认罚从宽制度，用有限司法资源最大限度地实现社会公平正义。〔1〕

从行文表述上看，这份《意见》主要对刑事诉讼法和司法解释所确立的原则和制度作出了强调和重申，而较少有富有新意的改革方案。对于《意见》所提出的理念，我们可以从三个方面作出分析和评价。

首先，《意见》仅仅重申现行刑事诉讼法所确立的一些理念和制度，根本不足以撼动长期存在的侦查中心主义构造。例如，《意见》提出要贯彻证据裁判原则，强调侦查机关全面收集证据，检察机关完善公诉机制和不起诉程序，对侦查和审查起诉适用统一的证明标准等。对于这些已经为现行刑事诉讼法所确立的理念和制度，《意见》再次作出强调，固然是十分必要的，但这既无法改变侦查机关自行剥夺嫌疑人人身自由和自行处置涉案财物的现状，也无法改变侦查机关通过事先公布相关案件信息来影响检察机关和法院的现实。更何况，这些似是而非的表述，还容易带来一些新的问题。例如，所谓的“证据裁判原则”，究竟是根据侦查机关收集的案卷笔录作为认定事实的依据，还是根据证人、鉴定人当庭所作的口头陈述来认定案件事实，这是无法得到答案的。这一原则根本无法解决“侦查案卷笔录

〔1〕 参见《关于推进以审判为中心的行使诉讼制度改革的意见》，载《检察日报》2016年10月11日。

中心主义”的问题。又如，所谓“统一证明标准”的理念，无非强调侦查终结和提起公诉都要达到“事实清楚，证据确实、充分”的最高证明标准，并与法院定罪达到同样的证明程度。但是，既然侦查机关和检察机关都能够达到如此高的证明标准，那么，法庭审判岂不纯属多余的诉讼活动吗？要真正实现“审判中心主义”的改革目标，就应当将法院定罪设为最高的证明标准，而不必为侦查终结和提起公诉设定专门的证明标准，只要侦查机关和检察机关达不到法定的审判定罪标准，法院就作出无罪判决，这岂不就确立了法院审判的中心地位了吗？何必多此一举，专门为侦查终结和提起公诉明确设立根本不可能达到的最高证明标准呢？

其次，《意见》所提出的“庭审实质化”改革方案，对于侦查中心主义构造无法产生实质性的影响。这一改革方案试图强调法院要通过法庭审判来完成事实认定活动，避免法官在庭审之前或者庭审之外形成对案件事实的内心确信。但是，在案卷移送制度继续保留的情况下，刑事法官动辄通过全案阅卷来进行庭前准备活动；在侦查案卷笔录直接被作为法庭调查的对象，法庭轻易地将被告人供述笔录、证人证言笔录作为定案根据的情况下，刑事法官通过形式化的法庭调查活动，基本上是从侦查案卷笔录中获得认定案件事实的灵感。既然如此，确保证人、鉴定人出庭作证还有什么意义呢？刑事法官既然甘愿充当侦查人员调查取证的“二传手”或“接力比赛者”，而根本不是通过当庭听取证人口头证言、鉴定人陈述等来形成对案件事实的认识过程，那么，所谓的“庭审实质化”又怎么可能实现呢？

最后，《意见》尽管也重申健全辩护制度、推进法律援助值班律师制度，但对于辩护律师的权利保障及其参与范围没有任何突破性的制度安排，这对于审判中心主义的实现无疑构成严重的阻碍。侦查中心主义的最大危害在于，侦查机关对案件事实所作的认定结论，通过检察机关的提交，可以畅通无阻地抵达法院，并成为法院裁判的直接依据。要破除这种侦查中心主义的构造，除了要维护法院审判的独立性和权威性以外，还需要构建强大的辩护方，对侦查机关移交的案卷笔录及其所认定的事实结论构成有力的制衡力量。而在没有辩护律师参与或者辩护律师参与范围极其有限的情况下，法院总有直接接受公诉方案卷材料及其认定事实结论的倾向，既无法将侦查机关收集的证据材料排除于法庭之外，也无法拒绝侦查机关庭前业已形成的事实认定。通观整部《意见》，诸如辩护律师在侦查人员讯问时到场、侦查讯问录音录像的随案移送、辩护律师查阅同步录音录像、法律援助适用范围的扩大、值班律师的辩护人化等一系列困扰辩护制度的难题，都没有得到任何解决。既然辩护律师无法对公诉方移交的证据笔录及其认定的事实结论构成强有力的制衡，那么，我国刑事诉讼要走出侦查中心主义的困扰，可能还有很长的路要走。

七、侦查中心主义的未来

我国司法改革决策者提出了“推进以审判为中心的诉讼制度改革”的设想。但在刑事司法实践中却存在一种“以侦查为中心的诉讼构造”。通过程序内对嫌疑人人身自由和涉案财物的事先处置，以及程序外对“嫌疑人构成犯罪”和“侦查人员成功破案”的公开宣示，侦查机关完成了实质化的证据采集和事实认定活动，法院审判基本上属于对侦查结论的形式化审查和确认过程而已。而检察机关则通过集中行使批捕权和公诉权，通过行使强大的抗诉权，对法院的审判活动施加强大的影响，并且通过程序倒流机制，对侦查机关所采集的证据和所认定的事实进行程序补救工作，以便促使法院最终接纳侦查机关对案件事实的认定结论。

侦查中心主义的诉讼构造带来了一系列负面的后果。它不仅对“以审判为中心的诉讼制度改革”造成严重的阻碍，而且对刑事误判的发生起到了推波助澜的作用；它不仅严重阻碍了被告人辩护权的有效行使，影响了程序正义的实现，而且还对诉讼效率的提高产生了消极的影响。但非常遗憾的是，由于对侦查中心主义的负面影响严重估计不足，改革决策者所提出的加强审判中心主义的改革方案，基本上没有触动这一问题重重的诉讼构造。2016年开始试点、2018年全面推行的国家监察体制改革，对于减弱检察机关对法院审判的消极影响固然有一定积极作用，但国家监察机构与纪委的合署办公，国家监察机构独立于政府和“两院”的权力配置，使未来的职务犯罪侦查机构对法院的审判仍然具有极大的影响，法院要做到法庭审判的实质化，仍将会遇到极大的困难。

假如我国要真正推进以审判为中心的诉讼制度改革，就必须正视侦查中心主义构造及其所造成的影响，切实有效地消除侦查对于审判的决定性影响。要走出侦查中心主义的怪圈，我们至少需要推动以下几个方面的改革：在侦查过程中确立司法审查机制，确保法院对强制措施、强制性侦查行为以及涉案财物的处置等事项，拥有权威的决定权；切实消除侦查案卷笔录对法庭审判的负面影响，对于侦查案卷笔录的证据能力做出慎重的考虑，尤其是在证人、鉴定人出庭作证的情况下，法院原则上不应再确认书面证言笔录的证据能力；在法院审判之前严禁侦查机关对案件进行政治性、社会性的公开宣示，尤其是禁止公开逮捕、新闻定性、对侦查人员的嘉奖、对涉案财物的公开实质性处置等妨碍法院独立审判的做法；对于事实不清、证据不足的案件，检察机关不得采取任何程序倒流的做法，法院也不得纵容检察机关动辄将案件进行程序逆向运转的行为，推动案件得到权威的、公正的裁决。只有彻底摆脱侦查中心主义的困扰，我国刑事司法制度的改革才能取得实质性突破。

第十二章　新间接审理主义

一、“庭审实质化”改革的难题

随着中国司法改革的逐步推进，“以审判为中心的诉讼制度改革”已经成为法学研究中的一个热点问题。所谓“以审判为中心的诉讼制度”，又被称为“审判中心主义”，曾一度被视为西方国家刑事诉讼纵向构造的基本模式，[1]并被一些学者推崇为解决中国刑事诉讼问题的改革思路。[2]随着一份政治文件将其纳入中国司法改革的整体框架之中，这一改革思路引起了中国法律界的普遍重视。[3]围绕“审判中心主义”的理念，法学研究者或者对其进行概念和内涵的界

〔1〕 参见陈瑞华：《刑事诉讼的前沿问题》，中国人民大学出版社2013年版，第243页以下。

〔2〕 参见孙长永：《审判中心主义及其对刑事程序的影响》，载《现代法学》1999年第4期。

〔3〕 参见魏晓娜：《以审判为中心的刑事诉讼制度改革》，载《法学研究》2015年第4期。

定，[1]或者借此提出了刑事司法改革的理论方案，[2]或者对既往的改革路径和变法修律思路进行一定程度的反思。研究者大都认识到，"以审判为中心的诉讼制度改革"是一种诉讼模式的重新调整，要完成这一改革，就要走出那种"侦查中心主义"的怪圈，真正通过实质的法庭审理，来确立一种有效督促侦查部门和起诉部门遵守法律程序、严守案件质量的机制。[3]

考虑"审判中心主义"的改革思路直接触及公检法三机关"分工负责、相互配合、相互制约"的法律原则，并可能遇到司法体制上的重大阻碍，因此，在近期的相关讨论中，无论是法学界还是司法实务界，都更为关注"庭审中心主义"的落实问题。[4]在很多研究文献中，所谓的"以审判为中心的诉讼制度改革"，其实已经变成"实现庭审实质化"的代名词。[5]而要实现"庭审中心主义"的改革思路，就需要克服"案卷笔录中心主义"的制度缺陷，实现庭审的实质化，解决法庭审判流于形式的问题。[6]

本着"研究者画地图，政治家选择道路"的思路，笔者拟对法庭审理流于形式的原因作出新的考察。过去，研究者一度将造成这一问题的成因归结为"案卷移送制度的回归""以案卷笔录为中心的裁判方式""庭外裁判主义""行政审批机制""有效辩护的缺失""审结

〔1〕 参见闵春雷：《以审判为中心：内涵解读及实现路径》，载《法律科学》2015年第3期。

〔2〕 参见沈德咏：《论以审判为中心的诉讼制度改革》，载《中国法学》2015年第3期。

〔3〕 参见王敏远：《以审判为中心的诉讼制度改革问题初步研究》，载《法律适用》2015年第6期。

〔4〕 参见沈德咏：《论以审判为中心的诉讼制度改革》，载《中国法学》2015年第3期。

〔5〕 参见李少平：《以审判为中心的诉讼制度改革：功能定位与路径规划》，载《中国审判》2015年第11期。

〔6〕 参见汪海燕：《论刑事庭审实质化》，载《中国社会科学》2015年第2期。

报告制度的泛滥”“留有余地的裁判方式”等一系列因素。[1]但是，在上述因素之外，还有一个制约着中国刑事审判的根本问题，那就是法院以公诉方移送的案卷笔录为基础展开法庭审理，而不是在法庭上通过直接接触各种证据的原始形式来形成对案件事实的内心确信。

对于这种将公诉方的案卷笔录直接作为法庭调查对象的审理方式，笔者过去曾将其称为“案卷笔录中心主义”。这一学术概括更多的是在强调案卷笔录对法庭审理的影响，解释法庭审理流于形式的原因。[2]但是，自2012年《刑事诉讼法》实施以后，证人、鉴定人出庭作证的情况有所增加，法庭审理的“言词化”在部分案件中得以初步实现。在此情况下，案卷笔录对法庭审理的影响不仅没有削弱，反而得到了某种形式的强化。无论证人是否出庭作证，也无论证人、被告人是否推翻原来的陈述，法庭形成裁判结论的依据仍然不是当庭审理中所形成的内心确信，而是通过查阅和研读案卷所形成的主观印象。这显然说明，所谓的“庭审中心主义”或者“庭审实质化”改革，所面临的最大障碍就是这种通过阅卷来形成裁判结论的裁判方式。

对于这种裁判方式，笔者之所以称为“新间接审理主义”，主要是考虑到中国当代的刑事审判方式与中世纪欧洲的审理方式已经不可相提并论了。毕竟，随着中国刑事证据法的发展，证人出庭作证的制度在中国逐渐确立起来，控辩双方对证人的交叉询问有时会导致其庭前证言笔录遭到推翻。与此同时，案卷笔录的证据能力也开始受到一些证据规则的限制，立法者初步确立了非法证据排除规则，法院有时可以将那些侦查人员获取的非法供述和非法证言排除于法庭之外。尽管如此，公诉方的案卷笔录对于法庭认定案件事实仍然具有绝对的影响力，无论证人是否出庭作证，都不影响法庭对证人证言

〔1〕 参见陈瑞华:《案卷移送制度的演变和反思》，载《政法论坛》2012年第5期。

〔2〕 参见陈瑞华:《刑事诉讼的前沿问题》，中国人民大学出版社2016年版，第519页以下。

笔录的采信。因此，真正的“直接和言词的审理方式”并没有得到确立，我国刑事审判仍然带有“间接审理”和“书面审理”的色彩。为与欧洲历史上曾出现过的“间接审理方式”进行必要的区分，笔者将中国的这种审理方式称为“新间接审理方式”，与此相伴而生的诉讼理念则被称为“新间接审理主义”。

尽管中国刑事诉讼制度几经改革，立法者逐步推行了“证人出庭制度”和“禁止强迫自证其罪的原则”，这种“新间接审理主义”的理念却没有消失，并隐藏在诸多制度安排背后，成为刑事审判制度的主要制约因素。在当下强调“以审判为中心”、推进“庭审实质化”的改革背景下，全面梳理“新间接审理主义”的诉讼理念，并对其所造成的影响进行认真的反思，实为正本清源之举，也是对中国刑事诉讼制度的深层病症作出诊断的一种理论尝试。笔者深信，“新间接审理主义”一日不消失，法庭审理就势必会成为可有可无的法律仪式，所谓“以审判为中心的诉讼制度改革”也将无法落到实处。

二、什么是新间接审理主义

根据比较法的研究成果，大陆法和英美法尽管在刑事审判构造上存在诸多的差异，但在对待公诉方案卷材料的态度上却具有一些相似之处。原则上，公诉方移交法院的案卷材料，包括证人的庭外证言笔录和被告人的庭外供述笔录在内，在大陆法国家被视为“不具有证据能力”的证据，[1]而英美则被看作“不具有可采性”的证据，[2]它们都不得成为法庭认定案件事实的依据。相比之下，中国刑事诉讼法尽管初步确立了证人出庭作证制度，强调禁止强迫被告人自证

〔1〕 参见［德］克劳思·罗科信：《刑事诉讼法》，吴丽琪译，法律出版社2003年版，第428页以下。

〔2〕 参见［美］诺曼·M.嘉兰、吉尔伯特·M.斯达克：《执法人员刑事证据教程》，但彦铮译，中国检察出版社2007年版，第207页以下。

其罪，却一直没有否定公诉方案卷笔录的证据能力。在理论上，法学研究者一直倡导实行直接和言词的审理方式，司法改革决策者甚至将直接和言词审理原则写入权威的政治文件之中，并将其作为指导中国司法改革的理论纲领之一。但是，迄今为止，公诉方的卷宗材料仍然是刑事法官调查案件事实的基础，无论证人是否出庭作证，这些记载着侦查人员搜集证据过程和结果的书面记录，仍然可以成为法院认定案件事实的依据。

为了对中国的"新间接审理主义"有一个准确的理解，我们可以以英美法和大陆法的制度为参照，从比较法的角度，对这一审理方式的基本特征作出简要分析。

（一）法官的庭前阅卷

英美法实行的是"起诉书一本主义"的起诉方式，要求检察官在提起公诉时只提交一份起诉书，而不得向法院移送任何证据材料。负责对事实作出裁判的人，无论是法官还是陪审团成员，在开庭前都不得接触案卷材料，更不得通过阅卷来开始法庭审理活动。相反，大陆法则实行"卷宗移送主义"的起诉方式，检察官在提起公诉时将全部案卷材料移送法院，法官在全面阅卷的基础上开始法庭审理活动。当然，那些作为合议庭成员的陪审员，则被禁止阅卷，也不得了解案卷的内容。

与大陆法相似，中国法也实行"案卷笔录移送主义"的起诉方式。这种起诉方式在1996年以后一度发生过变化，当时的刑事诉讼法要求检察机关只提交"主要证据的复印件或者照片"、"证人名单"以及"证据目录"，至于全部案卷材料，则要等法庭审理结束后，才全部移交法院。2012年以后，这种起诉方式受到废止，1979年《刑事诉讼法》所确立的全案卷宗移送制度得到重新恢复。无论是独任法官还是合议庭成员，都要在全面查阅和研读公诉方案卷材料的基础上开始法庭审理活动。

在开庭审判之前，法官全面阅读了公诉方的案卷材料，既了解了侦查和审查起诉的整个过程，也熟悉了国家专门机关在审判前所制作的全部诉讼文书，还对侦查人员搜集的全部证据材料有了全方位的认识。在阅卷的基础上，法官通常会从事以下审判前的准备活动：一是在对公诉方所认定的案件事实产生一定认识的基础上，告知被告人、辩护人提出相关诉讼请求的权利，一旦遇有控辩双方发生程序争议的情况，准备召开庭前会议，就回避、管辖、延期审理、非法证据排除等问题听取各方意见；二是在庭前会议上听取控辩双方对各种证据材料的看法，以确定双方“争议的焦点问题”，从而确定需要重点调查的证据材料范围，而对那些无争议的证据材料则准备省略质证程序；三是如果通过阅卷对公诉方认定的案件事实存在较大的疑问，则准备通知相关证人、鉴定人、侦查人员甚至专家辅助人出庭作证；四是遇有重大案件，在开庭前即可能写出阅卷报告或者阅卷提纲，与控辩双方进行必要的沟通，甚至与办案的侦查人员交流相关证据的搜集情况，调取那些尚未被载入案卷的证据材料，或者进行必要的庭前调查核实证据活动。

（二）作为法庭调查对象的案卷笔录

在英美对抗式审判程序中，那些记录侦查过程和证据笔录的案卷材料，一般只能作为庭前审查公诉的依据。在法庭审判中，公诉方要证明本方的公诉事实，只能以证据法所容许的方式逐一进行举证，如当庭出示物证、宣读书证、播放音像材料等。对于证人证言，原则上都要通过传召证人出庭作证的方式来进行交叉询问。而在大陆法国家的职权主义审判程序中，职业法官尽管在开庭前有阅卷和讨论控方证据的机会，但这些案卷材料一律不具有证据能力。[1]具体而言，法庭不得将这些案卷材料作为法庭调查的对象，也不得直接将卷

〔1〕 参见［美］弗洛伊德·菲尼、［德］约阿希姆·赫尔曼、岳礼玲：《一个案例，两种制度——美德刑事司法比较》，郭志媛译，中国法制出版社2006年版，第343页以下。

宗中记录的证据材料援引为定案的根据。除了法定例外情形以外，所有证据都要在主审法官的主持下逐一加以出示、宣读和播放，证人原则上都要出庭作证，当庭向法庭陈述案件事实，并接受法庭的询问和控辩双方的发问。

与英美法和大陆法都不同的是，中国的刑事法官直接将公诉方的案卷材料作为法庭调查的对象。在法官主持的法庭调查中，公诉方当庭举证的基本方式就是直接对案卷中记录的证据材料进行出示、宣读和播放，而对案卷所记录的言词证据，公诉方则大都通过宣读相关笔录的方式予以出示，法庭给予被告人及其辩护人当庭质证的机会。这里所谓的“当庭质证”，也就是对公诉方宣读的证人证言笔录、被告人供述笔录和被害人陈述笔录，提出疑问和发表不同意见。无论证人、被害人是否出庭，也无论被告人当庭是否推翻供述，公诉方都会对言词证据材料进行当庭出示和宣读。当然，考虑这些言词证据笔录不仅内容庞杂，而且有可能存在多个版本，因此，公诉方对这些笔录有可能采取有选择的、节录式的宣读，也有可能对大体相似的笔录作出合并概括式的宣读。〔1〕

无论采取怎样的出示、宣读和播放方式，这种对公诉方案卷材料所进行的书面审查方式，都意味着法庭对这些案卷材料的合法性给予了承认。一般说来，任何一种证据材料要转化为定案的根据，必须同时具备证据能力和证明力。无论是言词证据还是实物证据，都必须以具备证据能力为前提，否则就要被排除于法庭之外。但是，中国刑事法庭直接将案件材料作为调查对象，这就等于完全认可了这些案卷材料的证据能力。可以说，在这种以案卷笔录为中心的审理方式中，侦查人员所收集的证据材料被推定为具有合法性，其证据能力已经到了毋庸置疑的地步。对于这些案卷材料，法庭所要做的只是

〔1〕 有关刑事法庭上证人宣读的实际方式，可参见陈瑞华：《案卷笔录中心主义——对中国刑事审判方式的重新考察》，载《法学研究》2006年第4期。

审查其证明力，也就是对其真实性和相关性予以确认。

（三）证言笔录的证据能力

在英美对抗式审判程序中，交叉询问是审查言词证据的最重要方式，也被视为防止伪证的有效手段。而传闻证据一旦被提交法庭，就使那些亲自感知案件事实的人避开了交叉询问程序，无法保证其陈述的真实性，也剥夺了对方进行反询问的机会，因此，传闻证据不具有可采性。侦查人员在庭前所制作的证人证言笔录，一般都被视为传闻证据，其可采性受到法律的否定，法官通常会将其予以排除。当然，在一些例外情形下，如为了唤醒证人的记忆，或者为了对那些当庭提供了不同于庭前证言之陈述的证人，或者在一些法定不可抗力的情形下，法官也允许公诉方宣读证人的庭前证言笔录。〔1〕

在大陆法国家的审判程序中，基于直接审理的原则，证人原则上必须出庭作证，其当庭证言方被认为具有证据能力。公诉方卷宗中所记载的证言笔录原则上是不得作为证据使用的。但在法定例外情形下，证人即便不出庭作证，其原来所作的庭外证言笔录也可以被援引为证据。例如，在德国，刑事诉讼法典允许在四种情形下当庭宣读证人庭前向法官所作的证言笔录：一是证人因死亡、患病、身体虚弱、路途遥远等法定原因无法到庭的；二是检察官、辩护人和被告人都同意宣读的；三是证人当庭无法回忆案件事实，需要帮助其恢复记忆或者消除陈述矛盾的；四是发现证人当庭证言与庭前证言笔录不一致的。〔2〕需要注意的是，德国刑事诉讼法典还允许法庭宣读证人向警察、检察官所作的询问笔录或书面陈述，但要符合两方面的前提条件：首先，被告人必须有辩护律师的帮助；其次，检察官、辩护律师和

〔1〕 参见［美］诺曼·M.嘉兰、吉尔伯特·M.斯达克：《执法人员刑事证据教程》，但彦铮译，中国检察出版社2007年版，第207页以下。

〔2〕 参见《德国刑事诉讼法典》，李昌珂译，中国政法大学出版社1996年版，第250～254页。

被告人都表示同意。但是，如有一方当事人反对宣读，这种由警察、检察官所作的“非司法询问”笔录，就只能在证人死亡或者无法到庭接受询问时才可以使用。〔1〕

与英美法和大陆法都不相同的是，中国法原则上并不否认证人庭外证言笔录的证据能力。与公诉方案卷中的其他证据材料一样，侦查人员所作的证言笔录可以无障碍地出现在法庭上，成为法庭调查的对象。在法官的主持下，公诉方可以随意地宣读证人向侦查人员所作的证言笔录。当然，这种任意宣读证人证言笔录的法庭调查方式，一直被视为造成法庭审理流于形式的主要原因。为了回应各方面的批评，自2010年起，最高人民法院和立法机关先后发动了声势浩大的证人出庭运动，由此促成证人出庭作证规则在中国法律中的确立。2012年《刑事诉讼法》不仅确立了证人出庭作证的条件，而且还规定了证人出庭的保障措施以及对拒不出庭证人的惩罚性后果。

在最高人民法院的法官看来，“证人出庭作证运动”是贯彻直接和言词审理原则的标志。〔2〕确保证人出庭作证甚至被写入一份宣示司法改革的政治文件之中，被视为实现“以审判为中心的诉讼制度改革”的重要举措。然而，这种“证人出庭作证运动”并没有从根本上改变中国刑事审判制度的格局。表面上看，自2012年以后，刑事法庭审理中证人出庭作证的情况有所改观，但实际上，是否通知证人出庭作证的权力几乎完全被控制在法院手中，法院可以对何谓“对定罪量刑有重大影响”、何谓“有必要出庭”等问题作出任意解释。可以说，在证人出庭作证问题上，我国采取的是一种完全由司法裁判

〔1〕　参见［德］托马斯·魏根特：《德国刑事诉讼程序》，岳礼玲、温小洁译，中国政法大学出版社2004年版，第184页以下。

〔2〕　参见张军主编：《刑事证据规则理解与适用》，法律出版社2010年版，第150页以下。

权主导的证人出庭模式，控辩双方通过行使诉权来促使证人出庭的机制没有建立起来。证人出庭率的低下则必然带来证人证言笔录适用上的泛滥和混乱。

与此同时，即便在证人出庭作证的情况下，证人在法庭外所作的证言笔录仍然被普遍赋予了证据能力。令人惊异的是，中国《刑事诉讼法》几次修订，都没有改变一个基本的格局：在证人出庭作证的情况下，公诉方可以随意地宣读证人庭前向侦查人员所作的证言笔录。于是，在证人出现在法庭上之后，其当庭证言与庭前证言笔录被置于同一个平台上，同时接受法庭的审查判断。侦查人员所作的证言笔录并没有因为证人出庭而丧失其证据资格。这是“证人出庭作证运动”所取得的成果，也是其局限性之所在。

庭外证人证言笔录不仅与当庭证言具有同等的证据能力，而且被赋予了更大的证明力。这一点曾被笔者视为中国刑事证据法奉行“新法定证据主义”的主要标志。[1]根据最高人民法院的解释，在庭外证言笔录与证人当庭证言完全一致的情况下，它们都将毫无异议地被法院采纳为定案的根据。而在证人当庭改变证言的情况下，庭外证言仍然被视为证明力较高的证据形式。除非证人对其改变证言的行为作出“合理解释”，并与其他证据相互印证，否则，证人当庭证言照样不得作为定案的根据。法院仍然可以采纳证人向侦查人员所作的证言笔录。这种对证人当庭证言的证明力人为加以贬低的观点，大大削弱了“证人出庭运动”的效果，也反过来强化了证人庭前笔录的证据效力。

（四）被告人供述笔录的证据能力

在英美对抗式诉讼制度中，被告人的供述具有“承认”和“招供”的性质。与证人证言笔录不同，被告人庭前所作的这种承认和招供

---

〔1〕 参见陈瑞华：《以限制证据证明力为中心的新法定证据主义》，载《法学研究》2012年第6期。

不属于传闻证据，也不适用传闻证据规则。但是，根据禁止强迫自证其罪的原则，被告人在未决羁押阶段向侦查人员所作的供述笔录，原则上不具有可采性。但假如公诉方能够证明这种供述是在自由和自愿的情况下作出的，被告人自愿放弃了包括沉默权在内的一系列诉讼特权，那么，该供述笔录仍然可以作为证据使用。在陪审团审判中，被告人一旦出庭作证，就要像普通辩方证人一样，接受控辩双方的交叉询问。在作证过程中，公诉方发现被告人作出了与其原来向警察所作的有罪供述不一致的陈述的，可以援引侦查人员所作的供述笔录，以质疑被告人陈述的真实性。

在大陆法国家，被告人庭前向警察、检察官所作的供述笔录，只有在具有自愿性的情况下才具有证据能力。例如，在德国，对于侦查人员采取虐待、疲劳战术、伤害身体、服用药物等法律所禁止的手段获取的被告人供述笔录，法院不得作为证据使用。反过来，在不违反法律的禁止性规定的情况下所获取的被告人供述笔录，法院仍然可以将其采纳为定案的证据。[1]在司法实践中，由于法官所作的司法性询问（讯问）笔录更容易为法庭采纳，因此，警察、检察官有时会请法官在侦查阶段介入进来，对被告人进行讯问，并制作被告人供述笔录。在法庭审理中，法官向被告人发问时，被告人可以保持沉默，也可以作出陈述。但在作出陈述时，法官发现被告人当庭所作陈述与其庭前供述笔录出现矛盾时，可以直接宣读法官所作笔录中记载的被告人供述。

在中国刑事诉讼中，被告人的供述笔录通常都具有证据能力。除非法院以法定程序启动了非法证据排除程序，并将被告人供述笔录予以排除，否则，这些供述笔录将直接被作为定案的根据。在侦查过程中，被告人不享有保持沉默的自由，而负有如实回答讯问的义

〔1〕　参见［德］约阿希姆·赫尔曼：中译本引言，《德国刑事诉讼法典》，李昌珂译，中国政法大学出版社1996年版，中译本引言第1页以下。

务，加上侦查人员讯问持续的时间和次数不受限制，因此，被告人所作的有罪供述大都带有被强迫和受压制的色彩。在法庭审判中，这些供述笔录随同其他案卷材料被移送法院，并被公诉方作为控方证据予以宣读。在被告人当庭认罪的情况下，这些供述笔录与当庭供述一起，可以直接成为认定案件事实的证据。而在被告人当庭拒不认罪或者当庭推翻有罪供述的情况下，这些供述笔录将被公诉方作为重要的质证手段，以证明被告人当庭供述的不可信性。很显然，无论是被告人庭前供述笔录还是当庭陈述，原则上都被认为具有同样的证据能力。

与证人证言笔录相似的是，被告人供述笔录不仅原则上具有证据能力，而且还要在证明力上优先于被告人当庭陈述。尤其是在被告人庭前供述保持一致而当庭“翻供”的情况下，被告人假如不能“合理说明翻供原因”，或者其当庭辩解与全案证据存在矛盾，而庭前供述笔录则与其他证据相互印证的，法院可以采信庭前供述笔录，而不得将当庭辩解作为定案的根据。这种对庭前供述笔录证明力的高度重视，在一定程度上更加强化了其证据能力，使该种笔录与证言笔录一样，在法庭准入资格方面不会遇到更多的法律障碍。

当然，自2010年以来，中国刑事证据法逐步确立了非法证据排除规则，并将被告人所作的非自愿有罪供述作为强制性排除的对象。司法实践中也开始有一些排除非法证据的成功案例逐渐出现。但是，有罪供述笔录的证据能力并没有受到有效的限制。一方面，法院成功地排除非法供述的案例仍然少之又少，根本不足以对公诉方每案必提交的供述笔录的证据能力带来较大的冲击。另一方面，法院即便将被告人的一份或者若干份供述笔录予以排除，也不足以阻止该被告人所作的其他供述笔录成为证据。因为侦查人员通常在同一案件中会制作多份有罪供述笔录，法院即便排除了其中的大多数供述笔录，也不影响其将剩下的供述笔录予以采纳。更何况，法院所能排除的仅仅是侦查人员采用刑讯逼供等非法手段所获取的供述笔录，但对于侦查人员根据这些供述所获取的“重复自白”，却仍然无能为力。这些受到非法供述直接影响的“重复自白”仍然以新的供述笔录的形式被赋予了证据能力。〔1〕

三、新间接审理主义的成因

建立在公诉方案卷笔录基础上的新间接审理主义，历经多年的刑事司法改革运动，不仅没有消失，反而成为影响中国刑事诉讼制度发展的重要理念。那么，这种诉讼理念究竟是如何形成的呢？支撑这种诉讼理念的制约因素究竟有哪些呢？

其实，仅仅从审判制度的角度考察新间接审理主义盛行的原因，可能会因为视野所限影响研究者判断的准确性和全面性。我们有必要将目光投向整个刑事司法制度，从侦查、审查批捕、审查起诉和审判的关系角度重新思考这一问题。在笔者看来，造成新间接审理主义久盛不衰的原因大体有四个方面的因素：一是公检法三机关“流水作业”的纵向构造；二是实体真实至上主义的理念；三是裁判者倾向于刑事追诉的价值观念；四是建立在办案期限基础上的诉讼效率意识。下面依次对这些制约因素作出分析。

（一）流水作业的纵向诉讼构造

美国学者帕克教授曾对刑事诉讼模式作出过开创性的研究，提出了“犯罪控制”和“正当程序”的诉讼模式理论。在他看来，如果说正当程序模式属于一种“障碍比赛”的话，那么，犯罪控制模式则更像是一种“流水线”。他形象地指出：“出现在人们脑海中的形象是一条流水作业的传送带，它推动无穷的案件，从不停止，将案件带到有固定位置的工人面前，对每一个面临的案件进行微小但基础性

〔1〕　有关“重复自白”的证据能力问题，可参见陈瑞华：《非法证据排除程序再讨论》，载《法学研究》2014年第2期。

的操作，使其接近成品，或用比喻所指的真实状况说，就是一份结论性的文件。”这一模式将刑事诉讼程序视为一种“甄别程序”，使逮捕前的调查、逮捕、逮捕后的调查、审判准备、审判、有罪判决、量刑等，都成为一系列的“程序化运作”过程，都追求排除无辜者和对有罪者加以定罪这一“成功结论”。〔1〕

中国的刑事诉讼程序在一定程度上就具有这种流水作业的构造模式。在“文革”结束以后，中国通过重建公检法三机关来恢复刑事法制秩序，并确立了三机关“分工负责、互相配合、互相制约”的法律准则。这一准则一直被确立在宪法和刑事诉讼法之中。迄今为止，无论是法学界还是立法起草者，大都是从规范字面上来解读这一准则的内涵和意义。〔2〕其实，如果观察一下刑事诉讼法对三机关的“任务”所作的表述，就不难发现三机关都是同一流水线上的操作员，都致力于“准确、及时地查明犯罪事实，正确应用法律，惩罚犯罪分子，保障无罪的人不受刑事追究”。基于此，中国公检法三机关的关系，以及侦查、审查批捕、审查起诉和审判之间的关系，形成了一种独特的流水作业模式。〔3〕在这一模式下，公诉方的案卷材料实为三机关调查案件事实、形成诉讼结论的直接依据，也是三机关用来加工“诉讼产品”的原材料。无论是审查批捕、审查起诉还是审判，都离不开对侦查案卷材料的查阅和研读，也都要对案卷材料进行进一步的核实和补充，并在此基础上形成本阶段的诉讼结论。可以说，离开了公诉方的案卷材料，不仅上一道工序所做的工作成为“无用之

〔1〕　参见［美］赫伯特·L.帕克：《刑事诉讼的两个模式》，梁根林译，载《争鸣与思辨——刑事诉讼模式经典论文选译》，［美］虞平、郭志媛编译，北京大学出版社2013年版，第10页以下。

〔2〕　参见郎胜主编：《中华人民共和国刑事诉讼法修改与适用》，新华出版社2012年版，第49页以下。

〔3〕　有关流水作业的刑事诉讼构造模式的分析，可参见陈瑞华：《刑事诉讼的前沿问题》，中国人民大学出版社2013年版，第243页以下。

功”，而且下一道工序也失去进一步加工的物质基础，根本无法形成结论性文件，更难以得出成功的结论。

中国现行的这种间接和书面的审理方式，之所以具有长盛不衰的生命力，主要是因为中国存在一种“行政化”和“管理化”的刑事诉讼程序构造，侦查、审查批捕、审查起诉和审判都属于同一流水线上的工序或车间，侦查人员、批捕检察官、审查起诉检察官和审判人员则属于这一流水线上的“操作员”，他们都追求过滤无辜者和追究有罪者的同一目标。在这一程序流程中，任何一道工序都要通过对案卷材料的加工、审查和遴选，来获得一份结论性的文件，从而将半成品转给下一道工序；下一道工序则在前一工序的基础上，或全面审查，或继续调查，或进行严格甄别，从而将加工过的半成品继续转往下一道工序。与检察机关的审查批捕和审查起诉一样，作为最后一道工序的法院审判，也要在公诉方提交的案卷材料的基础上，进行审查、核实乃至进一步的加工，从而过滤掉那些不构成犯罪的案件，而对那些有罪的被告人加以定罪。假如法院将公诉方的案卷材料全部予以抛弃，而通过法庭审判活动来对案件事实进行一次重新探究，那么，这就违背了三机关“互相配合”的基本准则，等于将侦查、审查批捕和审查起诉的全部成果全都弃之不顾，这显然就背离宪法和刑事诉讼法所设定的制度框架了。

（二）实体真实至上主义

自1979年以来，中国刑事诉讼法一直要求公检法三机关“忠实于事实真相”，强调不枉不纵，有错必纠。从积极的方面来说，公安机关、检察机关和法院都要主动搜集能够证明案件事实的所有证据，即便是作为裁判者的法官，也负有当庭主导事实调查和庭外调查核实证据的职责。而从消极的角度来看，中国刑事诉讼法将侦查、审查批捕、审查起诉和审判设计成一种层层递进的程序防错机制，强调后一程序对前一程序的审查核实和纠正错误功能，一旦发现前一程序出现了事实认定上的错误，就可以作出诸如不批捕、不起诉或者宣告无罪等否定性结论，也有可能作出退回补充侦查、撤回起诉、发回重审等程序倒流的决定。[1]

为什么要允许法官接触公诉方的案卷材料，并将其作为法庭调查的对象呢？一个重要原因就在于这些由侦查人员所制作的证据材料，不仅记录了侦查人员调查取证的过程，而且将各种证据全都固定和保全下来。这些案卷材料不仅包含着丰富的信息量，而且被认为能够证明案件的基本事实。尤其是侦查人员所记录的被告人供述笔录和证人证言笔录，更属于被告人和证人对其所感知的案件事实的记忆和表述。这些言词证据笔录一旦得到其他证据的印证，就具有很大的可信性。

为什么在证人改变证言、被告人当庭翻供的情况下，仍然要对那些庭前被告人供述笔录、证人证言笔录加以采信呢？原因也在于证人无法揭示为何要改变证言，被告人无法解释有何正当理由来推翻有罪供述，其改变或翻供后的陈述不具有可信性。不仅如此，证人改变后的证言、被告人翻供后的陈述，如果得不到其他证据的印证，其真实性也是无法得到保证的。经过与庭前证人证言笔录与当庭证言真实性的比较考量，经过对庭前供述笔录与当庭辩解真实性的对比分析，法院最终将证据的真实性和可靠性作为采信证据的主要标准。由此可知，证明力成为法院在审查判断言词证据笔录时所要优先考虑的因素。而对于这些笔录材料的证据能力，无论是立法者还是司法机关，都不作实质性限制。

为什么在证人经法院通知后没有出庭的，法院并不必然否定其证言笔录的证据能力呢？原因也在于证言的真实性被奉为首要考量的因素。作为一种惩罚措施，证人经通知仍然拒不出庭的，法院只有

〔1〕 参见张军主编：《刑事证据规则理解与适用》，法律出版社2010年版，第150页以下。

在“无法核实证言真实性”的情况下，才能拒绝将其证言笔录采纳为定案的根据。可见，是否将不出庭证人的证言笔录予以排除，关键要看该证人所作的证言笔录是否具有真实性；法院对于那些不出庭证人的证言笔录，相信其真实可靠的，仍然可以采纳为定案的根据。

中国法律对证据真实性的高度重视，造就了一种承认案卷材料合法性的审判方式。实际上，无论是英美法还是大陆法，都承认在例外情形下，证言笔录可以起到唤醒证人记忆、回应证人当庭不一致证言以及在遇有不可抗力情形下证明案件事实的作用。这些作用都与事实真相的发现有密切联系。但在中国刑事审判中，公诉方的案卷材料在证明案件事实方面远远不止发挥上述机能。相对于当庭证人证言和被告人陈述而言，这些案卷材料甚至被推定为具有更大的可信性。可以说，在案卷笔录被赋予普遍的证据能力这一现象背后，其实存在法官对侦查人员的调查取证给予普遍信任这一深层问题。

（三）法院的刑事追诉功能

中国法律和司法实践一直鼓励刑事法官发挥刑事追诉的作用。例如，法院经过审理，认为公诉方指控的犯罪事实是成立的，但指控的罪名存在偏差的，可以不经过变更起诉程序，也不告知被告方，而直接判定被告人构成新的罪名。又如，法院经过审理，发现案件事实不清、证据不足，公诉方申请撤回起诉的，法院可以作出准许撤回起诉的裁定，并在公诉方对同一案件重新起诉后，仍然对该案件进行法庭审判。再如，二审法院经过审理，认为一审法院对案件的判决属于事实不清、证据不足的，可以裁定撤销原判、发回重审。这些例子都显示出法院在控辩双方之间并没有保持中立和超然的地位，而将天平倒向了公诉方，充当了刑事追诉活动的协助者和补充者。

刑事法官对公诉方案卷笔录的全面接受，并将这些笔录作为法庭调查的对象，这同样是其倾向于刑事追诉的一种表现方式。对于中国公安机关、检察机关和法院之间的关系，法学界曾有“接力比赛”的比喻。在这三机关为追诉犯罪所进行的接力赛跑中，公诉方的案卷材料犹如赛场上的“接力棒”，成为连接三机关比赛活动的中介和桥梁。而后一机关一旦拿不到或者弄丢了接力棒，就根本无法完成比赛，更遑论取得比赛胜利了。

通过查阅和调查公诉方的卷宗材料，刑事法官对侦查人员和公诉检察官的刑事追诉活动起到了拾遗补阙、加工完善的作用。法官承接了侦查人员和检察官的追诉成果，在他们工作的基础上进行了两个方面的工作：一是审查核实，也就是对公诉方案卷中的证据情况进行了解，查看是否存在瑕疵和不足；二是补充修正，也就是在他们工作的基础上，进行补充性的调查活动，以便达到法定的标准，并在实在达不到有关标准的情况下，作出变通性的灵活处置，以防止刑事追诉活动的彻底失败。这样，刑事法官在侦查人员和检察官追诉活动的基础上，就发挥了“临门一脚”的作用，以最终完成对被告人加以治罪的使命。

（四）以办案期限为基础的效率意识

中国刑事诉讼法确立了办案期限与羁押期限一体化的制度。根据这一制度，在整个刑事诉讼过程中不存在针对嫌疑人、被告人的最高羁押期限，也没有在各个诉讼阶段设置不可逾越的羁押期限。但是，刑事诉讼法却为侦查、审查批捕、审查起诉、第一审程序、第二审程序都明确设定了诉讼期限，超出诉讼期限的诉讼活动，实际构成一种程序性违法行为。而法院的第一审程序则尤其要有办案期限的限制。例如，1979年《刑事诉讼法》要求一审法院在受理公诉案件后一个半月内宣判；2012年《刑事诉讼法》则把这一审判期限延长到三个月。当然，这一审判期限也是可以延长的。但这种延长要具备法定的事由，并经由上级法院的批准。

对于法院在法定办案期限内没有完成审判活动的，刑事诉讼法并没有明确的程序性制裁后果。但是，超出审判期限的行为，在审判管理实践中显然要受到负面的评价，甚至有可能成为一种法官的审判瑕疵，使其为此承担一种审判过错责任。正因为有这种绩效考核和司法责任方面的顾忌，各级法院几乎都对法官遵守办案期限提出了近乎苛刻的要求，而刑事法官也把严格遵守办案期限作为审判活动中的头等要务。在一定程度上，办案期限制度属于刑事诉讼法中得到最严格执行的诉讼制度。

在遵守法定办案期限的强大压力下，刑事法官不可能摆脱对公诉方案卷材料的依赖，更不可能另起炉灶，对案件事实进行一次完全独立的探究活动。为提高诉讼效率，法官在开庭前全面阅卷，并把庭前会议变成一种确定控辩双方“争议焦点”的场合，以便于将有限的庭审时间投入到对有争议的案件事实的法庭调查上面。为避免法庭审理的久拖不决，刑事法官会允许公诉方直接宣读和出示案卷材料，而只在控辩双方存有争议和确有必要时，才通知证人、鉴定人出庭作证。这样，证人、鉴定人出庭作证就成了一种例外，宣读证人证言笔录和供述笔录则成为法庭调查的通例。不仅如此，为防止法庭审理的拖沓冗长，刑事法官即便在证人当庭改变证言、被告人当庭翻供的情况下，也不放弃对庭前证言笔录和供述笔录的使用。按照证据相互印证的原则，法官灵活地将案卷材料的证据能力问题转化为证明力问题，使那些得到其他证据印证的言词证据被采纳为定案的根据。

相反，假如法院放弃间接审理主义，而采取真正的直接审理方式，就需要公诉方逐一向法庭进行举证，传召证人、鉴定人出庭作证，使其接受控辩双方的交叉询问；对被告人的供述笔录，也要逐一证明其供述的自愿性，并对其当庭不一致的陈述加以质证。这种庭审方式势必大大延长法庭审理的时间，对中国特有的办案期限制度造成较大的冲击。人们不禁担心，在审判期限被严格限制在几个月的情况下，刑事法官有无可能进行庭前阅卷、召集庭前会议、组织非法证据排除程序，并召开一次直接和言词的法庭审理活动？

四、对新间接审理主义的若干反思

对于中国的刑事法官而言，现行的刑事审判方式在提高效率、节约成本方面确有可圈可点之处。但是，通过这种简略而粗糙的法庭审理，法官能否把握案件的审判质量，避免冤假错案，这却是令人不无担忧的。尤其值得关注的是，法庭审理流于形式，势必造成法官对公诉方案卷材料的畸形依赖，这些案卷材料成为法官认定事实的基础，公诉方的起诉主张也成为法官形成裁判结论的根据。可以说，这种新间接审理方式不仅造成法官在开庭前产生先入为主的预断，在法庭审理中失去了对案件事实的独立探究能力，而且造成法官对被告方辩护意见的排斥心理，无法接受相反的观点和主张，容易作出错误的裁判结论。

（一）通过全面阅卷，刑事法官容易形成先入为主的预断

在中国当下的刑事审判中，法官通过查阅公诉方的案卷材料，不仅熟悉了侦查人员调查取证的全部过程，而且对公诉方据以支持公诉的所有证据材料全部产生直观的认识。法官对案件事实的审查将会在案卷材料的基础上进行，倾向于接受案卷所反映的结论，而不再对案件事实进行重新调查。如此一来，法官对公诉方认定的“犯罪事实”会产生先入为主的认识，这种偏听偏信会直接阻碍法官对无罪证据的接受和采纳，被告人及其辩护人即便提出了新的证据，或者提出新的无罪辩护意见，也很难从根本上动摇法官庭前所产生的预断。

有人可能会提出疑问：英美法所确立的“起诉书一本主义”的起诉方式，不可能被移植到中国刑事诉讼之中，而大陆法国家迄今也实行案卷移送制度，它们不也能维持法庭审理的实质化吗？的确，在不少大陆法国家，法学界和实务界对案卷移送制度再三提出批评，却始终无法终止这种制度的实施。但需要注意的是，这些国家通过确立

直接和言词审理原则，使公诉方的案卷材料失去了证据能力，这就迫使法官不得不通过传召证人、鉴定人出庭作证，来对案件事实进行当庭重新认定，摆脱了对公诉方案卷材料的依赖，这就大大缓解了案卷移送制度所带来负面影响。

相反，在中国刑事审判中，法官一旦接触了公诉方的证据材料，接受了公诉方的事实认定结论，就很难通过当庭审理来摆脱这些材料的影响。这些法官开庭前接触的是公诉方移交的证据材料，当庭又要对这些证据材料再次进行形式化的出示和宣读，法庭上的“举证”和“质证”活动无非对其庭前产生的预断加以强化而已，根本不可能改变原已产生的预断和偏见。可见，这种书面的和间接的审理方式，由于承认所有公诉方案卷材料的证据能力，使它们在庭前和庭审中都成为法官认定案件事实的依据，这导致法官不仅产生预断，而且也难以将这种预断予以排除。可想而知，一个具有强烈预断的法官通常无法接受相反的证据和观点，而更可能对庭前接触的证据材料加以形式化的审查，并对公诉方的观点直接加以确认。法庭审理的形式化和仪式化由此形成。

（二）刑事法官无法通过当庭审理来形成裁判结论，庭审沦为一种可有可无的法律仪式

自1996年以来，中国刑事审判制度经历了数次变革，其间还一度吸收了对抗式审判制度的若干因素，却始终没有确立一种直接和言词的审理方式。迄今为止，公诉方移交的案卷材料仍然普遍为法庭所接受，成为法庭调查的对象，也成为法官对案件事实产生内心确信的直接依据。这种书面和间接的审理方式，导致刑事法官直接根据公诉方案卷材料来形成裁判结论，法庭审理必然流于形式。具体说来，公诉方的案卷材料对庭审仪式化具有以下几方面的影响：

首先，法官所接触的大都是侦查人员所调取的证据材料，无法摆

脱侦查人员的立场和影响。侦查人员的天然使命是收集犯罪证据，查获犯罪嫌疑人。侦查人员通过侦查所形成的案卷材料，所记录的都是收集证据的过程和相关证据的书面形式。这些证据材料一般都是不利于被告人的，而那些有利于被告人的材料要么只是被简略提及，要么不被置入案卷之中。例如，司法实践中经常发生的情况是，对于被告人的有罪供述和证人有关被告人构成犯罪的证言，案卷都作出了详尽的记录，而对于被告人所作的无罪辩解或者翻供材料，对于证人有关被告人不构成犯罪的证言材料，案卷则很少加以记录。对于这些既不全面，也不客观的案卷材料，法官一旦在庭前接触，并在法庭上予以出示和宣读，就势必会全盘接受侦查人员的观点，很难保持一种客观中立的立场。

其次，法官所接触的都是传来证据，而不是直接产生于案件事实的原始证据。法官对这些证据的接触和调查，并不是直接接触证据的原始形式，而是通过一种中介和隔阂物来调查案件事实。这些证据材料的形成经过了侦查人员的讯问（询问）、有选择的记录以及有选择的入卷。令人惊异的是，法官不去听取和审查证人亲口陈述的事实，却相信侦查人员所记录的证言笔录；法官拒绝接受被告人当庭陈述的事实，却去审查侦查人员所记录的供述笔录。这样的审理方式必然造成法庭对传来证据的滥用，法官根本无法根据原始证据来形成裁判结论。

再次，对于公诉方提交的案卷材料，被告人及其辩护人无法获得有效质证的机会，造成法官在只听取一面之词的情况下对案件事实产生了内心确信。在开庭之前，法官对案卷材料的查阅和研读，属于单方面地接触公诉方的证据，在没有听取被告方质疑的情况下就产生了预先判断。而在开庭审理中，由于绝大多数证人并不出庭作证，法庭允许公诉方直接宣读庭前证言笔录，被告人无法对证人进行当庭对质，辩护人也失去了对证人进行当庭盘问的机会。这就造成法庭对证人证言的“质证”流于形式，根本无法揭露伪证和验证证人的可信度。不仅如此，被告人当庭推翻有罪供述的，法庭照样允许公诉方宣读被告人的庭前供述笔录，并将被告人当庭陈述与庭前供述笔录置于同一平面上，接受证明力方面的检验。这实际等于剥夺了被告人对其庭前供述笔录的合法性进行质疑的机会，架空了被告方的质证过程，使法官对案件事实的内心确信几乎完全建立在公诉方案卷材料的基础上，造成事实上的偏听偏信。

最后，在案卷材料的影响下，法官无法对案件事实进行独立的探究，而仅仅对公诉方认定的事实进行形式上的审查和确认，容易造成法庭审理的非实质化。具体说来，对于公诉方提交的证据材料，法官原则上是确认其证据能力的；而对其证明力大小强弱问题，法官则仅仅通过形式审查，如通过简单化的“相互印证规则”的检验，即对其真实性加以确认。这样的庭审不具有基本的“亲历性”，法官既没有亲自接触证据的原始形式，也没有听取那种有关证据内容的言词陈述，而只是在公诉方提交的书面笔录的基础上进行事后的审查活动，并在绝大多数情况下对公诉方的结论进行简单的确认。可以说，法官所进行的根本不是“彻底的事实审”，而不过一种流于形式的书面审查而已。

（三）刑事法官普遍对被告方的辩护产生排斥心理，无罪辩护和程序性辩护尤其难以成功

在中国刑事司法实践中，律师辩护的成功率并不高。尤其是在律师作无罪辩护和程序性辩护的案件中，刑事法官更是普遍对律师的辩护意见产生抵触。根据最高人民法院的统计，2001年全国各级法院共审理各类刑事被告人74万人，其中无罪判决6597人；2010年，全国法院审理的被告人人数超过105万人，宣告无罪的人数则降低为999人；2014年，全国法院审理的被告人人数达到118万多人，而宣告

无罪的人数则降低为778人。[1]

相对于无罪辩护而言，律师的程序性辩护更是难以达到理想的效果。2012年《刑事诉讼法》和相关司法解释将非法证据排除规则适用的对象主要限定为非法言词证据。司法实践中真正排除非法实物证据的案例是极为罕见的。即便是针对非法言词证据的排除，各地法院也仍然处于探索阶段，最终将非法供述加以排除的案例也是少之又少。对于这一点，最高人民法院的资深法官都是公开承认的。[2]

无罪辩护和程序性辩护的困境，显示出律师很难说服刑事法官接受自己的辩护观点。那么，究竟是什么原因造成刑事法官对律师辩护进行如此普遍的排斥呢？在笔者看来，中国现行的书面和间接的审理方式可能是造成这一结果的原因之一。因为在这种审理方式下，法官庭前通过全面阅卷，对于被告人构成犯罪这一点已经产生先入为主的预断；而庭审中通过出示和宣读公诉方的案卷材料，法官通常会对公诉方认定的案件事实深信不疑，对其起诉主张也会全盘接受。通过对公诉方案卷材料的单方面接触和形式化审查，刑事法官通常已经无法接受相反的诉讼主张，对于被告方所提出的无罪辩护和程序性辩护意见也就会产生较强的抵触心理。毕竟无罪辩护所挑战的通常是公诉方指控的"犯罪事实"，而法官通过阅卷和书面审查已经对被告人的这一"犯罪事实"产生内心确信；程序性辩护所挑战的则是侦查程序的合法性，所要否定的是公诉方证据的证据能力，而法官开庭前无所顾忌地接触全部控方证据，庭审中又允许公诉方全面宣读和出示所有案卷材料，这一现象本身就说明法官对案卷材料

〔1〕 参见段文：《厘清公、检、法责任，从源头治理冤假错案》，载《凤凰周刊》2015年第9期。

〔2〕 参见戴长林：《非法证据排除规则司法适用疑难问题研究》，载《人民司法（应用）》2013年第9期。

的合法性进行了推定。在此情况下，被告人及其辩护人要想推翻法官已经产生的内心确信，或者说服法官否定控方证据材料的证据能力，将变得极为困难。

在中国刑事审判中，法官经常与辩护律师发生各种各样的对抗和冲突，而出庭支持公诉的检察官反而经常处于相对超然的地位。造成这一现象的主要原因在于，一个充满预断和偏见的法官，经常处于被告方的对立面，对于被告人及其辩护人所提出的辩护意见产生强烈的排斥心理。这种排斥心理直接发端于刑事法官对公诉方案卷材料的全盘接受和形式化审查。只要这种排斥心理不被消除，法官与被告方的对立和冲突就不会完全消除，甚至会愈演愈烈。

（四）刑事法官失去基本的纠错能力，容易造成冤假错案

随着一系列冤假错案的相继披露，社会各界开始对刑事审判制度进行多方面的反思，并出现了进一步推进刑事司法改革的强烈呼声。对于造成冤假错案的原因，法学界和司法界都进行过深刻的反思。在笔者看来，这种书面和间接的审理方式，也是造成法院作出刑事误判的原因之一。而对于这一点，过去的研究者并没有给予足够的重视，也没有产生清醒的认识。

那么，对公诉方认定的“犯罪事实”已经深信不疑的刑事法官，究竟是如何造成错误裁判的呢？首先，在法庭审理流于形式的情况下，刑事法官已经失去了基本的纠错能力。无论是公安机关还是检察机关，只要对一个案件进行了错误的“侦查破案”，检察院作出了错误的批准逮捕，并进而作出了错误的提起公诉，那么，法院就很难通过这种形式化的庭审过程来发现和纠正错误的事实认定。可以说，这种流水作业式的诉讼构造所带来的有时是公检法三机关的“一错到底”，法院作为最后一道工序的操作者，通过这种形式化的庭审过程，根本无法发现和纠正错误。其次，即便通过法庭审理，尤其是在听取辩护方意见的情况下，法官对公诉方指控的“犯罪事实”

产生了合理怀疑，他们也很少直接作出疑罪从无的裁断，而是选择一种“留有余地”的裁判方式，也就是通过疑罪从轻来换取一种妥协性裁判方案。这一方面是因为法官经常受到公安机关和检察机关的强大压力，在审判中无法保持基本的独立自主性，另一方面也是因为法官已经产生预断和确信，对于将他们深信“有罪”的被告人宣告无罪是难以接受的。最后，在公诉方与法院所进行的“接力比赛”中，由于法官产生了强烈的预断和确信，而被告人及其辩护人的力量过于弱小，他们的抗辩活动根本无法对法官的内心确信进行动摇和推翻。因此，即便被告方提出了具有说服力的无罪辩护意见，法官也很难听从被告方的辩解，而只能朝着“追诉犯罪”的方向一直走下去，直到作出有罪宣告为止。

五、庭审实质化的探索与反思

迄今为止，无论是改革决策者的制度安排还是法学界的改革建议，都没有从根本上触动那种书面和间接的审理方式。目前，对于这些主观性较强的制度安排和改革建议因其尚未被吸收进制度框架之中，也无从观察其实施的效果，因此笔者不便对其作出理论上的评价。不过，我国司法实践中近期出现了两个庭审实质化的样本：一是福建省高级人民法院对念斌案的法庭审理；二是成都市中级人民法院所推动的“庭审实质化改革”探索。通过对这两个样本的观察，我们可以对近期我国出现的“庭审实质化改革”运动进行一些相对客观的分析，并对其效果和前景进行有针对性的评论。

（一）福建省高级人民法院对念斌案的“实质化审理”

按照最高人民法院沈德咏大法官的说法，福建省高级人民法院对念斌投放危险物质案的二审庭审“可谓庭审实质化的标杆”。其实，福建省高级人民法院曾先后两次对念斌案作出过二审审理，分别采取了两种完全不同的审理方式，并得出了完全不同的裁判结论。

福建省高级人民法院先后于2013年7月4日至7日、2014年6月25日至26日，对念斌案进行了两次开庭审理。在这长达6天的开庭审理中，法庭先后通知鉴定人7人次、普通证人2人次出庭作证，侦查人员13人次“出庭说明情况”，有专门知识的人（专家辅助人）9人次出庭，就“理化检验报告和法医学鉴定意见提出意见”。控辩双方对证人、鉴定人、侦查人员和专业人员分别作出了交叉询问。在这种法庭审理中，法庭对有疑问的证据进行了当庭核实。最终，福建省高级人民法院认定“全案证据达不到确实、充分的证明标准，不能得出系念斌作案的唯一结论”，最终宣告念斌无罪。[1]

相比之下，福建省高级人民法院曾于2009年11月5日和12月16日对念斌案进行过开庭审理，在那次庭审中没有通知任何一名证人、鉴定人、侦查人员和专业人员出庭作证。通过为期两天的开庭审理，福建省高级人民法院认定“虽然念斌在一审、二审庭审均否认投放鼠药致人死亡的事实，但在案证据客观真实、紧密相连、互为印证，形成完整的证据锁链，足以认定犯罪”，并作出维持有罪认定和死刑判决的裁定。[2]

通过观察福建省高级人民法院对念斌案件所作的两份裁判文书，我们可以发现，侦查人员所作的证人证言笔录、被告人供述笔录、辨认笔录等案卷材料，都同样出现在法庭上，成为法庭调查的对象和认定案件事实的依据。唯一不同的是，在那次被称为“标杆”的开庭审理中，所有证言笔录与证人的当庭证言被置于同一平面上，被告人供述笔录与被告人当庭辩解也都被视为合法的证据材料；对于无法得到其他证据印证的笔录材料，法庭没有将其采纳为定案的根据。例如，对于念斌的庭前供述笔录，由于这些供述与辩解“存在反复，庭前供述与其他证据不能相互印证”，法庭因此没有予以采信。

〔1〕 参见福建省级人民法院（2012）闽刑终字第10号刑事附带民事判决书。

〔2〕 参见福建省级人民法院（2009）闽刑终字第391号刑事附带民事判决书。

又如，对于本案的关键证人“杨某炎”的证言笔录，判决书也认为念斌与杨“相互不能辨认，供证存在不吻合之处”，“有关理化检验报告不足以采信”，原判认定毒物来源自“杨某炎”处不能成立。

（二）成都法院的庭审实质化改革探索

2015年年初，成都市中级人民法院为落实“以审判为中心的刑事诉讼制度”的理念，启动了“庭审实质化改革试点”。这一改革试点率先在高新区人民法院、温江区人民法院、大邑县人民法院以及成都市高级人民法院刑一庭和刑二庭展开。[1]

成都市中级人民法院的“庭审实质化改革试点”，主要有五个方面的创新之处：一是发挥庭前会议的功能，通过在庭前会议上由控辩双方交换证据目录，确定案件的争议焦点，确定出庭作证的证人、鉴定人名单，接受被告方提出的排除非法证据申请，在此基础上形成“庭前会议报告”，并在法庭调查之前增设庭前准备和庭前会议报告程序。二是遇有被告方申请非法证据排除的，将非法证据排除程序设置在法庭调查之前，通过侦查人员出庭和控辩双方交叉询问等方式，由法庭经合议后当庭宣布合议结果。三是侦查人员、被害人、证人出庭作证，接受控辩双方的交叉询问，使直接和言词审理原则落到实处。对于证人出庭问题，强调“应出尽出”。四是法官减少主动发问，引导控辩双方围绕案件争议焦点问题展开举证和质证活动。五是当庭评议和当庭宣判，并当庭陈述裁判理由。对于非法证据排除的申请，法庭在调查和评议后，当庭宣布是否排除非法证据的结论。与此同时，在整个法庭审理结束后，合议庭立即进行休庭评议，当庭宣告判决结果，并陈述判决的根据和理由。[2]当然，随着改革试点的

---

〔1〕 参见开永丽：《打破“审问式”庭审，民警证人出庭作证》，载《四川法制报》2015年5月22日。

〔2〕 参见王鑫等：《庭审实质化改革的成都实践》，载《人民法院报》2015年4月20日。

推行，该院也强调准确把握庭审对裁判心证的决定性作用，强调不以是否当庭宣判作为庭审实质化的判定标准。

2015年6月5日，成都市中级人民法院召开了全市法院刑事庭审实质化改革试点现场会，并从7月1日起将此项改革试点全面推广到全市两级法院。从2015年3月到10月，成都市中级人民法院已陆续对63起案件组织了试验庭或示范庭。在这63起案件的庭审过程中，证人出庭率和当庭宣判率都有大幅度上升，分别达到68.3%和50%，上诉率则下降到7.9%。[1]

（三）对庭审实质化改革的几点反思

福建省高级人民法院对念斌案的二审法庭审理，前后共持续了6天时间，通知出庭作证的证人、鉴定人、侦查人员、专家辅助人人数之多，创下了近年来我国刑事审判的最高纪录。这一庭审的最大创新之处在于，以被告人当庭陈述否定了被告人供述笔录的证明力，以当庭调查的其他证据否定了关键证言笔录的可信性，以出庭作证的专家辅助人的证言否定了鉴定意见的证据效力。而成都市中级人民法院对庭审实质化改革的试点，将通知证人出庭的比率提高到60%以上，当庭宣判率则提高到50%，使法官大大减少了对公诉方案卷材料的依赖，也大大减少了通过庭外阅卷和请示汇报形成裁判结论的情形，增加了通过当庭审理对案件事实形成内心确信的可能性。可以说，无论是念斌案的庭审还是成都市中级人民法院的改革试点，都对我国庭审实质化改革进行了积极有益的探索。

但是，考虑到念斌案的特殊情况，法院在这场庭审中受到了来自多方面的压力，最后所作的无罪判决并不一定属于我国刑事审判的常态。而成都市中级人民法院的改革试点，也只是对部分刑事案件作了有选择的改革试验而已，也不代表当地刑事审判的全部情况。

〔1〕 陈睿等：《成都中院试点刑事庭审实质化改革》，载《四川法制报》2015年10月15日。

不仅如此，即便在这些体现庭审实质化理念的法庭审理中，原来那种新间接审理主义的理念也没有受到根本的触动，法庭对于公诉方的案件材料仍然采取了庭前查阅、庭上直接作为调查对象的固有做法。透过对上述庭审实质化探索的观察，我们可以对中国未来刑事审判制度的走向作出一些反思性评论。

首先，案卷移送制度的存在可能是我国刑事审判走出新间接审理主义的障碍。在最高人民法院大法官沈德咏看来，在坚持全案卷宗移送制度的情况下，如何保证法庭审理的“实质化”，避免法庭审理流于形式，这是中国刑事审判制度所面临的难题。[1]在刑事法官庭前普遍阅卷的情况下，要指望他们完全摆脱案卷材料的直接影响，或者在心理上保持对案件事实的“空白状态”，这都是不切实际的。可能比较现实的做法，还是通知证人、鉴定人、侦查人员等出庭作证，使这些人当庭作出与案卷材料不一致的陈述，提供有关案件事实的另一种“说法”，才有可能打破法官对案卷笔录的畸形依赖，转而对案卷笔录的真实可信性产生怀疑，并进而通过当庭举证和质证来形成其裁判结论。

其次，仅仅依靠证人、鉴定人出庭作证，无法从根本上解决新间接审理主义的问题。应当说，保证证人、鉴定人乃至侦查人员、专家辅助人出庭作证，对于解决庭审形式化问题确有积极的效果。但是，在公诉方提交的案卷材料被普遍作为合法证据加以接受的情况下，要指望庭审摆脱新间接主义的影响确实存在较大的困难。正如念斌案的庭审过程所显示的那样，法庭对于被告人供述笔录和证言笔录的过于偏信，使被告人当庭陈述和证人当庭证言都被置于“边缘化”的地位，它们唯有被证明较之案卷笔录具有更大的真实可信性，才能为法官所接受。否则，法官还是会回到判断证据的常态——优先认可案卷材料的证明力。

〔1〕 参见沈德咏：《论疑罪从无》，载《中国法学》2013年第5期。

再次，在中国刑事审判制度下，要完全否定案卷笔录的证据能力仍然会面临重重困难。刑事法官几乎普遍对公诉方案卷材料产生了严重的依赖，任何一种试图限制法官接触公诉方案卷材料的改革都将面临集体抵制。1996年《刑事诉讼法》曾试图通过限制法官庭前阅卷的范围、禁止公诉方出示和宣读案卷材料，来达到发挥庭审功能的改革目的。但仅仅两年后，在全国法官的强烈呼声中，立法部门就通过立法解释允许法官“庭审结束后阅卷”，结果又引发了法官将庭审形式化、将庭审后的阅卷实质化的后果，以至于彻底将1996年的改革措施架空。这种不成功的改革足以说明，要将公诉方的案卷材料完全排除于法庭之外，让法官仅仅通过当庭直接和言词的证据调查来形成裁判结论，还是非常不现实的。

最后，对于“直接和言词审理原则”似乎存在一种普遍的误读现象。人们通常都认为，只要证人、鉴定人出庭作证，控辩双方以言词辩论的方式进行交叉询问，就足以体现这一原则的精神了。但是，直接和言词原则的精髓在于，裁判者要彻底否定公诉方案卷笔录的证据能力，公诉方要将那种最原始的证据形式提出于法庭上，以消除法官与证据材料之间的隔阂，保证法官从当庭的言词陈述和辩论中形成对案件事实的内心确信。换言之，直接和言词原则是绝对排斥公诉方案卷材料的证据能力的，贯彻这一原则的真正标志在于将公诉方制作的证人证言笔录、被告人供述笔录排除于法庭审理的大门之外。对于这种意义上的“直接和言词审理原则”，中国法学界和司法界真的会予以采纳和接受吗？

六、走出“新间接审理主义”？

在推进“以审判为中心的诉讼制度改革”中，改革决策者将贯彻直接和言词原则、保证证人出庭作证作为主要改革举措。法学界对此给予了充分的论证，并提出了一系列旨在深化这一改革的制度方案。而司法界也将庭审实质化改革作为贯彻审判中心主义理念的突破口，并为此进行了一些改革探索。可以说，我国自1996年推行“刑事审判方式改革”以后，又迎来了一次全面改革刑事审判制度的机遇。

在笔者看来，自1996年以来，刑事审判制度尽管历经多次变革，但那种书面和间接的审理方式并没有发生根本的变化。这一“新间接审理主义”的审判理念，将公诉方案卷材料奉为法官庭前查阅和当庭调查的对象，使证人证言笔录和被告人供述笔录在法庭上具有无可争议的证据能力，可以成为法庭认定案件事实的直接根据。这一审判理念的形成，与那种流水作业的诉讼构造模式、实体真实至上的价值取向、法官倾向于刑事追诉的理念以及建立在办案期限基础上的效率意识有直接的关系，并带来了一系列消极的诉讼后果。在一定程度上，刑事法官庭前产生先入为主的预断、法庭审判流于形式、法官排斥被告方的辩护观点、法庭审理失去纠错能力等，都是新间接审理主义所造成的负面影响。我国法院近年来对庭审实质化所作的改革探索，尽管有一定的积极效果，但也没有从根本上摆脱新间接审理主义的困扰。在一定程度上，克服新间接审理主义的消极作用，确立真正的直接和言词的审理方式，还属于一项未完成的改革任务。

要走出新间接审理主义所形成的制度怪圈，我们必须另辟蹊径，形成新的改革思维。过去那种以确保证人、鉴定人出庭作证的改革路径，本身是无可厚非的。但是，要使我国刑事审判发生革命性的变化，我们就必须将公诉方的案卷材料排除于法庭之外，对证人证言笔录、被告人供述笔录的证据能力予以彻底否定。与此同时，法庭也必须对案件事实进行真正的“彻底审理”，通过接触证据的最原始形式，通过亲自听取对证人、被告人的盘问，来形成对案件事实的内心确信。

第十三章　审判中心主义改革的理论反思

一、引言

2014年中共十八届四中全会通过的《关于全面推进依法治国若干重大问题的决定》，首次将“推进以审判为中心的诉讼制度改革”列为司法改革的重要目标，强调全面贯彻证据裁判规则，严格依法收集、固定、保存、审查、运用证据，完善证人、鉴定人出庭制度，保证庭审在查明事实、认定证据、保护诉权、公正裁判中发挥决定性作用。这一改革的意图在于“确保侦查、审查起诉的案件事实证据经得起法律的检验”。[1]

对于这一“审判中心主义”的改革思路，法学界作出了各种各样的理论解读。与此同时，一些司法界权威人士也对此进行了解释，提出了实施这一改革的具体内容和配套措施。[2]2016年最高人民法院、

---

〔1〕 参见周强：《必须推进以审判为中心的诉讼制度改革》，载《人民日报》2014年11月14日。

〔2〕 参见沈德咏：《加快以审判为中心的诉讼制度改革》，载《法制日报》2015年6月12日。

最高人民检察院会同其他三个部门通过了《关于推进以审判为中心的刑事诉讼制度改革的意见》(本章以下简称《意见》),标志着那种针对审判中心主义改革理念的讨论告一段落,同时也意味着这一改革所蕴含的理念已经有较为具体的制度要求和保障措施加以落实。

那么,这份《意见》究竟确立了哪些诉讼理念和制度安排呢?大体上看,这份《意见》对现行刑事诉讼法和司法解释的很多理念和规则作出了重申和强调,其主要内容有以下六个方面:一是侦查机关应当全面、客观、及时地收集证据,强化对客观证据的收集,弱化口供的作用,规范取证程序;二是完善公诉机制和不起诉制度;三是统一证明标准,强调侦查和审查起诉要向审判阶段看齐,适用统一的法定证明标准;四是重申非法证据排除规则,并强调从源头上预防刑讯逼供和非法取证行为;五是贯彻疑罪从无原则,无论是审判还是审查起诉,对于定罪证据不足的案件,都要作出无罪判决或者作出不起诉决定;六是推进庭审实质化,要贯彻证据裁判原则,落实直接和言词原则,确保证人、鉴定人出庭作证,确保庭审在查明事实等方面的关键性作用,同时还要推进繁简分流,扩大刑事速裁程序的适用范围,探索实行认罪认罚从宽制度,用有限司法资源最大限度地实现社会公平正义。〔1〕

应当说,上述理念和规则既得到改革决策者的再三强调,也为法学界所接受,似乎没有进一步解释和评论的必要。面对这份经过再三权衡和博弈后出台的《意见》,法学界也权且可以将其视为一种带有宣示性的规范性文件,似乎没有“较真”的必要。然而,假如我们认真地回顾一下法学界和司法界对审判中心主义改革的诸多表述,并对这些表述的逻辑严密性以及可预期的实施效果加以反思的话,就会发现,我们确有必要进行一点“正本清源”的学术工作,对有关

〔1〕 参见《关于推进以审判为中心的刑事诉讼制度改革的意见》,载《检察日报》2016年10月11日。

概念、表述乃至理念进行澄清。笔者拟提出异议的问题有以下几个方面：一是对侦查程序和审查起诉制度的要求能否改变侦查中心主义的构造；二是"证据裁判原则"和"直接和言词原则"的真正含义是什么；三是刑事证明标准在侦查、审查起诉和审判三个阶段能否走向统一；四是庭审实质化有没有实现的可能性；五是在辩护制度不发达的情况下，审判中心主义改革能否得到实现。

二、对侦查中心主义的触动？

《意见》对侦查和审查起诉程序提出了一些新的要求，除了重申刑事诉讼法的有关原则和规则以外，还提出了一些带有新意的表述。例如，《意见》为达到从源头上预防刑讯逼供的效果，要求逐步实现对所有案件的讯问过程实行"全程同步录音录像"的制度；为防止侦查人员实施非法侦查行为，《意见》提出了探索建立重大案件侦查终结前"对讯问合法性进行核查"的制度，也就是在案件侦查终结之前，由检察机关驻监所检察官核查是否存在刑讯逼供以及其他非法取证行为的制度；《意见》要求规范补充侦查制度，对于确实无法查明的事项，侦查机关应当向检察机关提供书面的理由；《意见》要求检察机关完善撤回起诉的条件和程序。

应当说，这些表述假如能够转化为真正的制度的话，侦查程序和审查起诉程序将会变得更为规范，侦查人员违反法律程序的行为也有可能得到有效的遏制。但是，从我国现行刑事司法实践的情况来看，所谓的"同步录音录像"，对于遏制侦查人员非法取证行为的效果是极其有限的。这一方面是因为负责操作录音录像的技术人员本身就是侦查机关内部的工作人员，不具有基本的独立性和超然性，经常服从于侦查机关的命令，对于侦查人员讯问过程作有选择的录音录像。另一方面侦查机关经常采取监视居住等变相羁押措施，尽可能在正式羁押之前获取嫌疑人的有罪供述，以至于将拘留或逮捕后的讯问变成对前面讯问结果的确认过程。再加上法律并没有明确要求检察机关将同步录音录像移送法院，辩护律师经常无法查阅录音录像的全部内容，这就造成公诉方有选择地进行当庭播放、辩护方无法对录音录像进行全面质证问题的出现。因此，即便在所有案件中推行同步录音录像，这对于督促侦查人员遵守法律程序也是无济于事的。

至于驻监所检察官对讯问合法性的核查制度，虽具有一定的新意，也令人有所期待，但是，这一制度的实施效果同样也是令人怀疑的。迄今为止，辩护律师在审判前阶段发现侦查机关存在刑讯逼供或其他非法取证行为的，有时会向这些驻监所检察官提交诸如“非法取证控告书”之类的材料，并申请检察官调查核实或者固定保全相关证据。但是，驻监所检察官要么对此置之不理，要么即使做出了一些调查核实活动，也不会将相关证据提交法庭。毕竟驻监所检察官也是检察机关内部的工作人员，他们不可能违背检察机关所负担的诉讼职能。作为国家公诉机关，检察机关的根本职能还是要追诉犯罪，确保法院作出有罪的裁判。驻监所检察官即便要对讯问合法性进行核查，也主要是从保障公诉成功的角度进行核查，而不可能作出削弱或者推翻公诉方证据体系的举动。

如此看来，我们对《意见》中的一些新表述不宜过分乐观，对其能否推行以及实施效果也要采取较为慎重的态度。但更需要反思的是，作为审判中心主义改革的主要制度载体，《意见》并没有从根本上触动我国现行的侦查中心主义的诉讼构造，无法改变我国刑事诉讼“以侦查为中心”的基本格局。这必然导致所谓的审判中心主义改革最终难以成功。

通常来说，我国刑事诉讼形成了“侦查中心主义”的构造，这主要表现在以下三个方面：一是在诉讼程序内，侦查机关通过对嫌疑人人身自由的剥夺，以及对嫌疑人涉案财物的自行处置，与案件产生了直接的利害关系，并且通过侦查案卷笔录的移送，对法院审判产生了较大的影响，以至于架空了法院审判过程；二是在诉讼程序外，侦查机关通过对案件侦查破案情况的公开披露，对参与破案侦查人员的公开表彰嘉奖，对涉案财物的公开处置，甚至通过对遇害公务员授予“革命烈士”等荣誉称号，造成案件已经构成“犯罪案件”的既定事实，从而对法院审判施加积极的影响，使法院不得不通过形式上的审查来确认被告人构成犯罪的结论；三是检察机关在接过侦查机关的“接力棒”之后，通过对批捕权和公诉权的集中行使，以及通过行使强有力的抗诉权，使法院审判承受极大的压力，并且通过退回补充侦查、撤回起诉、重新起诉等程序倒流措施，对那些尚未达到法定定罪条件的案件进行程序补救，从而确保侦查机关的结论最终得到法院的接纳和认可。

在侦查中心主义构造的影响下，法院审判往往流于形式，成为对侦查结论的形式审查和确认过程而已，失去了自行产生诉讼结论的能力；侦查机关一旦在认定事实上出现重大失误，法院审判也不具备基本的诉讼纠错能力，甚至纵容和掩盖侦查机关所制造的冤假错案；法院在认同侦查机关认定的案件事实的情况下，很难接受被告方的辩护意见，甚至会对被告方的辩护加以抵触和限制，导致律师的无罪辩护意见很难得到采纳，那种旨在挑战侦查程序合法性的程序性辩护也难以取得积极的效果；在法院无法主导整个审判前程序的情况下，案件难以被及时地进行分流和过滤，甚至会因为侦查、审查起诉与审判程序的交接不畅通而影响诉讼的效率。一言以蔽之，在侦查中心主义构造的影响下，法庭审判不仅无法在认定事实上发挥实质性的作用，而且对侦查机关和检察机关的制约力较为微弱，那种指望通过法庭审判来对侦查机关和检察机关形成倒逼机制的设想基本上是无法实现的。

非常遗憾的是，在这一轮千载难逢的司法改革运动中，无论是改革决策者还是法学界，都对我国实际存在的侦查中心主义的诉讼构造视而不见，既没有对此作出深入的科学分析，也没有提出任何有针对性的改革方案。尤其是由最高人民法院会同其他四个部门通过的《意见》，竟然没有提出任何旨在摆脱侦查中心主义的制度安排。那种要求侦查机关“全面、客观、及时”地收集证据的规定，在侦查机关不承受法庭排除非法证据之压力的情况下，几乎难以发挥任何实质的作用；那种对所有案件实行全程同步录音录像以及由检察机关对讯问合法性进行核查的规定，在侦查案卷笔录可以被移送法院并被作为定案根据的情况下，也难以发挥“从源头上治理刑讯逼供和非法取证”的效果；在侦查中心主义构造不受削弱的情况下，检察机关通过程序倒流机制来架空法庭审判、迫使法院接受经过程序补救的侦查结论，仍然是难以禁绝的问题。

三、对直接和言词原则的误读

在审判中心主义改革过程中，直接和言词原则得到了前所未有的强调。在一些实务界人士看来，只要确保证人、鉴定人出庭作证，确保证据出示在法庭，案件事实查明在法庭，并确保对证人、鉴定人的当庭质证，那么，直接和言词原则也就得到了贯彻，并进而实现了庭审实质化的改革目标。在最高人民法院会同其他四部门通过的《意见》中，有关规范法庭调查程序、完善对证人的法庭质证规则、完善法庭辩论规则、完善当庭宣判制度等方面的内容，再次得到重申和强调。

但是，仅仅通过确保证人、鉴定出庭作证，建立相关的举证、质证和辩论规则，就能使直接和言词原则得到贯彻实施吗？在2010年以后，随着刑事证据规则的逐步确立，证人、鉴定人出庭作证的情况逐渐增多了起来，对证人、鉴定人的当庭质证甚至交叉询问也随之出现在法庭审理过程之中。但是，伴随着证人出庭作证的同时，法庭竟然允许公诉方宣读侦查机关所作的证人证言笔录，并将这种证言笔录与证人当庭证言同时作为法庭举证、质证和辩论的对象，甚至还以证言笔录“得到其他证据印证”或者“当庭证言得不到其他证据印证”为由，直接将证人证言笔录作为定案的根据。既然证人出庭作证并不具有将证言笔录阻挡在法庭之外的效力，那么，直接和言词原则真的得到贯彻了吗？

其实，直接和言词原则是大陆法国家所确立的一项基本原则，它由“直接审理原则”和“言词审理原则”组合而成。所谓直接审理原则，其实有两方面的含义：一是“在场原则”，即法庭开庭审判时，被告人、检察官以及其他诉讼参与人必须亲自到庭出席审判，而且在精神上和体力上均有参与审判活动的能力；二是“直接采证原则”，即从事法庭审判的法官必须亲自直接从事法庭调查和采纳证据，直接接触和审查证据；证据只有经过法官以直接采证方式获得才能作为定案的根据。

言词审理原则又称为“言词辩论原则”，是指法庭审判活动须以言词陈述的方式进行。这一原则也有两个方面的含义：一是参加审判的各方应以言词陈述的方式从事审理、攻击、防御等各种诉讼行为，所有没有在法庭审判过程中以言词或口头的方式进行的诉讼行为，均应视同没有发生或不存在，不具有程序上的效力；二是在法庭上提出任何证据材料均应以言词陈述的方式进行，诉讼各方对证据的调查应以口头方式进行，如以口头方式询问证人、鉴定人、被害人等，以口头方式对实物证据发表意见，任何未经在法庭上以言词方式提出和调查的证据均不得作为裁判的根据。[1]

作为一项证据法原则，直接和言词原则对证据的法律资格提出了专门要求，也就是所有证据必须在法庭上由法官、陪审员亲自接

〔1〕　参见陈瑞华：《刑事审判原理论》（第2版），北京大学出版社2003年版，第161页以下。

触，经控辩双方当庭质证，才能作为定案的根据。从消极的角度来说，那些未经裁判者当庭接触、未经控辩双方当庭质证和盘问的证据，原则上不得作为定案的根据。与此同时，作为直接和言词原则的基本要求，法庭审判原则上不得中断，法官在审判过程也不得中途更换，否则，原来所进行的法庭审理活动应归于无效。根据这一审判集中进行原则的要求，法律必须对于法庭休庭时间作出严格限制：一方面，法庭审理一旦启动，即应持续不断地进行，即使不得不休庭，也应有最高休庭时间的限制，超出这一时间，法庭审理应属无效；另一方面，在法庭审理结束后，法庭应连续不断地进行评议和表决，以便产生裁判结论，庭审结束与宣判之间的时间也应有最高期间的限制，超出这一期间，法庭审理及其裁判结论也都应被宣告无效。

当然，公诉方移交的侦查案卷笔录一律不具有证据能力，这也不是一成不变的，应有必要的例外情形。首先，这些庭外证言和书面陈述可以发挥一种“弹劾证据”的作用。也就是说，在证人、被害人出庭作证的情况下，假如证人、被害人当庭提供的证言和陈述与原来所作的庭外证言和陈述不一致，或者当庭改变原来的证言和陈述的，控辩双方可以申请法庭宣读该证人、被害人原来所作的庭外证言和陈述，以有效地质疑证人、被害人当庭所作证言和陈述的真实性。在此情况下，法院可以允许控辩双方宣读证人、被害人的庭外证言和陈述。不过，这种庭外证言和陈述的作用只能被用来对当庭证言和陈述进行质证，而不能被法庭采纳为定罪的根据。其次，假如证人、被害人出庭作证时出现记忆丧失或者记忆模糊的情况，法庭允许宣读其审判前所作的证言和陈述笔录，以便唤起证人、被害人的记忆。但是，这种对证言笔录的宣读也只能起到“唤起证人记忆”的功能，而不能作为法庭作出有罪认定的根据。

我国原来对侦查案卷笔录的移送和采纳并没有作出任何法律限制。自2010年以来，随着刑事证据规则的出台和《刑事诉讼法》的修改，证人、鉴定人出庭作证制度逐步建立了起来。法律确立了证人、鉴定人、侦查人员出庭作证的法定情形，规定了证人、鉴定人不出庭作证的法律后果，甚至还建立了证人出庭作证的程序保障机制。多数学者据此认为，我国刑事证据法已经确立了直接和言词原则。

但在笔者看来，证人、鉴定人出庭作证制度的建立，仅仅贯彻了言词审理原则的要求，却没有真正贯彻直接审理原则。无论证人、鉴定人是否出庭作证，公诉方提交的证人证言笔录、鉴定意见的证据能力都始终没有受到否定，承载这些"传闻证据"的案卷笔录一直成为法院认定案件事实的基础。与此同时，我国法律没有确立集中审判原则，对于休庭时间和次数没有作出限制，对于所谓的"定期宣判"更是采取放任自流的方式。这是我国贯彻直接和言词原则的最大制度障碍，也是我国实现以审判为中心的诉讼制度改革的基本困难。对此，我们可以从以下几个方面做出简要分析。

首先，案卷移送制度的恢复，使直接和言词原则的贯彻面临严重困难。2012年《刑事诉讼法》恢复了案卷移送制度，使法官在开庭前就可以全面接触公诉方移交的案卷笔录。这会带来两方面的消极后果：一是法官只要事先全面接触了公诉方的案卷材料，就可能不再传召证人、被害人、鉴定人出庭作证，而会直接采纳书面证言和陈述，并根据这些书面证言和陈述认定案件事实。那些庭前查阅过案卷笔录的法官，甚至可能在开庭前先行进行实质性的证据调查，而将法庭审理过程彻底地变成一种法律仪式。这对于直接和言词原则的贯彻构成实质性的挑战。二是我国《刑事诉讼法》继续奉行一种以案卷笔录为中心的庭审方式。这种庭审方式对于直接和言词原则的贯彻也构成消极的影响。在这种庭审方式下，法庭既无法亲自听取证人、鉴定人、被害人就案件事实的当庭陈述，也无法通过询问侦查人员来获取案件侦查过程的事实信息。法庭没有责令公诉方通过举证来重现案件事实的全部过程，而是简单地接受公诉方业已形成的事实认定结论。

其次，即便在证人、被害人、鉴定人出庭作证的情况下，法庭竟然仍然允许公诉方宣读侦查人员庭前制作的证言笔录、被害人陈述笔录和情况说明材料，甚至直接以这些笔录证据来否定证人当庭证言、被害人和鉴定人当庭陈述的证明力。可想而知，在这些“传闻证据”畅通无阻地进入法庭审理程序的情况下，证人、鉴定人、被害人出庭作证将变得毫无意义。

最后，法律对法庭审理开始后休庭的时间和次数没有作出限制，导致直接和言词的法庭审理变得毫无意义。这是因为任意的休庭会造成法官难以连续不断地完成对案件事实的认识过程，影响法官内心确信的完整性；同时，任意休庭还会带来“定期宣判”的滥用，使法官在形成裁判结论过程中受到外部因素干预和影响的可能性大大增加。

要真正贯彻直接和言词原则，切实有效地推进以审判为中心的诉讼制度改革，就必须将公诉方的案卷笔录阻挡在法院的大门之外，并且否定公诉方所作的证人证言笔录、被害人陈述笔录、侦查人员情况说明等书面材料的证据能力。否则，仅仅依靠言词审理原则的表面贯彻，是根本无法实现直接审理原则的。与此同时，还需要对法庭审理过程中的休庭时间和次数作出明确限制，确定最高休庭期限，并设定超出法定最高休庭期限的无效后果；在增加当庭宣判适用范围的同时，还要设定“定期宣判”的期限限制，确立法庭审理结束与宣判之间的最高期限，并且确立审判无效的法律后果。

四、证明标准的统一化？

在审判中心主义改革过程中，司法改革决策者认为，要突出审判程序在刑事诉讼中的中心地位，确保侦查、审查起诉和审判的案件事实经得起法律检验，应当由法院通过审判来决定被告人是否构成犯罪，因此，侦查和审查起诉都要向审判阶段看齐，适用统一的证明标准。[1]《意见》也明确重申，侦查机关侦查终结、检察机关提起公诉、人民法院作出有罪判决，都应当做到犯罪事实清楚，证据确实、充分。与此同时，《意见》还要求侦查机关、检察机关按照裁判的要求和标准收集和运用证据，法院则应按照法定程序认定证据，依法作出裁判。

其实，有关证明标准统一化的问题，1979年以来的三部刑事诉讼法都作出了明文确定。所谓“统一证明标准”的理念，无非强调侦查终结、提起公诉和法院定罪裁决都要达到“事实清楚，证据确实、充分”的最高证明标准。但是，假如侦查机关侦查终结都要达到这一最高标准，检察机关提起公诉也要达到如此高的证明标准，那么，法庭的审判活动岂不纯属多余了吗？这种要求侦查机关、检察机关和法院在各自诉讼阶段都要达到最高证明标准的规定，是公检法三机关“分工负责、相互配合、相互制约”体制的必然产物，其实质在于强调公检法三机关都是各自独立的司法机关，所作的诉讼决定都要适用最为严格的证明标准。在这一体制的影响下，侦查作为刑事司法“流水作业线”上的第一道工序，被赋予全面查明案件事实的责任，而审查起诉和审判则无非发挥产品检验、拾遗补阙的作用，并在案件尚未达到法定证明标准时进行必要的程序补救活动。可见，恰恰是这种对“统一证明标准”的强调，才促成了侦查中心主义的理念，并阻碍了审判中心主义改革目标的实现。

同时，所谓“证明标准”，只有在诉讼过程中存在“司法证明机制”的情况下才有确立的必要。而“司法证明机制”存在的逻辑前提，则是存在最低限度的司法裁判形态，也就是存在裁判者主持审理、控辩双方平等对抗的诉讼构造。我国审判程序中存在基本的诉讼形态，当然也就存在司法证明机制，法院对犯罪事实的认定就要满

〔1〕 参见程慎生：《推进以审判为中心的诉讼制度改革》，载《人民法院报》2015年1月8日。

足法定的证明标准。所谓的“事实清楚，证据确实、充分”的标准，其实既是法院认定犯罪事实的裁判标准，也是公诉方在证明被告人构成犯罪时要说服法官接受其诉讼主张的标准。但是，在我国刑事诉讼中，无论是侦查还是审查起诉阶段，都不存在真正中立的裁判者，也不存在控辩双方平等对抗的机制，当然也就没有司法证明机制存在的空间。既然连司法证明机制都不存在，那么，侦查和审查起诉阶段也就不存在证明标准的问题。刑事诉讼法为侦查程序和审查起诉程序设定“证明标准”的努力，显然也就没有实际意义了。

当然，有人可能会提出疑问：既然没有必要对侦查、审查起诉和审判设定统一的证明标准，那么，侦查机关和检察机关还会遵守“事实清楚，证据确实、充分”这一最高标准吗？这岂不造成侦查机关、检察机关和法院各行其是，最终导致案件办理质量下降吗？

其实，刑事诉讼法是否为侦查、审查起诉和审判设定统一证明标准，对于侦查质量和审查起诉质量的提高也不会产生实质的影响。我国刑事诉讼法一直以来都要求侦查、审查起诉和法院审判遵守统一的证明标准，司法实践中不照样还是奉行侦查中心主义的理念吗？法院也还不是照样对那些事实不清、证据不足的案件作出“留有余地”的判决吗？

在笔者看来，要真正突出法院审判的中心地位，就需要为法院定罪设定最明确的最高证明标准。过去刑事诉讼法对于法院定罪的证明标准没有给予准确的解释，法院在适用这一证明标准时也存在灵活解释的余地，结果造成侦查机关和检察机关对这一证明标准都置之不理，将大量明确没有达到法定证明标准的案件起诉到法院，从而使法院承受极大的办案压力。经验表明，唯有法院定罪的证明标准是明确而可操作的，法院审判的中心地位才能确立起来。2012年《刑事诉讼法》对“事实清楚，证据确实、充分”标准所确立的具体标准，有助于形成证明标准中客观因素和主观因素的有机结合，特别是对“排除合理怀疑”标准的引入，以及司法解释对这一标准的精确解释，更是强化了这一证明标准的可操作性。例如，法院可以将以下情况都视为“事实不清、证据不足”：全案证据之间存在无法解释的矛盾或者无法排除的合理怀疑的；综合全案证据无法得出唯一结论的；在只有间接证据的情况下全案证据无法相互印证、无法形成完整的证明体系的；等等。在刑事诉讼法和司法解释对法院定罪的证明标准作出越来越明晰的解释的情况下，无论是侦查机关还是检察机关就都有了赖以遵循的办案尺度。而法院在具体办案过程中对此标准的严格遵守和精确解释，也是促使侦查机关和检察机关遵守办案标准的前提条件。否则，假如像过去那样，动辄将法定的证明标准加以灵活适用，将其解释为所谓“两个基本”，也就是“基本事实清楚，基本证据确实、充分”，那就无疑等于自毁江山，将证明标准降格以求，必然给了侦查机关和检察机关灵活处置的空间，最终导致所谓的“最高证明标准”无法得到遵守。

与此同时，要维护法院在确定被告人是否构成犯罪方面的权威地位，除了确立明确、具体的证明标准，并确保法院严格遵守这一证明标准以外，还必须严格奉行“疑罪从无”的原则，对于明显事实不清、证据不足的案件，坚定不移地作出宣告无罪的裁决。我国司法实践的经验表明，对法院裁判权威的最严重破坏，莫过于“留有余地的裁判方式”。这种貌似圆滑、中庸的裁判方式，不仅毁掉了法院的裁判权威，而且导致法定的最高证明标准无法得到严格遵守。反过来，法院假如要树立司法裁判的权威性，对侦查机关和检察机关形成真正的倒逼机制，就必须在严格遵守法定证明标准的基础上，对于那些事实不清、证据不足或者法官内心存有合理怀疑的案件，按照“疑罪从无”的原则，作出无罪之宣告。

当然，目前我国法院的无罪判决数量极少，无罪判决率一度达到

0.08%以下,[1]并还在持续不断地下滑之中。造成法院不敢作无罪判决的原因尽管是多方面的,但归根结底还是法院没有坚守法定的证明标准,对于尚未达到事实清楚,证据确实、充分的案件,不敢作出无罪判决。这种对侦查结论、公诉主张的勉强迁就和一味纵容,肯定无法得到侦查机关、检察机关对法定证明标准的尊重和严守,相反却造就了一种允许灵活处置的司法文化。我们不消除这些阻碍法院坚守疑罪从无原则实现的制约因素,反而去强调"证明标准的统一性",苛求侦查机关侦查终结、检察机关提起公诉都要达到法院定罪的证明标准,这无异于缘木求鱼,找错了解决问题的方案。

五、有效辩护的实现

要推进"以审判为中心的诉讼制度改革",就必须确保嫌疑人、被告人获得有效的辩护。为此,至少应保障嫌疑人、被告人获得律师辩护的机会,对那些无力委托辩护律师的嫌疑人、被告人,应当尽可能指定法律援助律师提供辩护。应当说,最高人民法院会同其他部门通过的"意见"对完善辩护制度给予了强调。例如,《意见》重申保障嫌疑人、被告人获得辩护的权利,保障辩护律师的各项诉讼权利,强调完善法律援助值班律师制度。但总体来说,改革决策者对于辩护制度的改革缺乏真正的重视,对于嫌疑人、被告人获得有效辩护的机会没有作出实质性的制度创新。

其实,我国现行刑事司法体制的最大问题在于,侦查机关对案件事实所作的认定结论,通过检察机关的提交,可以畅通无阻地抵达法院,并成为法院裁判的直接依据。这种由公检法三机关以"接力比赛"的方式所进行的刑事诉讼活动,最终导致侦查成为刑事诉讼的中心阶段,审查起诉和审判都成为对侦查工作进行拾遗补阙和程

---

〔1〕 参见《2015年法院审判执行情况》,载《人民法院报》2016年3月18日。

序补救的后续活动。而要破除这种侦查中心主义的构造，除了要维护法院审判的独立性和权威性以外，还需要构建一种强大的辩护方，足以对侦查机关移交的案卷笔录及其所认定的事实结论形成有力的制衡。在没有辩护律师参与或者辩护律师参与范围极其有限的情况下，法院总有直接接受公诉方案卷材料及其认定事实结论的倾向，既无法将侦查机关收集的证据材料排除于法庭之外，也无法拒绝侦查机关庭前业已形成的事实认定。一言以蔽之，不确保被告人获得有效的辩护，审判中心主义改革将是无法完成的。

要确保被告人获得有效的辩护，就至少需要扩大法律援助的适用范围。目前，强制性法律援助主要适用于那些被告人可能被判处无期徒刑以上刑罚的案件以及其他三类特殊刑事案件。这种法律援助适用范围极其有限，导致大多数嫌疑人、被告人在刑事诉讼中无法获得律师的法律帮助。就连最高人民法院大法官沈德咏都承认，在那些没有辩护律师参与的案件中，辩护方“无法与控方形成有效的抗衡，庭审的效果大打折扣”，要实现庭审实质化，扩大法律援助适用范围势在必行。[1]

要确保被告人获得有效的辩护，就需要在推广值班律师制度的基础上，对其进行“辩护人化”的制度改造。目前，我国已经普遍在看守所和法院分别设置法律援助值班律师办公室，为嫌疑人、被告人提供法律帮助。特别是在推进认罪认罚从宽制度试点过程中，几乎所有愿意认罪认罚的嫌疑人、被告人都有机会获得值班律师的帮助。但是，这种值班律师制度存在一些先天的缺陷，亟待进行“辩护人化”的改造。这主要体现在以下两个方面：一是值班律师适用范围也是十分有限的，很多侦查机关和法院主要对那些自愿认罪的嫌疑人、被告人提供值班律师的帮助，但那些既不符合指定辩护条件又不

〔1〕 参见沈德咏：《论以审判为中心的诉讼制度改革》，载《中国法学》2015年第3期。

愿认罪的嫌疑人、被告人，却很难获得值班律师的帮助。这带有明显的“惩罚不认罪者、奖励认罪者”的意味。二是值班律师主要为嫌疑人、被告人提供法律咨询，其本身并不是辩护人，既无法行使会见、阅卷、调查等诉讼权利，也无法在法庭上为被告人提出辩护意见，这导致公诉方的指控难以受到有效的制衡，法官也无法了解有利于被告人的事实和法律适用意见。

在保障嫌疑人、被告人获得律师辩护的前提下，我们还需要通过制度安排来督促律师提供尽职尽责的辩护。有效辩护并不等于达到某种诉讼结果的辩护，而主要是指律师恪尽职责，找准找对了案件的辩护思路，并尽最大努力为委托人提供了法律帮助，维护了委托人的合法权益。要督促律师进行有效的辩护，就要建立两种机制：一是对尽职尽责律师的激励机制；二是对无效辩护律师的惩戒机制。激励机制可以主要通过改革律师收费制度来确立起来，改革现行的“一揽子收费制度”，逐步推行根据工作量来收取费用的制度，以使那些尽职尽责的律师获得更多的报酬。而惩戒机制则可以分为诉讼程序内的惩戒和诉讼程序外的惩戒两类，前者是指对于律师作无效辩护的，二审法院应当以被告人无法获得有效辩护为由，作出撤销原判、发回重新审判的裁定。后者则是指对于无效辩护的律师应确立惩罚性法律后果，由律师惩戒机构对其进行纪律处分。

但是，要确保被告人获得有效的辩护，仅仅督促律师尽职尽责地提供辩护还是远远不够的。在一个不尽如人意的制度下，一个律师即便为维护委托人的利益付出了全部心血和精力，也未必能够提供令人满意的法律帮助。律师的有效辩护还取决于司法体制和诉讼制度在多大程度上保障律师辩护的机会。在审判阶段，对于辩护律师申请证人、鉴定人、侦查人员、专家辅助人出庭作证的，法庭动辄以“没有必要”为由，拒绝了律师的申请；对于辩护律师申请排除非法证据的，法庭通过粗糙的调查就直接加以拒绝，甚至非常草率地拒绝启动正式调查程序；对于辩护律师申请二审法院开庭审理的，二审法院不经认真审查，就直接加以拒绝，而采取书面审理方式……法院这种滥用自由裁量权的审判行为，直接导致律师失去辩护的机会，也进而导致无效的辩护。

在审判前阶段，辩护律师即便能够介入刑事诉讼活动，其参与范围也是极其有限的。迄今为止，律师在审判前阶段的辩护充其量也只是向侦查人员、审查批捕的检察官以及审查起诉的检察官发表或者提交辩护意见而已。而在大量使嫌疑人处于极为危险境地的诉讼过程中，法律都禁止律师参与其中，更遑论提供辩护了。例如，在侦查人员讯问嫌疑人过程中，律师被禁止到场参与，这导致讯问过程很容易出现刑讯逼供等非法取证现象；在勘验、检查、搜查、扣押、冻结、拍卖、辨认、侦查实验等强制性侦查过程中，律师被禁止到场，失去了维护当事人合法权益的机会；在侦查人员启动鉴定程序过程中，律师也被禁止参与其中，失去了对鉴定活动进行必要参与的机会……经验表明，在任何可能导致嫌疑人、被告人处于不利境地的诉讼活动中，只有给予辩护律师参与的机会，才能避免侦查机关实施违反法律程序的行为，避免检察机关滥用公诉权，避免法院偏听偏信，以至于作出错误或者不公正的裁判。

六、结论

推进“以审判为中心的诉讼制度改革”是我国近期确立的重大司法改革课题。但通过各种政治力量的反复博弈，各种改革方案的不断交锋，最终形成了以《意见》为标志的改革实施文件。总体来看，《意见》尽管也提出了一些有新意的改革设想，但大部分内容都是对现有法律规定的重申和强调，带有明显的宣示性。经验表明，要指望通过实施这部《意见》来推进审判中心主义的改革，可能是不切实际的。如此看来，一场轰轰烈烈的审判中心主义改革运动，就存在销声匿迹的可能性。

在推进审判中心主义改革的过程中，“侦查中心主义”是一个挥之不去的重大制度障碍。可惜的是，改革决策者没有提出任何旨在摆脱侦查中心主义的改革举措，那种长期形成的公检法三机关“流水作业”“接力比赛”的诉讼模式并有消失的迹象。与此同时，“案卷笔录中心主义”也没有得到消除的可能性。《意见》所提出的诸如保障证人、鉴定人出庭作证等措施，尽管对于实现“庭审实质化”具有一定的意义，但是，在检察机关庭前全案移送侦查案卷笔录的情况下，法官既容易对案件事实产生先入为主的认识，也容易接受侦查机关所得出的侦查结论，甚至不惜以侦查案卷笔录的内容来否定证人当庭所作的证言。不仅如此，对“统一证明标准”的强调，不仅无法维护法院审判的中心地位，而且容易造成公检法三机关各自分别行使司法裁判权的局面，难以树立法院审判的权威性，也无助于解决法院审判流于形式的问题。当然，《意见》对完善辩护制度的忽略，也使嫌疑人、被告人经常难以获得有效的辩护，无法对侦查、审查起诉和审判形成有力的制衡，这在一定程度上会阻挠审判中心主义改革的推进。

由此看来，改革者提出一种带有理想化的改革目标其实并不困难。困难的是如何发现制度背后的问题，并将这些问题逐一加以解决。真正的改革者需要具有乾纲独断的勇气和百折不挠的毅力，以“壮士断腕”般的气魄清理纷繁复杂的利益关系，如此方能革除积弊，推动刑事司法走上正轨，促进司法公正的实现。

第十四章　认罪认罚从宽改革的争议问题

一、刑事速裁程序的两难困境

2014年，全国人大常委会曾授权最高人民法院、最高人民检察院在全国18个城市进行为期两年的“刑事速裁程序”试点工作。[1]2016年，在刑事速裁程序试点工作结束之后，全国人大常委会再次授权最高人民法院、最高人民检察院在同样的18个城市进行为期两年的“认罪认罚从宽制度”的试点工作。[2]值得关注的是，后一制度试点的适用范围较之前一制度得到了一定的扩展，被确定为那些可能判处3年有期徒刑以下刑罚的刑事案件。

从理论上来说，“认罪认罚从宽”属于一种兼具实体和程序内容的改革措施，其实体部分属于传统上“宽严相济”刑事政策的表现，其程序部分则是一种特殊的简易程序，也就是通常所说的“刑事速

〔1〕 参见张先明：《全国人大常委会授权“两高”开展刑事案件速裁程序试点工作》，载《人民法院报》2014年6月28日。

〔2〕 参见沙雪良：《18市拟试点认罪认罚从宽制度》，载《京华时报》2016年8月30日。

裁程序”。[1]准确地说，2016年开始试点的“认罪认罚从宽制度”并没有取代2014年开始试点的“刑事速裁程序”，而是将刑事速裁程序纳入认罪认罚制度的框架之内。只不过，在这一制度框架内，刑事速裁程序被扩展适用到可能判处3年有期徒刑以下刑罚的案件。[2]

根据为期两年的刑事速裁程序的试点经验，那种全流程简化的刑事速裁程序得到推行，从审查起诉到法庭审理，整个刑事诉讼的结案周期得到大幅度缩短，法庭审理时间被控制在10分钟左右甚至更短，绝大多数刑事案件实行了当庭宣判，法官的人均结案数大幅度上升，刑事速裁案件的上诉率和抗诉率得到降低。伴随着这一程序的试点，法律援助律师在法院、看守所设置的“值班律师办公室”进行工作，为嫌疑人、被告人提供一定的法律帮助。根据最高人民法院、最高人民检察院报送全国人大常委会的《刑事案件速裁程序试点工作总结》，刑事速裁程序的试点取得了积极的法律效果和社会效果。[3]

在刑事速裁程序的试点过程中，一些基层法官、检察官基于刑事速裁程序所取得的积极效果，提出了一些带有超前性的改革建议。例如，有人认为刑事速裁程序没有必要保持开庭审理的方式，而可以实行书面审理；刑事速裁程序没有必要继续维持“事实清楚，证据确实、充分”的最高证明标准，而可以降低这一标准；[4]刑事速裁程序没有必要保留两审终审制，而可以像民事诉讼中的小额诉讼程序

---

〔1〕 参见最高人民法院司法改革领导小组办公室：《〈最高人民法院关于全面深化人民法院改革的意见〉读本》，人民法院出版社2015年版，第76页以下。

〔2〕 参见荆龙：《心事案件认罪认罚从宽制度试点工作说明》，载《人民法院报》2016年8月30日。

〔3〕 参见沙雪良：《18市拟试点认罪认罚从宽制度》，载《京华时报》2016年8月30日。

〔4〕 参见刘金林：《认罪认罚从宽制度仍应坚持常规证明标准》，载《检察日报》2016年8月25日。

那样，实行一审终审制。[1]这些改革建议引发了一些关于这一制度试点未来走向的争议。与此同时，刑事速裁程序的试点也使认罪认罚从宽制度的一些固有局限性得到了一定的暴露。例如，目前实行的“值班律师制度”无法保证嫌疑人、被告人获得真正有效的辩护，法律援助律师不具有辩护律师的地位，难以对公诉方的指控给予有力的制衡；各地在试点刑事速裁程序过程中已经引入“控辩协商”的成分，但在没有辩护律师参与的情况下，所谓的控辩协商已经变成被告人与检察官之间进行的不平等协商；迄今为止，所有的简化诉讼程序的改革努力都是围绕着简化法庭审判环节所进行的，但这些改革努力已经到了山穷水尽的地步，假如不对审判前程序进行真正的简化，假如不对公检法三机关的内部审批管辖进行彻底的改革，那么，认罪认罚从宽制度的改革将很难达到预期的效果。

法学界过去曾对认罪认罚从宽制度的一些基本问题进行过讨论。[2]但随着这一制度的深入推进，一些新的理论问题又逐渐浮现出来，我们有必要对其作出新的讨论和分析。笔者首先将对刑事速裁案件的审理方式、证明标准和审级制度作出反思性讨论，然后再对被告人辩护权的保障、控辩协商的控制以及刑事诉讼全流程简化等问题作出讨论。通过对这六个有争议问题的讨论和分析，我们可以对未来的认罪认罚从宽制度提出理论上的改革思路。

二、认罪认罚案件的审理方式

在刑事速裁程序的试点过程中，被告人一旦选择了认罪认罚，就等于既放弃了无罪辩护权，也不再行使量刑辩护权。加上这种庭审

---

〔1〕 参见丁国锋等:《刑事速裁一审终审呼声渐高》，载《法制日报》2015年11月2日。

〔2〕 参见陈瑞华:《认罪认罚从宽改革的理论反思——基于刑事速裁程序运行经验的考察》，载《当代法学》2016年第4期；陈卫东:《认罪认罚从宽制度研究》，载《中国法学》2016年第2期。

程序省略了法庭调查和法庭辩论环节，只保留了公诉方简要介绍指控罪名和量刑建议，被告人当庭发表辩护意见，以及被告人最后陈述环节，因此，法庭审理动辄持续10分钟以内，有些案件的庭审过程甚至只有区区数分钟。同时，独任法官对于检察官的量刑建议几乎全部予以采纳，并对高达95%以上的案件进行了当庭宣判，甚至当庭送达了判决书。可以说，法庭审理完全流于形式的现象达到了十分普遍的程度。这不禁令人产生疑问：既然法庭审理几乎变成对公诉方指控主张的简略审查和确认程序，那为什么还要保留这种没有实际价值的法庭审理呢？于是，一些法官、检察官明确提出了在刑事速裁程序中实行书面审理的建议。2016年7月初，最高人民法院邀请中国政法大学课题组对刑事速裁程序的试点效果进行评估，课题组随机选取124个刑事速裁试点机构开展问卷调查，共收回法官、检察官、警察、律师、被告人的有效问卷1064份，结果发现有41%左右的法官、54%的检察官赞同对部分案件采用书面审理方式，也就是不开庭审理的方式。[1]

2016年9月开始试点的认罪认罚从宽制度，继续对那些可能判处3年有期徒刑以下刑罚的案件适用刑事速裁程序，由法官独任审判，不进行法庭调查和法庭辩论，在听取被告人最后陈述的基础上进行当庭宣判。既然原来实行的刑事速裁程序已经普遍出现了法庭审理流于形式的现象，那么，后来推行的认罪认罚从宽制度，几乎肯定难以避免庭审形式化的命运。既然如此，我们就需要认真考虑一个问题：在认罪认罚从宽制度的构建中，究竟还要不要进行行开庭审理？独任法官假如不再开庭审理，而是通过书面审查的方式直接对被告人宣告有罪裁判，这是否具有正当性呢？

---

〔1〕 参见《最高人民法院关于报送〈刑事速裁程序试点工作总结〉的报告》，附件4："刑事案件速裁程序试点问卷调查情况"，最高人民法院法［2016］280号。该报告系最高人民法院提交给全国人大常委会的专项报告。

按照我国现行的刑事审判制度，法庭审理的对象通常分为三类：一是公诉方提出的定罪申请；二是公诉方提出的量刑建议；三是通常由被告方提出的程序性争议问题，尤其是有关排除非法证据的申请。[1]无论是原来的刑事速裁程序，还是后来推行的认罪认罚从宽程序，被告人已经自愿认罪，也就是承认了公诉方提出的指控事实和指控罪名，放弃了无罪辩护的机会。法庭对公诉方提交的定罪申请进行开庭审理的必要性确实不大。很多简易庭审都是对公诉方指控事实和罪名的确认而已。而公诉方提出的量刑建议，由于事先已经过检察官与被告方的协商和讨论，甚至经历了控辩双方的“讨价还价”，这种量刑建议往往是控辩双方共同接受的量刑方案，因此，在简易审理中，被告方再对这种量刑建议提出异议的可能性也就很小了。不仅如此，在被告人自愿认罪认罚的情况下，被告方提出各种程序争议的可能性也不是很大，既不会提出排除非法证据的申请，也不会对侦查行为的合法性提出挑战。既然如此，独任法官在这类案件的简易庭审中进行程序性裁判的概率也就很小了。

既然独任法官通过开庭审理来进行定罪裁判、量刑裁判和程序性裁判确实是没有太大必要的，那么，未来的简易审理还有必要保留开庭审理的形式吗？如果确实要保留的话，独任法官究竟要当庭审理那些事项呢？

根据美国辩诉交易制度的实施经验，法官在审查控辩双方的协商结果时，要举行一种名为“罪状答辩程序”（arraignment）的法庭审理程序。在这一有控辩裁三方参加的庭审程序中，法官当庭询问被告人究竟选择有罪答辩还是无罪答辩。假如被告人选择无罪答辩，法官将组成陪审团，对案件进行正式的法庭审判。而假如被告人选择了有罪答辩，法官则要当庭询问被告人的选择是否出于自愿，有无

〔1〕 参见陈瑞华：《刑事诉讼的前沿问题（下册）》（第5版），中国人民大学出版社2016年版，第498页以下。

受到各种强迫、利诱、威逼、欺骗等非法行为，是否获得了律师的有效辩护；法官要审查被告人的选择是否是明智的，也就是是否了解这种选择的法律后果，是否是出于理性的考虑而作出的选择；法官还要审查检察官指控的犯罪事实是否具有基本的事实基础，也就是现有证据是否“排除合理怀疑”地证明被告人的犯罪事实。这种审查一般通过当庭询问被告人、听取控辩双方意见的方式来进行。〔1〕

美国辩诉交易制度的经验显示，尽管法官对被告人认罪的自愿性、明智性和定罪是否具备事实基础的审查也带有很强的仪式化特征，但是，假如被告人确实是在受到胁迫、不知情或者没有律师帮助的情况下作出的选择，法官还是可以当庭发现，并据此拒绝被告人的有罪答辩。尤其是考虑到检察官与辩护律师的协商和交易都是私下进行的，而辩护律师又多多少少对在押的被告人施加了一些影响，因此，这种由法官主持的当庭审查方式，一方面将控辩双方私下进行的协商和交易过程暴露在法庭上，另一方面也给予被告人重新考虑是否接受协商结果的机会，这有助于确保被告人当庭所作的选择确实是出于真实的意愿和理性的选择。〔2〕

相对而言，我国刑事速裁程序的试点经验则表明，很多基层法官和检察官之所以认为法庭审理是流于形式，甚至是没有实际意义的，就在于这种庭审仍然将控辩双方均不持异议的定罪和量刑问题作为审查的对象，而没有确立一种新的审查对象。尤其是在没有辩护律师参与的情况下，这种庭审还会变成一种法官、检察官轮流审讯被告人的活动，无法保持最基本的公正性。〔3〕鉴于此，未来的认罪认罚从

〔1〕 参见陈瑞华：《比较刑事诉讼法》，中国人民大学出版社2010年版，第416页以下。

〔2〕 参见陈瑞华：《比较刑事诉讼法》，中国人民大学出版社2010年版，第416页以下。

〔3〕 参见山东省高级人民法院刑三庭课题组：《关于完善刑事诉讼中认罪认罚从宽制度的调研报告》，载《山东审判》2016年第3期。

宽制度应当引入一种新的审理对象，那就是被告人认罪认罚的自愿性。由此，未来的认罪认罚从宽制度不仅要继续保持开庭审理的方式，而且要将法庭审理的重心放在被告人认罪认罚的自愿性问题上面。

具体而言，在被告人表达自愿认罪的意愿之后，检察官与被告方可以就有关的量刑种类和量刑幅度进行协商和讨论，在法律允许的减刑范围内达成协议后，检察官向法院提起公诉。独任法官在开庭前应当全面阅卷，审查检察官指控的犯罪事实是否有确实、充分的证据加以支持。一旦发现现有证据不足以证明被告人“犯罪事实”的，法官有权立即终止适用认罪认罚从宽程序。在法庭审理中，法官要对被告人认罪认罚的自愿性进行审查。法官要询问被告人的认罪认罚是否出于真实的意思表示，有无受到威胁、利诱、欺骗等非法行为，有无征询过辩护律师的意见，是否了解认罪认罚的法律后果。不仅如此，法官还要询问被告人对于指控的罪名和所提出的量刑建议有无异议，是否对选择简易庭审加以反悔。在对这一切确认无误后，法官听取被告人的最后陈述，并作出当庭宣判。

为什么要继续保持开庭审理的方式呢？为什么要将被告人认罪认罚的自愿性作为法庭审理的重心呢？

这是因为，认罪认罚从宽制度推行的主要目的在于合理配置司法资源，使那些控辩双方对定罪量刑没有争议的轻微刑事案件得到快速的审理和裁判，保障法院将有限的司法资源尽量投入到那些重大、复杂、疑难和有争议的刑事案件之中。但是，提高诉讼效率、降低诉讼成本、缩短审判周期，这并不是认罪认罚从宽制度改革的唯一价值目标。考虑到认罪认罚从宽程序的推行，一方面剥夺了被告人无罪辩护和量刑辩护的机会，另一方面也引入了检察官与被告方协商和对话的机制，使通过减刑来吸引被告人认罪认罚成为这一程序的重要内容。因此，这里就潜伏着两方面的法律风险：一是检察官在没有充分证据证明被告人构成犯罪的情况下，促使被告人作出了不理智的认罪认罚；二是被告人在选择这种刑事速裁程序时没有获得有效的辩护，没有获知指控的罪名和理由，没有经过深思熟虑，以至于在被强迫和不情愿的情况下选择了不利于己的程序和结局。前者可能造成一种潜在的实体非正义，后者则有可能损害程序上的正义。

鉴于此，认罪认罚从宽制度的构建在注重提高诉讼效率的同时，还应当将维护实体正义和程序正义作为基本目标。而要达到这两个目标，法官就要将开庭审理作为最基本的程序保障。为实现实体正义，法官就需要在充分阅卷的基础上，通过开庭审理，询问被告人、辩护律师对公诉方指控事实和罪名的看法，使其有机会发表辩护意见，防止检察官所指控的犯罪事实没有充分的证据支持，避免无罪的人受到刑事追究；法官还需要就检察官提出的量刑建议，听取被告人及其辩护律师的意见，以避免被告人在信息不对称的情况下作出不明智的选择，也避免检察官提出貌似畸轻但实质上畸重的量刑建议。为了维护程序正义，法官就要通过开庭审理，确认被告人是否享有真正的知情权，是否向辩护律师进行了专业咨询，是否与检察官进行了平等的协商和对话，有无受到强迫、欺骗和利诱等情形。唯有通过开通审理，被告人才能获得积极参与司法裁判过程、有效影响裁判结局的机会，从而做自己命运的主宰者，而不是消极等待国家处置、被动承受法院刑事制裁的诉讼客体。

三、认罪认罚案件的证明标准

在刑事速裁程序的试点过程中，一些基层法官、检察官认为，在被告人自愿认罪认罚的情况下，独任法官在开庭前就对公诉方指控的犯罪事实、罪名进行了确认，而公诉方所提出的量刑建议也吸收了被告人的意见，并程度不同地作出了宽大处理，被告人对量刑方案也不再持有异议，因此，无论是在定罪环节还是在量刑环节上，法庭审理基本上不再具有实质的意义。在此情况下，刑事诉讼法所确立的法定证明标准其实已经形同虚设了。不少司法界人士提出了在刑事诉讼程序中降低证明标准的建议。也有人认为认罪认罚案件尽管应继续坚持“事实清楚，证据确实、充分”的证明标准，但该证明标准的层次可根据该类案件的特点来把握。[1]在2016年由中国政法大学课题组就刑事速裁程序试点效果所进行的问卷调查中，高达73%的法官、68%的检察官、86%的警察都对在刑事速裁程序中降低证明标准问题持赞同态度。

那么，在未来的认罪认罚从宽制度中究竟是否要降低证明标准呢？

按照主流的证据法理论，公诉方要对指控的犯罪事实承担证明责任，这一责任是不可转移的，这种证明只有达到事实清楚，证据确实、充分，排除合理怀疑的最高程度，法院才能作出有罪裁决。无罪推定原则不仅要求公诉方对指控事实要证明到最高标准，而且对公诉方所提出的不利于被告人的量刑情节也要证明到这一标准。

之所以强调公诉方要达到最高的证明标准，这主要是基于以下三个方面的考虑：一是无罪推定原则的要求。既然在法院认定被告人有罪之前，应当将被告人推定为无罪的人，那么，要推翻这一无罪推定，公诉方不仅要承担证明责任，而且还要将被告人的犯罪事实证明到最高的证明标准。否则，在对被告人构成犯罪这一点存有疑问时，法院应作有利于被告人的解释。二是实质真实原则的要求。根据这一原则，法院要对被告人定罪量刑，就要发现案件的事实真相，不能仅仅根据被告人是否认罪来作出有罪裁决。被告人即便作出了有罪供述，案件事实的证明只要没有达到确实、充分的程度，法院也不能作出定罪量刑的裁决。三是避免冤假错案的考量。与民事诉讼

---

〔1〕参见朱孝清：《认罪认罚从宽制度的几个问题》，载《法治研究》2016年第5期。

主要会带来对个人财产权利的剥夺不同，刑事诉讼所涉及的往往是个人的自由、财产乃至生命。尤其是法院一旦作出生效的有罪裁决，被定罪者就等于受到了权威的否定和谴责，甚至会终生戴上“罪犯”的标签，在政治、社会、经济等各个方面受到歧视性待遇，成为不折不扣的“政治贱民”。考虑到定罪会给一个人带来如此严厉的制裁性后果，因此法律对法院的定罪裁决要作出严格的控制，其中所设定的证明标准就是这种法律控制的一个重要环节。

认罪认罚从宽制度无论是适用于那些可能判处1年有期徒刑以下刑罚的案件，还是适用于可能判处3年有期徒刑以下刑罚的案件，都具有几个有别于普通刑事诉讼程序的特征：一是案件显著轻微，被告人可能被判处较轻的刑罚；二是被告人自愿认罪，放弃了无罪辩护；三是被告人自愿认罚，也就是经过协商和对话之后，对公诉方提出的量刑建议不持异议；四是检察官与被告方就量刑方案有不同程度的协商和讨价还价的成分，检察官为吸引被告人认罪认罚会在量刑幅度上有一定的妥协。

那么，这种认罪认罚从宽制度的推行，是否具备降低证明标准的正当理由呢？

在笔者看来，讨论证明标准问题，需要区分犯罪事实的证明与量刑事实的证明问题。无论如何，在公诉方指控的犯罪事实的证明问题上，证明标准是不能降低的，只能继续维持在现有的事实清楚，证据确实、充分，排除合理怀疑这一证明程度上。道理很简单，确立最高证明标准的三个根据并没有因为被告人的认罪认罚而消失：无罪推定原则和实质真实原则继续发挥作用，避免冤假错案仍然将是一项不容回避的诉讼目标。即便法院对被告人可能判处较轻的刑罚，但是在定罪问题上是不容降低证明标准的。况且，根据笔者以前的研究和论证，无论是罪刑法定原则还是罪责刑相适应原则，都决定了控辩双方不可能围绕指控的罪名数量和罪名本身进行协商和交易。[1]因此，法院对被告人犯罪事实的认定，必须严格遵循法定的证明标准。

但在量刑事实的证明问题上，情况确实有所不同。一方面，认罪认罚从宽制度的推行，使检察官与被告方可以就量刑幅度进行必要的协商和交易，检察官可以降低量刑的幅度，这一幅度甚至可以达到30%左右。另一方面，在特定量刑情节的认定和解释上，检察官确实享有一定程度的自由裁量权，不必严格遵循法律所设定的标准和幅度。因此，为吸引更多的被告人选择认罪认罚，同意适用简易审判程序，检察官对量刑事实的证明不需要达到法定的最高证明标准。即便是对那些不利于被告人的量刑情节，如主犯、累犯、重犯、教唆犯等，检察官也不需要证明到排除合理怀疑的程度。这种对量刑事实证明标准的降低，既不会破坏无罪推定和实质真实原则，也不会造成冤假错案，而只会使更多的案件得到快速审理，诉讼效率得到提高，司法资源得到合理配置。

虽然在犯罪事实的证明上继续适用最高的证明标准，那种在刑事速裁程序中适用的证明程序也可以采取相对简易快捷的方式。对于认罪认罚案件的证明标准与证明程序，应当加以适当的区分。即便是在认定犯罪事实上维持同样的证明标准，不同的案件照样可以采取不同的证明程序和证明方式。未来在认罪认罚从宽制度的试点中，即使继续采取开庭审理的方式，法官也不可能责令检察官对指控的犯罪事实证明到排除合理怀疑的程度，而至多对被告人认罪的自愿性进行全面的审查。要确保公诉方指控的犯罪事实具有确实、充分的证据加以支持，唯一可行的办法就是保证法官在开庭前进行全面阅卷，以审核公诉方所掌握的证明是否足以令法官产生内心确信。与此同时，必须确保被告人获得律师的有效辩护，对于

---

〔1〕 参见陈瑞华:《认罪认罚从宽改革的理论反思——基于刑事速裁程序运行经验的考察》，载《当代法学》2016年第4期。

没有委托辩护人的被告人，一律指定法律援助律师进行辩护，而所有辩护人都应享有充分阅卷的权利，并对公诉方现有证据是否足以支持其指控犯罪事实发表意见。遇有公诉方的证据确实不能证明被告人有罪的，辩护律师应及时指出，阻止案件继续按照刑事速裁程序进行审理。这种制度设计对于避免法官作出刑事误判还是具有积极作用的。

四、认罪认罚案件的审级制度

刑事速裁程序的试点经验表明，各地基层法院对认罪认罚的被告人都作出了较为宽大的量刑裁决，被告人大都认罪服判，放弃了上诉权。据统计，在2014年至2016年的刑事速裁程序试点期间，全部速裁案件被告人的上诉率仅为2.01%，检察机关抗诉率仅为0.01%。[1]在此背景下，一些法官、检察官提出了对刑事速裁案件实行一审终审制度的改革设想。中国政法大学2016年就刑事速裁程序试点效果所作的调查问卷显示，高达75%的法官、61%的检察官、62%的警察赞同对刑事速裁案件实行一审终审制。在2016年推行认罪认罚从宽制度试点之后，司法界再次出现了在未来的认罪认罚从宽制度中实行一审终审制的改革建议。

这种一审终审制的改革思路曾在近年来的民事诉讼立法中得到吸收。全国人大2012年修订的《民事诉讼法》就确立了所谓的“小额民事诉讼程序”，该程序适用于那些争议标的额在各省、直辖市、自治区上年度就业人员平均工资30%以下的简单民事案件。对这类案件，基层法院除了适用简易程序以外，还实行一审终审制。基层法院的一审判决一经宣告，即发生法律效力。据此有学者认为，在小额诉讼中实行一审终审制，有利于降低当事人的维权成本，及时快捷地

〔1〕 参见沙雪良：《18市拟试点认罪认罚从宽制度》，载《京华时报》2016年8月30日。

保护当事人的利益。[1]

那么，在未来的认罪认罚从宽制度引入一审终审制，究竟有无正当性呢？

按照通常的观点，既然民事诉讼法在小额诉讼中引入了一审终审制，那么，在刑事诉讼中针对那些被告人自愿认罪的轻微刑事案件确立一审终审制，也可以成为一种可行的改革思路。毕竟，假如剥夺了当事人的上诉权，不允许检察机关提起抗诉，那么，刑事案件的审判环节将得到进一步的简化，结案周期会大大缩小，诉讼效率也会得到相应的提高。更何况，刑事速裁程序试点的经验也显示，这类案件的上诉率极低，检察机关更是极少会提起抗诉，这显示出控辩双方对法院所作的定罪量刑裁决几乎都是不持异议的。而对这类案件，基层法院最多也只是判处一年有期徒刑以下的轻微刑罚。2016年开始推行的认罪认罚从宽制度的适用对象也只是那些可能判处3年有期徒刑以下刑罚的轻微案件。对于这类案件，即便实行一审终审制，二审法院不再对一审法院的事实认定和法律适用情况进行重新审判，也一般不会出现量刑畸重或畸轻的情况，更不会造成冤假错案。退一万步讲，即便在认定事实或者适用法律上出现一些偏差，也不会增加太多的“错误成本”和“道德成本”。

但是，在刑事诉讼中引入一审终审制，不能仅仅关注诉讼成本的降低和诉讼效率的提高，还要考虑可能带来的负面效果问题。根据前面的统计数字，为期两年的刑事速裁程序改革试点结果显示，只有2%的被告人提起上诉，检察机关提起抗诉的案件更是微乎其微。这从另一角度也说明，即便在这类案件中保留两审终审制，那些进入二审程序的案件量也是不大的，二审法院也不会增加太大的审判压力。

〔1〕 参见顾敏：《小额诉讼实现“一审终审”》，载《新华日报》2016年1月21日；陆俊芳等：《我国小额诉讼制度运行的困境与出路——以北京市基层法院的审判实践为蓝本》，载《法律适用》2016年第3期。

可以说，要指望通过推行一审终审制来降低诉讼成本、提高诉讼效率，并没有显著的实际意义。

此外，假如在未来的认罪认罚从宽制度中取消了两审终审制，那将意味着一审法院的判决将成为终审判决，当事人的上诉权、检察机关的抗诉权都将无法行使。这会带来一系列消极的后果。首先，在大量被告人无法委托辩护律师的情况下，值班律师仅仅提供极为有限的法律帮助，无论是被告人还是值班律师，都无法阅卷，难以了解检察机关所掌握的证据情况，不熟悉公诉方的“底牌”，这就造成一种控辩双方信息不对称的局面。在此情况下，被告人的“认罪认罚”是否具有自愿性和明智性，这有可能成为一个严重的问题。对此问题，假如一审法院没有给予足够的关注，被告方再不能诉诸二审法院的上诉审查程序，那么，所谓被告人认罪认罚的自愿性，就将缺乏任何制度保障。其次，在一审法院开庭审理基本上流于形式的情况下，独任法官对公诉方指控事实和罪名的审查主要依靠庭前阅卷，而根本无法从控辩双方的质证和辩论中获取任何有价值的信息。假如公诉方没有确实、充分的证据支持本方的指控事实，假如一审法院也出于快速结案的功利考虑，而不去认真的阅卷和审查的话，那么，这种简易审理就可能造成认定事实的错误，甚至难以避免冤假错案。在此情况下，二审法院假如不再对一审判决进行重新审查，那么，一审裁判的错误就难以纠正了。再次，认罪认罚从宽制度包含控辩双方就量刑问题的协商和讨价还价成分，这里既可能发生控辩双方违法达成协议的情况，也可能出现被告方屈从于公诉方的压力、威胁、欺骗而被迫选择某一量刑方案的情况。假如一审法院无视这些情况的发生，对不加以关注的话，那么，究竟由谁来加以审查和纠正呢？二审程序的缺席，岂不意味着对一审法院违法行为的纵容吗？最后，刑事速裁程序的试点经验表明，被告人对于“认罪认罚”唯有保留“反悔”的权利，才能拥有对审判程序和诉讼结果的自由选择权，并对最终的裁判结果不产生抵触情绪。既然在一审法院的审理过程中，被告方在选择刑事速裁程序后始终拥有“反悔”的权利，那么，为什么在一审判决宣告之后，不赋予被告方通过行使上诉权来表达反悔意愿的机会呢？假如对一审法院的裁判，被告人不持异议，当然会放弃上诉权。而假如被告人对这一裁判不服的话，通过行使上诉权来表达异议，不就等于在表达一种“反悔意愿”吗？一旦实行一审终审制，那么，被告人就连对一审判决提出异议、表达反悔之意的机会都失去了。

至于在小额民事诉讼程序中实行一审终审制，那只是在民事诉讼中具有正当性的制度安排，根本不可以为刑事诉讼所效仿。毕竟，这类小额诉讼所涉及的通常是仅有区区一万多元标的额的简单民事纠纷，所影响的只是当事人的小额经济利益。相比之下，刑事速裁程序所涉及的则是被告人的刑事责任问题。通过这种程序，被告人有可能被宣告有罪，并被判处1年甚至3年以下有期徒刑的刑罚。定罪结果会使被告人受到极为不利的政治、社会、道德评价，并终生被贴上“罪犯”的标签；量刑结果则会使被告人的自由、财产受到限制或者剥夺。很显然，刑事速裁程序与小额民事程序相比，给当事人可能造成的利益损害是不可同日而语的。对于在小额民事程序中实行的一审终审制，要推广到刑事速裁程序，甚至未来的认罪认罚从宽制度之中，这是不具有正当性的。

五、值班律师的辩护人化？

在刑事速裁制度试点过程中，一些地方推行了“值班律师”制度，法律援助机构在法院和看守所分别派驻法律援助值班律师，为没有委托辩护人的犯罪嫌疑人、被告人提供法律咨询等法律帮助。应当说，这一制度使所有选择刑事速裁程序的嫌疑人、被告人都有机会获得律师的法律帮助，尤其是那些可能被判处较轻刑罚的嫌疑人、被告人，获得了向律师进行法律咨询的机会，大大突破了刑事诉讼法对法律援助适用范围的限制，这显然是我国刑事辩护制度改革的重大突破。

随着2016年刑事案件认罪认罚从宽制度试点工作的启动，值班律师制度在那些被告人可能被判处三年有期徒刑以下刑罚的案件中得到推行。根据这一制度，法律援助值班律师主要为犯罪嫌疑人、被告人提供法律咨询、程序选择、申请变更强制措施等法律帮助。可以说，那些选择认罪认罚从宽程序的嫌疑人、被告人，也可以获得法律援助律师提供法律帮助的机会。这使值班律师制度的适用范围得到显著的扩大。

然而，根据刑事速裁程序的试点经验，现行的值班律师制度在为嫌疑人、被告人提供有效法律帮助方面还是存在一些缺陷。这主要表现在以下方面：

首先，值班律师并不具备“辩护人”的身份和地位，而仅仅为嫌疑人、被告人提供一些有限的法律咨询，无法全程参与刑事速裁程序的全部过程。这一问题假如不发生根本改变的话，那么，在未来的认罪认罚从宽程序的推行中，值班律师也无法为嫌疑人、被告人提供有效的辩护。例如，值班律师难以为嫌疑人、被告人申请变更强制措施，尤其是申请适用取保候审，从而使嫌疑人、被告人的未决羁押期间无法减少；在嫌疑人、被告人具有自愿认罪认罚的意愿时，值班律师无法与检察官进行及时有效的沟通和协商，无法对检察官指控的罪名和理由进行审查，更难以对检察官提出的量刑方案进行必要的审查；在法庭审理中，值班律师不为被告人从事辩护工作，无法对被告人认罪认罚的自愿性、明智性进行审查，也无法确认检察官指控的罪名是否具备基本的事实根据，更无法针对检察官的量刑建议发表有针对性的辩护意见。因此，无论是在刑事速裁程序中，还是在未来的认罪认罚从宽程序中，嫌疑人、被告人最多得到一些有限的法律咨询意见，而无法获得律师辩护的机会，其辩护权实质上无法得到保障。

其次，值班律师无法为嫌疑人、被告人提供有效的法律帮助。在刑事速裁程序的试点中，值班律师并不享有阅卷和调查的权利，无法对检察官所掌握的证据情况进行全面审核。在后来推行的认罪认罚从宽程序中，值班律师的阅卷权和调查权也没有得到切实的保障。无论是嫌疑人还是被告人，在刑事诉讼中既不享有阅卷权，也无法亲自向有关单位或个人调查核实有关证据。这样导致被告方在不熟悉检察官掌握的证据情况、不了解指控的根据和理由的情况下，就选择了认罪认罚从宽程序，其认罪认罚的自愿性、明智性无法得到保障，公诉方是否有确实、充分的证据证明其指控的案件事实，这也是难以得到确认的。于是，在控辩双方信息不对称的情况下，在被告人无法获得律师有效帮助的情况下，被告人就被适用了认罪认罚从宽程序。检察官完全可能在案件尚未达到法定证明标准的情况下就提出了对被告人具有吸引力的量刑建议，而被告人也完全可能在不了解公诉方“底牌”的情况下就被迫选择了认罪认罚。法庭审理在审查这些事项方面又几乎流于形式，无法发挥实质性的作用。这极可能导致案件出现不公正的裁判结果，也损害了被告人的有效辩护权。[1]

美国辩诉交易制度的实施经验表明，辩护律师的全程参与和及时指导，是被告人获得有效辩护的基本保障。没有辩护律师的参与，被告人在辩诉交易过程中无法获得公正的对待，其认罪的自愿性、明智性无法得到保障，检察官对被告人的有罪指控也难以具有基本的事实基础。正因如此，那种没有辩护律师参与的辩诉交易将被视为非法和无效的，上诉法院完全可以被告人没有获得有效辩护为由，作出辩诉交易无效、撤销原审法院定罪量刑结果的裁决。

〔1〕 有关这一问题的讨论，还可参见韩旭：《认罪认罚从宽，辩护律师应有效参与》，载《四川法制报》2016年9月29日。

那么，未来中国的认罪认罚从宽制度在辩护权的保障方面究竟何去何从呢？在笔者看来，建立值班律师制度，在法院和看守所设置法律援助律师值班办公室，为嫌疑人、被告人提供法律咨询，这仅仅是辩护制度改革的第一步。但这种改革还是远远不够的。从理论上来看，凡是在嫌疑人、被告人的选择面临法律风险、处于危险法律境地的场合，辩护律师都有参与辩护的必要性。律师辩护的领域应当涵盖所有容易产生冤假错案、可能造成嫌疑人、被告人无法有效行使辩护权的领域。基于这一观点，在嫌疑人、被告人明确表达认罪认罚的意愿时，侦查机关、公诉机关和法院都应当及时为其指定法律援助律师。该法律援助律师一经嫌疑人、被告人的确认，即应具有辩护人的身份。作为辩护人，法律援助律师不应仅仅局限于为嫌疑人、被告人提供法律咨询，而应享有会见权、阅卷权和调查权，并对检察官指控的罪名和理由进行审核，对检察官准备提出的量刑方案进行一定程度的协商和讨论。在法庭审理中，法律援助律师也应当出席庭审过程，对被告人认罪认罚的自愿性、明智性进行审查，对检察官的量刑建议发表辩护意见。在被告人提起上诉后，二审法院也应为被告人继续指定法律援助律师进行辩护，辩护律师应督促二审法院对被告人认罪的自愿性、明智性进行重新审查，对一审法院认定有罪的事实是否达到法定证明标准进行审查，并对一审法院在适用认罪认罚从宽程序中是否存在违反法定诉讼程序的行为发表辩护意见。

六、中国式的辩诉交易？

在认罪认罚从宽制度推行的过程中，引入控辩双方的协商机制几乎是不可回避的一项改革配套措施。有人认为，这种控辩协商也就是美国法中的辩诉交易制度。对于这一点，无论是法学界还是司法界，主流的意见还是认为我国目前试行的这种控辩协商机制不同于辩诉交易，也不应采用“辩诉交易”的称谓。[1]

这是因为，英美法中的“辩诉交易”建立在有罪答辩制度的基础上，是控辩双方自行处分案件实体问题的体现。英美法实行对抗式诉讼制度，刑事诉讼与民事诉讼都贯彻当事人处分权原则，只要被告人自愿认罪，并在法庭上选择有罪答辩，那么，法官经审查确认后，即不再进行法庭审理，而可以直接认定被告人构成犯罪，并作出量刑裁决。辩诉交易就是在这一制度背景下产生的。检察官为吸引被告人作出有罪答辩，就与辩护律师通过协商，对指控的罪名数量、罪名本身以及所建议的量刑幅度进行“讨价还价”，最终找到一个双方都接受的方案，然后根据这一方案向法庭提出定罪量刑的申请，法官通常都会予以尊重和采纳。目前，美国联邦和各州有90%以上的刑事案件都是通过这种辩诉交易和有罪答辩的方式加以处理的。建立在当事人处分原则和形式真实主义基础上的辩诉交易制度，既是美国刑事诉讼制度的特色，也成为这一制度赖以维系的制度保障。没有辩诉交易制度，没有多达90%以上的刑事案件以这种规避法庭审判的方式加以快速处理，美国刑事司法制度的大厦将是无法支撑的。[2]

与美国不同，我国实行的是职权主义色彩较为浓厚的刑事诉讼制度。尽管经历过1996年的刑事审判方式改革，我国曾引入对抗制的部分制度内容，但是，职权主义诉讼制度的基本理念还没有发生根本的变化。迄今为止，我国刑事诉讼法仍然确立了国家追诉原则，将追诉犯罪的权力交付检察机关，无论是被害人还是被告人，都无权对案件的定罪量刑问题自行作出处分；我国刑事诉讼法还确立了实质真实原则，强调只有被告人供述没有其他证据，不能定罪量刑，被告

---

〔1〕 参见葛晓阳：《认罪认罚属控辩协商而非“辩诉交易”》，载《法制日报》2016年9月3日。

〔2〕 参见陈瑞华：《美国辩诉交易与意大利刑事特别程序之比较（上）》，载《政法论坛》1995年第3期。

人的自愿供述只是法院认定案件事实的证据之一，认定被告人是否构成犯罪，还要审查案件全部证据是否达到“事实清楚，证据确实、充分”的程度。这就与民事诉讼中实行的当事人处分原则形成了鲜明的对比。正因为如此，我国刑事诉讼法即便引入答辩协商制度，也无法容许控辩双方就起诉罪名的数量以及指控罪名本身进行协商，检察官不能为吸引被告人自愿认罪，而承诺减少指控的罪名数量，或者改变指控的罪名。毕竟，根据罪刑法定原则和罪责刑相适应的原则，法院只能根据案件事实来统一适用刑法，以保证认定罪名的准确性、恰当性和统一性。因此，控辩双方纵然可以对案件进行一定程度的协商，也最多可以就案件的量刑问题进行讨论，也就是给予被告人一定幅度的“量刑优惠”，以便吸引被告人自愿作出认罪认罚的选择。

在我国刑事速裁程序改革试点过程中，一些地方为吸引被告人选择这种快速审理程序，对被告人优先适用非羁押性强制措施和非监禁刑，将被告人同意使用速裁程序确定为独立的从轻量刑情节，可以在基准刑以下减少10%～30%的量刑幅度。这在客观上也构成对那些选择刑事速裁程序的被告人的一种量刑奖励。一些地方的检察机关甚至会在庭审前给被告人出具一份承诺书，向自愿认罪的被告人承诺在基准刑基础上减少一定的量刑幅度。[1]当然，目前也有一种观点认为，各地试点刑事速裁程序过程中所承诺的降低量刑幅度仍然有些保守，建议在量刑幅度的优惠上加大力度，以增强这一特别程序对被告人的吸引力。

迄今为止，无论是全国人大常委会的授权改革试点决定，还是最高人民法院和最高人民检察院的试点方案，都没有对这种控辩协商机制作出明确的制度安排。在认罪认罚从宽制度中引入控辩双方协

〔1〕 参见邱育钦等：《首例“认罪协商”案件获法院判决》，载《石狮日报》2016年4月9日。

商的成分，这还只是各地方试点中推出的制度设想。那么，究竟如何确立这种控辩协商机制呢？在以往的研究中，笔者提出，应禁止就指控罪名的数量、指控罪名本身进行协商，对于检察官所建议的量刑种类和幅度，控辩双方的协商也应受到明确的法律限制。[1]对于这些观点，笔者仍然予以坚持，这里就不再赘述了。以下所要讨论的是四个新的改革思路：一是辩护律师应当参与控辩协商的过程；二是辩护律师应当与检察官进行协商，而不是与法官直接进行谈判；三是对于控辩协商的结果和方案，法院应当保证被害方的知情权，并给予被害方申请救济的机会；四是对于控辩双方答辩协商的自愿性和合法性，控辩双方可以通过上诉或者抗诉，来启动二审法院的上诉审查程序。下面依次作出分析。

首先，辩护律师应参与控辩协商的过程。从理论上来说，控辩协商是控辩双方就检察官提出何种量刑建议所进行的对话、协商过程，其中包含一定程度的交易和讨价还价的成分。这种协商要保持最低限度的平等性，协商双方就必须具有大体平衡的信息来源、相同的知识和技能以及相互尊重对方选择的可能性。美国辩诉交易之所以被认为具有基本的公平性，就是因为交易的双方是检察官和辩护律师，而辩护律师一般都全面查阅了控方的案卷材料，对公诉方的证据情况了如指掌，了解了公诉方的指控根据和理由。由此，检察官才不会利用信息不对称的优势，来引诱或欺骗辩护方接受某种不公平的方案。相反，在我国刑事速裁程序的试点过程中，所谓的"控辩协商"，大都是检察官与被告人所进行的协商。由于大多数案件的被告人没有委托辩护律师，而所谓的"值班律师"，仅仅给被告人提供的是法律咨询，并没有参与控辩协商的过程。加上值班律师不可能对所有案件都进行阅卷，对公诉方的证据情况无法熟悉，他们给予被告人的

〔1〕 参见陈瑞华：《认罪认罚从宽改革的理论反思——基于刑事速裁程序运行经验的考察》，载《当代法学》2016年第4期。

咨询和建议其实是十分有限的。而检察官面对势单力孤的被告人，从心理上就具有明显的优势，通常会利用被告人不了解案情、无法得到及时有效的律师帮助的状况，对其进行威胁、引诱和欺骗，迫使被告人接受某一未必公平的量刑方案。为解决这一问题，未来的认罪认罚从宽制度应当确立检察官与辩护律师进行控辩协商的机制，确保被告人获得真正意义上的法律援助，辩护律师应全程参与控辩协商过程和法庭审理过程，真正从实质上维护被告人的合法权益。

其次，辩护律师应当与检察官进行协商，而不应与法官进行协商。在刑事速裁程序的试点过程中，一些地方的法院主动与被告人进行协商，承诺给予自愿认罪的被告人一定幅度的量刑优惠。相对于检察官与被告人的量刑承诺而言，这种由法官亲自出面，与被告人进行量刑协商的做法，一般具有更大的吸引力。[1]但是，美国辩诉交易制度的经验和教训表明，法官作为案件的裁判者，假如介入控辩双方的答辩协商过程，就失去了基本的中立性和超然性，也容易使被告人失去真正的自由选择权。正因如此，法官在辩诉交易过程中过分积极地参与，就被视为一审法院的程序错误，可以成为上诉法院撤销原判的理由。而在我国，由于缺乏基本的法律规范，加上对适用刑事速裁程序的积极追求，很多法官都不遵守裁判者的职业底线，要么亲自与被告人进行量刑协商，要么与检察官一起加入说服被告人接受某一量刑方案的活动之中。尤其是在被告人没有委托辩护律师，也无法得到值班律师的实质性法律帮助的情况下，这种由法官积极参与的控辩协商，还具有一定的隐蔽性。但是，被告人一旦清醒过来，就有可能对法官所建议的量刑方案予以反悔，或者提出上诉。为解决这一问题，应当确立一条法官审判活动的底线，那就是不得参与这

〔1〕 参见黎志飞:《眉山市举办完善“认罪认罚制度”研讨会》，载《民主与法制时报》2016年9月15日；陈宏光:《聚焦认罪认罚制度试点》，载《上海法治报》2016年9月12日。

种控辩协商的过程，更不得主动提出旨在吸引被告人认罪的量刑方案。检察官与辩护律师所进行的控辩协商只能在庭前进行，所达成的量刑方案只能作为检察官量刑建议的一部分，法官在庭审中只能对这种量刑建议进行审查，对于其中不合法、不自愿的量刑方案，法官应保留拒绝的权力。同时，在保留两审终审制的前提下，二审法院对于一审法院审查控辩协商过程的情况，要进行合法性审查，发现一审法院违法参与控辩协商或者检察官提交的量刑建议明显不合法的，应当以一审法院违反法定诉讼程序为由，作出撤销原判、发回重审的裁定。

再次，控辩协商应给予被害方一定的知情权和救济权。美国辩诉交易制度的最大硬伤是忽略了被害人的参与权和知情权，最终的交易方案尽管保证了法官、检察官、辩护律师等各方的“利益兼得”，却忽略乃至出卖了被害人的利益。毕竟，这种经检察官与辩护律师讨价还价而来的定罪量刑方案，既没有经过被害人的讨论，也为被害人所不知情。可以说，在美国辩诉交易过程中，被害人成为被遗忘的一方，甚至在司法程序中遭受“第二次伤害”。相反，在我国刑事诉讼中，被害人具有“当事人”的地位，保障被害人对公诉程序的参与权和对民事赔偿的请求权，一直是我国刑事诉讼制度的独特优势。2000年以来推行的刑事和解制度，更是对被害人与被告人达成的和解协议给予了高度的尊重，甚至使其成为法院作出从轻量刑、检察机关作出不起诉决定的重要依据。2012年《刑事诉讼法》将刑事和解吸收进法律之中，使其成为正式的法律制度。那么，在控辩协商机制的构建中，被害人作为当事人，当然应当受到起码的尊重，具有一定的参与机会。具体而言，在那些有被害人的案件中，检察官要与辩护律师就被告人的量刑幅度达成协议，就必须将此协议的内容提交法院。法院在开庭前应将起诉书连同控辩双方达成的量刑协议，一并送达被害方，以保证被害方享有对控辩协商的知情权。假如被害方对控辩双方达成的量刑方案提出异议，法庭应给予被害方出席庭审的机会，使其发表本方的量刑意见。假如对于法庭所作的裁判不服，被害人还应享有申请检察机关提起抗诉的权利。

最后，二审法院对控辩双方答辩协商的自愿性和合法性可以进行上诉审查。控辩协商机制的引入，给我国刑事诉讼制度带来了一个新的不确定因素，那就是检察官有可能利用其公诉资源和独特优势，来迫使被告人接受一个不公平、不合理的量刑方案。而法官在普遍期望快速结案的心态影响下，也会纵容检察官的威胁、引诱、欺骗行为，甚至有可能亲自加入迫使被告人接受某一量刑方案的活动之中。为对一审法院的刑事速裁程序进行有效的监督，遏制这些法院违反法律程序、影响公正审判的行为，二审法院有必要对一审法院的刑事速裁程序进行上诉审查。在美国，上诉法院对于初审程序中控辩双方达成的辩诉交易几乎从不进行实体审查，正如我国二审法院对于民事初审程序中当事人达成的调解也不进行实体审查一样，这种上诉审查的重点被放置在程序审查上面。上诉法院一旦发现初审法院在辩诉交易和有罪答辩的审查中存在违反法律程序的情况，就要认定后者违反法律程序，并作出撤销原判、发回重审的裁定。目前，我国一些司法界人士还在讨论在认罪认罚从宽制度中实行一审终审制的可能性问题。其实，这是一个很大的制度陷阱。二审法院对于一审法院审查控辩协商的过程应当保留上诉审查的机会，对于明显违反法律程序、影响公正审判的一审审判行为，应当作出撤销原判、发回重审的裁定。这是避免一审法院为追求快速结案而剑走偏锋、剥夺被告人自由选择权的基本制度安排，是不容削弱和废除的。

七、审判程序简易化的限度

为期两年的刑事速裁程序试点经验表明，在简化诉讼程序环节、降低诉讼成本和提高诉讼效率的同时，还应保障最低限度的程序公正要求，避免可能出现的刑事误判和量刑自由裁量权的滥用，保障被告人认罪认罚的自愿性和明智性。而这些经验应当被吸收进未来的认罪认罚从宽制度之中。

在认罪认罚从宽制度中推行书面审理方式、降低证明标准和确立一审终审制的建议不仅是不具有可行性的，而且是一种危险的选择。因为这些改革建议会从根本上损害被告人的辩护权，剥夺被告人的自由选择权，并有造成刑事误判和滥用量刑自由裁量权的可能性。

同时现行的“值班律师”制度是有明显缺陷的制度安排，无法保障被告人获得有效辩护的机会。唯有确立真正的指定辩护制度，使那些选择认罪认罚的嫌疑人、被告人，获得律师的有效辩护，才能确保被告人得到实质上的辩护，有效行使会见、阅卷和调查的权利，并与公诉方进行平等的协商和对话。

在认罪认罚从宽制度中引入控辩协商的机制，这是不容回避的制度选择。但这种机制并不是美国式的辩诉交易制度。控辩双方不仅不能对指控罪名数量和罪名本身进行协商和达成妥协，而且就连对量刑幅度的协商和妥协也应受到明确的规范限制。要保证控辩协商的自愿性和平等性，协商应当在检察官与辩护律师之间展开，避免检察官与被告人进行协商，避免法官过于积极地介入协商和妥协过程。与此同时，被害方应当被赋予一定的知情权和救济权，而法院对于控辩协商的合法性和自愿性应当保留司法审查的机会。

迄今为止，我国以简化刑事审判程序为中心的改革思路，已经被运用到了极致，没有了进一步改革的空间。目前已经到了对审判前程序乃至全部刑事诉讼流程进行简化改革的时候了。为吸取过去审判程序简化改革的教训，我们有必要对被告人认罪认罚的案件，采用跳跃中间诉讼程序的办法，来加快刑事诉讼的流程。与此同时，在任何一个诉讼阶段，公安机关、检察机关和法院都应简化内部审批和讨论环节，赋予一个办案人员独立自主的决定权，从而流畅顺利地推进刑事诉讼程序的进程。

第十五章　刑事诉讼的全流程简化模式

一、引言

确立“认罪认罚从宽”的改革策略，主要目的在于提高诉讼效率，降低诉讼成本，缓解“案多人少”的问题，实现司法资源的有效配置。根据这一改革理念，最高人民法院在部分城市展开了刑事速裁程序的改革试点，对那些可能判处三年有期徒刑以下刑罚的案件推行一种有别于简易程序的快速裁判机制。但是，刑事速裁程序的试点经验表明，很多地方的基层法院动辄将案件的审判周期减少到10日以内，法庭审理时间减少到10分钟以内；裁判文书也逐步实行了“格式化方式”，大大节省了撰写裁判文书的时间；法庭当庭宣判率高达95%以上；试点法院刑事法官人均结案数高达210件以上。这显然说明，对那些较为轻微、没有争议的案件来说，法庭审判的周期已经被压缩到了极限，法庭审理的持续时间也已经没有了进一步减少的余地。可以说，仅仅着眼于从审判程序的简化来推进刑事速裁程序的改革，已经没有了太大的空间。[1]

在刑事速裁程序的改革试点过程中，一些地方的法院基于对审判程序简化局限性的认识，提出了刑事诉讼全流程简化的改革思路。例如，南京市中级人民法院推出了“刑拘直诉”或“取保候审直诉”模式，强调在刑事拘留的法定期限内完成侦查、审查起诉和法庭审判程序，或者在作出取保候审决定的情况下加速完成各项刑事诉讼活动。[2]又如，北京市海淀区人民法院推出了“诉讼全流程简化模式”，在看守所设置刑事速裁工作区，公安机关和检察机关分别设置速裁办公室，法律援助机构则设置值班律师办公室，在法院则设置视频办公室，为所有接受刑事速裁程序的嫌疑人、被告人提供法律帮助。[3]按照这一思路，检察机关的审查批捕环节得到省略，侦查机关、检察机关与法院完成了对刑事速裁案件的程序对接，大大节省了办案时间，实现了刑事诉讼全流程的程序简化，避免了过去存在的诉讼拖延和案件积压问题。

刑事诉讼全流程简化的改革试点得到了司法界和法学界的认同，被视为认罪认罚从宽改革的未来发展方向。就连最高人民检察院也认识到这一改革思路的价值。按照最高人民检察院检察长曹建明的说法，检察机关要与公安机关、法院加强沟通，加强侦查、起诉、审判环节衔接配合，研究探索“非羁押诉讼”和“刑拘直诉程序”，让刑事速裁程序进一步提质增速。[4]

---

〔1〕 参见陈瑞华:《认罪认罚从宽改革的理论反思》，载《当代法学》2016年第5期；陈瑞华:《认罪认罚从宽制度中的若干争议问题》，载《中国法学》2017年第1期。

〔2〕 参见赵兴武:《提速，为了让公正早到——南京法院刑事案件速裁试点工作纪实》，载《人民法院报》2016年3月27日。

〔3〕 参见游涛:《认罪认罚从宽制度中量刑规范化的全流程实现——以海淀区全流程刑事案件速裁程序试点为研究视角》，载《法律适用》2016年第11期。

〔4〕 参见《全国检察长会议：推进认罪热法从宽制度改革试点，研究探索非羁押诉讼和刑拘直诉程序，让速裁程序进一步提质增速》，载《北京青年报》2017年1月16日。

对于刑事速裁程序改革试点中出现的这一重要动向，我们有必要给出及时有效的理论回应。迄今为止，法学界对认罪认罚从宽制度和刑事速裁改革试点的讨论，主要是围绕这些改革的正当性、存在的问题以及有关的改进建议而展开的，所议论的主要是法庭审判程序简化的问题，而对于刑事诉讼的全流程简化问题没有给予应有的关注。[1]如今，在一些地方司法机关已经作出改革探索并取得初步成效的情况下，研究者有必要对这些改革的经验和教训作出总结，从中发现刑事速裁程序未来的发展方向，探求刑事诉讼程序简易化的基本规律。

鉴于此，本章拟将公检法三机关流水作业模式作为背景，根据地方司法机关的改革经验，讨论刑事诉讼全流程简化模式的制度突破，对这一程序模式推行的体制障碍作出分析，并对这一模式的未来进行展望。

二、“公检法流水作业模式”的基本缺陷

要研究刑事诉讼的全流程简化问题，我们需要首先研究我国刑事诉讼的纵向构造，也就是公检法三机关流水作业的诉讼模式。

根据过去的研究成果，西方国家几乎普遍实行“以司法裁判为中心的刑事诉讼构造”，无论是在侦查环节、审查起诉环节还是开庭前的准备环节，始终有一个中立的司法官员，对涉及限制或者剥夺个人权益的事项作出司法授权，提供司法救济，并对检察机关准备提起公诉的案件进行司法审查。尤其是根据一些西方国家的预先审查制度，预审法官、治安法官或者其他司法官员主导着审查公诉程序，通过审查案件是否达到提起公诉的条件，避免检察机关提出无根据的起诉，也可以对案件进行必要的程序过滤和程序分流，使无起诉根

〔1〕 有关刑事速裁程序的重要研究，可参见最高人民法院刑一庭课题组：《关于刑事案件速裁程序试点若干问题的思考》，载《法律适用》2016年第4期。

据的案件被及时撤销，也使那些具备起诉条件的案件被分流到相应的普通程序和简易程序之中。对于那些没有事实争议的轻微刑事案件，法庭在对案件进行审查之后，要么直接作出刑事处罚的命令，要么避开事实审判程序，直接组织量刑听证。

与西方国家不同的是，我国法律确立了公检法三机关“分工负责、互相配合、互相制约”的基本原则，在刑事诉讼程序中设置了侦查、审查起诉和审判这三个诉讼程序，并大体上赋予侦查机关、检察机关和法院在各自诉讼程序中拥有作出各种诉讼决定的权力。对于这种由公检法三机关分别主持特定诉讼程序的诉讼构造，我们过去称为“流水作业的刑事诉讼构造”。〔1〕这一构造设置的初衷是由三个“国家专门机关”对同一案件进行反复的调查核实，后一个机关对前一个机关的办案质量进行监督和把关，遇有前一机关作出不当诉讼决定的，后一机关可以将案件以“程序倒流”的方式作出处置。由此，冤假错案有望得到避免，法律适用的错误有望得到纠正，司法正义也可以得到维护。

在中国这种“流水作业的刑事诉讼构造”下，那种由中立司法官员主持刑事诉讼程序的机制并不存在，公安机关、检察机关和法院分别独立地主持各自的诉讼程序，它们互不隶属，各自在某一诉讼程序中拥有权威的地位和作出诉讼决定的权力。尽管自2014年以来，司法改革决策者一直推动那种“以审判为中心的诉讼制度改革”，但是，这种改革所推动的至多是“庭审的实质化”，对这种公检法三机关“流水作业”的诉讼构造并没有造成实质性触动，那种由司法裁判者在整个刑事诉讼程序中占据中心地位的诉讼格局始终没有形成。

“流水作业的刑事诉讼构造”造就了若干个相对独立的“刑事诉

〔1〕 对中国“流水作业”的诉讼构造的全面分析，可参见陈瑞华：《刑事诉讼的前沿问题（上册）》（第5版）中国人民大学出版社2016年版，第277页以下。

讼阶段”，并使每个刑事案件都要经历这些诉讼阶段，否则，就无法完成整个刑事诉讼的历程，无法产生有效的诉讼决定。在我国刑事诉讼中，至少在一审裁判形成之前，一个完整的刑事诉讼过程通常包含以下五个诉讼环节：一是立案前的初查程序；二是立案后的侦查程序；三是侦查过程中的批准逮捕程序；四是侦查终结后的审查起诉程序；五是提起公诉后的审判程序。在这些诉讼环节上，公检法三机关都要指派专门的办案人员，进行相应的调查取证或者审查核实工作，制作相应的案卷笔录，还要经过本部门官员的行政审批，作出相应的诉讼决定。结果，每一环节都要经历相应的诉讼期限，前后两个环节之间还要进行一定的诉讼交接。

公允地说，这种流水作业的诉讼构造在正常情况下可以避免案件事实的错误认定，防止不当诉讼决定的出现，具有“精密司法”的意味。但是，一旦某一诉讼环节出现办案质量不高或者把关不严的情况，就容易带来诉讼拖延的问题。这主要表现在以下几个方面：一是在没有权威司法裁判者的情况下，机械地要求每个案件都要经历五道诉讼工序；二是三机关内部存在烦琐的行政审批环节；三是三机关对同一个案件要进行重复性的调查核实证据工作，制作繁杂的案卷材料；四是刑事诉讼流程随时会发生程序倒流现象，造成诉讼程序的逆向运转。下面依次对此作出分析。

首先，在这种三机关“流水作业”的诉讼模式下，每个案件一般都要经历立案、侦查、审查批捕、审查起诉和审判等五道工序和流程。案卷要由侦查人员、审查批捕人员、审查起诉人员和审判人员先后分别进行查阅和研读，后一道工序的主持者要对前一道工序的质量进行重新审查和检验，这造成三机关诉讼活动的大量重复，埋下了诉讼拖延的隐患。[1]

〔1〕 对中国“流水作业”的诉讼构造的全面分析，可参见陈瑞华：《刑事诉讼的前沿问题（上册）》（第5版），中国人民大学出版社2016年版，第277页以下。

可以说，由立案、侦查、审查批准逮捕、审查起诉和审判组成的这种标准化诉讼流程，使每个“刑事诉讼阶段”都具有相对独立的地位。在没有一个中立司法裁判者的情况下，公检法三机关分别主导或控制某一诉讼阶段，充当事实上的权威裁判者，实施一系列带有调查核实证据性质的诉讼行为，独立地收集案卷材料，制作各自阶段的诉讼案卷，并作出各自独立的诉讼决定，形成各自独立的诉讼文书。与此同时，法律为每个诉讼阶段都设置了专门的办案期限，并确立了延长办案期限的幅度和次数，对嫌疑人、被告人的羁押期限，也基本上依附于办案期限，并随着办案期限的延长而自动地进行延长。尽管在理论上，检察机关可以对立案、侦查、审查起诉、审判活动进行法律监督，并对公安机关、法院的程序违法行为进行纠正，但这种监督并没有强制性法律效力，再加上检察机关本身就主导着这种诉讼流程中的两道诉讼工序，存在“谁来监督监督者”的永恒难题，因此，这种检察监督不足以发挥推动诉讼快速运行、避免诉讼拖延的效果。

不仅如此，公检法三机关对每个刑事案件都要制作相应的案卷笔录，制作相应的诉讼文书，如立案决定书、批准逮捕决定书、起诉意见书、起诉书、判决书等。这种“全程案牍”式的诉讼操作方式，必然导致办案人员不得不应付大量技术性、低效率的重复劳动。尤其是对那些控辩双方没有争议的轻微刑事案件，这种工作方式必然浪费大量宝贵的诉讼资源。

其次，在公检法三机关内部，每一个案件也都要经历复杂、冗长的多重行政报批环节，使诉讼效率大大下降。如在公安机关内部，案件会经历刑侦、预审、法制等多个部门的层层把关；在检察机关内部，案件会经历侦查监督部门和审查起诉部门的重复性审查；而在法院内部，案件则会经历合议庭审理、院庭长审查、审判委员会讨论等多重决策环节，这使一个案件长时间在不同部门之间流转的情况大大增加。[1]

迄今为止，在适用普通程序和简易程序的案件中，公检法三机关内部仍然存在烦琐复杂的行政报批环节，给办案人员带来沉重的办案压力和工作负担。例如，在公安机关立案环节，侦查人员要起草并出具“受案登记表”“初查决定书”“立案报告书”“立案决定书”；在侦查阶段，办案人员要提交“呈请刑事拘留报告书”“呈请延长刑事拘留报告书”“延长拘留期限通知书”“起诉意见书”；在审查起诉阶段，办案人员要起草“案件审查报告”“起诉书草稿”“内部审批表”；在审判环节，法官要提交“审理报告”和“判决书”等。[2]很显然，在每一个诉讼阶段，办案人员为应对内部行政审批，不得不起草了一些对于案件质量把关没有实际意义的文书和审查报告，加上各机关内部行政审批和内部讨论的情况各异，这势必造成案件在各机关内部审批环节耗费大量的时间和资源。

再次，公检法三机关在各自诉讼阶段都要进行重复性的调查核实证据工作，这种重复性工作对办案质量把关没有实际意义，也造成了诉讼资源的无谓消耗。通过观察我国普通刑事案件的办案流程，我们不难发现，侦查人员在立案前后的一段时间里，大体上就将基本的调查取证工作进行完毕。在很多案件中，侦查人员在刑事拘留的37天时间里，就将案件的主要证据材料收集齐备。在检察机关批准逮捕之后的数月时间里，侦查人员除了对嫌疑人进行不间断和无休止地反复讯问以外，其他调查取证活动基本上陷入停滞状态。一直到案件办案期限到期之后，侦查人员才会将案件移交检察机关。在审查批捕和审查起诉环节，检察官都要对嫌疑人进行重复性讯问，反

---

〔1〕 参见商西、程姝雯：《今年司法改革七大看点，孟建柱称将试点认罪认罚从宽制度》，载《南方都市报》2016年1月22日。

〔2〕 参见北京市海淀区人民法院课题组：《关于北京海淀全流程刑事案件速裁程序试点的调研——以认罪认罚为基础的资源配置模式》，载《法律适用》2016年第4期。

复进行一些调查核实证据的工作，从而在“侦查案卷”的基础上形成所谓的“审查起诉卷”。对于公安机关负责侦查的案件，不仅审查批捕和审查起诉的检察官要反复阅卷，起草阅卷笔录或阅卷摘要，而且在案件进入法庭审理程序后，承办法官还要再次查阅案卷，形成阅卷摘要。

这种连篇累牍的重复性调查核实证据工作，消耗了三机关办案人员的大量宝贵办案时间，所形成的案卷笔录也仅仅具有形式上的意义。对于那些被告人自愿认罪认罚的轻微刑事案件而言，这种重复性调查核实证据工作白白浪费了诉讼资源，造成办案期限的一再延长。其实，在侦查人员已经大体完成调查取证工作之后，为什么不能促使检察官立即提起公诉呢？为什么每个案件都要经历那种独立的“审查批捕”和“审查起诉”程序呢？为什么办案人员在每个阶段都要进行重复性调查取证并制作本阶段的独立案卷呢？

最后，刑事诉讼程序一旦出现“程序倒流”现象，必然带来严重的诉讼拖延问题。由于不存在一个中立的、权威的裁判者，公检法三机关各自“独立为战”，遇有案件事实不清、证据不足的情况，后一机关会将案件退回前一机关，进行必要的诉讼补充工作。这种带有“程序返工”式的逆向运转现象，不仅中止了刑事诉讼程序的正常运行，而且还会使前一机关承担大量的“程序补救”活动，造成办案期限的无限期延长。例如，在审查起诉阶段，检察机关将案件退回侦查机关补充侦查；在法庭审判阶段，法院可以准许检察机关撤回起诉，或者准许延期审理，并准许检察机关将案件再次退回侦查机关补充侦查；在二审程序，法院可以作出撤销原判、发回重审的裁定，而原审法院则可以再次作出准许撤回起诉的裁定。自1996年以来，我国刑事诉讼法对这种程序倒流现象作出了一定程度的限制，如将退回补充侦查限定为两次，一次不得超过一个月；将二审法院以事实不清、证据不足为由发回重审的次数限定为一次。但是，案件的诉讼过程从后一程序往前一程序逆向运转的情况一直没有发生根本的改变。[1]

程序倒流现象的发生，从积极角度说是为了防止冤假错案，后一机关发现了前一机关的调查取证工作存在质量瑕疵，并进行及时有效的纠正工作。但是，这种反复发生的诉讼逆向运转现象，也说明后一机关既没有进行及时有效的补充调查工作，也没有直接宣告诉讼终止的权威。这是一种“宁愿诉讼久拖不决也不愿作出权威决定”的工作机制，其效果必然是刑事诉讼流程的反复拖延，案卷笔录在各个阶段的“往返旅行”，以及嫌疑人、被告人因为同一行为而受到永无休止的刑事追诉，并受到越来越长的未决羁押。

三、刑事诉讼全流程简化的改革探索

在“认罪认罚从宽”理念的指引下，最高人民法院、最高人民检察院在部分地方进行了刑事速裁的改革试点工作。总体上，这一改革试点的推行使基层法院对轻微刑事案件的审理周期明显缩短，发挥了快速裁判的效果。但是，仅仅强调审判环节上的程序简化，也有一个致命的缺陷，那就是这些案件在整个刑事诉讼过程中仍然存在诉讼资源浪费、诉讼效率不高的问题。在这一轮刑事速裁改革试点中，改革者对于刑事审判程序的简化作出了各种探索，却极少触动那种积弊良久的“公检法三机关的流水作业模式”，对于这种模式的问题并没有提出有针对性的解决方案。

但值得注意的是，有些地方法院已经注意到简化审理程序的局限性，开始尝试从刑事诉讼全流程的角度进行程序简化的改革探索。其中较为突出的有南京中院倡导的“刑拘直诉”制度，以及北京市海淀去人民法院的“刑事诉讼全流程简化模式”。对于这两种较为突

〔1〕 对于程序倒流现象的分析和评论，可参见陈瑞华：《论侦查中心主义》，载《政法论坛》2017年第2期。

出的改革样本，本章拟作简要的分析和评论。

(一)刑拘直诉模式

根据刑拘直诉模式，对于嫌疑人自愿认罪、可以适用速裁程序的案件，侦查机关作出刑事拘留决定后，尽快将其纳入速裁程序，不再向检察机关提出批准逮捕的申请，在刑事拘留的法定期限内，完成移送审查起诉和提起公诉的活动，并由法院快速作出裁判。[1]

南京市中级人民法院会同同级检察院、公安局、司法局出台了刑事速裁实施办法，创设了“两提前三集中”的办案模式，也就是将社会调查评估工作提前到侦查阶段与审查起诉阶段，对于适用刑事速裁的案件，侦查机关集中移送审查起诉，检察机关集中提起公诉，审判机关相对集中开庭审理。与此同时，南京市中级人民法院还推动创设了快速批捕、刑拘直诉和集中开庭的速裁程序模式，确定了审查报告、审理报告等内部文书的简化样式。[2]

“刑拘直诉”制度的实施，避免了烦琐、冗长的审查批捕程序，使嫌疑人、被告人不再被采取逮捕措施，这确实大大缩短了未决羁押期限，既对各机关快速办案产生推动和督促的作用，又为法院依法裁判提供了较为宽松的环境，避免过去经常出现的法院“根据羁押期限来确定量刑幅度”的做法。与此同时，“刑拘直诉”制度的试行，可能还产生了一个为改革者所意想不到的效果，那就是第一次突破了我国“流水作业”式的诉讼构造，带来了侦查、审查起诉与审判程序的合并和重叠，并大大减少了三机关内部办案环节的简化。具体而言，通过试行“刑拘直诉”，公检法三机关实现了诉讼程序的快速流转，在刑事拘留的法定期限内，侦查机关直接将案件移送检察院审查

[1] 关于“刑拘直诉”的改革探索，可参见蔡长春:《北京全流程简化刑事速裁机制成效凸显，刑事速裁案最短3天全程审结》，载法制网，2016年4月10日发布；顾顺生、刘法泽:《“刑拘直诉”方式不妥》，载《检察日报》2015年9月9日。

[2] 参见赵兴武:《提速，为了让公正早到——南京法院刑事案件速裁试点工作纪实》，载《人民法院报》2016年3月27日。

起诉，检察院经快速审查后提起公诉，法院则作出迅速裁决，这使侦查、审查起诉与审判的程序衔接变得更为流畅，无关紧要的诉讼审查变得极为简化。

（二）诉讼全流程简化模式

按照北京市海淀区人民法院的经验，之所以要推行诉讼全流程简化模式，主要是考虑到仅仅着眼于审判环节的简化，既解决不了诉讼资源的浪费问题，也解决不了被告人未决羁押期限过长的问题。而唯有推行刑事诉讼全流程的程序简化，才能从根本上走出审理程序简化—诉讼拖延—再简化—再拖延的怪圈。而要推行全流程简化，单靠法院自行推行改革是无法实现的，这就需要“公检法三机关”的合力推进。

根据这一思路，海淀区人民法院与同级检察机关、公安机关和司法行政机关通力合作，对于刑事速裁案件的诉讼全程加速进行了全新的制度设计。首先，海淀区人民法院将流行的“审判分流”变为“全程分流”，将速裁程序的启动节点提前至侦查机关，将公安机关对嫌疑人采取强制措施的开始时间作为速裁程序识别窗口期，本着“先入为主，不符即出”的思路启动速裁程序。公安机关对嫌疑人采取强制措施时，要了解嫌疑人对于所涉嫌犯罪的具体意见。对于案件事实清楚、嫌疑人承认实施犯罪行为且案件属于速裁案件范围的，公安机关在征得嫌疑人同意后作为速裁案件办理。检察院在批准逮捕或者审查起诉过程中，或者法院在开庭前，发现案件符合速裁程序适用条件的，可以在征得犯罪嫌疑人、被告人同意后启动速裁程序。否则，案件既被转为其他程序办理。[1]由此，刑事速裁案件在程序上就被设置了一个“快速绿色通道”。

其次，海淀区人民法院会同同级其他机关在看守所设置了专门

〔1〕 参见郭京霞、李静：《北京海淀法院刑事案件速裁程序试点工作情况调查》，载《人民法院报》2016年1月14日。

的速裁办公区。2015年7月，海淀区刑事案件速裁办公区建成使用，办公区采取“3+2+2”的模式，也就是包括公检法机关的三个“刑事速裁办公室”，两个法庭——一个是看守所内的速裁法庭，另一个是法院内的同步数字法庭，以及两个法律帮助室——一个法律援助律师值班室和一个嫌疑人视频会见室。按照该法院的看法，“公检法司四机关就近办公，既能有效压缩案件流转的在途时间，又方便办案人员互相沟通，实现案件迅速流转，同时也为其他程序简化的改革尝试创造了先决条件”。[1]

最后，强化信息化支撑，促进诉讼环节减省及数据分享。海淀区人民法院开发了用于共享案件信息的速裁办公系统，初步实现各个办案环节的电子证据分享和文书互传。该法院还为速裁办公室和数字法庭架设了专用的数据传输网线，数字法庭建设已经完成；看守所的速裁法庭与法院内的第六法庭形成同步数字法庭，满足了公开审判、远程庭审等多种需求；专门架设的视频系统实现了监区内的嫌疑人与值班律师的即时会见；开发了法律文书自动生成软件，尽可能通过已有法律文件自动生成相应文书；案件赃物由公安机关统一保管，案件流转时“转单不转物”；全部证据材料被归入法院审判案卷，及时形成可供查询的数字化档案。[2]

通过推动在刑事诉讼各个环节上的程序简化，海淀区人民法院初步实现了提高诉讼效率、减少羁押期限的效果。海淀区人民法院的调研结果显示：2015年5月1日至2016年9月30日，该法院审理速裁程序案件共计989件，占同期全部案件的22.6%，占同期简易案件的37.9%。其中，最初适用速裁程序后来转为简易程序和普通程序的案

〔1〕 参见北京市海淀区人民法院课题组：《关于北京海淀全流程刑事案件速裁程序试点的调研——以认罪认罚为基础的资源配置模式》，载《法律适用》2016年第4期。

〔2〕 参见北京市海淀区人民法院课题组：《关于北京海淀全流程刑事案件速裁程序试点的调研——以认罪认罚为基础的资源配置模式》，载《法律适用》2016年第4期。

件有52件；在155件案件中嫌疑人、被告人获得了律师辩护；被告人被羁押的案件有778件，整个诉讼平均用时35天；被告人被取保候审的案件有206件，刑事诉讼平均用时262天。适用速裁程序的每个案件在侦查、起诉、审判各个阶段的流转速度大大加快，流转时间明显缩减。嫌疑人、被告人在看守所的平均羁押期限缩短了3个月左右。同时，选择速裁程序的被告人量刑可下调10%～30%，判处拘役以下刑罚的案件比例达到80%以上。这在一定程度上改变了过去因羁押时间过长导致量刑偏重的状况。〔1〕

应当说，相对于刑拘直诉模式而言，诉讼全流程简化模式对于解决诉讼拖延问题进行了一次更加系统化、制度化的改革探索。这一模式的最大突破在于，在看守所内分别设置公安机关、检察机关和法院的速裁办公室，实现了侦查、公诉和审判人员办案环节的有效衔接，加上公检法三机关内部审批环节的大大简化，有关案卷笔录和诉讼文书制作上的省略化和格式化设置，使原有的“文书案牍流转”问题得到大大缓解。与此同时，值班律师办公室的设置，电子化视频交流的安排，使每个选择刑事速裁程序的嫌疑人、被告人都能获得最低限度的法律服务，使嫌疑人、被告人认罪认罚的自愿性得到最起码的保证。如果将我国原有的“公检法三机关流水作业模式”视为一种三道工序式的程序流转模式的话，那么，海淀区人民法院的诉讼全流程简化模式则将侦查、公诉和审判三道工序进行了一定程度的合并和集中，使三道工序在同一时空范围内加快了诉讼程序的进程，三机关的相互配合以前所未有的方式呈现出来，相互之间的扯皮和掣肘则不复存在。

〔1〕　参见游涛：《认罪认罚从宽制度中量刑规范化的全流程实现——以海淀区全流程刑事案件速裁程序试点为研究视角》，载《法律适用》2016年第11期。

四、刑事诉讼全流程简化的体制障碍

在认罪认罚从宽的理念指引下，刑事诉讼全流程简化模式突破了原有的审判程序简化的制度框架，延伸到从立案、侦查、审查起诉到审判等全部诉讼流程的简化。这种全流程简化模式所适用的是可能判处三年有期徒刑以下刑罚的轻微刑事案件，只要被告人自愿认罪认罚，并获得足够的量刑优惠的激励，一般就不会出现程序反悔现象，更是几乎不可能存在冤假错案问题。与此同时，只要保证嫌疑人、被告人获得律师帮助的机会，确保其认罪认罚的自愿性和明智性，最低限度的程序正义价值就能得到实现。正因为如此，刑事诉讼全流程简化模式的最大价值在于诉讼成本的节省和诉讼效率的提高。

一些地方法院对刑事速裁程序所作的改革试点，显示出即使在对现行的“三机关流水作业模式”不进行变革的情况下，刑事诉讼程序的全流程简化仍然有一定的空间。但是，在刑事司法体制不发生较大变化的情况下，这种对刑事诉讼全流程简化的改革探索确实有一定的限度。从地方法院试点的经验来看，这些来自司法体制的障碍主要有三个：一是审判前阶段一直缺少一种中立的司法裁判者，对于轻微刑事案件无法起到及时有效的过滤和分流作用；二是强制措施制度存在致命的缺陷，使未决羁押的适用成为一般状态，非羁押措施的适用则成为一种例外，这无论是对于诉讼效率的提高还是轻刑的适用，都构成重大的制度障碍；三是侦查、公诉和审判仍然是每个案件都必须经历的诉讼程序，公检法三机关对于同一案件存在重复劳动的可能性。

（一）司法审查机制的缺失

我国刑事审判前阶段没有设立预审法官制度，缺乏一种建立在司法控制基础上的案件分流制度。根据刑事速裁程序的试点经验，公安机关、检察机关和法院发现被告人自愿认罪、案件可以适用速裁程序的，都可以将案件纳入速裁程序的轨道。但是，这种程序分流机制有些权宜之计的意味，并没有专门的制度保障。由于审判前阶段没有设置预审法官制度，对于被告人认罪案件的分流缺乏有效的司法控制，只能由公检法三机关各自进行操作。假如在全部被告人认罪的案件中都适用这种速裁程序，那么，建立一种由司法人员控制的程序分流机制就显得格外重要了。但是，在中国的刑事司法制度中，法院无法参与审判前的诉讼活动，检察机关除了行使所谓的“法律监督权”以外，也难以起到主持程序分流的作用。这就使那些被告人认罪的案件无法尽早地分流到速裁程序之中。

南京市中级人民法院和海淀区人民法院的经验表明，无论是刑拘直诉还是全流程简化，都是在法院与公安机关、检察机关协商的基础上进行集中起诉、集中审理、集中判决的结果。在侦查和审查起诉环节，始终没有确立一种真正的司法审查机制，没有一种法官将案件及时转入速裁程序的程序分流机制。假如侦查机关、公诉机关认为案件符合适用刑事速裁的条件，并将案件纳入所谓的“绿色速裁通道”，那么，案件的诉讼程序或许可以得到快速的推进。但是，假如侦查机关或公诉机关拒绝启动刑事速裁程序，那么，整个审判前程序就将无法被纳入刑事速裁的快速轨道。可以说，这种由侦查机关、公诉机关和法院各自掌控一个诉讼程序、各自独立决定案件是否适用刑事速裁的体制，决定了轻微案件适用刑事速裁程序难以有一个统一标准、也难以有一种有效的准入机制的问题。

（二）强制措施制度的缺陷

我国强制措施制度存在一些致命的缺陷，造成过高的未决羁押率，也带来过长的未决羁押期限。根据过去的研究，审判前阶段没有建立基本的司法审查机制，造成无论是刑事拘留、监视居住还是取保候审，都无法受到中立司法裁判机关的司法授权和司法救济，侦查机关集中行使侦查和强制措施的决定权。即便是逮捕，在审查批准机制上也不存在中立司法裁判机关的司法授权。因为检察机关作为国家公诉机关，承担着追诉犯罪的使命，由其行使审查批捕权，根本无法保障其决定的中立性和公正性。可以说，在司法审查机制没有确立的情况下，对于逮捕、刑事拘留等羁押性强制措施的适用势必会服务于追诉犯罪的需要，而不会贯彻诸如强制措施法定原则、成比例原则等法治原则。这会导致逮捕或刑事拘留适用比例的提高，造成不正常的高未决羁押率。海淀区人民法院在推行诉讼全流程简化模式过程中，竟然对高达80%左右的案件适用了未决羁押措施，而这些案件都是可能判处三年以下有期徒刑的轻微刑事案件。南京市中级人民法院推行的"刑拘直诉"本身，就说明对于轻微刑事案件的刑事拘留几乎成为一种诉讼常态，该院所做的只是在37天的刑事拘留期限内完成刑事诉讼的全部流程而已。这不禁令人担心，如此高的未决羁押适用率必然制约刑事诉讼全流程简化的实际效果。

与此同时，在那些适用逮捕或者刑事拘留的案件中，未决羁押也存在超期适用或者过度羁押的问题。所谓逮捕必要性的审查或者未决羁押必要性的审查，几乎流于形式，难以发挥实质性的作用。在我国，对几乎每个刑事案件都要采取从刑事拘留到逮捕、再到延长羁押期限的强制措施，加上刑事诉讼法没有确立"最高羁押期限"，每个诉讼阶段的办案期限与羁押期限是完全重合的，三机关在延长羁押期限方面不需要提供专门的羁押理由，也不必经历严格的审查程序，案件在办理方面稍有复杂和疑难，即可无休止地延长办案期限，并造成未决羁押期限的自动延长，这使普通案件的未决羁押期限动辄达到数个月，复杂的案件则长达一年以上，造成普遍的超期羁押问题。海淀区人民法院在高达80%的案件中保持了羁押期限与办案期限的合二为一，南京市中级人民法院对绝大多数案件都是在用满37天的刑事拘留期限的情况下完成刑事诉讼活动的。这显然说明，无论是侦查机关、检察机关还是法院，对于轻微刑事案件都没有及时进行羁押必要性的审查，没有对大多数嫌疑人、被告人及时采取取保候审等非羁押性强制措施。

（三）三道工序的无效运转

南京市中级人民法院在刑事拘留期限内完成侦查、审查起诉和法庭审判等各项程序过程，海淀区人民法院在刑事案件速裁办公区内完成立案、侦查、审查起诉、法庭审判等各项诉讼活动。这些法院所推动的不过是公检法三机关的集中处理案件或者集中办公，促进了整个刑事诉讼过程的加速运转而已，却仍然保留了从立案、侦查、审查起诉到法庭审判的整个诉讼流程。

根据前面介绍的数字，海淀区公检法三机关对于那些采取羁押措施的案件，刑事诉讼用时平均达到35天，而对那些采取非羁押性强制措施的案件，刑事诉讼平均用时则达到260余天。这显然说明刑事诉讼的全部流程仍然存在较大的压缩和简化空间。传统的刑事诉讼程序存在时间利用效率不高、公检法人员进行大量毫无新意的重复性审查工作、案件流转消耗时间过多、诉讼文书和内部审查报告种类繁多等方面的缺憾，既造成公检法三机关内部以及相互间进行毫无意义的案牍流转，也带来三机关进行大量重复性劳动等问题。为解决这些问题，改革者压缩了各部门的办案时间，促使检察机关提前介入侦查活动，适当合并或者简化起诉意见书和起诉书，做到"到案即诉即审"。[1]但是，整个刑事诉讼的流程并没有实质性减少，侦查机关在是否加快诉讼流程以及如何压缩办案时间方面享有较大的自由裁量权，检察机关能否提前介入侦查阶段，起诉意见书和起诉书能否合并，所谓的"审查报告"或"审理报告"能否予以省略，这些都带有较大的不确定性。

---

〔1〕 参见北京市海淀区人民法院课题组：《关于北京海淀全流程刑事案件速裁程序试点的调研——以认罪认罚为基础的资源配置模式》，载《法律适用》2016年第4期。

完全可以说，刑事速裁程序的改革试点，已经使检察机关的审查批准逮捕程序得到了成功省略，这无论是对于减少诉讼文书和审查报告的流转，还是减少检察机关内部的行政审批，都是一个取得积极进步的标志。但是，侦查、审查起诉和审判这三道工序依然存在，每个适用刑事速裁的案件仍然要经历这些完整的刑事诉讼流程；而且每一个诉讼流程也仍然存在办案人员的若干重复性诉讼活动，他们要制作毫无意义的诉讼文书和审查报告，同时还要制作包括讯问笔录在内的案卷笔录材料。刑事速裁的经验表明，只要这三道工序不发生进一步的省略或者简化，那么，刑事诉讼全流程的简化将是不可能实现的。

五、刑事诉讼全流程简化模式的未来

自2014年以来，司法体制改革呈现出全面推进的态势。改革者在推进“以审判为中心的诉讼制度改革”以及“认罪认罚从宽”改革的同时，还提出了一系列旨在实现“司法去行政化”的改革措施。例如，根据“司法责任制”的改革设想，改革者试图推动“让审理者裁判，由裁判者负责”，取消院长、庭长对合议庭、独任法官裁判文书的签署权，使院长、庭长只能在加入一个合议庭的情况下通过庭审作出裁判，而对于其他合议庭、独任法官负责审理的案件不再进行审批。与此同时，负责案件审理的合议庭成员和独任法官，要对其审理的案件终生承担“违法审判责任”。又如，根据“员额制”的改革设想，法院内部按照比例区分司法人员、司法辅助人员以及司法行政人员，通过省级法官、检察官遴选委员会的审查遴选程序，来确定法官、检察官的入额资格。

“司法责任制”的推行，有望大大减弱法院、检察院内部的行政审批机制，使法官、检察官逐步拥有相对独立的办案权。在此背景下，公检法三机关再像过去那样动辄强调办案人员撰写审查报告或审理报告，动辄进行本机关内部的行政审批，显然就不合时宜了。而员额制的推行，则在提高法官、检察官职业素质的同时，也加剧了原本就存在的“案多人少”的矛盾，使法院、检察院面临更为紧迫的提高诉讼效率的压力。认罪认罚从宽制度的推行以及刑事速裁程序的试点，在一定程度上就是为应对这一问题所提出的改革方案。但是，仅仅着眼于审判环节的程序简化，根本不足以解决案多人少、诉讼拖延的问题，在刑事诉讼的全部流程进行程序简化，加快办案的进度，显然有着极为现实的需要。

可以说，在司法改革全面推进的大背景下，刑事诉讼的全流程简化就不再仅仅属于个别地方法院的改革试验，更不属于法学研究者的理论想象，而具有了难得的现实基础。在以下讨论中，笔者拟结合地方法院的改革探索，结合我国司法改革全面推进的基本现实，对刑事诉讼全流程简化问题提出一些改革设想。这些设想的核心有二：一是三道工序的合并或者跳跃；二是内部审批环节的取消。

所谓“三道工序的合并或者跳跃”，是指在取消审查批准逮捕程序的前提下，侦查、审查起诉和法庭审判逐步实现相互融合，并进而实现三者合一，不再保持泾渭分明的三道程序的划分，而变成一种混合式程序。具体说来，检察机关要提前介入侦查阶段，在侦查初步完成后，发现案件符合刑事速裁程序适用条件的，应当与嫌疑人进行控辩协商，就量刑问题达成协议，然后立即提起公诉，并将控辩协商协议提交法官，法官既不再举行庭前准备活动，也不再审理案件的定罪量刑问题，而只对被告人认罪认罚的自愿性进行形式审查，审查通过后立即进行当庭宣判。

要实现“三道工序的合并或者跳跃”，需要有一系列配套性或者辅助性的程序调整措施。例如，公检法三机关不再起草立案决定书和起诉意见书，而是由检察官提交一份格式化的起诉书，法官以起诉书的内容为依据，形成格式化的判决书。又如，在侦查人员初步完成调查核实证据并制作案卷之后，所有办案人员都不得再对嫌疑人、被告人进行重复性讯问，也无须再进行重复性调查取证工作。由此，侦查人员的反复讯问、检察官的核实性讯问等，都将得到省略。再如，对于可能判处三年有期徒刑以下刑罚的轻微案件，原则上一律不再适用羁押性强制措施，而尽量适用取保候审措施。对于被采取取保候审的嫌疑人，可以在法院建立速裁办公区，由公检法三机关各自设立速裁办公室，加快办案程序的流转进程。对于那些被采取刑事拘留措施的嫌疑人、被告人，则推广海淀区人民法院的经验，在看守所设置刑事案件速裁办公区，三机关各自设立速裁办公室，以推动三道工序的合并或跳跃，保证案件被快速起诉到法院，由法院快速作出判决。

所谓“内部审批环节的取消”，是指在推行“司法责任制”的前提下，对于适用刑事速裁程序的轻微案件，法院、检察院分别指派专人负责案件的审判和起诉工作，这些负责办理速裁案件的法官、检察官，拥有独立自主的办案权，既不需要向院长、庭长汇报，其办理的案件也不再被纳入审判委员会、检察委员会的讨论决定范围。与法官、检察官独立办案机制相适应的是，检察官可以与被告方进行的控辩协商，确定向法官提出的量刑建议的种类和幅度；法官也可以当庭接受控辩双方的量刑协议，无须诉诸行政审批机制，而自行当庭作出判决。

取消法院、检察院的内部审批环节，还意味着废除法官、检察官提交审查报告、审理报告等诉讼文书的制度。过去，起草这些审查报告、审理报告是法官、检察官办案工作的重要内容，提交这些报告也是法院、检察院内部行政审批机制的有机组成部分。要提高诉讼效率，加快诉讼程序的快速流转，唯有彻底消除法院、检察院内部行政审批的机制，变法官、检察官内部请示汇报为外部程序流转，在检察官与被告方达成量刑协议后，尽快提起公诉，向法官提交量刑建议，法官经过形式化审查，尽快作出判决。经验表明，在轻微案件的被告人自愿认罪认罚的情况下，法院、检察院内部的行政审批变得毫无意义，法官、检察官的这些审查报告也无法发挥内部制约作用。

在公检法三机关流水作业模式没有发生根本变化的情况下，“三道工序的合并或跳跃”以及“内部审批环节的取消”可能是推动刑事诉讼全流程简化的必由之路。但要使这两种改革思路发挥有效的作用，还必须要推动两个配套改革的推行：一是强制措施制度的改革，二是值班律师实质作用的发挥。

强制措施制度改革的关键在于解决未决羁押适用率过高和未决羁押期限过长的问题。对于那些可能判处三年有期徒刑以下刑罚的轻微刑事案件而言，对嫌疑人、被告人的羁押是没有必要的。无论是逮捕必要性的审查，还是羁押必要性的审查，只要发挥实质性的过滤作用，都可以将这些案件的嫌疑人、被告人拦截在未决羁押的大门之外。然而，刑事速裁程序所适用的大都是公安机关负责管辖的案件，公安机关在适用刑事拘留方面设置的门槛过低，在适用取保候审方面则显得过于保守和谨慎。未来在刑事司法体制不发生大规模改革的情况下，对于这些轻微刑事案件尽量不适用刑事拘留还是具有可行性的。同时经验也表明，只要公安机关尽量不采取刑事拘留措施，检察机关一律不作出批准逮捕的决定，法官在审判时就不再承受太大的压力，而可以对被告人作出相对轻缓的量刑裁决，甚至可以提高适用缓刑或者非监禁刑的案件比例。与此相对应，检察官与被告方就量刑达成协议、选取一种明显低于法定刑的量刑幅度的可能性也就大大增加了，这反过来也会促成控辩双方量刑协议的尽快达成，推动刑事诉讼全流程的简化。

刑事诉讼全流程简化的实现，离不开辩护律师的有效参与。经验表明，辩护律师越早介入刑事案件的辩护工作，轻微案件的嫌疑人、被告人接受检察官量刑建议的可能性就越大一些。作为嫌疑人、被告人在孤立无助时最信任的人，辩护律师可以向他提供法律咨询，提供参考意见，了解指控的罪名和公诉方掌握的证据，协助其作出自愿而明智的诉讼选择。目前，各地普遍在看守所和法院设置了值班律师办公室，有些法院甚至还采取电子视频会见的方式让值班律师与在押嫌疑人、被告人进行交谈，为其提供法律咨询。但总体而言，值班律师所做的还主要是为嫌疑人、被告人提供一些法律咨询，根本起不到辩护律师所应发挥的作用。值班律师既不进行专门性的会见，也不进行查阅、研读案卷工作，更不进行调查取证活动。未来如果要推动新上市的全流程简化，就需要在刑事诉讼的全部流程中推行指定辩护制度，使所有选择刑事速裁程序的嫌疑人、被告人可以获得法律援助律师的无偿法律帮助，而这些律师必须具有辩护人的身份，能够从事会见、阅卷、调查活动，参与检察官与被告人的控辩协商活动，参与法庭对案件的审理过程，从而为嫌疑人、被告人提供尽职尽责的辩护服务。

参 考 文 献

一、中文部分

[美]博登海默:《法理学——法哲学及其方法》,邓正来译,华夏出版社1987年版。

[美]哈罗德·伯曼编:《美国法律讲话》,陈若桓译,三联书店1988年版。

[英]卡尔·波普尔:《无尽的探索》,邱仁宗译,江苏人民出版社2000年版。

蔡敦铭:《刑事诉讼法论》,五南图书出版股份有限公司1996年版。

蔡敦铭:《两岸比较刑事诉讼法》,五南图书出版股份有限公司1996年版。

蔡枢衡:《刑事诉讼法教程》,中国政法大学出版社2012年版。

陈顾远:《中国法制史概要》,商务印书馆2011年版。

陈光中:《外国刑事诉讼程序比较研究》,法律出版社1987年版。

陈瑾昆:《刑事诉讼法通义》,朝阳大学1930年版。

陈朴生:《刑事诉讼法实务》,海天印刷厂有限公司1980年版。

陈瑞华:《比较刑事诉讼法》,中国人民大学出版社2010年版。

陈瑞华:《程序性制裁理论》,中国法制出版社2005年版。

陈瑞华:《刑事审判原理论》(第2版),北京大学出版社2004年版。

陈瑞华:《刑事诉讼的前沿问题》(第3版),中国人民大学出版社2000年版。

陈瑞华:《刑事诉讼的中国经验》(第2版),法律出版社2010年版。

陈瑞华:《刑事诉讼中的问题与主义》(第1版),中国人民大学出版社2010年版。

陈新民:《宪法学导论》,三民书局1996年版。

[法]勒内·达维德:《当代主要法律体系》,漆竹生译,上海译文出版社1984年版。

[美]艾伦·德肖微茨:《最好的辩护》,唐交东译,法律出版社1994年版。

樊崇义:《刑事诉讼法学》,中国政法大学出版社1996年版。

樊崇义:《刑事诉讼法学研究综述与评价》,中国政法大学出版社1991年版。

[美]戈尔丁:《法律哲学》,齐海滨、王炜译,三联书店1987年版。

[日]谷口安平:《程序的正义与诉讼》,王亚新、刘荣军译,中国政法大学出版社1996年版。

顾昂然:《新中国的诉讼、仲裁和国家赔偿制度》,法律出版社1996年版。

[美]汉密尔顿等:《联邦党人文集》,程逢如等译,商务印书馆1995年版。

胡适:《读书与治学》,生活·读书·新知三联书店1999年版。

黄东熊:《刑事诉讼法论》,三民书局1985年版。

[美]利文斯顿·霍尔:《刑事案件中被告的权利》,载[美]哈罗德·伯曼编:《美国法律讲话》,陈若桓译,三联书店1992年版。

[美]卡尔威因等:《美国宪法释义》,徐卫东、吴新平译,华夏出版社1989年版。

康焕栋:《刑事诉讼法论》,上海会文堂新记书局1936年版。

[德]拉德布鲁赫:《法学导论》,米健、朱林译,中国大百科全书出版社1997年版。

李贵连:《沈家本与中国法律现代化》,光明日报出版社1989年版。

李心鉴:《刑事诉讼构造论》,中国政法大学出版社1992年版。

[美]伊恩·罗伯逊:《社会学》(上册),黄育馥译,商务印书馆1990年版。

[美]约翰·罗尔斯:《正义论》,何怀宏等译,中国社会科学出版社1988年版。

[德]克劳斯·罗科信:《刑事诉讼法》(第24版),吴丽琪译,法律出版社2003年版。

林钰雄:《刑事诉讼法》,学林文化事业出版有限公司2001年版。

[美]彼得·G.伦斯特洛姆:《美国法律辞典》,贺卫方等译,中国政法大学出版社1998年版。

[美]罗伯特·K.默顿:《社会研究与社会政策》,林聚任等译,三联书店2001年版。

瞿同祖:《瞿同祖法学论著集》,中国政法大学出版社1998年版。

[德]托马斯·魏根特:《德国刑事诉讼程序》,岳礼玲、温小洁译,中国政法大学出版社2004年版。

沈家本:《修订法律大臣沈家本等奏刑事诉讼律草案告成装册呈

览一折》。

[美]爱伦·豪切斯泰勒·斯黛丽、南希·弗兰克:《美国刑事法院诉讼程序》,陈卫东、徐美君译,中国人民大学出版社2002年版。

[美]彼得·斯坦:《西方社会的法律价值》,王献平译,中国人民公安大学出版社1989年版。

[法]卡斯东·斯特法尼等:《法国刑事诉讼法精义》,罗结珍译,中国政法大学出版社1998年版。

[日]松尾浩也:《日本刑事诉讼法》(下卷),丁相顺译,中国人民大学出版社2005年版。

宋英辉:《刑事诉讼目的论》,中国人民公安大学出版社1995年版。

孙少康:《刑事诉讼法》,商务印书馆1935年版。

[法]托克维尔:《论美国的民主》(上、下卷),董果良译,商务印书馆1993年版。

王达人、曾粤兴:《正义的诉求——美国辛普森案与中国杜培武案的比较》,法律出版社2003年版。

[英]威廉·韦德:《行政法》,徐炳、楚建译,中国大百科全书出版社1997年版。

[法]让·文森等:《法国民事诉讼法要义》(上),罗结珍译,中国法制出版社1999年版。

翁岳生:《行政法》,中国法制出版社2002年版。

夏勤:《刑事诉讼法要论》,朝阳大学1921年版。

熊选国主编:《刑事诉讼法司法解释释疑》,中国法制出版社2002年版。

徐京辉等:《澳门刑事诉讼法》,澳门基金会1999年版。

徐静村:《刑事诉讼法学》(上),法律出版社1998年版。

杨宇冠:《非法证据排除规则研究》,中国人民公安大学出版社

2002年版。

张晋藩:《中国法律的传统与近代转型》,法律出版社1997年版。

张军、姜伟、田文昌:《刑事诉讼:控辩审三人谈》,法律出版社2001年版。

最高人民法院司法改革领导小组办公室:《〈最高人民法院关于深化人民法院改革的意见〉读本》,人民法院出版社2015年版。

二、英文部分

Amar, A.R., "Fourth Amendment First Principle", 107*Harvard Law Review*757 (1994).

Amar, A.R., *The Constitution and Criminal Procedure—First Principle*, Yale University Press, 1997.

Amsterdam, A.G., "Speedy Criminal Trial: Rights and Remedies", *Stanford Law Review*, Vol.27, Feb.1975.

Bayles, Michael D., *Procedural Justice*, Kluwer Academic Publishers, 1990.

Bradley, C.M., "The Exclusionary Rule in Germany", in 96*Harvard Law Review*1032 (1983).

Carlson, R.L., *Criminal Justice Procedure*, fourth edition, Anderson Publishing Co., 1991.

Choo, A.L.T., *Abuse of Process and Judicial Stays of Criminal Proceedings*, Clarendon Press.Oxford, 1993.

Choo, A.L.T., "Halting Criminal prosecutions: The Abuse of process Doctrine Revisited", in *Criminal Law Review*, 864 (1995).

Dandu Shigemitsu, *Japanese Criminal Procedure* (translated by B.J.George), Fred B.Rothman & Co., 1965.

Esmein, *A History of Continental Criminal Procedure*, DReidel

Publishing Company, 1913.

Fenwick, Helen, *Civil Rights: New Labour, Freedom and the Human Rights Act*, Pearson Education Limited, 2000.

Hatchard, J.and others, *Comparative Criminal Procedure*, The British Institute of International and Comparative law, 1996.

Ingman, Terence, *The English Legal Process*, seventh edition, Blackstone Press Limited, 1998.

Israel, J.H.and LaFave, Wayne R., *Criminal Procedure: Constitutional Limitation*, West Publishing Co., 1993.

Klotter, J.C., *Criminal Evidence*, Fifth Edition, Anderson Publishing Co., 1992.

LaFave, Wayne R.andIsrael, Jerold H., *Criminal Procedure*, second edition, West Publishing Co., 1992.

Lucas, J.R., *On Justice*, Oxford University Press, 1980.

Murphy, P., *Murphy on Evidence*, Blackstone Press Limited, 1995.

Packer, Herbert, *The Limits of the Criminal Sanction*, Stanford University Press, 1968.

Samaha, J., *Criminal Procedure*, Wadsworth Publishing Company, 1999.

Sanders, A.and others, *Criminal Justice*, 2th edition, Butterworths & Co.(Publishers)Ltd., 2000.

Scherer, Klaus R., *Justice: Interdisciplinary Perspective*, Cambridge Univ.Press, 1992.

Sprack, J., *Criminal Procedure*, eighth edition, Blackstone Press, 2000.

Saltzburg, S.A.and others, *American Criminal Procedure:*

Cases and Commentary, Sixth Edition, West Publishing Co., 2000.

Stuart, D., *Charter Justice in Canadian Criminal Law*, Thomson Canada Limited, 2001.

Summers, R.S., "Evaluating and Improving Legal Process—A Ples for 'Process Values'", in*Cornell Law Review*, Vol.60, November 1974, No.1.

Uglow, Steve, *Criminal Justice*, Sweet & Maxwell, 1996.

Wyngaert, C.V.D.and others, *Criminal Procedure Systems in the European Community*, Butterworths & Co.(Publishers) Ltd., 1993,

Zander, M., *The Police and Criminal Evidence Act 1984*, revised second edition, Sweet & Maxwell, 1990.

图书在版编目(CIP)数据

司法体制改革导论 / 陈瑞华著.——北京：法律出版社，2018（2018.9重印）
ISBN 978-7-5197-1896-1

Ⅰ.①司… Ⅱ.①陈… Ⅲ.①司法制度－体制改革－中国－文集 Ⅳ.①D926-53

中国版本图书馆CIP数据核字(2018)第007012号

司法体制改革导论
SIFA TIZHI GAIGE DAOLUN
陈瑞华 著

策划编辑 高 山
责任编辑 韩向臣
装帧设计 汪奇峰

开本 720毫米×960毫米 1/16
版本 2018年5月第1版
出版 法律出版社
总发行 中国法律图书有限公司
印刷 固安华明印业有限公司
印张 30.25 **字数** 371千
印次 2018年9月第2次印刷
编辑统筹 学术·对外出版分社
经销 新华书店
责任印制 陶松

法律出版社/北京市丰台区莲花池西里7号(100073)
网址/www.lawpress.com.cn
投稿邮箱/info@lawpress.com.cn
举报维权邮箱/jbwq@lawpress.com.cn
销售热线/010-63939792
咨询电话/010-63939796

中国法律图书有限公司/北京市丰台区莲花池西里7号(100073)
全国各地中法图分、子公司销售电话：
统一销售客服/400-660-6393
第一法律书店/010-63939781/9782 西安分公司/029-85330678 重庆分公司/023-67453036
上海分公司/021-62071639/1636 深圳分公司/0755-83072995

书号： ISBN 978-7-5197-1896-1 **定价：** 79.00元
(如有缺页或倒装，中国法律图书有限公司负责退换)